FONTES HISTÓRICAS

Dados Internacionais de Catalogação na Publicação (CIP)
(Câmara Brasileira do Livro, SP, Brasil)

Barros, José D'Assunção
   Fontes históricas : introdução aos seus usos historiográficos / José D'Assunção Barros. – Petrópolis, RJ : Vozes, 2019.

   Bibliografia.
   ISBN 978-85-326-6030-5

   1. História – Fontes 2. Historiografia 3. Pesquisa I. Título.

18-23082   CDD-907.2

Índices para catálogo sistemático:
1. Fontes históricas   907.2

Maria Paula C. Riyuzo – Bibliotecária – CRB-8/7639

JOSÉ D'ASSUNÇÃO BARROS

FONTES HISTÓRICAS

Introdução aos seus
usos historiográficos

© 2019, Editora Vozes Ltda.
Rua Frei Luís, 100
25689-900 Petrópolis, RJ
www.vozes.com.br
Brasil

Todos os direitos reservados. Nenhuma parte desta obra poderá ser reproduzida ou transmitida por qualquer forma e/ou quaisquer meios (eletrônico ou mecânico, incluindo fotocópia e gravação) ou arquivada em qualquer sistema ou banco de dados sem permissão escrita da editora.

CONSELHO EDITORIAL

Diretor
Gilberto Gonçalves Garcia

Editores
Aline dos Santos Carneiro
Edrian Josué Pasini
Marilac Loraine Oleniki
Welder Lancieri Marchini

Conselheiros
Francisco Morás
Ludovico Garmus
Teobaldo Heidemann
Volney J. Berkenbrock

Secretário executivo
João Batista Kreuch

Editoração: Elaine Mayworm
Diagramação: Sheilandre Desenv. Gráfico
Revisão gráfica: Nilton Braz da Rocha
Capa: Felipe Souza | Aspectos
Ilustração de capa: © Henry Be | Unsplash.com

ISBN 978-85-326-6030-5

Editado conforme o novo acordo ortográfico.

Este livro foi composto e impresso pela Editora Vozes Ltda.

Sumário

Introdução, 7

Primeira parte – O problema e as fontes, 11

Preâmbulo, 13

1 Fonte histórica/Documento histórico, 15

2 Tipologia e taxonomia das fontes, 25

3 Posição da fonte, 31

4 Intencionalidade, 40

5 A qualidade da fonte – Suporte/mensagem, 50

6 Fontes seriáveis e fontes singularizadas, 56

7 As fontes de acordo com suas distintas linguagens e suportes, 61

Segunda parte – As fontes textuais, 75

Preâmbulo, 77

8 Fontes manuscritas e fontes impressas, 79

9 A Literatura no interior da variedade de fontes textuais, 96

10 Fontes realistas – Das crônicas à historiografia, 103

11 Primeira revolução documental – As fontes políticas dos arquivos, 113

12 Segunda revolução documental – A diversidade das séries, 124

13 Das fontes intensivas às novas subjetividades, 157

Terceira parte – A polifonia das fontes – Duas ordens de exemplares, 175

Preâmbulo, 177

14 O uso dos jornais como fontes históricas, 179

15 Interlúdio – Alguns aspectos pertinentes a todas as fontes históricas, 253

16 Fontes dialógicas – Sobre processos, criminais, relatos de viagem e outros tipos de fontes polifônicas, 278

Palavras finais, 331

Referências, 333

Índice onomástico, 347

Índice remissivo, 349

Índice geral, 353

Introdução

As fontes históricas estão situadas no cerne da metodologia da História. Metaforicamente falando, elas constituem a "máquina do tempo" dos historiadores – ou seu "visor do tempo", se pudermos tomar de empréstimo essas imagens da ficção científica. Uma vez que o historiador trabalha com sociedades que já desapareceram ou se transmutaram, ou ainda com processos que já se extinguiram ou que fluíram através de transformações que terminam por atravessar os tempos até chegar ao presente produzindo novos efeitos, não existiria outro modo de perceber essas sociedades ou apreender esses processos senão a partir das chamadas "fontes históricas" – aqui entendidas como os diversos resíduos, vestígios, discursos e materiais de todos os tipos que, deixados pelos seres humanos historicamente situados no passado, chegaram ao tempo presente através de caminhos diversos.

Se um dia tivermos tecnologias como as "máquinas do tempo" e os "visores do tempo", os historiadores terão outras possibilidades de visitar o passado das diversas sociedades que lhes interessam, ou talvez a oportunidade de vislumbrar em telas de computador ou de TV imagens pertinentes aos diversos processos históricos que atravessaram o tempo da vida humana sobre a Terra, e mesmo antes. À semelhança de um astrônomo que olha no céu noturno as estrelas, e nesta operação captura com seus telescópios o brilho de astros que já desapareceram há milhões de anos, não acho impossível que se desenvolvam no futuro tecnologias capazes de apreender as luzes do nosso próprio passado planetário e humano. Basta pensar que, ancorados nessas primeiras décadas do século XXI, quando olhamos para o céu noturno na direção do Cruzeiro do Sul estamos enxergando na verdade luzes emitidas há quinhentos anos, no tempo das grandes navegações e da chegada dos portugueses a estas terras que depois constituiriam o Brasil. Literalmente, ao olhar para as estrelas estamos enxergando o passado, e mesmo o

Sol que podemos vislumbrar a cada instante é o Sol de oito minutos atrás. Se considerarmos esses aspectos, sonhar com a possibilidade dos visores do tempo não é propriamente uma quimera. Será que os historiadores poderão se valer desse recurso, um dia?

Neste momento, no entanto, os historiadores não possuem outro visor do tempo que não sejam as próprias fontes históricas com as quais já estão tão acostumados a lidar desde os primórdios da historiografia. Para olhar o passado e apreendê-lo de alguma forma – mas, sobretudo, para compreendê-lo por dentro, permitindo-nos fazer interpretações adequadas sobre as relações humanas e sociais –, precisamos analisar atentamente os vestígios e tudo o mais que tal passado nos deixou. Esses vestígios, evidências, textos escritos e objetos materiais – capazes tanto de registrar rupturas do passado em relação ao presente como de manifestar continuidades entre as duas temporalidades sob formas as mais diversas – são as chamadas "fontes históricas".

Mas o que são, mais propriamente, essas fontes históricas tão essenciais para os historiadores? De que maneira(s) é possível trabalhar com elas, e extrair-lhes não apenas informações, mas também as mais variadas vozes do passado? Devemos acreditar no que dizem as fontes, ou delas desconfiar? Como tornar essa desconfiança "científica"? Como, estendendo nossas ambições para além da própria ciência, poderemos aperfeiçoar a arte de compreender o passado (e o presente) a partir das fontes – sejam as deixadas voluntariamente pelos seres humanos, sejam as que nos chegaram involuntariamente? Estas são perguntas centrais neste livro.

Além de tentar entender o que são mais propriamente as fontes históricas, devemos também nos perguntar como os historiadores se valem delas para a produção desse seu saber tão específico, o qual encontra sua expressão final no texto historiográfico. Perguntar sobre o uso das fontes pelos historiadores é indagar sobre a própria metodologia da História. Desse modo, o texto que aqui se apresenta almeja atender às demandas iniciais das disciplinas relacionadas à teoria e metodologia da História, não apenas nos cursos de graduação em História, mas também em quaisquer outros campos de saber, uma vez que cada um deles também apresenta como uma sessão importante do seu universo de interesses a própria história do campo científico em questão. Assim, quando a história de determinado campo de saber é investigada e repensada por um pesquisador da área de Educação, Biologia, Enfermagem, Física, Matemática, Música – ou quaisquer outros campos de saber entre os inúmeros que existem atualmente –, ele se torna também um historiador por excelência, e por isso precisa se aproximar do mesmo tipo de trabalho com as fontes históricas que fazem os historiadores *stricto sensu*.

A história (os processos históricos) – ou mesmo "ser historiador" – não é, enfim, uma questão que concerne apenas e exclusivamente aos historiadores de formação. Trabalhar historiograficamente, ainda que seja esse o ofício mais direto dos historiadores profissionais, não pode ser interditado a profissionais das diversas áreas de estudo que almejem desenvolver uma leitura histórica dos seus campos específicos de saber.

Em vista disso, este livro também pode interessar aos pesquisadores, estudantes e praticantes de todos os campos de saber. Já é lugar-comum ressaltar que "Tudo é História". Com esta frase emblemática, assinala-se o fato inconteste de que tudo tem uma história – incluindo todos os campos de saber e cada um dos objetos de estudo que podem ser investigados por cada um deles. Além do mais, sabe-se que a História é também um conhecimento de todos, ou que pode interessar a todos os indivíduos, independente de suas formações – e que o próprio leitor comum, mesmo quando desvinculado dos saberes aos quais eventualmente se aplica profissionalmente, pode facilmente se tornar um contumaz leitor de livros de História em seu tempo de lazer. Por isso, também temos a ambição de esclarecer aspectos relacionados ao fazer historiográfico a esse tipo de leitor, que costuma ler a História produzida pelos historiadores sobre os mais diversos processos históricos.

Pensamos tornar mais rica a leitura de textos historiográficos aos leitores diversos. Um leitor comum não apenas pode ler com entusiasmo e interesse obras escritas por historiadores como também, na medida em que lê tais livros, pode se tornar consciente dos procedimentos empregados pelos historiadores nas obras a cuja leitura se entrega. Para adquirir esse novo nível de consciência – em um patamar que lhe possibilitará não apenas ler o texto escrito por um historiador, mas também *pensar* como o próprio historiador –, tal leitor precisará compreender, antes de tudo, o que é uma fonte histórica, como os historiadores a utilizam, e por que são as fontes históricas, precisamente, aquilo que assegura uma cientificidade e confiabilidade à História produzida pelos historiadores profissionais.

Nossa intenção é, depois da introdução proporcionada por este livro, seguir com outras obras sobre essa temática, pois a verdade é que a questão das fontes históricas pode se desdobrar e desenvolver em diversas direções e níveis de complexidade. O presente livro é o primeiro passo nessa direção. É uma obra inevitavelmente incompleta – primeira parte de um trabalho interminável que reconhece que seu próprio objeto de estudo está em permanente movimento e expansão. As fontes históricas se redefinem a cada instante; seu universo de possibilidades se expande aos olhos dos historiadores; novas metodologias se agregam e se disponibilizam. O trabalho continua e o caminho se refaz depois desse primeiro passo.

Primeira parte

O problema
e as fontes

Preâmbulo

Nesta primeira parte do livro pretendemos discutir de maneira mais geral o que é uma "fonte histórica". Trata-se, além disso, de demonstrar como na historiografia atual as fontes históricas precisam ser trabalhadas em conexão com problemas historiográficos construídos pelo analista, e não como simples depósitos de informações, concepção que correspondia a uma forma de historiografia que já está hoje bem superada.

Discorreremos sobre questões importantes como a da "posição da fonte", tanto em relação à época que a tomamos como referência como no tocante ao problema histórico com o qual a relacionamos. Queremos mostrar que uma fonte histórica – ou o texto que deu origem ao que mais tarde seria transformado pelo historiador em fonte histórica – pode falar voluntariamente sobre algumas coisas, mas involuntariamente sobre muitas outras.

Mostraremos ainda que se todas as fontes disponibilizam alguma espécie de conteúdo (ou uma mensagem) para o historiador, elas também precisam, para existir, de algum tipo de suporte. Podem se apresentar aos historiadores como uma escrita registrada sobre papel, como imagens desenhadas na parede de uma pirâmide, como uma fala apreendida em um depoimento provocado pelo próprio historiador a partir das técnicas da História Oral, como imagens disponibilizadas através de fotografias ou pinturas, ou mesmo como objetos materiais já transformados em registros arqueológicos ou ainda em uso. Compreender bem essas duas instâncias – o suporte que as insere no mundo e a linguagem que dá forma e significado a um conteúdo do qual se aproxima o analista – é tarefa do historiador, que precisa olhar para a fonte histórica e enxergar o mundo ou os processos que lhe deram origem.

Bem discutidos esses aspectos introdutórios, poderemos passar às outras duas partes deste livro que realizam, respectivamente, um voo mais panorâmico sobre o universo de possibilidades que é disponibilizado aos historiadores pelos diferentes tipos de fontes históricas e, por fim, o mergulho mais aprofundado em duas ordens mais específicas de fontes históricas, com tudo o que elas implicam. Dito isso, passemos à primeira tarefa, que é a de discutir a própria definição de "fonte histórica".

1

Fonte histórica/Documento histórico

1.1 Definição de fonte histórica

"Fonte histórica" é tudo aquilo que, por ter sido produzido pelos seres humanos ou por trazer vestígios de suas ações e interferência, pode nos proporcionar um acesso significativo à compreensão do passado humano e de seus desdobramentos no Presente. As fontes históricas são as marcas da história. Quando um indivíduo escreve um texto, ou retorce um galho de árvore de modo a que este sirva de sinalização aos caminhantes em certa trilha; quando um povo constrói seus instrumentos e utensílios, mas também nos momentos em que modifica a paisagem e o meio ambiente à sua volta – em todas essas situações, e em muitas outras, homens e mulheres deixam vestígios, resíduos ou registros de suas ações no mundo social e natural.

Esse imenso conjunto de vestígios – dos mais simples aos mais complexos – constitui o universo de possibilidades de onde os historiadores irão constituir suas fontes históricas. Também é verdade que os grandes processos naturais e planetários, mesmo sem a interferência originária do homem (mas incidindo sobre este), podem produzir vestígios que oportunamente poderão conformar fontes históricas[1]. Por ora, todavia, vamos nos ater mais especificamente às fontes históricas produzidas diretamente pela ação e pela existência humanas.

---

1. Nessa mesma direção, ao exemplificar uma gama de possibilidades que vai dos tradicionais textos às fontes naturais e aos indícios de toda ordem, Lucien Febvre já dizia em um dos ensaios de *Combates pela História*: "A história se faz com documentos escritos, quando existem. Mas ela pode e deve

No sentido que indicamos no parágrafo anterior, são fontes históricas tanto os já tradicionais *documentos textuais* (crônicas, memórias, registros cartoriais, processos criminais, cartas legislativas, jornais, obras de literatura, correspondências públicas e privadas e tantos mais) como também quaisquer outros registros ou materiais que possam nos fornecer um testemunho ou um discurso proveniente do passado humano, da realidade que um dia foi vivida e que se apresenta como relevante para o Presente do historiador. Incluem-se como possibilidades documentais (ou, mais precisamente, no âmbito do que chamamos de "fontes históricas") desde os *vestígios arqueológicos* e outras fontes de *cultura material* – a arquitetura de um prédio, uma igreja, as ruas de uma cidade, monumentos, cerâmicas, utensílios da vida cotidiana – até *representações pictóricas*, entre outras fontes imagéticas, e as chamadas fontes da *história oral* (testemunhos colhidos ou provocados pelo historiador)[2]. De igual maneira, as investigações sobre o genoma humano fizeram do corpo e da própria genética uma fonte histórica igualmente útil e confiável, que inclusive permitiu que os historiadores passassem a ter acesso aos primórdios da aventura humana sobre a Terra, forçando a que se problematizasse aquele antigo conceito de "pré-história" que antes sinalizava toda uma região da realidade um dia vivida que parecia até então interditada ao ofício dos historiadores.

Podemos lembrar ainda que, a partir do século XX, quando a Geografia e a História passaram a atuar mais interdisciplinarmente, mesmo uma paisagem natural passou a ser encarada como uma possibilidade documental[3]. O mesmo se pode dizer das relações entre a História e a Linguística, que trouxeram os próprios fatos da língua para o campo das evidências históricas, e algo análogo ocorre com as perspectivas que se produziram na confluência entre História e Antropologia,

---

ser feita com toda a engenhosidade do historiador... Com palavras e sinais. Paisagens e telhas. Formas de campos e ervas daninhas. Eclipses lunares e cordas de atrelagem. Análises de pedras pelos geólogos e de espadas de metal pelos químicos. Em uma palavra, com tudo aquilo que, pertencendo ao homem, depende do homem, serve o homem, exprime o homem, significa a presença, a atividade, os gostos e as maneiras de ser do homem" (1989, p. 249).

2. Devemos distinguir as fontes oriundas da tradição oral – aquelas que já fazem parte da tradição através do circuito da oralidade, tais como os provérbios, ditos populares, mitos, cantigas de roda ou de trabalho, ou seja, as fontes folclóricas de maneira geral – das fontes relacionadas à história oral, que correspondem aos depoimentos provocados pelos historiadores através de entrevistas e de uma metodologia específica.

3. Sobre este tema, cf. BARROS, 2017.

as quais permitem que se abordem como fontes históricas as evidências e heranças imateriais, já sem nenhum suporte físico e concreto, tais como as festas dramáticas populares e os ritos religiosos que se deslocam e se perpetuam tradicionalmente na realidade social, ou ainda como os sistemas integrados e reconhecíveis de práticas e representações, os gestos e modos de sociabilidade, os bens relacionáveis ao chamado "patrimônio imaterial" (modos de fazer algo, receitas alimentares, provérbios e ditos populares, anedotários, apenas para citar exemplos).

As fontes históricas, enfim, não precisam ser – não necessariamente – materiais no sentido tradicional desta palavra. Nos dias de hoje, inclusive, começa a se abrir para o tratamento historiográfico um enorme universo virtual produzido pelos ambientes da Internet. Esses registros virtuais, que serão cada vez mais analisados pelos futuros historiadores como objeto de estudo e abordados como fontes históricas para a investigação sobre temáticas diversas, devem ser vistos como possuidores da mesma qualidade de fontes históricas que os tradicionais documentos registrados no suporte-papel.

É certo que precisou haver um longo e complexo desenvolvimento historiográfico até que se chegasse ao momento em que, para além dos documentos e fontes concretizadas em papel ou qualquer outro material, fossem também admitidas as "fontes imateriais" como campos de evidências das quais poderia o historiador se valer. De todo modo, pode-se dizer que, na atualidade, não há praticamente limites para um historiador quanto às suas possibilidades de transformar qualquer coisa em fonte histórica. Um repertório de gestos, por exemplo, pode ser revelador de permanências do passado. Lembremos o hábito de cumprimentar tirando o chapéu, que provém do repertório de atitudes medievais: quando um cavaleiro cumprimentava o outro, tirava o elmo em sinal de que suas intenções eram pacíficas (sem o elmo, peça bélica defensiva, ele manifestava algo como uma proposta de desarmamento). Foram-se as batalhas e os elmos, e veio a galante sociedade oitocentista dos chapéus burgueses. O gesto, contudo, manteve-se incrustado no repertório de atitudes, e mesmo com os chapéus em desuso ainda permanece nos dias de hoje como um movimento que toca a testa como que para tirar o "elmo imaginário". É assim que, em certos hábitos enraizados, expressos na vida cotidiana e na prática comportamental – também aí poderemos ir buscar uma fonte, uma evidência ou um testemunho do passado.

1.2 Um vocabulário em disputa – Fontes ou documentos?

Antes de prosseguir, quero esclarecer alguns dos termos que estamos utilizando neste livro. Falei atrás, em alguns momentos, em "fontes históricas" e em "documentos históricos". Essas palavras costumam ser empregadas, nos meios historiográficos, como sinônimos. São "fontes" ou "documentos" históricos tanto os textos escritos de todos os tipos como também o são as fotografias, os objetos de cultura material ou quaisquer outros conteúdos e materiais que os historiadores utilizem como vestígios para apreender a história um dia vivida e para, concomitantemente, escreverem a História no outro sentido, o de produto de um campo de saber[4].

O que ocorre é que a expressão "documento histórico" era muito empregada desde o século XIX, quando os historiadores utilizavam como fontes de informação e como caminhos de análise, de modo muito mais preponderante, alguns tipos de textos como aqueles produzidos pelas instituições, pelos organismos do Estado e dos poderes constituídos, ou, ainda, como as crônicas de época oficiais patrocinadas por esses mesmos poderes, entre outras possibilidades. Essa escolha de fontes era essencialmente orientada por um modelo específico de História Política que perdurou amplamente no primeiro século da historiografia científica. Por causa do amplo predomínio da produção textual no universo que os historiadores tomavam como seu conjunto de fontes históricas – e também por causa da enfática ideia de *prova* que esses textos assumiam no trabalho dos historiadores –, a designação "documento histórico" surgiu como uma tendência no vocabulário historiográfico, o que inclusive parecia aproximar do trabalho dos juristas o tipo de trabalho que os historiadores desenvolviam. A palavra *documento* é ela mesma resíduo de um tipo de História que se fazia em um período anterior.

A prática historiográfica foi mudando bastante ao adentrar novas possibilidades teóricas e metodológicas, da mesma forma que o universo de fontes possíveis aos historiadores, conforme veremos neste livro, foi se expandindo para muito além do tipo de textos que os historiadores utilizavam até o século XIX.

---

4. Neste livro, grafaremos com letra inicial minúscula a palavra "história" sempre que estivermos nos referindo aos acontecimentos e processos que ocorreram na realidade vivida; e grafaremos com inicial maiúscula a palavra "História" sempre que esta estiver se referindo ao texto e à pesquisa elaborados pelos historiadores. História, com "H" maiúsculo, enfim, será o nome de um campo de saber que estuda a "história" (campo de acontecimentos).

Expandiu-se, inclusive, para além das possibilidades meramente textuais, como já ressaltado. Por causa disso, a palavra "documento", que estava já bastante incorporada ao *metier* do historiador, foi também expandindo seus sentidos possíveis. Começou-se a se entender que tanto um texto (um documento estatal ou uma receita de bolo) como um objeto material (uma cadeira, por exemplo), ou ainda uma foto ou uma canção, são todos "documentos" neste sentido ampliado.

Essa extraordinária expansão do universo das fontes históricas, que abordaremos no momento oportuno, assim como a concomitante flexibilização de sentidos a partir daí proporcionada pela palavra "documento", favoreceram o surgimento de outra palavra muito evocada nos dias de hoje para os mesmos conteúdos, materiais, vestígios e indícios que os historiadores tinham passado a chamar de "documentos históricos". "Fonte" (ou "fonte histórica") é esse termo mais fluido que passou a ser empregado alternativamente à palavra "documento".

Pessoalmente, acredito que essa nova expressão tenda a substituir mais amplamente, no futuro próximo, o uso da expressão "documento histórico", uma vez que esta última apresenta uma origem mais restrita e mais bem acomodada aos tipos de textos – frequentemente documentos escritos demarcados pelas instituições oficiais e encontráveis nos arquivos – com os quais os historiadores costumavam trabalhar mais no século retrasado em sua cuidadosa e obstinada busca por informações. De todo modo, pode-se dizer que nos dias de hoje "fontes históricas" e "documentos históricos" (neste último caso considerando a palavra com seu sentido estendido) são expressões praticamente sinônimas no âmbito mais específico da historiografia. Neste livro, utilizaremos alternadamente uma ou outra dessas expressões, entre outras que aparecerão mais eventualmente, porém basicamente estaremos nos referindo em um caso e outro à mesma coisa.

Por fim, resta salientar que são ainda comuns, nos atuais meios historiográficos, outras expressões como "vestígios" e "registros históricos". Este último termo tem como vantagem a referência ao aspecto informacional de diversas das fontes históricas; e como desvantagem o fato de que deixa de fora o aspecto não voluntário de outros tipos de fontes. Já a expressão "vestígios" – uma palavra que parece aproximar da historiografia a investigação criminal ou a prática arqueológica – é bastante adequada para lançar luz sobre o fato de que muitas fontes são efetivamente produtos ou resíduos de sociedades e processos que já desapareceram ou findaram; mas deixa-se de iluminar o fato de que outro enorme setor de fontes históricas possíveis é constituído por textos e objetos que ainda estão em uso e se beneficiam de releituras ou reapropriações nas sociedades contemporâneas[5].

1.3 Variados tipos de fontes – A conquista da diversidade

Desde já, é oportuno ressaltar que a ampliação documental – ou a crescente multidiversificação das fontes históricas – foi uma conquista gradual dos historiadores. Verificou-se, mais intensamente, à medida que a historiografia expandia seus limites no decurso do século XX[6]. O historiador moderno, contribuindo para uma incessante renovação de seu próprio saber, adotaria no mundo contemporâneo novas perspectivas, passaria a dispor de novos métodos e a contar com o diálogo e intercurso de outras disciplinas como a Geografia, a Linguística e a Psicologia – apenas para mencionar três campos relacionados aos exemplos antes expostos: a paisagem, a palavra e o gesto. Tudo isso e mais o interesse por novos objetos, até então negligenciados pela História tradicional, fez com que a historiografia contemporânea se encaminhasse para necessitar cada vez mais de outros tipos de fontes que não só as tradicionais crônicas e os habituais registros arquivísticos.

Assim, se os arquivos oficiais continuam a ser fundamentais para o trabalho dos historiadores, estão longe de serem suficientes para fornecerem tudo o que eles necessitam para seu trabalho. Na verdade, a questão de pesquisar ou não em fontes de arquivos tem muito mais a ver com o objeto específico ou com os problemas históricos que estão sendo examinados do que com qualquer outra coisa[7]. Por isso, conforme já ressaltei anteriormente, esse aspecto está ligado à

---

5. Por fim, é bom lembrar que, até o século XIX, também a palavra "monumento" foi muito empregada com o sentido historiográfico de "documento" (LE GOFF, 1990, p. 487).

6. A expressão "historiografia" significa o mesmo que a História escrita pelos historiadores, e equivale ao conjunto dos trabalhos e práticas realizados por estes. Em outro sentido, pode ser compreendida como a História científica, considerando que a reflexão e a narrativa sobre o que se passou na história vivida eram já uma prática que remetia aos primórdios das civilizações, mas que a História pensada como ciência tem sua fundação mais específica na transição do século XVIII ao século XIX.

7. É fundamental se ter em vista que, acompanhando uma reflexão importante de François Furet (1927-1997), "de uma maneira geral, os arquivos europeus foram constituídos e classificados no século XIX segundo procedimentos e critérios que refletem as preocupações ideológicas e metodológicas da história daquela época: predominância dos valores nacionais e, em consequência, prioridade dada às fontes político-administrativas" (FURET, 1982, p. 53).

gradual imposição da expressão fonte histórica em detrimento da antiga ideia de "documento histórico" – expressão mais afinada com a historiografia do século XIX por estar muito relacionada tanto aos arquivos que na época começaram a ser organizados mais sistematicamente, como também à maneira como se concebia a História naquele momento.

De fato, quando lançamos um olhar mais longo sobre a historiografia predominante no século XIX, podemos notar que se esperava essencialmente, naquela primeira fase da historiografia científica, que o historiador documentasse – ou mesmo comprovasse no sentido mais especificamente jurídico – as afirmações que fizesse no decorrer de sua narrativa histórica. A ideia de que o historiador deve "provar" tudo o que diz, muito referencial no imaginário historiográfico da época, seria depois substituída pela ideia mais corrente de que o historiador deve "demonstrar" tudo o que afirma – uma diferença sutil mas significativa para as novas posturas historiográficas[8].

Acrescento – ao que já foi discutido até aqui sobre a tendência cada vez mais saliente de predomínio da expressão "fonte histórica" – o fato de que o historiador de hoje não costuma mais esperar, dos materiais e evidências que lhes chegam do passado, *apenas* ou necessariamente uma "prova", encarando também as fontes como discursos a serem analisados ou como redes de práticas e representações a serem compreendidas. A História – na mesma medida em que deixou de ser limitadamente factual em favor de uma nova historiografia principalmente interpretativa – não se interessa tão somente em oferecer informações, descrever acontecimentos ou encadear eventos, mas também, e principalmente, em elaborar interpretações demonstráveis e bem fundamentadas sobre os processos históricos, em propor hipóteses, em promover análises, em problematizar.

1.4 Onde começa a História – No problema, ou na fonte?

Este passo nos leva a uma questão crucial. Um famoso dito proferido pelo historiador francês Charles Seignobos (1854-1942) costumava resumir a preocupação

---

8. A mesma diferença está presente quando se diz que pretendemos "comprovar uma hipótese", postura mais comum nas ciências exatas, ou quando nos propomos a "demonstrar uma hipótese", disposição típica das ciências humanas. Sobre isso, cf. BARROS, 2011a.

dominante da velha historiografia: "Sem documentos, não há História"[9]. Seu conterrâneo Lucien Febvre (1858-1956), já um historiador de novo tipo e pertencente a uma nova geração historiográfica, confrontou esse dito com outro igualmente importante: "Sem problema, não há História". Esta nova e emblemática sentença foi muito representativa no alvorecer de uma nova historiografia.

Venerar o documento como o princípio essencial e único da operação historiográfica, tal como pareciam propor alguns historiadores tradicionais como Seignobos e Langlois, podia trazer a reboque a ideia incorreta de que os documentos já estão prontos, à espera do historiador, e de que os mesmos conteriam informações imobilizadas, prontas para serem extraídas da documentação à maneira da pérola que se obtém da ostra[10]. Ao contrário, ao situar o problema como o princípio de tudo, Lucien Febvre chama atenção para o fato de que a própria documentação é delimitada ou constituída pelo historiador a partir do problema histórico que ele tem em vista, e no próprio ato da operação historiográfica. Além disso, o que se pode buscar nesse ou naquele documento histórico também dependeria essencialmente do problema. Sem reduzir-lhe a importância, essa dessacralização do documento – e, sobretudo, do chamado "documento de arquivo" – foi decerto muito importante em seu tempo[11].

No seio de uma nova história-problema, hoje já francamente estabelecida, as fontes históricas assumem novos papéis para além da mera disponibilização e

---

9. "Nada supre [a ausência] de documentos; onde não há documentos, não há história" (SEIGNOBOS & LANGLOIS, 1946, p. 15) [original: 1897].

10. Outro exemplo de historiador que parece ter deixado escapar essa antiga concepção sobre o documento histórico, talvez já tardiamente, foi Louis Halphen (1880-1950), autor de um manual que tanto foi criticado por Lucien Febvre como por Fernand Braudel. Nesse velho manual podemos ler a certa altura as seguintes palavras: "Basta deixar-se de algum modo levar pelos documentos, lidos um após o outro, tal como se nos oferecem, para ver a corrente dos fatos se reconstituir quase automaticamente" (HALPHEN, 1946, p. 50). Este trecho do manual de Louis Halphen foi mordazmente criticado por Lucien Febvre em uma resenha incorporada à coletânea *Combates pela História* (1953). Posteriormente, seria mais uma vez criticado por Fernand Braudel em seu artigo "A longa duração", publicado na Revista dos *Annales* em 1958. O artigo está incluído na coletânea *Escritos sobre a História* (BRAUDEL, 1978b, p. 46).

11. Mais tarde, autores como Michel de Certeau ("A operação historiográfica", 1974) e Jacques Le Goff ("Documento/Monumento", 1984) também chamariam atenção para a necessidade de se compreender que a constituição de certos textos em documentos, e sua guarda em arquivos construídos para este fim, configuram escolhas políticas de uma sociedade que devem ser bem compreendidas pelos historiadores para não se situarem de maneira ingênua diante da documentação. Assim, para Jacques Le Goff seria preciso compreender o próprio documento como "monumento", como "produto da sociedade que o fabricou segundo suas relações de forças que aí detinham poder" (1990, p. 536).

comprovação de conteúdo informativo. As fontes não seriam meros registros repletos de informações a serem capturadas pelos historiadores, mas também diversificados discursos a serem decifrados, compreendidos, interpretados. Não mais seriam apenas uma solução para o problema, mas parte do próprio problema. Nas fontes, espelhos de dupla face, poderíamos ver o passado, mas também a nós mesmos. Não mais um solene ponto de partida ou de chegada – o *big-bang* místico a partir do qual é gerada a operação historiográfica, ou o Santo Graal finalmente encontrado depois de obstinadas aventuras. As fontes seriam, sim, um lugar movente no qual o historiador interage com as ressonâncias deixadas pelas sociedades e processos que decidiu examinar. Nesse sentido, as fontes são como que pontos de encontro, portais através dos quais se tocam duas épocas. Elas são o "passado-presente", para aqui empregar uma feliz expressão cunhada pelo historiador alemão Reinhart Koselleck (1923-2006).

Por tudo isso quero propor um pequeno ajuste, um novo dito que permitirá reunir os dois anteriores: "Sem o encontro entre um problema e suas fontes possíveis não há História". Para construir História não basta uma ideia na cabeça, ou tampouco ter uma fonte nas mãos. Essas duas condições são necessárias; mas, isoladas, são insuficientes. Para se fazer História adequadamente, e dentro do que se espera de uma historiografia científica, o que se precisa é assegurar uma espécie de entrelaçamento entre essas duas instâncias. É desse encontro entre o Problema e a Fonte, envolvido pela vontade de fazer a História, que tudo começa.

Atingimos, aqui, o mais íntimo âmago da palavra "fonte". Podemos finalmente compreender por que ela é a expressão ideal que se apresenta para se referir, de maneira adequada, ao extremamente vasto conjunto de documentos, vestígios e ressonâncias que, aos historiadores, oferecem-se para a percepção da passagem da vida humana pelo espaço-tempo e para a compreensão dos processos históricos por ela gerados. "Fonte"! Fascinante palavra que tanto remete ao *fluir* ("as fontes dos rios") como à ideia de *princípio* ("fonte da vida", "fonte de energia", "fonte da informação"). Para os historiadores, de fato, as fontes podem e devem ser duplamente associadas à *fluência* e ao *princípio*. Sim, as fontes constituem de alguma maneira um dos princípios da História, que sem elas não seria possível; mas elas também são intrinsecamente o que assegura o próprio fluir do discurso do historiador – um tipo de texto no qual tudo almeja ser demonstrado passo a passo, revivido quando possível, imaginado quando necessário, problematizado sempre.

Um tipo de texto simultaneamente científico e artístico no qual se assegura ao leitor a possibilidade singular de transitar entre duas ou mais épocas distintas: a do próprio historiador, de onde surgem os problemas demandados pelo seu próprio tempo, e aquelas épocas que já desapareceram, ao deixarem uma infinidade de vestígios[12]. No fluir das fontes, a História encontra a própria história.

---

12. Este ponto é importante. Se o leitor do livro de História pertence à mesma época do historiador que o escreveu, estará circulando entre seu próprio Presente – o nível de análise do historiador – e a época na qual se inscreve o objeto histórico examinado. Entrementes, quando lemos um livro de História escrito em uma época anterior à nossa – por exemplo, a *História da Revolução Francesa* escrita por Jules Michelet entre 1847 e 1853 –, temos a oportunidade de circular entre duas épocas que não são as nossas. O próprio historiador-autor, neste caso, pode se tornar um objeto de análise para o leitor, dele mais distanciado.

2

Tipologia e taxonomia das fontes

2.1 Da constatação da variedade de fontes possíveis à tentativa de compreendê-la

Neste capítulo, poderemos avançar ainda mais através do correto entendimento e compreensão do conceito de fonte histórica. A historiografia contemporânea, particularmente a partir do século XX, foi de fato ampliando de modo extraordinário esse conceito, tornando-o crescentemente abrangente e aplicável a mais materiais, conteúdos e realidades capazes de fornecerem informações, evidências e discursos a serem analisados pelos historiadores. Além de mais abrangente e extensivo, temos também, agora, um conceito mais complexo. A fonte histórica, a partir do momento em que deixou de ser encarada com "ingenuidade positivista" – caso possamos utilizar essa expressão para nos referirmos a um tratamento mais superficial das fontes e do que elas têm a proporcionar aos historiadores –, passou também a ser vista de maneira mais complexa[13]. Concomitantemente, existem implicações metodológicas relevantes derivadas dessa crescente complexidade, as quais discutiremos a seguir.

---

13. Positivismo, conforme já discutimos em outros textos (BARROS, 2011b, p. 73-106; 2012, p. 109-121), é uma palavra que apresenta mais de um sentido em uso na historiografia atual, sem que um nada tenha a ver com o outro. Do ponto de vista filosófico (e mais correto, em minha opinião), o Positivismo é um paradigma sociológico-historiográfico que busca aproximar as ciências humanas das ciências naturais e exatas, preconizando para tal neutralidade e objetividade absolutas do cientista social em relação às suas possibilidades de tratamento de um objeto de estudo. Não obstante, é muito comum entre os historiadores um uso mais corriqueiro dessa palavra – que nesse caso deve sempre estar limitada ao emprego de aspas –, no qual se associa o adjetivo "positivista" a uma história factual e pouco problematizadora, e por isso mesmo algo ingênua em relação ao tratamento das fontes. Cf. BARROS, 2012, p. 92-96.

Uma operação importante para o historiador que adentra o esforço de reconstrução crítica de qualquer processo histórico é, depois de definir seu problema histórico em estudo, iniciar um sistemático processo de compreensão acerca das próprias fontes que decidiu utilizar em seu trabalho historiográfico, sejam elas quais forem. O problema histórico, como já destacamos, é o que permite ao historiador decidir as fontes com as quais irá trabalhar (lembremos a célebre frase de Lucien Febvre: "Sem problema não há História")[14]. Por ora, no entanto, vamos saltar essa etapa primordial que é a definição do problema histórico e nos colocar na posição de um historiador que medita sobre suas fontes; ou, mesmo, de um historiador que reflete sobre o que são as fontes históricas, de maneira mais geral.

Todos os historiadores, e também os leitores que desejem compreender como se dá o fascinante processo de produção do conhecimento histórico, precisam entender muito claramente o que são as fontes históricas, sua variedade de tipos, as implicações metodológicas nelas envolvidas, os cuidados que se deve ter diante da documentação e dos discursos de um outro tempo, e assim por diante. Por isso, o estudo de uma teoria e de uma metodologia voltadas para as fontes históricas é tão importante para os historiadores em formação. De modo a favorecer essa autocompreensão historiográfica, vários autores ligados à área de Teoria e Metodologia têm proposto certas "taxonomias" como formas de melhor situar e compreender cada tipo de fonte que se pode ter à disposição, ou o que mais que se possa utilizar no processo de produção do conhecimento histórico.

2.2 O que é uma taxonomia?

Uma taxonomia, no sentido mais geral, é um entrelaçamento de classificações, uma maneira de entender melhor um universo muito diversificado de objetos no campo científico[15]. Existem taxonomias, por exemplo, que visam classificar ou

---

14. Ao lado disso podemos lembrar outra frase célebre que traz a problematização para o centro da prática historiográfica – esta registrada por Marc Bloch em sua *Apologia da História*: "Os documentos e os testemunhos só falam quando sabemos interrogá-los" (BLOCH, 2001, p. 79). Mais adiante, Bloch prossegue: "Em outros termos, toda investigação histórica supõe, desde seus primeiros passos, que a busca tenha uma direção. No princípio, é o espírito. Nunca [em nenhuma ciência] a observação passiva gerou algo de fecundo. Supondo, aliás, que ela seja possível" (ibid.).

15. Rigorosamente, a taxonomia é uma ciência ou técnica de classificação. No grego antigo, "*taxis*" significava "arranjo", e "*nomia*" se referia a "método". A aplicação primordial do pensamento taxonômico voltava-se para os esforços de compreender e organizar mentalmente a diversidade de seres vivos.

favorecer a compreensão da diversidade da vida animal, da variedade de objetos celestes, e assim por diante. Também os historiadores buscaram construir suas próprias taxonomias com vistas à plena compreensão e melhor apropriação desse vasto e complexo universo que constitui o conjunto de todas as fontes históricas possíveis – o que, nos dias de hoje, chega a coincidir com toda a produção material e imaterial humana que pode permitir aos historiadores interagirem interpretativamente com as várias sociedades localizadas no tempo.

Uma taxonomia particularmente interessante foi elaborada pelo historiador espanhol Júlio Aróstegui em seu livro *A pesquisa histórica*[16]. Nosso objetivo será partir dessa taxonomia para ampliá-la com vistas a incluir novas possibilidades e demandas mais recentes, pois as últimas décadas trouxeram desenvolvimentos tecnológicos e patrimoniais importantes que precisam ser considerados daí em diante. O esquema exposto na página a seguir (quadro 1) reproduz, com algumas modificações, a proposição original idealizada por Aróstegui, mas organizando-a visualmente de uma nova maneira e substituindo eventualmente um termo ou outro.

Júlio Aróstegui – no já referido manual de História que escreveu em fins do século XX – quis propor uma taxonomia por uma razão particularmente importante. Não se tratava de mero esforço de erudição, ou de dar vazão a um fetiche de classificação. Tal como o historiador espanhol esclarece na parte de seu livro que se refere a "uma nova taxonomia das fontes históricas", uma taxonomia deve ser útil para a própria avaliação problematizada das fontes[17]. De minha parte, gostaria de acrescentar que uma boa taxonomia deve permitir ao historiador fazer algumas perguntas fundamentais a suas fontes. Classificar é aproximar-se do objeto de estudos científicos com uma pergunta, com uma questão que se faz incidir sobre o objeto para melhor compreendê-lo.

---

16. ARÓSTEGUI, 2006, p. 493. Júlio Aróstegui (1939-2013) foi principalmente um pesquisador da história contemporânea – em particular da Guerra Civil Espanhola –, mas sua contribuição para a teoria e a metodologia da História tornou-se particularmente significativa. Seu volumoso livro *A pesquisa histórica – Teoria e método* (1995) pode ser considerado um dos mais completos manuais modernos para a formação historiográfica em níveis de graduação e profissionalização.

17. "[...] esses critérios, e as correspondentes categorias complexas que deles se depreendem, têm antes de mais nada um valor técnico ao oferecer de modo especial a observação, a crítica e a avaliação documental" (ARÓSTEGUI, 2006, p. 494).

Quadro 1: Esquema baseado em uma proposta inicial de Júlio Aróstegui com vistas a uma Taxonomia das Fontes Históricas

2.3 Quatro critérios para o ordenamento da variedade de fontes históricas

Podemos considerar diversos critérios para criar divisões pertinentes à grande variedade possível de distintas fontes históricas, opondo umas às outras em relação a determinado ponto de vista ou aproximando entre si aquelas que participam de um mesmo aspecto.

Digamos que tomamos a decisão de refletir sobre a posição – a *distância* ou a *proximidade* – que as fontes históricas ocupam em relação ao problema histórico examinado (um texto escrito por alguém que presenciou certo acontecimento, ou um texto escrito por alguém que apenas ouviu falar desse acontecimento por intermédio de outrem, por exemplo). Ou, então, digamos que quero classificar as fontes em relação ao tipo de material e linguagem dos quais são feitas (textos escritos sobre papel, imagens desenhadas em uma cerâmica, mensagens guardadas no ciberespaço através da rede mundial de computadores, para dar três exemplos variados). Quem sabe, não poderíamos ainda dividir um universo de fontes separando nele as que foram produzidas voluntariamente, para serem lidas em uma certa direção e por um certo tipo de leitor – como uma crônica escrita sobre um rei – daquelas que são produzidas involuntariamente – como o lixo que descartamos todos os dias e que, indo parar sob a terra, poderá integrar no futuro as fontes arqueológicas que serão analisadas pelos historiadores dessa outra época. Ou talvez, por fim, fosse possível dividir as fontes segundo duas grandes ordens de tratamentos metodológicos: aquela que prevê que cada fonte seja analisada isoladamente, como um vestígio ou uma evidência em si mesma, ou aquela que preconiza a análise de determinado tipo de fontes no interior de uma série constituída por outras fontes do mesmo tipo (um conjunto de testamentos analisados em série, ou os classificados publicados diariamente em um determinado jornal no intervalo de um ou dois anos).

Acabei de citar quatro critérios distintos que podem funcionar como aspectos norteadores úteis para organizar um grande universo de diferentes tipos de fontes: o critério da *posição*, o critério da *qualidade* característica da fonte, o aspecto da *intencionalidade* relacionada a quem escreveu ou produziu a fonte, e o critério da *serialidade* a que pode ser submetido ou não certo conjunto de fontes. Esses quatro critérios, entre outros que seriam possíveis, foram propostos por Júlio Aróstegui e outros historiadores como possibilidades de organizar as fontes históricas conforme modos de ordenamento que respondem a distintas questões. São quatro diferentes critérios taxonômicos, por assim dizer. Entrelaçados, esses critérios permitem que lancemos quatro perguntas bem diferenciadas para uma hipotética fonte histórica que tivéssemos à nossa frente. Olhando para um antigo documento ou fonte de época que tivesse diante de si, em um silencioso arquivo público, o historiador poderia lhe perguntar: (1) Qual a sua *posição* em relação ao processo ou conjunto de acontecimentos aos quais se refere? (2) De que material físico e tipo de linguagem é feita? (3) Foi produzida intencionalmente para falar sobre certos acontecimentos? E, por fim: (4) Está isolada, ou pode ser conectada a outras fontes da sua mesma espécie? Se uma fonte histórica pudesse nos responder como se fosse um ser humano falando a outro – o que é obviamente apenas uma metáfora –, ela nos traria quatro respostas diferentes, todas elas igualmente úteis para um historiador.

Conforme veremos no próximo capítulo, o primeiro critério levantado por Júlio Aróstegui – autor da taxonomia da qual partiremos para depois chegarmos à nossa própria – é o "posicional". Pergunta-se aqui: Que *posição* a fonte histórica disponibilizada ou constituída pelo historiador ocupa em relação ao objeto histórico, à realidade histórica a ser examinada, ao seu contexto mais imediato ou, até mesmo, no tocante ao problema proposto? A seguir, refletiremos de modo mais sistemático sobre essa pergunta inicial, apreendendo nela todas as implicações possíveis e evocando alguns exemplos concretos.

3

Posição da fonte

3.1 Posição da fonte – Quatro aspectos considerados

Avaliar a posição da fonte em relação ao processo histórico a que ela dá acesso é de fato a primeira ação e tomada de consciência a ser empreendida pelo historiador diante de suas possibilidades documentais. Em tempos mais remotos, esse tipo de classificação – o que reparte ou hierarquiza o universo de fontes em relação ao critério da posição por ela ocupada diante do problema a ser examinado – era análogo à antiga proposição classificatória que se colocava nos termos de uma dicotomia entre "fontes primárias" ou "fontes secundárias". Essas expressões caíram em desuso na historiografia mais recente. Prefere-se falar nos dias de hoje em termos de "fontes diretas" ou "fontes indiretas", o que permite uma maior e melhor aproximação em relação a certos problemas e questões de nosso tempo.

Antes de mais nada, é preciso notar que a reflexão sobre a "posição das fontes" pode levar em consideração quatro âmbitos distintos: (1) a posição da fonte no que se refere à época; (2) a posição em relação aos fatos ou ao processo histórico que está sendo especificamente examinado; (3) a posição ideológica no tocante aos acontecimentos narrados pelo autor da fonte (para o caso de fontes autorais); (4) a posição da fonte em relação ao problema tratado pelo historiador. Será útil refletirmos sobre isso de modo a adotar a proposta mais conveniente.

3.2 Fonte direta e fonte indireta

A antiga noção de uma dicotomia útil entre "fonte primária" e "fonte secundária" – hoje expressa mais adequadamente em termos de contraste entre a "fonte direta" e a "fonte indireta" – relaciona-se à questão da possibilidade de que ocorram intermediações no processo informativo ou de produção de uma fonte histórica. Naquela que chamaremos de "fonte indireta", o autor ou enunciador do texto chega ao seu objeto ou nos transmite alguma informação passando por um intermediário ou mais. A fonte em "posição indireta" situa-se por vezes em uma cadeia documental, testemunhal ou informativa, colocando-se, por exemplo, entre o historiador e um primeiro documento ou testemunho, anterior a todos.

Nenhuma fonte, destarte, é direta ou indireta de maneira absoluta. Qualquer classificação nesse sentido depende do *objeto* que tenhamos em vista, conforme veremos oportunamente. Se tomarmos a obra *História* do historiador grego Heródoto (484-425 a.C.), esta poderá ser considerada uma fonte indireta no que se refere aos relatos referentes às gerações que o precederam, mas pode ser considerada fonte direta no que se refere aos relatos que lhe foram contemporâneos, ou presenciáveis pelo próprio Heródoto. Por outro lado, mesmo nos relatos que se referem a períodos anteriores à época de Heródoto, os textos desse historiador grego podem ser considerados fonte direta, desde que nosso objeto de estudo seja não propriamente aquele conjunto de acontecimentos, mas a visão que deles tinham Heródoto e outros gregos de sua época. Essa questão é complexa, e relaciona-se ao fato de que as várias fontes ou documentos narrativos podem ser tratados de um lado como "testemunhos de uma época ou situação", e de outro lado como "discursos daquela mesma época". Heródoto, com sua obra historiográfica, dá-nos testemunho de certas informações sobre a sua época (mesmo que sem querer) e também gerou concomitantemente discursos sobre a sua própria época e as épocas que a precederam. Neste último caso, ao pesquisar sobre a história de períodos anteriores, Heródoto também se serviu de outras fontes de informações, de outros discursos e testemunhos, inclusive de autores que o precederam no tempo. Valeu-se de intermediários para produzir seus próprios relatos sobre os acontecimentos que não presenciou. De todo modo, veremos que a questão é ainda mais complexa, já que as intermediações não se dão apenas diacronicamente (entre épocas distintas), mas também sincronicamente (no mesmo tempo).

3.3 Posição de época e posição presencial

(1) Vejamos a primeira postura possível de um historiador em relação ao problema da chamada "posição de uma fonte". Será que a "posição" de uma fonte deve

ser considerada como um aspecto concernente ao distanciamento em relação à época em que foi produzida – isto é, estaria a posição relacionada à "procedência" temporal das fontes? Essa postura diante do problema da "posição da fonte" era bastante tradicional em antigos manuais historiográficos. Considerava-se, nestes, a chamada "posição cronológica", como se esta fosse suficiente para legitimar as informações fornecidas sobre determinado período. Duas fontes da mesma época, de acordo com esse já antigo ponto de vista, seriam igualmente importantes para um determinado estudo, independente de sua natureza, gênero, condições de produção ou mesmo da posição de seu enunciador em relação aos fatos ou processos a que se refere. Tal perspectiva, naturalmente, será sempre problemática, pois o fato de duas fontes pertencerem a um mesmo período (serem sincrônicas uma em relação à outra) não sugere que ambas possuam o mesmo grau de fiabilidade em relação aos fatos ou processos abordados em seus textos.

(2) Vejamos agora uma postura diferenciada perante esse mesmo critério classificatório. Neste caso, a posição estará colocando em jogo o "conteúdo" da fonte de uma maneira muito específica, relacionando-o à forma como foram reunidas as informações pelo enunciador ou autor da fonte. Essa maneira de pensar já faz avançar o problema. Dois indivíduos de uma mesma época e contexto, embora produzindo depoimentos em relação a um mesmo processo e mergulhados no mesmo contexto social, poderiam apresentar algumas diferenças: um teria presenciado os acontecimentos aos quais pretende se referir, outro não (digamos que estaria relatando fatos a partir do que leu de um outro, ou ouviu dizer). Esse modo de pensar o contraste entre fontes diretas e fontes indiretas, conforme observa Aróstegui em seu ensaio *A pesquisa histórica* (1995), correspondia também a uma posição clássica:

> Uma fonte classificada como direta era um escrito ou um relato de alguma testemunha presencial de um fato, de um protagonista, de uma documentação que emanava, às vezes, diretamente do ato em estudo. Uma fonte indireta era uma fonte mediada ou mediatizada, uma informação baseada, por sua vez, em outras informações, não testemunhais[18].

Aróstegui acrescenta ainda que tal critério classificador – ou tal maneira de pensar a relação entre fontes diretas ou indiretas, poderíamos acrescentar – le-

---

18. ARÓSTEGUI, 2006, p. 495.

vava em conta os escritos "em forma de crônica, de memória, de reportagem", ou, dito de outra forma, as fontes mais especificamente autorais-narrativas. A distinção entre duas fontes dá-se aqui por referência à sua proximidade no tocante aos fatos narrados.

3.4 Posição ideológica e circunstancial

(3) Considerar a posição ideológica do autor de uma fonte (pois ainda aqui estamos nos referindo às fontes autorais) já permite afrontar os pontos de vista positivistas ou ingênuos. Só a mera informação sobre a posição de um indivíduo-autor em relação ao fato examinado – se ele estava em uma posição presencial ou não em referência àquilo de que fala nas fontes – não asseguraria de modo algum a fidedignidade das informações sobre tal fato. Um criminoso, quando comete um furto ou qualquer outro delito, é aquele que está em posição de maior proximidade em relação aos fatos diretos do crime, isto considerando todos aqueles que integram um certo processo criminal (o réu, as testemunhas, os depoentes que não presenciaram nada mas podem prestar informações relevantes etc.). Em termos de presencialidade em referência ao crime investigado, o criminoso só ombreia com a vítima, se houver uma. E, no entanto, dificilmente um criminoso irá confessar seu crime ou dar detalhes sobre o que exatamente aconteceu através do seu ato criminoso, a não ser em vista das pressões do inquérito ou do avanço de uma investigação.

A proximidade presencial não assegura correção, isenção ou precisão em relação àquilo que se diz, o que fica óbvio nos casos de investigações criminais. Também para a investigação histórica devemos pensar de maneira análoga. Não é porque uma fonte foi escrita na mesma época, ou porque o que se disse foi até mesmo presenciado pelo autor de um texto, que o historiador irá considerar as informações ali encaminhadas como expressão rigorosa ou mesmo aproximada da verdade.

Situar a posição ideológica e circunstancial de um autor em relação ao fato examinado já permite um aperfeiçoamento no trabalho que está sendo realizado pelo historiador no tocante às suas fontes. Um nobre realista, um nobre radical, um burguês jacobino, um burguês girondino ou um revolucionário de posição mais próxima ao anarquismo terão tido, cada qual, visões distintas dos mesmos fatos da Revolução Francesa que um dia presenciaram. A avaliação da posição ideológica em relação a certos acontecimentos ou processos permite introduzir uma nova postura historiográfica, que é a de tratar a fonte autoral não como testemunho ou fonte de informações, mas como discurso a ser analisado. Adentramos aqui, certamente, uma posição mais moderna no âmbito da crítica de fontes.

3.5 A posição avaliada em relação ao problema

(4) Veremos agora os casos em que a "posição" se refere ao "conteúdo" ou "natureza" da fonte em sua relação com o "problema" colocado pelo historiador. Se pensarmos dessa maneira, pode ser secundário se o conteúdo foi produzido com conhecimento direto dos fatos (acontecimentos presenciados, por exemplo) ou se o conteúdo foi produzido de segunda mão, a partir do que seu autor teria ouvido dizer ou lido em textos de seus contemporâneos. Isto porque pode se dar que o problema investigado não seja os fatos narrados em si mesmos, mas sua divulgação por indivíduos de determinada classe social, por exemplo. Pode acontecer que aquilo que esteja sendo buscado como problema seja o discurso que se profere sobre algo, e não este algo que se tornou objeto de um discurso. Pode ocorrer que certa fonte expresse mentira ou má-fé em relação a determinada sequência de acontecimentos, ou que reinterprete certos processos com vistas a determinados interesses, manipulando os fatos, e que, ainda assim, seja a melhor fonte para o problema examinado visto que o problema histórico em questão procura identificar precisamente essa mentira, essa má-fé, essa manipulação (as razões dela, seus desdobramentos, seus modos de enunciação). Tal postura reintroduz o problema da posição de uma fonte histórica de modo particularmente novo, mais afinado com os novos tempos, estes que visam uma história problematizada e não meramente informativa ou descritiva.

Ainda relativamente à mesma postura, digamos que busco compreender ou me informar sobre as representações coletivas ou sobre práticas cotidianas de uma determinada sociedade ou grupo social, em determinada sociedade historicamente localizada. Em função desse assunto, uma certa fonte pode-se colocar em posição direta – isto é, ela é o tipo de fonte que nos aproxima tão diretamente quanto possível das representações coletivas ou das práticas cotidianas de uma certa sociedade ou grupo social.

3.6 Alguns exemplos

A *Vida de São Bento* (480-547), para darmos um primeiro exemplo, foi narrada por Gregório Magno (540-604) na Idade Média, e por outros tantos hagiógrafos do período. Gregório Magno tinha apenas sete anos de idade quando São Bento faleceu. Gregório construiu o segundo livro dos seus *Diálogos* – estas fontes nas quais procura precisamente falar sobre a vida de Bento de Núrsia – a partir de fatos narrados por monges que o teriam conhecido pessoalmente. Portanto, sua prática é mediadora; mal comparando, Gregório Magno está em uma posição análoga à de um historiador da História Oral frente a seus entrevistados, embora sem ter à sua disposição as técnicas de entrevista e apreensão da memória que têm sido desenvolvidas no âmbito dessa modalidade histórica. Trata-se, portanto, de uma mediação a ser bem problematizada. O historiador não pode adentrar os relatos de Gregório Magno sobre São Bento como se estivesse se aproximando de informações colhidas diretamente.

Se tomo os *Diálogos* de Gregório Magno como fonte para me informar ou refletir sobre a própria vida de Bento de Núrsia, ou para entender qualquer outro personagem que teria convivido com ele e que aparece nos relatos hagiográficos produzidos por Gregório Magno sobre São Bento, a minha fonte na verdade tem uma posição *indireta* em relação ao tema proposto. Mas se a tomo como fonte para compreender aspectos sobre a vida cotidiana daquela época, ou, mais ainda, da época do próprio Gregório Magno, essa fonte pode se tornar direta.

Não raro uma fonte histórica pode apresentar em suas margens, ou em seu material narrativo, elementos que possibilitam traçar um retrato da vida cotidiana de uma sociedade. Não era o objetivo do autor do relato produzir este retrato – já que seu objetivo era na verdade produzir um relato sobre a vida desse ou daquele santo, de modo a enaltecê-lo – e, no entanto, esse autor produziu este retrato, quase involuntariamente (o que nos colocará diante de um outro critério a ser considerado para a taxonomia das fontes: sua intencionalidade). O involuntário, o que se produz sem querer, é com frequência de grande utilidade para o historiador. Mas já voltaremos a esse ponto.

O mesmo relato hagiográfico sobre Bento de Núrsia, de autoria de Gregório Magno, pode ser excelente fonte para o exame das representações coletivas, do imaginário religioso, do simbolismo da época. Essas temáticas colocam aquela fonte em uma posição direta, pois há um canal direto entre o que a fonte deixa escapar e o que o problema pretende iluminar: não a vida concreta e específica desse ou daquele santo, mas o que se estabelece em torno dessas figuras que se tornam centrais para o imaginário religioso de uma época. Ocorre, assim, que a *Vida de São Bento* é direta para a apreensão de aspectos da vida material e cotidiana dos religiosos da época de Gregório Magno (que, aliás, não haviam mudado praticamente nada desde a época de Bento, que é da geração imediatamente anterior). Também é uma fonte direta para se perceber o imaginário religioso, o simbolismo da Igreja, ou certas questões da própria época de Gregório Magno (mais ainda do que daquela de Bento de Núrsia). E, no entanto, a *Vida de São Bento* não é fonte direta precisamente em relação àquilo de que o próprio autor da fonte procurou dar conta: a vida de Bento de Núrsia.

Daremos outro exemplo, agora relativo aos tempos contemporâneos. A secretária de Adolf Hitler produziu um *Diário* que é hoje bastante utilizado pelos estudiosos do nazismo interessados em perceber aspectos biográficos do líder nazista, ou mesmo outras questões como as relações interpessoais entre os diversos participantes da SS, suas posições em referência ao centro de poder, suas alianças, e assim por diante[19]. A secretária de Hitler conviveu, naturalmente, com o ditador nazista, e certamente seu *Diário* poderá ser considerado, em algum nível, fonte direta para o estudo do cotidiano de Hitler e de outros membros da elite nazista, embora somente tenha se completado sua versão escrita em 1947. Foi divulgado pela autora apenas nos anos de 1990, o que também precisa ser considerado, e já sob o título "Eu fui secretária de Hitler", o que introduz seu texto em uma certa rede editorial na qual se explora um certo potencial de vendagem. Mais tarde, o *Diário*, assim como depoimentos da própria Traudl Junge, seriam utilizados para a elaboração do filme *A queda*[20], que relata os últimos dias de Hitler. Isso introduz o texto primitivo em outro circuito de circulação, é claro. Por ora vamos nos concentrar no *Diário*.

---

19. Traudl Junge (1920-2002) ocupou o posto de secretária particular de Hitler desde o outono de 1942 até 1945, data da derrocada final do regime nazista. Acompanhava-o em todos os lugares, e foi para ela, bunker do Führer, que Hitler ditou seu testamento. Os *Diários* teriam sido escritos em 1947, mas foi somente nos anos de 1990 que Traudl decidiu trazer a público sua história.

20. *A queda* – As últimas horas de Hitler foi às telas em 2008. Foi dirigido por Oliver Hirschbiegel, e da elaboração e consultoria de seu roteiro participou Joachim Fest, autor de uma das mais bem consideradas biografias historiográficas sobre Adolf Hitler (FEST, 1973). A própria Traudl Junge, cujos diários são tomados como fontes para a construção da narrativa fílmica, prestou consultorias para a elaboração do roteiro, que contou ainda com o trabalho de Melissa Müller.

Em que pese que através desse diário possamo-nos aproximar de alguma maneira de Hitler ou do seu cotidiano nos últimos anos do III Reich, trata-se de uma fonte ainda mais direta para o estudo de outro problema: Como o nazismo teria impactado uma jovem alemã de Munique nos anos de 1930, pertencente à geração de Traudl Junge, ou à sua categoria profissional? Como pessoas como essa jovem poderiam ter aceitado, e mesmo acreditado ser natural, o extermínio de milhões de judeus e outros grupos em campos de concentração? O universo dos pensamentos de Traudl Junge, ainda mais do que o universo dos pensamentos de Hitler, torna-se acessível tão diretamente quanto possível ao historiador que examina seus diários. Isso, claro, sem deixar de lembrar que esse historiador estará se perguntando a todo instante pela sinceridade de Traudl Junge no tocante às questões que ela registra, e que a todo instante ele a estará analisando para que suas palavras revelem o que a própria autora não pensava em dizer. A sua verdade ou a sua mentira em relação a essas questões, não importa, são acessadas mais diretamente pelos diários de Traudl Junge do que a verdade ou a mentira de Hitler.

De um modo ou de outro, Traudl foi participante dos acontecimentos, suas fontes oferecem uma posição presencial para se refletir sobre problemas relacionados aos últimos anos de Hitler. Podemos utilizá-la para apreender certas informações. Mas, sobretudo, podemos utilizá-la para analisar um discurso: o discurso de Traudl Junge, e menos diretamente, mas também com alguma relevância, será possível analisar o que nos chegar, através das palavras de Traudl, do discurso do próprio Adolf Hitler.

Suponhamos, por fim, que Traudl Junge em certas partes do *Diário* descreva lateralmente, de modo a inscrever certos personagens em uma cena, determinados objetos, vestimentas, hábitos, situações que não lhe teriam parecido ter maior importância senão como componentes de cena. Exatamente porque esses objetos e hábitos não lhe pareceram ter importância – e, portanto, estão menos sujeitos a suas eventuais falsificações e a interferências ideológicas, já que ninguém falsifica ou deturpa detalhes que não têm importância –, exatamente por isso talvez essas descrições laterais serão ainda mais importantes para um historiador. Esses objetos, pode-se dar o caso, talvez cheguem de maneira mais direta ao historiador através das palavras de Traudl mais do que nos casos de discursos nos quais a ideologia se infiltra sem querer ou através da intencionalidade. Um mundo de objetos do passado pode chegar aos historiadores a partir de fontes que os mencionem lateralmente. Pode-se dar que, para um problema histórico qualquer que envolva esses objetos – cultura material, indumentária, padrões de sociabilidade –, as fontes que os apresentam quase involuntariamente se tornem fontes diretas em relação à posição que ocupam diante do problema.

Podemos finalizar registrando que não existem propriamente as fontes diretas quando estão presentes as inevitáveis mediações através do discurso. Mesmo as fotos, a partir da escolha de certo ângulo ou daquilo que será fotografado, podem trazer mediações. O próprio objeto que chega mais ou menos diretamente do passado através do registro arqueológico talvez já possa ser indicado mais facilmente como uma fonte direta. Processos criminais contra escravos, a despeito de pouco servirem aos historiadores no sentido de situá-los perante o crime cometido, frequentemente lhes trazem informações importantes sobre a vida cotidiana do escravo, seus hábitos pessoais, suas idiossincrasias como indivíduo humano, suas redes de solidariedade e rivalidade. Com frequência esse rastreamento que se faz da vida do criminoso ou do réu, revelando aspectos de sua vida que não chegariam ao historiador através de nenhuma outra fonte, e dependendo sempre do problema de pesquisa que o historiador terá em pauta, permitirá que uma fonte como esta se situe como mais próxima de ser "fonte direta" para entender a vida cotidiana do escravo do que para avaliar alguma outra questão que se relacione aos aspectos criminais mais imediatos que se estabeleceram entre os atores envolvidos.

4

Intencionalidade

4.1 Produção voluntária ou involuntária de uma fonte

Uma fonte histórica – ou, mais corretamente falando, o material original que mais tarde será transformado em fonte histórica pelo historiador – pode trazer como marca de origem um gesto voluntário ou involuntário. Há implicações em uma ou outra dessas situações. Já comentamos o fato de que, nas fontes de natureza autoral, pode estar implicada uma posição ideológica em relação aos fatos ou assuntos de que o texto trata. Isso é por si mesmo evidente em diversas situações: os pontos de vista de um papa ou de um general estão comprometidos em relação às instituições que representam. Por definição, um intelectual que se entenda por marxista apresentará uma posição crítica no que se refere às práticas capitalistas e, muito provavelmente, sua narrativa sobre uma crise econômica tenderá a se centrar no esforço de dar a perceber as contradições do sistema. Poderá um torcedor fanático de um time de futebol deixar de relatar o que aconteceu em um jogo sem que seja traído por sua paixão? A "intencionalidade" de um texto – este gesto de escrever com o propósito de ser lido de uma certa maneira – traz implicações decisivas relacionadas à posição ideológica, intelectual ou afetiva de seus autores (se os há, pois há fontes que não são autorais, obviamente), e também relativas a inúmeros outros aspectos.

Em relação ao fator "intencionalidade", a taxonomia originalmente proposta por Júlio Aróstegui estabelece uma divisão entre "fontes testemunhais" e fontes "não testemunhais", considerando que "é radicalmente diferente que uma criação humana tenha sido concebida como 'testemunho histórico' ou que, ao contrário, tenha sido produzida no curso de uma atividade e finalidade sociais que não têm, em absoluto, o caráter testemunhal como horizonte"[21].

Para tratar de aspectos análogos, o célebre historiador francês Marc Bloch (1886-1944), em sua *Apologia da História* (1949), preferiu se expressar em termos de "fontes voluntárias e fontes não voluntárias". De maneira não muito distanciada desta perspectiva, Peter Hüttenberger (1938-1992) propôs considerar que existem essencialmente duas grandes modalidades de fontes históricas ou de vestígios do passado: os que constituem "resíduos de ação" e os que configuram "relatos de ação"[22]. Uma certidão de casamento ou um inventário são típicos resíduos de ação: em um caso temos o registro oficial, para efeitos legais, da ação realizada por um casal que se uniu em matrimônio; em outro caso, com o inventário, temos o resíduo da ação de partilhar os bens de alguém que faleceu e deixou herdeiros. O "relato de ação", por outro lado, pode ser exemplificado por uma crônica na qual é descrita uma grande batalha, uma ata de reunião que resume os resultados de uma discussão que se deu para a solução de algum problema, um relato de viagem ou uma carta na qual seu autor expõe o acontecido[23].

Adotando uma ou outra dessas nomenclaturas (no nosso caso, vamos preferir a proposição de Marc Bloch, que sugere a possibilidade de evocar uma divisão prévia em "fontes voluntárias" e "fontes não voluntárias"), o mais importante é considerar que este critério taxonômico básico – a *intencionalidade* – ocupa-se basicamente de lançar uma indagação sobre as condições de produção de determinada fonte.

A indagação não recobre tudo o que se pode saber sobre as condições de produção de uma fonte, pois há outros aspectos envolvidos e que se relacionam àquilo que Michel de Certeau (1925-1986) chamou de "lugar de produção" para se referir a fatores que vão desde a filiação institucional do autor às circunstâncias

---

21. ARÓSTEGUI, 2006, p. 496.

22. Entrei em contato com o artigo de Peter Hüttenberger a partir da conferência de Verena Alberti intitulada "O que documenta a fonte oral? – Possibilidades para além da construção do passado" (1996).

23. Hüttenberger, entretanto, ao categorizar o texto autobiográfico como um "relato de ação", chama atenção para uma interessante ambiguidade. Se esse tipo de relato refere-se a uma ação já ocorrida, criando uma narrativa *a posteriori*, por outro lado o próprio relato é também o resíduo de outra ação: a ação de escrever sobre algo e de, com isso, abrir uma nova possibilidade de interferência nos acontecimentos. Ou seja, ao impingir ao leitor uma certa visão dos acontecimentos, o autor de um relato já está agindo de alguma maneira, bem como produzindo novos efeitos (HÜTTENBERGER, 1992, p. 256).

de produção de seu texto[24]. De todo modo, a indagação sobre a voluntariedade ou não da fonte lança uma questão importante para a compreensão das fontes históricas no que se refere às suas condições de produção.

Se um autor qualquer elabora um texto sob o signo da intencionalidade, visando determinado fim em relação a certo aspecto encaminhado pelo seu texto, seu pensamento estará atuando diretamente no mesmo. Um decreto real, uma correspondência, uma crônica, visam produzir determinados efeitos sobre aqueles a quem se destina o texto, particularmente no que se refere ao tema nuclear do texto. Nada impede, também, como já vimos em alguns dos exemplos mais acima, que um diário ou uma hagiografia transmita involuntariamente certas informações sobre a cultura material, indumentária, práticas simbólicas, ou outras instâncias. Mesmo a fonte (texto ou objeto) produzida voluntariamente, com vistas a determinado fim ou destinatário, apresenta traços involuntários em relação a informações laterais: algo que escapa, por assim dizer; algo que é dito sem que o próprio produtor da fonte (do texto original que deu origem à fonte) deseje[25].

Para simplificar, todavia – embora seja preciso reconhecer que toda fonte abriga aspectos involuntários –, podemos distinguir um grupo formado por "fontes voluntárias" – como as correspondências, as crônicas, as memórias, ou mesmo as fontes orais, que constituem fontes voluntárias em forma de "arquivos provocados"[26] pela prática historiográfica – de outros tipos de fontes, as "involuntárias", as quais incluem de um lado a vasta documentação comercial, cartorial ou paroquial, boa parte da documentação da administração estatal ou privada, e, de outro lado, a maior parte dos inúmeros objetos da cultura material.

Nos exemplos que destacamos, pode-se ver que as fontes involuntárias são aquelas que foram produzidas como materiais ou conteúdos que não tinham por objetivo central elaborar um discurso para ser lido por um receptor específico

---

24. Esses aspectos serão abordados no segundo livro desta série: *A fonte histórica e seu lugar de produção* (BARROS, 2020).

25. Neste ensaio, estaremos chamando "fontes" aos objetos e textos diversos que, produzidos para fins totalmente diversos, são mais tarde transformados em fontes históricas pelos historiadores. Rigorosamente, no momento em que um texto é produzido ele é apenas um texto – talvez seja uma carta, um decreto, um diário, um jornal – mas ainda não é propriamente uma fonte histórica, uma vez que quem transforma um texto antigo em fonte histórica é o próprio historiador no ato de sua produção historiográfica. Isso posto, simplificaremos chamando diretamente de "fontes" aos textos que depois serão transformados em fontes históricas pelos historiadores.

26. Expressão utilizada por Jean-Jacques Becker (1996, p. 28).

(indivíduo ou grupo social) ou transmitir uma mensagem com endereço certo. Uma escritura de venda de imóvel é produzida unicamente com a finalidade de legalizar a venda de uma casa ou de um apartamento, passando-se a sua propriedade de uma para outra pessoa. Se alguém ler essa escritura, serão os interessados na compra e venda do imóvel em referência, e assim mesmo somente no momento de realização da transação comercial; a partir desse ponto, o original da escritura fica arquivado em um cartório, com suas cópias bem guardadas nas gavetas do novo proprietário, e pode ser retomado para consulta e anotações em operações específicas, como as partilhas e inventários; ou, por fim, em futuras negociações ou transferências do imóvel[27].

Fora essas demandas muito práticas e pontuais, a escritura não apresenta outra finalidade imediata que não o registro cartorial e jurídico para o qual foi concebida. No entanto, basta um pouco de atenção para que se perceba o detalhismo com que a história do imóvel é narrada em suas páginas de histórico escritural, ou a riqueza de informações relacionadas a uma narrativa sobre os sucessivos compradores e vendedores de imóvel. Em uma escritura, o bom olhar historiográfico pode se valer dos *insights* que essas fontes proporcionam em relação às realidades econômicas envolvidas na trajetória do imóvel, sem contar as preciosas informações que ela há de proporcionar sobre a cultura material ligada ao *habitat* ou à sua inserção no tecido urbano.

Por todas essas possibilidades a princípio inesperadas, que brilham abaixo dos meros objetivos comerciais e jurídicos de superfície, uma escritura pode se tornar mais tarde uma excelente fonte histórica para os historiadores. Ela não foi produzida com finalidades discursivas, mas involuntariamente fala aos historiadores sobre aspectos diversos (sociais, materiais, econômicos, familiares, demográficos, mentais). De igual maneira, uma garrafa de refrigerante, ou de qualquer outro produto, é produzida apenas com a finalidade de conter o líquido que será consumido. Depois que ela é atirada ao lixo, no entanto, e bem mais tarde, quando se transformar em objeto arqueológico sob a terra, a garrafa irá falar aos historiadores de um outro tempo.

A escritura cartorial ou a garrafa contrastam com o discurso voluntário proferido por uma carta na qual uma mulher pede ajuda financeira à sua cunhada,

---

27. Na perspectiva proposta por Hüttenberger, a escritura pode ser compreendida como o resíduo da ação de vender e comprar o imóvel, bem como da ação de registrar legalmente essa negociação.

com a narrativa laudatória na qual um cronista oficial desenha um retrato elogioso do seu governante, com o ensaio científico no qual um físico enuncia as suas descobertas, ou com as determinações expostas por um decreto régio que expõe um inimigo do Estado à sociedade. Embora tenhamos quatro situações distintas – a carta de uma pessoa comum, a crônica financiada pelo poder estatal, o ensaio científico dirigido à Academia e o decreto direcionado ao povo que se quer governar –, os exemplos propostos envolvem a bem medida construção de uma imagem de si, do mundo ou do outro, assim como se acham intensamente carregados pelas intenções de produzir no leitor um efeito que pode estar respectivamente relacionado aos gestos de persuadir, convencer, demonstrar ou comandar, entre muitos outros objetivos que podem estar articulados aos diversos materiais que podem ser classificados como fontes intencionais ou voluntárias.

O aspecto voluntário fica especialmente claro nas crônicas e outras fontes narrativas que constroem um discurso sobre os acontecimentos. Quase temos aqui o voluntário "voluntário" (o "voluntário" duas vezes.). Essas são aquelas fontes que foram produzidas para preparar uma espécie de memória histórica para os homens de sua época e da posteridade, e que também podem ser chamadas de fontes testemunhais no sentido de que criam um discurso que visa a posterior recepção histórica. Os próprios textos historiográficos de uma época terminam por se tornar fontes voluntárias para os historiadores do seu futuro, que os examinarão criticamente para seus próprios objetivos. Por fim, resta dizer que seja nesses mesmos casos e/ou em outros, a intencionalidade fica particularmente explícita quando se tem um "autor". A figura de um autor é sempre carregada de intenção. Poderia ser de outra maneira?

Há ainda historiógrafos que distinguem, no interior do campo das fontes voluntárias, as de "caráter público" (no que se refere à sua recepção) e as de "caráter privado". De fato, há uma modalidade distinta de intencionalidade nas fontes que são produzidas para serem postas a circular ou serem exibidas publicamente – como as crônicas de figuras ilustres, os decretos régios, as estatuárias comemorativas, os jornais, os livros publicados em certa época e inúmeras outras – em contraste com as fontes de intencionalidade privada, como as correspondências ou, no limite, os diários, que apresentam como único leitor previsto o próprio autor do texto, em diálogo íntimo consigo mesmo. Mas já vimos que o diário – concebido no interior de uma prática intimista a que não se pretende dar acesso a ninguém – pode ser posto mais tarde a circular, o que já o modifica, pois o transforma em "livro de memórias", por assim dizer, no qual as informações que antes se queria privadas passam a ser oferecidas ao público, como foi o caso do *Diário da secretária de Hitler*, escrito em 1947 e publicado na década de 1990.

4.2 As fontes involuntárias introduzidas pelas duas grandes revoluções documentais

É importante destacar que a historiografia ocidental beneficiou-se de duas grandes revoluções documentais que gradualmente introduziram as fontes involuntárias de diversos tipos na palheta historiográfica. Primeiro, com a historiografia do século XIX, os arquivos nacionais e municipais – organizados nos grandes Estados europeus e nas Américas – proporcionaram a conservação e consulta de todo um conjunto de fontes que dizia respeito à estrutura administrativa dos grandes poderes constituídos. Conforme veremos em um capítulo adequado, o conjunto de fontes voluntárias e involuntárias inicialmente acomodado nos arquivos oitocentistas atendia perfeitamente às demandas de uma historiografia essencialmente política.

Já a segunda revolução documental foi promovida por novos setores da historiografia na primeira metade do século XX, a exemplo da célebre Escola dos *Annales* e de outras vanguardas historiográficas do novo século. No primeiro e mais audacioso de seus lances metodológicos, esta Nova História passou a privilegiar francamente novos setores de vestígios não intencionais, ou daquilo a que estamos nos referindo como fontes involuntárias.

Não foram eliminadas da prática historiográfica, certamente, as fontes autorais, e o próprio Lucien Febvre (1878-1956), um dos grandes líderes da *Nouvelle Histoire*, trabalha ele mesmo com inúmeras delas em suas biografias sobre *Philippe II* (1912), *Lutero* (1928) ou *Rabelais* (1942). De todo modo, as fontes não voluntárias, particularmente aquelas que poderiam ser serializadas de modo a se converter em uma documentação massiva pronta a revelar aspectos da vida coletiva, tornaram-se a grande novidade introduzida pelas dimensões da História Econômico-Social, da História Demográfica, ou mesmo da História das Mentalidades, todas elas passíveis de serem trabalhadas de acordo com a abordagem igualmente inovadora da História Serial.

Nos momentos iniciais da revolução documental dos anos de 1930, e nos quarenta anos seguintes – período áureo da serialização historiográfica –, historiadores dos mais distintos matizes teóricos acorreram às novas possibilidades documentais. No âmbito do Materialismo Histórico, teríamos desde o Ernst Labrousse (1895-1988) do célebre ensaio de 1933 sobre *O movimento dos preços*, até o Pierre Vilar (1906-2003) dos estudos sobre a Catalunha[28]. Entre os anos de 1955 e 1960, Pierre Chaunu (1923-2009) traria a monumental realização de uma tese em doze volumes na qual, juntamente com sua esposa Huguette Chaunu, procede a exaustivas quantificações e serializações de modo a rastrear as flutuações do comércio entre *Sevilla e o Atlântico* (1955-1960)[29]. No âmbito da História Local, a contribuição pioneira relacionada ao uso das fontes massivas seria a de Pierre Goubert (1915-2012), com sua tese sobre *Beauvais et le Beauvaisis* (1960). Por aí seguem indefinidamente os exemplos historiográficos.

Todos esses exemplos mostram a possibilidade de unir a serialização ao tratamento de alguns tipos de fontes não voluntárias. Registros comerciais, relatórios do censo, documentação cartorial e inúmeras outras fontes não voluntárias – ou materiais e conteúdos produzidos para amparar a vida prática e o contratualismo corrente – passam a ser utilizadas pelos historiadores em séries, revelando aspectos da vida social, material, econômica, perfis populacionais, tendências de mentalidades e tantas outras instâncias.

Para além das fontes que se prestam particularmente bem à operação da serialização, são fontes não voluntárias todos os vestígios e objetos da cultura material que nos chegam através da Arqueologia. Os objetos materiais, cada qual feito para atender à sua finalidade específica em sua própria época de uso, tornam-se no futuro fontes involuntárias que se disponibilizam aos historiadores, ao lado de toda a diversificada e exaustiva documentação produzida pela burocracia, pela normatização social e pelo controle estatal ou institucional. No tocante a estas últimas, há uma enorme quantidade de documentação que em determinado momento de sua utilidade para a vida cotidiana permanece guardada

---

28. Para a reflexão de Pierre Vilar (1906-2003) sobre essa modalidade historiográfica, cf. "Pour une meilleure compréhension entre économistes et historiens. Histoire Quantitative ou économie rétrospective?" (1982, p. 295-313).

29. Chaunu também produziu ensaios teórico-metodológicos sobre as modalidades da História Serial e da História Quantitativa, entre os quais aquele que se intitula "História e Ciências Humanas – a História Serial", e que está incluído na coletânea *A História como Ciência Social* (1976, p. 68-102).

em cartórios, fóruns judiciais, arquivos institucionais (como os registros paroquiais das Igrejas), órgãos estatais de registro e controle social, mas também nos ambientes de administração privada e empresarial. Toda essa documentação não foi certamente produzida para ficar para a história, mas sim para dar conta de uma série de necessidades da vida prática, cotidiana e social. Para retomar uma nomenclatura já comentada, são resíduos de ações práticas.

À parte a possibilidade de distorções informativas, essas fontes não voluntárias que dão conta da memória infraestrutural da sociedade costumam transmitir informações e evidências que não estão relacionadas a uma intenção testemunhal[30]. Elas não procuram ostensivamente forjar uma imagem, afirmar uma identidade construída ou demarcar uma posição ideológica. Uma documentação de censo, por exemplo, atendeu em sua época aos objetivos de conhecimento, organização e controle de um Estado em relação à população que ele precisava governar. É claro que as categorias de um censo podem ser definidas e criticadas ideologicamente – o que ocorre frequentemente em relação aos critérios que procuram subdividir a população em etnias ou raças –, mas mesmo isso é informação involuntária acerca do imaginário racialista de uma sociedade. De todo modo, os números envolvidos na feitura do censo – e mais ainda em dossiês sigilosos da administração pública – tinham à sua época a função de ajudar ao próprio governo com informações tão precisas quanto possível. Nas gerações seguintes, tais informações passam a beneficiar aos historiadores, que se colocam em busca de novos problemas para os quais tais fontes não foram pensadas originalmente.

A não intencionalidade das fontes não voluntárias e da documentação ligada à memória infraestrutural fez com que, durante décadas, muitos historiadores considerassem esse tipo de documentação superior às fontes autorais, que haviam sido utilizadas amplamente pela historiografia dos séculos anteriores, mais particularmente a documentação autoral voltada para a História da Política. Predominou entre os anos de 1930 e 1970, ao menos em certos setores da historiografia acadêmica, essa ideia de que a fonte não intencional poderia trazer para o historiador informações mais diretas, não mediadas por interesses de grupos sociais específicos ou por pontos de vista individuais encaminhados por um autor.

---

30. Não nos referimos aqui ao papel operacional das testemunhas de contratos e documentos diversos, meramente burocrático e com a finalidade única de registrar objetivamente que presenciaram o fato descrito no documento – o casamento, uma compra e venda, uma herança, a celebração de um contrato, ou qualquer outro.

A partir da década de 1980, as fontes autorais voltam a ocupar uma posição importante, já dominadas por técnicas como a Análise de Discurso, a avaliação de vocabulário, a contextualização sistemática, o rastreamento de posições ideológicas, a pesquisa sobre as intertextualidades de um discurso, a compreensão da recepção como instância que interfere na própria produção desse discurso. O fato de uma fonte ser intencional, dessa maneira, não traz uma limitação para o historiador, mas até mesmo lhe oferece uma outra nuança de riqueza, desde que o pesquisador se posicione metodologicamente e recoloque seus problemas históricos de uma forma tal que seu objetivo não se limite a colher informações, mas sim a analisá-las no interior de discursos, de práticas e representações.

De igual maneira, abordagens como a da Micro-História desenvolveram a astúcia de apreender o detalhe, de captar o não dito, de fazer falar o silêncio das fontes, de estudar uma fonte pelas suas margens. Através desses caminhos, o involuntário também pode falar no interior de uma fonte voluntária. Nesse sentido, a partição de fontes de acordo com o critério da intencionalidade, dividindo-as em "voluntárias" e "não voluntárias", não implica em que uma dessas categorias tenha precedência sobre a outra. A antiga fetichização da documentação serial passou a ser criticada, nesses termos, por uma historiografia que começou a se abrir novamente para possibilidades antes reprimidas, como a narrativa, o acontecimental, e também para alternativas inéditas, como a ampliação da escala de observação[31], sem falar na multiplicação de tipos de fontes de natureza diversificada, como as iconografias, o cinema, o som musical.

4.3 Aspectos involuntários presentes nas fontes voluntárias; aspectos voluntários presentes nas fontes involuntárias

Quero finalizar rompendo a dicotomia atrás estabelecida entre fontes voluntárias e fontes não voluntárias, em pelo menos mais um ponto importante. A questão é que só podemos falar nos termos dessa dicotomia *grosso modo*. Já comentamos que as fontes voluntárias – uma fonte de tipo autoral, por exemplo – frequentemente apresentam uma margem de informações e de aspectos involuntários que

---

31. Em outra obra, comentei que a utilização da ideia de que a Micro-História trabalha com uma "redução da escala de observação" – como se diz erroneamente, mas com muita frequência – constitui rigorosamente um erro. O que a Micro-História faz é precisamente o contrário: ampliar a escala de observação e reduzir o lócus de observação. Cf. BARROS, 2017, p. 88, nota de rodapé n. 88, e p. 201.

podem ser apreendidos pelo historiador-analista. Um autor, além de falar o que pretendia, sempre fala involuntariamente de muitas outras coisas. O hagiógrafo que descreve e enaltece o seu santo também acaba, em suas narrativas, falando involuntariamente da vida cotidiana de sua época, das hierarquias sociais de sua sociedade, dos modelos imaginários que a perpassam, da cultura material daqueles que habitam seu mundo.

Quero acrescentar agora que também as fontes que costumamos classificar como não voluntárias podem incluir aspectos voluntários, discursivos, e certamente ideológicos. Evoquei mais atrás o exemplo da garrafa – um objeto da cultura material que existe para conter um líquido que será consumido em algum momento. A garrafa parece ser um objeto neutro, que se ajusta à sua função. Ela pode, no entanto, ter colada a si um rótulo bem demarcado por intenções (uma "inscrição", por assim dizer). Mas quero evocar um exemplo ainda mais sutil.

Digamos que um arqueólogo encontra em certo sítio um conjunto de cem carteiras escolares, duas das quais com o tampo para escrever do lado esquerdo. Um conjunto assim também sinaliza para um discurso: o de que, naquela sociedade, são respeitadas as minorias (no caso, a minoria canhota, que se vê representada em sua porcentagem mais adequada de cadeiras). Podemos ler nesse conjunto de cadeiras uma informação involuntária (tal sociedade apresenta 2% de canhotos no seu perfil demográfico), e talvez uma informação voluntária (aquela sociedade respeita minorias; ou, talvez, quer parecer que respeita minorias). Mesmo um objeto de cultura material também pode conter discurso, para além da própria função que está materializada em sua forma. Retomaremos essas implicações logo a seguir, na parte deste texto em que falaremos sobre as "fontes materiais".

Classificar fontes como voluntárias e não voluntárias é apenas um exercício inicial para pôr ideias em movimento. No passo seguinte, precisamos reconhecer que as sociedades – e as fontes históricas que elas nos deixam – são sempre complexas. As taxonomias, com as subdivisões e contrastes que criam, devem ser compreendidas apenas como recursos imperfeitos com vistas a uma aproximação da realidade. As taxonomias ajudam-nos a colocar problemas importantes para os objetos de estudo que consideramos, conforme foi mostrado anteriormente. Todas essas reflexões sobre as diferentes categorias de fontes históricas não devem ser consideradas senão em função das possibilidades por elas proporcionadas para uma compreensão mais complexa da relação entre o historiador e suas fontes.

5

A qualidade da fonte
Suporte/mensagem

5.1 Fontes materiais e fontes culturais

Um critério de "qualidade" permite pensar uma nova subdivisão de categorias para as fontes históricas. Na já referida taxonomia proposta por Aróstegui em *A pesquisa histórica* (1995), distinguem-se no interior desse critério as fontes "materiais" por oposição às "culturais". As fontes materiais seriam as fontes arqueológicas por excelência – "aqueles documentos históricos cujo valor informativo reside, em primeiro lugar, em sua própria materialidade", e que, acrescenta Aróstegui, são fontes que interessam como objetos. Enquanto isso, as "fontes culturais" corresponderiam àquelas que "interessam por sua mensagem, da qual o próprio objeto é mero suporte"[32].

As designações utilizadas por Aróstegui são algo problemáticas, uma vez que os objetos que seriam classificados segundo esse critério taxonômico como "fontes materiais" não deixam de ser também produtos da cultura – ou seja, fontes da cultura material. Além disso, não há propriamente esse objeto que apenas se confunde com o suporte, e que não traz em si mesmo alguma mensagem (mesmo que velada), que não seja ponto de confluência de certos padrões de representação, ou que não seja passível de revelar através de sua forma, e mesmo de seu material concreto, inserções simbólicas.

De algum modo, qualquer objeto sempre termina por realizar, em sua própria forma e matéria, determinado imaginário, tal como propõem alguns

---

32. ARÓSTEGUI, 1996, p. 500.

autores[33]. De igual maneira, existem estudos historiográficos que já avançaram há muito pela questão de que um livro, por exemplo – uma "fonte cultural" segundo a categorização de Aróstegui –, deve também ser analisado levando-se em consideração "o suporte que o dá a ler"[34]. Mesmo que analisemos a fonte fundamentalmente através de sua mensagem – de seu texto propriamente dito –, é preciso considerar que esse texto foi construído de uma determinada maneira também em função do suporte-livro, para além de estratégias editoriais várias que enquadram seu texto, situam-no em um padrão, impõem limites à sua extensão. A esses problemas e desafios, relacionados aos diferentes tipos de suportes e de estratégias envolvidas nos distintos meios de circulação dos textos e objetos, voltaremos em um capítulo à parte.

5.2 Fontes de conteúdo

Por ora, façamos os últimos ajustes para aprimorar uma taxonomia de fontes historiográficas que seja mais adequada aos tempos modernos. Seria útil, quem sabe, aprimorar esse critério taxonômico que seria o da "qualidade". Talvez criar alguma categoria mais complexa do que meramente as "fontes culturais" para opor às "fontes materiais". Tal poderia ser resolvido, segundo propomos, com a expressão "fontes de conteúdo", que neste caso poderão, ou não, vir acompanhadas de seu suporte original.

O livro *Dom Quixote de la Mancha* (1605), de Miguel de Cervantes (1547-1616), não precisa ser analisado historiograficamente junto a um suporte-livro definido, nem tampouco em um dos exemplares de sua primeira edição espanhola, e muito menos nos próprios manuscritos elaborados por Cervantes antes de encaminhá-lo para os processos de editoração impressa. Em síntese, a análise do conteúdo textual do *Dom Quixote* não precisa vir conectada ao seu suporte-livro (a não ser que o problema histórico assim o exija), particularmente se considerarmos que tal suporte-livro já se multiplicou através de inúmeros formatos editoriais e também

---

33. Segundo Gastón Bachelard (1943), "a imaginação de um movimento reclama a imaginação de uma matéria". A partir de um enfoque que não deixa de ser similar, os objetos e artefatos são encarados como complexos de tendências ou "redes de gestos" por Leroi-Gourhan. O vaso, por exemplo, seria uma materialização da tendência geral de conter fluidos (LEROI-GOURHAN, 1943, p. 18). Cf. BARROS, 2004, p. 32-33.

34. CHARTIER, 1990, p. 127.

virtuais, e que, além do mais, o texto já se apresenta em nossa cultura como um clássico bem traduzido para uma infinidade de línguas.

O *Dom Quixote de la Mancha*, tal como os milhões de textos literários e de outros tipos que se disponibilizam para as análises historiográficas, é uma obra que pode ser abordada pelos historiadores e outros analistas a partir do seu conteúdo, aqui entendido como a fusão de mensagem e forma textual, pois também se considera modernamente que essas instâncias só se separam artificialmente e com frequência com dificuldades que levam a perder algo na análise.

Teríamos assim, de acordo com uma nova proposta – ou conforme uma nova taxonomia que estamos propondo agora – o contraste entre as "fontes materiais" propriamente ditas e as "fontes de conteúdo", nesta última categoria incluindo-se aquelas fontes cujo conteúdo é em certo sentido separável da matéria, não se confundindo com ela, distintamente do que ocorre incontornavelmente com os objetos de cultura material. Entrementes, ao lado dessas categorias deveria entrar uma terceira – a das "fontes imateriais" – conforme discorreremos a seguir.

A tendência historiográfica atual é entender como fonte histórica não apenas aquelas que possuem um suporte definido, mas também as mensagens, conjuntos integrados de práticas e representações, verbalizações e não verbalizações que circulam livremente sem uma matéria na qual se fixam e que as imobilizam. Consideremos por exemplo um anedotário, um conjunto de piadas que é patrimônio de determinado circuito cultural. Tais piadas, disseminadas através da cultura oral, também podem se tornar fontes para o historiador. Hoje em dia, por exemplo, tem-se o conceito do "patrimônio imaterial". Podemos pensar nas potencialidades historiográficas de uma receita alimentar, uma técnica de bordado, um modo de construir algo, uma festa dramática, um ritual religioso. Estes bens ou patrimônios imateriais também podem vir a se constituir em fontes para o historiador. Como não considerá-los? Certo conjunto de gestos, perceptível nos modos como os indivíduos de uma população desenvolvem sua sociabilidade, pode se tornar igualmente evidência histórica. O cavalheiro oitocentista que na via pública retira o chapéu para cumprimentar outro, como já observamos, traz uma herança secular e transformada do gesto do cavaleiro medieval que, em sinal de paz e de postura desarmada, retira o elmo, abrindo mão de um recurso importante para a defesa do guerreiro.

Proponho, para começar, uma tríplice divisão das fontes históricas em relação ao critério "qualidade", à qual retornarei com mais detalhe e considerações sobre suas principais implicações no capítulo 7 deste livro. Conforme esta tripartição, poderíamos classificar as fontes históricas em: (1) "fontes materiais": aquelas em que o que estará sendo analisado integra-se à matéria mesma, com ela se confundindo; (2) "fontes de conteúdo": as quais admitem suporte, mas que também podem se deslocar livremente através de reedições em outros tipos de suporte que não o original, além de serem comunicáveis por meio de recursos diversos, inclusive as possibilidades digitais e virtuais; e, por fim, (3) as "fontes imateriais": que são aquelas que, a princípio, não admitem suporte (ou prescindem deles), e que, em vista de sua fluidez imaterial e de sua dissolução em uma tradição através da qual circulam, podem sofrer pequenas mudanças em seu deslocamento pelo mundo histórico da cultura, tal como ocorre com as festas dramáticas, rituais religiosos, anedotas, ditos populares, cantigas de ninar, receitas alimentares, sistemas de gestos, as próprias mitologias, e muitas outras manifestações culturais que circulam sem apoio do suporte material e que, a cada nova *performance* ou realização, apresentam-se com um nível de variação que na verdade se impõe como um acontecimento único e novo.

Como possibilidades de "fontes materiais" já havíamos observado a inclusão, nesta categoria, de todos os objetos arqueológicos – o que inclui os chamados vestígios pré-históricos, bem como os objetos históricos relacionados às diversas épocas históricas e ao próprio Presente. Neste último caso, os objetos modernos podem ser examinados através de uma "arqueologia industrial" mais sistemática, ou, em muitos casos, a partir da simples observação dos objetos que estão atualmente em uso ou inseridos na vida presente, mas que trazem as marcas de outros tempos.

Além disso, também aqui deveremos incluir os "lugares" – sejam os ambientes naturais ou os construídos pela humanidade, e que agora se oferecem à visão do historiador para que compreenda uma sociedade que ali habitou ou que daquele ambiente em questão se utilizou. A inclusão dos lugares, inclusive os lugares naturais, entre as "fontes materiais" que se oferecem à análise histórica, é particularmente oportuna a partir do século XX, pois quando a Geografia passou a dialogar interdisciplinarmente com a História, a partir do trabalho de geógrafos como Vidal de La Blache e historiadores como Fernand Braudel, mesmo uma simples paisagem natural passou a ser encarada como uma possibilidade documental importante[35].

5.3 Fontes verbais e fontes não verbais

Entre as "fontes de conteúdo", uma primeira bipartição parece se expressar em nossa cultura historiográfica, tão marcada pela palavra. Teríamos como primeiros desdobramentos das fontes de conteúdo as "fontes não verbais" e as "fontes verbais", estas últimas se constituindo, por um lado, dos textos ou registros escritos de todos os tipos, narrativos ou não narrativos, e, por outro lado, também dos chamados "arquivos provocados" pela História Oral através da prática das entrevistas.

As fontes verbais, dessa maneira, relacionam-se basicamente à palavra, ou àquilo que constitui mais propriamente um texto no sentido tradicional dessa expressão: os *escritos*, no caso de todo um universo de possibilidades que também podemos chamar de "fontes textuais", e que abarca tanto a possibilidade manuscrita como as diversas formas de registro impresso, e os *depoimentos orais*, que podem ser gravados por mídias diversas ou então anotados pelos pesquisadores que os provocam, quando então acabam por também transitar pelo escrito.

Já com as "fontes não verbais" ultrapassamos os limites da linguagem fundada na palavra pronunciada ou escrita, e passamos a contar com possibilidades como as Iconografias ou a Música. A iconografia (fotografia, pintura, arte urbana dos grafites, entre outras) constitui suas linguagens próprias, assim como a música. Temos aqui linguagens muito distintas da linguagem verbal que precisam ser compreendidas em seus próprios registros e estratégias de funcionamento, se quisermos nos acercar efetivamente delas. Uma imagem ou uma música dizem algo, porém não mais por palavras. A associação da música às palavras, no caso das canções, é um caso à parte, e constitui na verdade o encontro entre duas linguagens distintas[36].

---

35. Dessa possibilidade Braudel se vale em *La Mediterranée et le monde méditerraneén à l'époque de Philippe II* (1949), e antes dele Marc Bloch em *Les caractères originaux de l'histoire rurale française* (1931).

36. Além da canção, existem outros gêneros vocais na Música, como a cantata e a ópera – a qual incorpora também a ação cênica à maneira do teatro –, além do oratório, missa, moteto e madrigal, para citar alguns dos gêneros pertencentes à música sacra cantada. Por outro lado, existem inúmeros

Poder-se-ia introduzir aqui, para casos diversos, uma nova categoria relacionada às "fontes complexas", das quais participam tanto os elementos não verbais como os elementos verbais, tal como ocorre com o Cinema falado, o Teatro, ou os Quadrinhos. E, por fim, em um campo à parte, poderemos situar aquelas que atrás chamamos de "fontes imateriais": as realizações humanas sem registro fixo, mas que vão se movendo na sociedade e no mundo da cultura através de práticas diversas que as conservam e que permitem que essa modalidade de fontes transmita aos historiadores algo do que se passou ou que já vem se passando tempos antes: uma herança cultural, vestígios de influências culturais de outras sociedades e civilizações, modos de resistência e de dinamismo cultural, bem como sistemas inteiros que integram antigas práticas e representações (por exemplo, através dos ritos religiosos e das festas dramáticas, para apenas dar dois exemplos que retomaremos mais adiante).

Acredito que seja útil pensar, para os tempos modernos, uma nova categoria, que é a das "fontes virtuais". Estas são produzidas ou circulam nas novas mídias de comunicação, como na Internet ou na telefonia digital. Mas essa categoria tem que se entrelaçar eventualmente com outras, pois as fontes virtuais podem ser também verbais (escritos e registros de fala) ou não verbais (imagens e músicas). E certamente as fontes virtuais também podem incluir as fontes complexas (as que reúnem duas ou mais linguagens), como é o caso de registros de filmes, clipes de *YouTube* e outras tantas possibilidades. Por fim, a um *passing* de impressora, o texto ou imagem que se apresenta em registro virtual pode ser facilmente reproduzido em impresso[37].

---

gêneros musicais exclusivamente instrumentais, desde os gêneros da música de concerto que são classificáveis dentro do âmbito da música de câmara, até aqueles que são enquadráveis na música orquestral, como as sinfonias e poemas sinfônicos. Enquanto isso, na chamada "música popular", em suas inúmeras modalidades, também podemos encontrar amplamente a música instrumental. Aproveito para alertar contra a confusão equivocada entre o conceito de "gênero" na música (canção, ópera, sinfonia, quarteto etc.) e "modalidade musical" (Jazz, Rock, Música Erudita etc.).

37. Voltarei a esta classificação em "fontes materiais", "fontes imateriais", "fontes de conteúdo" e "fontes virtuais" mais adiante, no capítulo 7 deste livro, quando será possível examinar algumas implicações adicionais e dar alguns exemplos mais concretos.

6

Fontes seriáveis e fontes singularizadas

6.1 A possibilidade da serialização

Abordaremos agora o quarto critério de partilha que pode ser empregado em uma taxonomia das fontes históricas. Os anos de 1930, conforme veremos em maior detalhe em um capítulo posterior, trouxeram a primeiro plano uma nova possibilidade de tratamento de fontes históricas – particularmente através da ascensão da Escola dos *Annales* na França, a partir da terceira década do século XX. Referimo-nos ao advento da "serialização". Com esta nova possibilidade metodológica surgem na historiografia duas novas abordagens, que foram as chamadas História Serial e História Quantitativa, esta última frequentemente aliada à primeira para o estudo de certos objetos historiográficos envolvendo quantificação em economia, demografia, ou outros campos de análise.

O historiador francês Jacques Le Goff (1924-2014), ao discorrer em seu verbete "documento/monumento" sobre a ampliação do universo documental na terceira metade do século XX, chega a sustentar que haveria a partir de então uma nova "hierarquia documental", a qual situaria, em primeiro plano, fontes como a documentação de cartórios ou também os chamados "registros paroquiais", correspondentes a uma documentação massiva capaz de permitir aos historiadores acessar as "massas dormentes"[38].

---

38. LE GOFF, 1990, p. 541.

Em que pese que as últimas décadas do século XX tenham reintroduzido a importância da documentação qualitativa, desautorizando uma pretensa hierarquização da documentação massiva em detrimento de toda uma série de outras fontes igualmente importantes para os historiadores, não há como negar que, na época da fundação e primeira fase da Escola dos *Annales*, a documentação serial constituiu de fato uma grande novidade e uma ampliação extremamente importante no conceito de documentação que até então frequentava os manuais historiográficos.

Cumpre falar, dessa maneira, da "fonte serial" como uma categoria específica, por contraste em relação àquelas fontes que são tratadas qualitativamente, como um texto ou objeto único. Desde já, antes de prosseguirmos, é preciso alertar que as fontes não são seriais ou não seriais por si mesmas e sempre. Há fontes que podem ser tratadas serialmente ou não serialmente, como os jornais, processos criminais e tantas outras. E há fontes que, embora muito habitualmente possam ser tratadas serialmente – como os testamentos, certidões de nascimento, casamento ou batismo – podem ser convocadas como objetos únicos, em situações específicas, para prestar uma informação ou outra ao historiador. Por exemplo, se um historiador está elaborando a biografia de um certo personagem, pode se valer da informação contida em sua certidão de nascimento, casamento ou óbito, sem tratar estes documentos serialmente. Já a serialização ocorre quando consideramos, em conjunto, um amplo universo de certidões de nascimento, casamento ou óbito, com vistas a produzir uma certa forma de análise que é a da História Serial, a qual discutiremos a seguir.

6.2 História Serial

As fontes seriais podem ser precisamente definidas como aquelas que se apresentam constituindo um todo (uma "série"), sendo necessários para tal alguns requisitos. Devem ser, antes de mais nada, *homogêneas* – isto é, devem ser fontes de um mesmo tipo, como uma série de testamentos ou uma série de inventários. Em segundo lugar, é preciso que a série se apresente como uma *continuidade*, e não como um grande conjunto de pontos com lacunas de tempo. Tal como já mencionamos, uma determinada fonte pode ser serializável ou não. Para ser serializável, a fonte deve cumprir os requisitos fundamentais que permitam constituí-la em séries homogêneas de determinada extensão e que se prestem ao seu ordenamento.

O objetivo de uma serialização de fontes é identificar, para um determinado processo historiográfico que se tem em vista, um certo padrão, as repetições ou recorrências que ocorrem na série, mas também as variações que indicam uma tendência, os fluxos e refluxos que podem assinalar um ciclo.

6.3 Alguns exemplos de fontes seriais

Nunca é demais insistir na ideia básica de que nenhuma fonte é serial por excelência. A serialidade, ou a possibilidade de serialização, é algo que o historiador imputa na fonte. Uma certidão de nascimento é um documento único, que atende ao propósito de registrar uma nova vida. Quem a transforma em fonte serial, ao reuni-la a documentos do mesmo tipo para uma possibilidade específica de análise de conjunto, é o historiador. Não obstante, há fontes que, dadas as suas especificidades e características, podem ser serializáveis; e há outras que já apresentam certas características e singularidades que não proporcionam ou permitem esse tipo de abordagem.

Podemos lembrar os documentos indicativos de trocas mercantis, como os utilizados amplamente por Pierre Chaunu (1923-2009) em seu volumoso estudo sobre *Sevilha e o Atlântico* (1960-1965). É oportuno também destacar os testamentos, como aqueles utilizados por Michel Vovelle (1933-2018) em sua busca de identificação de uma certa mentalidade concernente ao sentimento da morte. Eis aqui dois exemplos bem conhecidos de aplicação da serialização de fontes a dois campos bem distintos: a História Econômica e a História das Mentalidades.

Inúmeros outros exemplos de fontes serializáveis poderiam ser acrescentados: documentação fiscal; registros de contabilidade de uma empresa; inventários; testamentos; registros paroquiais; ficheiros policiais voltados para a investigação criminal ou para o registro de queixas-crime; discursos políticos; anuários estatísticos; documentos censitários; sermões religiosos, classificados ou notícias de jornais.

Há também técnicas mais específicas que podem se unir à abordagem da serialização. Para isso, deve-se compreender que a serialização pode se referir a um conjunto de fontes propriamente dito, mas também a um conjunto de dados, informações ou aspectos. De igual maneira, há análises tópicas que também trabalham com a possibilidade de uma visão de conjunto de dados ou aspectos. A busca de recorrência de certas palavras em um texto, por exemplo, constitui aquilo a que se chama habitualmente de "pesquisa lexicográfica", e tal técnica pode vir combinada com a abordagem da serialização quando estendemos a pesquisa lexicográfica a todo um conjunto de textos do mesmo tipo (uma série, portanto).

A partilha taxonômica entre fontes serializáveis e fontes não serializáveis como um dos critérios dicotômicos a serem considerados, conforme se vê, permite lançar uma indagação útil às fontes que o historiador tem diante de si. Este ou aquele tipo de fonte pode ser favorecido por uma análise de conjunto, com outras fontes do mesmo tipo? Ou tal fonte obriga a um tratamento qualitativo, como fonte individualizada, como discurso singular que o historiador deve considerar em si mesmo?

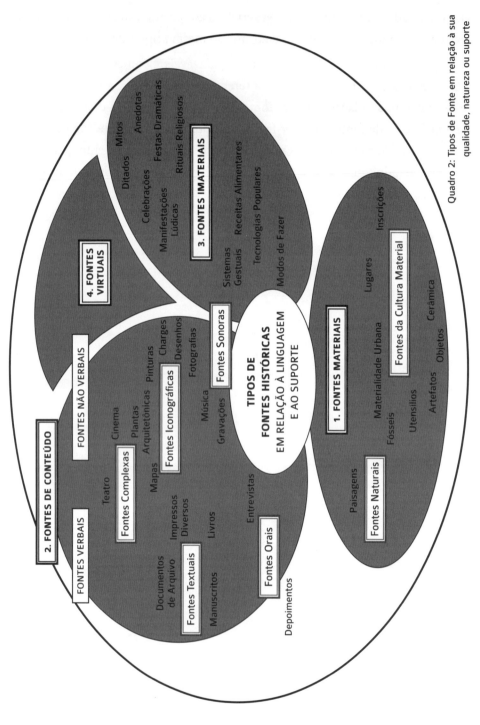

Quadro 2: Tipos de Fonte em relação à sua qualidade, natureza ou suporte

7

As fontes de acordo com suas distintas linguagens e suportes

7.1 Suportes e linguagens

Nossa escolha pessoal para uma taxonomia das fontes históricas, a qual deverá se mostrar operacional para os tempos contemporâneos, optará pela divisão das fontes conforme seus suportes e linguagens. Por isso voltaremos agora a este duplo critério – o do suporte e o da linguagem – para o desenvolvermos com maior propriedade e mais exemplos. O mesmo critério permitirá posteriormente novas divisões, de modo que até o final deste livro teremos chegado a uma taxonomia completa, ao mesmo tempo em que teremos elaborado uma reflexão de profundidade acerca das diversas modalidades e gêneros de fontes históricas disponíveis nos dias de hoje, com suas respectivas metodologias possíveis.

Já discorremos introdutoriamente (capítulo 5) sobre os tipos de fontes que podem gerar categorias relativamente aos seus suportes, possibilidades de suportes ou inexistência de suportes. As "fontes materiais", aquelas que interessam como objetos mesmos, podem ser contrastadas, como foi já discutido, em relação à constelação de categorias que chamamos de "fontes de conteúdo", as quais interessam principalmente pelas suas mensagens e conteúdos, mas que, de todo modo, admitem também suportes.

Vamos aclarar neste momento, com um esquema bem definido, a nova proposta taxonômica. O quadro 2, exposto na página anterior, foi elaborado de modo a retratar a complexidade das fontes históricas no que concerne aos diversificados suportes (ou não suportes) que a elas estão relacionados. Além disso, procuramos dar conta das linguagens que se entrecruzam com essas possibilidades de suportes.

Na organização esquemática proposta pelo quadro 2, podemos ver três grandes campos de maior destaque, que denominamos respectivamente (1) "fontes materiais", (2) "fontes de conteúdo" e (3) "fontes imateriais". Os tempos recentes, anunciadores e portadores de uma autêntica revolução digital e informática que terminou por se espraiar planetariamente, levam-nos a admitir como fontes para a história contemporânea também um universo digital que simplificaremos com a designação "fontes virtuais" (4).

No âmbito das "fontes de conteúdo", conforme se pode observar no quadro proposto, e consoante o que já havíamos aventado anteriormente, concebemos uma partição em dois hemisférios laterais, de modo a melhor ressaltar que de um lado existem as "fontes verbais", amplamente utilizadas pelos historiadores de todas as épocas, e de outro lado as "fontes não verbais", cujo uso historiográfico tem crescido muito nos tempos recentes.

Como o próprio nome já diz, as fontes não verbais ultrapassam o horizonte da linguagem verbalizada, seja ela escrita ou falada, e alcançam outros tipos de linguagens e formas de expressão, principalmente centradas na exclusividade ou predomínio da "imagem" ou do "som". Ao mesmo tempo, um grupo importante que chamei de "fontes complexas" procura abarcar os gêneros de realizações culturais – e de fontes históricas – que reúnem dentro de si mais de uma linguagem, sendo que o grande exemplar dessa multiplicidade coordenada de linguagens é o Cinema, visto que uma fonte fílmica contém verbalização (falada e escrita), imagem (seja a imagem-movimento, seja a imagem fixa das cenografias) e, por fim, o som (sob a forma de música, trilha sonora, sonoplastia e outras). Inclui-se também aqui a *performance*, através da atuação dos atores, o que implica todo um sistema de gestualizações, modos de expressão diversos, linguagens corporais, entre outros aspectos performáticos. O Teatro acompanha este exemplar em muitos aspectos.

Vamos deixar que nosso olhar se retenha, por ora, no âmbito das "fontes de conteúdo". No interior de cada hemisfério (fontes verbais e fontes não verbais) situamos alguns retângulos maiores, os quais expressam algumas categorias de fontes em relação aos tipos de suporte e à linguagem por elas empregados: escrita, oralidade, imagem, som. Nas palavras menores, sem quadratura, registramos alguns gêneros de fontes que podem ser agrupados no interior dessas categorias mais amplas, ou mesmo entre elas, se considerarmos o caso das fontes complexas[39].

Assim, os manuscritos, documentos de arquivos, livros e impressos diversos acomodam-se ou giram em torno da categoria das "fontes textuais". Mais adiante, veremos que será preciso avançar para outra linha de reflexões, de modo a que possamos compreender mais adequadamente as fontes textuais, pois existem diferentes gêneros de textos como os tratados comerciais, processos criminais, ensaios, obras literárias, testamentos, certidões, diários, relatos de viagem, apenas para dar exemplos de alguns itens relacionáveis a uma diversidade realmente muito grande de distintos gêneros textuais. Esta segunda diversidade será exposta no quadro 3, no capítulo relacionado às "fontes textuais".

Por enquanto, como o que nos interessa neste momento é principalmente falar sobre a combinação entre os suportes e as modalidades mais amplas de linguagens (verbal, imagística, sonora, digital), vamos apenas entender as fontes textuais nos termos de divisões mais simples como os "manuscritos" e as "fontes impressas" (os "documentos de arquivo" e os "livros", na verdade, não deixam de ser submodalidades de fontes impressas, lembrando-se ainda que, nos tempos mais recentes, surgiu a possibilidade das fontes digitalizadas e disponibilizadas na rede mundial de computadores).

7.2 Fontes textuais, fontes iconográficas e fontes sonoras como subcategorias das "fontes de conteúdo"

As "fontes textuais", as "fontes orais", as "fontes iconográficas" e as "fontes sonoras" (incluindo aqui não apenas as "fontes musicais", mas também gravações de todos os tipos) podem ser compreendidas, tal como já ressaltamos, como subcategorias das já mencionadas "fontes de conteúdo".

Para os historiadores, essa primeira variedade de fontes adquire importância, principalmente, pelo conteúdo que transmitem. Isso posto, é importante considerar que essas "fontes de conteúdo" também podem apresentar um suporte qualquer, ou uma materialidade que permite que o conteúdo seja exposto de uma

---

39. O retângulo "fontes complexas", rigorosamente, não deveria se localizar em nenhum lugar, pois se espalha um pouco pelo esquema todo. Mas decidimos indicar sua presença no quadro, de modo a que esse aspecto pudesse ser levado em consideração nas reflexões que desenvolveremos a seguir.

maneira ou de outra. Se não houver um suporte material tradicional, como o suporte-livro ou qualquer outra forma de materialidade impressa, ao menos deve ocorrer ou ser assegurada a ocorrência de um meio de transmissão qualquer para esse conteúdo. A oralidade e a virtualidade são dois exemplos de transmissores substitutivos de suportes materiais, pois um poema sempre pode ser recitado por alguém que o memorizou, ou transmitido instantaneamente pela Internet.

As quatro modalidades básicas de fontes de conteúdo também implicam diferentes tipos de linguagens que devem ser bem compreendidas, conforme já veremos, pois a escrita e a verbalização oral trazem implicações bem distintas quando comparadas àquelas que são trazidas pela imagem ou pela sonoridade. Uma fonte textual, por exemplo, apresenta-se frequentemente em suporte-livro, jornal, revista, ou qualquer outro. Nos dias de hoje, conforme já assinalamos, o mesmo texto que está registrado nas páginas de um livro também pode ser transmitido via Internet, adquirindo uma existência virtual, ou pode ser registrado em CDs e DVDs, assumindo uma existência digital. Não obstante, o que interessa principalmente na fonte textual, quando esta é utilizada pelo historiador, costuma ser essencialmente seu conteúdo, ainda que uma reflexão sobre o suporte original de um texto possa ou deva também ser incorporada à análise historiográfica, tal como têm proposto autores como Roger Chartier (1994) e Alberto Manguel (2004) em suas reflexões sobre a modalidade "livro".

De igual maneira, podemos apreender diretamente ou indiretamente cada texto hieroglífico desenhado nas paredes de uma pirâmide, ou que se encontre talvez registrado em um papiro originário do Egito antigo. Em cada um desses casos, o historiador precisará ter consciência de que o suporte trará eventualmente implicações bastante importantes para a análise historiográfica, embora o principal da análise se volte mesmo para o conteúdo, ao menos nos casos em que a mensagem textual for o principal objetivo historiográfico. Ou seja, os historiadores devem considerar em suas análises que há implicações concernentes ao fato de um texto ter sido escrito originalmente no suporte-livro, em suporte papiro, nas paredes de uma pirâmide ou em um muro urbano; mas, de todo modo, ainda assim eles poderão aqui analisar textos e imagens que importam muito mais pelo seu conteúdo.

Considerar o suporte em algum nível é importante, sim, para a análise historiográfica. O autor de um grafite clandestino, por exemplo, precisou materializar sua mensagem escrita de maneira muito rápida, de modo a não ter corrido o risco de ser capturado pela polícia. O papiro apresenta formas de degradação e preservação distintas do papel moderno, utilizado no livro, e este atende também aos ditames editoriais, que trabalham para transformar o objeto livro em algo atraente para seu provável consumidor. O suporte, enfim, é importante. Não obstante, não há de fato como negar que, nas "fontes de conteúdo" – como, por exemplo, as fontes textuais –, o conteúdo ou a mensagem situam-se diretamente no centro da análise, ao contrário do objeto de cultura material que estiver sendo analisado de um ponto de vista arqueológico, no qual a análise da materialidade ocupa uma posição fundamental na interpretação do objeto.

O suporte, além disso, não deve ser apenas considerado para o caso das fontes textuais. Também a "fonte iconográfica" – uma pintura, por exemplo – é sempre produzida originalmente em um suporte, como é o caso dos "quadros" em óleo sobre tela que afloram na pintura ocidental a partir do Renascimento italiano. Mais ainda: este suporte é único, de maneira que só existe uma única *Mona Lisa* original produzida em 1503 pelo pintor renascentista Leonardo da Vinci (1452-1519). Entrementes, a verdade é que a imagem da *Mona Lisa* pode ser transmitida através de inúmeras reproduções, e também através dos recursos virtuais dos tempos contemporâneos, da mesma forma que ocorre com um texto. À parte isso, interessa-nos neste momento, essencialmente, que, quando o historiador se aproxima da *Mona Lisa*, estará analisando principalmente seu conteúdo imagético, embora em uma pesquisa ou outra possa ocorrer o tratamento dessa fonte – no caso, a *Mona Lisa* original – como objeto material.

Vamos considerar agora as "fontes sonoras", e um grupo particularmente importante no âmbito dessas fontes, que é aquele representado pela "fonte musical". A música pode ser transmitida através de partitura, ou realizada em sonoridade através da gravação em CD que concretiza o registro de uma *performance* específica. Além disso, a Música – e *performances* específicas de uma determinada música – também pode ser passível de transmissão através de meios virtuais, tal como é extremamente comum nos dias de hoje.

Analisar historiograficamente as fontes musicais implica conhecer bem esta linguagem que é a Música – compreender o que é uma escala, um acorde, as formas musicais, os diversos gêneros de música e inúmeros outros aspectos. Mereceria um livro específico a discussão dos elementos dos quais os historiadores precisarão se acercar nos momentos em que desejarem efetivamente trabalhar com fontes musicais. É preciso conhecer conceitos como o de polifonia, monodia, homofonia, entender o que é a harmonia e como sobre ela pode ser ajustada uma melodia, ou vice-versa. Mas por ora não nos deteremos nesses aspectos, que nos desviariam demais do assunto mais geral proposto por este livro introdutório sobre as fontes históricas[40].

Quero voltar à categoria mais ampla das "fontes de conteúdo". A grande importância historiográfica do "conteúdo" transmitido por essas modalidades básicas de fontes – sejam elas textuais, visuais ou sonoras – fez com que as denominássemos, na categorização anterior, como "fontes de conteúdo", modificando um pouco a terminologia que já havia sido utilizada na taxonomia proposta por Júlio Aróstegui no início do século XXI. Este novo conceito, aqui empregado para ressaltar a distinção entre esse universo complexo de fontes e o igualmente grande conjunto das "fontes materiais", parece-nos mais adequado para abordar o problema da vasta complexidade de tipos de fontes históricas na historiografia contemporânea, mesmo com todas as ambiguidades que a expressão possa comportar.

Mencionei ainda as "fontes imateriais", representadas na parte direita do quadro 2, que de modo geral são aquelas que não admitem o suporte, ou que dele prescindem muito claramente. Um sistema de gestos, uma festa dramática, um ritual religioso, uma prática que sobrevive milenarmente através de suas repetidas variações, uma outra prática que já foi até mesmo tombada como "patrimônio cultural imaterial"... eis aqui alguns exemplos que podem se referir a um tipo de fonte que, rigorosamente falando, não comporta o suporte material. Essas fontes, imateriais por excelência, reatualizam-se a cada momento, e delas podem se valer os historiadores de muitas maneiras, sem que se apresente aqui o suporte, nem obrigatória nem circunstancialmente.

Nada impede, é claro, que alguém filme uma *performance* de festa dramática, e com isso superponha a essa realização específica de uma festa dramática uma nova fonte, audiovisual, que é a mídia onde foi ou será gravada a fonte imaterial. Mas agora teremos de fato uma nova fonte, pontual, visual e sonora ao mesmo tempo, gravada no suporte mídia escolhido. Da mesma maneira, podemos facilmente gravar um comediante performatizando um repertório de anedotas que já fazem parte da cultura popular, e assim por diante. A piada – a fonte imaterial em si, já integrada a um repertório popular de anedotas que circula na sociedade – deve ser distinguida, é claro, da *performance* específica daquela piada que foi gravada pelo pesquisador. Temos aqui, enfim, duas fontes envolvidas em

---

40. Desenvolvi o tema da análise historiográfica de fontes musicais em BARROS, 2018, p. 352-372.

superposição: a piada circulante – "fonte imaterial" – e a piada performatizada, gravada no registro digital em determinado lugar e data.

Ainda a propósito das "fontes imateriais", quero registrar que o empenho dos governos modernos em registrar o patrimônio coletivo, e tombá-lo com vistas à sua preservação, fez com que muitas Constituições, nos diversos países da atualidade, obriguem ou recomendem a criação de "livros de registro" relativos a essas "fontes imateriais". Para citar o caso do Brasil, foi instituído o *Registro de Bens Culturais de Natureza Imaterial*[41], e com isso surgiram alguns livros oficiais que buscam colocar por escrito algumas sinalizações e referências relacionadas a essas fontes imateriais. Há o *Livro de Registro dos Saberes*, o *Livro das Formas de Expressão*, o *Livro das Celebrações* e o *Livro dos Lugares*. Conforme se vê, aqui se entrecruzam a produção imaterial e esses novos registros "textuais-imagéticos" que foram elaborados para atender à legislação de preservação do patrimônio cultural. O historiador pode então dispor de fontes que se transmitem de forma oral, prática ou performativa, mas que também se acham registradas em impressos produzidos pelos organismos estatais[42].

Compreender tal duplicidade e superposição de fontes performativas e de fontes imateriais, que podem se referir à mesma realização cultural, é muito importante para os historiadores. Assim – à parte a possibilidade de serem cuidadosamente registradas em fontes impressas e digitais que apenas as replicam parcialmente, seja através de indícios postos por escrito ou de uma *performance* específica que foi gravada –, as fontes imateriais correspondem, de fato, a uma diversidade de realizações culturais em potencial que estão circulando pela sociedade através de inúmeras práticas, transmissões orais e *performances* específicas[43].

---

41. Decreto n. 3.551/2000.

42. "Em 20 de dezembro de 2002, o Ofício das Paneleiras de Goiabeiras foi o primeiro bem cultural catalogado no *Livro de Registro dos Saberes*, por solicitação da Associação de Paneleiras de Goiabeiras e da Secretaria Municipal de Cultura de Vitória, com o objetivo de preservar o saber tradicional relacionado à fabricação artesanal de panelas de barro em Goiabeiras Velha, Vitória (ES)" (CASTRO, 2008, p. 17).

43. Assim, o *Livro dos Saberes* – registro escrito e oficial do patrimônio nacional brasileiro no que concerne "aos conhecimentos e modos de fazer" – pode registrar passo a passo a receita do pão de queijo, ao mesmo tempo em que um DVD pode registrar a filmagem de uma festa dramática ou de um rito religioso. Entretanto, a fonte imaterial propriamente dita não é a receita, mas o próprio modo de fazer o pão de queijo, e o *Bumba meu boi* é a festa dramática em si mesma, e não aquela *performance* mais específica que ocorreu em um dado momento e lugar, encontrando-se agora registrada em um DVD.

No lado direito do quadro 2 situei no campo das "fontes imateriais" tanto aquelas que são conservadas e transmitidas pela prática e pelo hábito (parte de baixo), como aquelas que requerem *performances* para se manifestarem mais uma vez a cada instante, tais como os ritos religiosos, festas dramáticas, jogos infantis, narrativas de anedotas ou mitologias (parte de cima).

Um sistema de gestos, por exemplo, é incorporado quase que automaticamente por aqueles que usufruem dessa forma de expressão e modo de comunicação. Aponta-se com o dedo indicador para sugerir certa direção (e não com o dedo anelar ou o mínimo). Acena-se de um jeito ou outro para denotar boas-vindas ou dizer adeus. Utiliza-se certa combinação ou disposição dos dedos para sinalizar vitória ou para insultar um oponente. Isto é feito automaticamente por aqueles que pertencem a uma mesma cultura, e os historiadores podem tratar esses vários gestos ou sistemas gestuais como "fontes imateriais" a serem analisadas.

Ainda sobre as fontes imateriais, quero ressaltar que o esquema proposto tenta resolver visualmente alguns problemas difíceis, concernentes à organização gráfica e à complexidade real relacionada ao que são realmente as fontes históricas. Por exemplo, há músicas – tais como as canções de ninar, os cantos de trabalho, as canções folclóricas de modo geral e aquelas pertencentes às tradições rituais e religiosas – que deveríamos localizar neste setor, uma vez que pertencem a uma tradição circulante e imaterial. No entanto, além de constituir um conjunto indefinido de "fontes imateriais", tal produção musical folclórica também faz parte do universo das "fontes musicais" (ou das fontes sonoras). Por causa disso, no esquema proposto (quadro 2) fizemos com que ficasse atravessado o retângulo relativo às "fontes sonoras", fazendo-o tocar também nesse setor à direita do quadro (as "fontes imateriais"). Foi uma tentativa de simbolizar essa possibilidade de imaterialidade da música, que de fato ocorre devido à própria natureza da experiência musical, embora a maior parte das realizações musicais efetivas, em geral autorais, possa ser perfeitamente considerada como "fontes de conteúdo", "não verbais", enquadráveis nas "fontes sonoras".

As "fontes materiais" (1) constituem um capítulo à parte, com muitas implicações, as quais não poderão ser abordadas todas nos limites deste livro. Conforme já foi dito, as "fontes materiais" devem ser compreendidas como aquelas que *são* o próprio suporte (os objetos de cultura material), ou que se valem muito demarcadamente de suportes específicos para transmitir mensagens e conteúdos em diferentes tipos de linguagens, em distintos níveis simbólicos, e integrando variadas funções.

As "inscrições", por exemplo, apresentam uma mensagem escrita que se mostra inseparável do seu objeto, e um grafite certamente não faz sentido fora do muro que se tornou seu corpo. Enquanto isso, um poema adquire vida própria fora do livro em que foi publicado pela primeira vez, e pode ser lido em voz alta sem necessitar desse suporte para sua plena compreensão. De fato, quando ouvimos um poema, é o texto o que realmente importa – a não ser, é claro, no caso muito específico da "poesia concreta", que une o discurso poético a uma certa disposição gráfica que se torna, ela mesma, parte do poema e fornecedora de sentido.

Fontes materiais por excelência são os objetos, os utensílios e artefatos, mas também a espacialidade material, tal como o tecido viário através do qual o historiador pode ler a história da cidade, e também os "lugares" nos quais "se concentram e se reproduzem práticas culturais coletivas, como mercados, feiras, santuários e praças"[44].

Quero chamar atenção para um problema importante que concerne à análise das "fontes materiais". No caso delas, a forma material é a questão de primeira ordem, além dos materiais concretos que constituem substancialmente a fonte. Isso não quer dizer, contudo, que essa modalidade de fontes não apresente questões ideológicas, simbólicas e discursivas a serem analisadas. Pretendo mostrar isso a partir de alguns exemplos bem simples. O primeiro deles refere-se ao fato de que, nos objetos materiais, a forma e a função acham-se particularmente integradas, de modo que é possível analisar uma a partir da outra, o que é particularmente importante para a análise historiográfica.

Pensemos por exemplo em uma ponte. Este artefato urbano ou rural – ou este "fixo", para retomarmos uma terminologia proposta pelo geógrafo brasileiro Milton Santos (1926-2001)[45] – foi idealizado pelos seres humanos para cumprir uma determinada função, e é assim que as pontes reaparecem inúmeras vezes em realizações específicas que assumem, em cada caso, a forma mais apropriada. A forma abaulada de uma ponte, conforme já discuti em outra oportunidade[46], pode

---

44. CASTRO, 2008, p. 17.
45. SANTOS, 1978.
46. BARROS, 2017, p. 68.

ser compreendida como a materialização de uma função específica que é a própria razão de ser desse objeto. Melhor dizendo, quando uma fonte possui a forma abaulada, isso se dá para atender à combinação de suas duas funções principais: permitir o trânsito de uma à outra margem do rio e permitir que, abaixo de si, as embarcações circulem. Se a ponte é de içar, isso significa que, eventualmente, o rio é atravessado por grandes embarcações. Conforme se vê, a mais simples análise da forma de um objeto já permite entrever sua função, pois esta se materializa na própria matéria e formato do objeto.

Uma colher foi feita para escavar comida. Um garfo é constituído em seu formato para espetar comida e depois levá-la à boca; da mesma forma que, no formato e nos materiais que constituem uma faca, bem como na presença de um lado cortante, fica muito explícita sua função de cortar e partir. Os objetos, dessa maneira, falam de si mesmos, e de suas funções, através de seus formatos e dos materiais que os constituem. Eles também têm uma história, e devem ser inseridos na série histórica que os redefiniu, além de serem comparados com outros objetos de mesmo tipo presentes em sua contemporaneidade.

As "fontes materiais", a exemplo dos objetos, também falam da ideologia que os justifica e da simbologia que carregam. Não é possível para os indivíduos de inúmeras culturas deixar de olhar para uma coroa – com suas pedras preciosas e seu formato que imita os raios do sol – sem enxergar o simbolismo de poder que ela traz e o ápice de hierarquia que ela representa. Ao olharmos para um exército com muitos uniformes, e identificarmos neles a superposição de medalhas e insígnias de diferentes tipos e cores, também sabemos de imediato que aqueles objetos representam hierarquias, mesmo que não conheçamos exatamente o sistema de sinais neles implicado. As medalhas servem para separar os homens uns dos outros, e agrupar alguns por oposição a outros, terminando por hierarquizá-los. Podemos não conhecer o sistema de condecorações que temos diante de nós, mas somos capazes de reconhecer sua presença de um só golpe de vista ao olhar para um desfile militar.

Os exemplos são muito simples, mas ilustram o que os historiadores precisam fazer diante das fontes materiais. Precisam olhar para a forma dos objetos e para sua materialidade, situá-los em um conjunto sincrônico (objetos que com eles conviveram ao mesmo tempo), localizá-los em uma série diacrônica (a série histórica relacionada ao objeto) e daí extrair conclusões sobre a sociedade que os produziu, sobre o simbolismo que neles está envolvido, sobre as funções práticas e sociais que o objeto desempenha, sobre as ideologias e hierarquias que ele denota.

No quadro 2 situei ainda, no interior do sombreado pertinente às "fontes materiais", uma categoria de fontes que começou a ser muito considerada pelos historiadores a partir do século XX, e que chamei de "fontes naturais". Uma paisagem, um campo de cultivo, a natureza interferida pelo ser humano, passaram a ser possibilidades importantes de fontes históricas para os historiadores modernos. No esquema, podemos ver que os fósseis constituem fontes peculiares: situam-se a meio caminho das fontes naturais e dos objetos de cultura material. Os ossos e crânios humanos, por exemplo, costumam ser transformados em objetos de museu, e ali poderão ser consultados ou servir de estudo e entretenimento para olhares curiosos. Da mesma maneira, o organismo que é fossilizado – o esqueleto de um dinossauro, por exemplo – torna-se depois um objeto de cultura material exposto no mesmo museu. Podemos lembrar ainda que os ossos de animais também podem ser transformados pelos seres humanos em armas ou utensílios, de modo que, ao olhar para um osso fossilizado, devemos entender a possibilidade de pensar nele como um resíduo da natureza ou como um resíduo cultural. Devemos enxergar no osso a Natureza e o Homem, bem como sua interação.

De modo inverso, o objeto de cultura material produzido por uma civilização antiga – um machado, uma roda, um arco com suas flechas – pode retornar ao mundo material da natureza, e depois, séculos mais tarde, pode ser finalmente resgatado das camadas de terra que o separam de nós para ser catalogado arqueologicamente – gerando, então, uma imagem em um "catálogo", que constitui simultaneamente um texto escrito e imagético. Depois de ser filmado, fotografado, medido, anotado e registrado arqueologicamente no que concerne às suas características, circunstâncias e posição no sítio em que foi encontrado, o objeto pode ser conduzido a um museu, onde terminará por ter um destino similar ao do esqueleto do dinossauro.

No quadro 2 situei no âmbito das "fontes de conteúdo" uma modalidade atravessada entre as "fontes verbais" e as "fontes não verbais". As "fontes complexas", também disponíveis aos historiadores, referem-se a combinações que não podem ser desconsideradas. Temos fontes que constituem imbricamentos entre duas categorias – como a cerâmica, que é objeto de cultura material mas também é fonte imagética – ou entre muitas categorias, como o Cinema, que nos oferece o caso exemplar de uma fonte que se situa em um universo de realizações que inclui as linguagens verbal, imagética e sonora. Obra necessariamente coletiva – tanto em sua produção como em sua recepção – e multidiscursiva, incorporando todas as demais artes e um grande número de práticas tecnológicas, o Cinema também produz registros em suportes diversos: o roteiro que sintetiza a obra e a prepara para a *performance*, o filme que se mostra como produto final e depois atinge as telas para exibição coletiva, a película original e o DVD que a multiplicará em objetos culturais vendáveis, o arquivo virtual que poderá circular pela Internet e em aplicativos variados, fora toda a cultura material produzida nas filmagens através de aspectos como a indumentária e a cenografia ou relacionada à divulgação e apresentação do espetáculo cinema (cartazes, folhetos, óculos 3D). O Cinema é a complexidade por excelência. Onde situá-lo, para adequá-lo a um esquema mais simples?

Por fim, em um pequeno triângulo à parte (4), situamos as "fontes virtuais". Geradas pela Internet, as fontes virtuais podem conduzir textos e imagens, e haverá um momento em que talvez se tornem aptas a conduzir informações que permitam a "impressão" de um objeto de três dimensões. Quando um site expõe virtualmente um texto, estamos diante da fonte virtual, mas também da fonte textual que a nós se apresenta e que, facilmente, poderia ser reconduzida às páginas de um livro impresso. Podemos vislumbrar no mesmo site a imagem de uma pintura de Leonardo da Vinci ou de Pablo Picasso, e também poderemos tê-las no instante seguinte se apertarmos o comando que aciona a impressora ligada ao computador. No universo tecnológico atual, enfim, é possível um trânsito imediato entre o virtual e o impresso, e deste àquele, através do recurso de *scanner*. Se aderirmos à imaginação da ficção científica, talvez se torne mesmo possível o trânsito entre o material e o virtual – e o registro rigoroso da combinatória de padrões que constituem um indivíduo vivo poderá um dia se abrir a possibilidades como o teletransporte, no qual o material se transforma em virtual e depois é reconvertido ao seu estado material de origem. As fontes virtuais, dessa maneira, constituem um caso à parte porque ampliam as possibilidades de conversão e reconversão de fontes textuais, sonoras, imagéticas, materiais e mesmo naturais.

Para dar um último exemplo, e agora retornar ao âmbito das "fontes materiais", podemos considerar que o traçado de uma cidade – com suas ruas e avenidas, e com todos os objetos que se erguem sobre o plano urbano – constitui um imenso objeto de cultura material que, como tal, pode ser analisado pelos historiadores.

Através da sua polifonia de objetos vindos de muitos tempos distintos, a cidade nos conta muitas histórias, apresentando-se ao historiador como fonte material. Mas ela também é o próprio ambiente em que o historiador vive. A cidade pode ser vista como um grande objeto material, infinitamente complexo e desdobrado, mas também como um ambiente, ou ainda como uma macrofonte para a compreensão da história ambiental, imbricando-se ao ambiente natural que entra por dentro dela e que, junto à materialidade produzida pelos próprios seres humanos, também a constitui.

O quadro 2, enfim, procurou apenas retratar uma complexidade, e não resolvê-la. A partir de agora pretendo discorrer sobre uma categoria especial entre as "fontes de conteúdo", a qual tem sido de longe, até o dia de hoje, a mais utilizada pelos historiadores: a "fonte textual". Essa reflexão específica ocupará toda a segunda parte deste livro.

Segunda parte

As fontes textuais

Preâmbulo

As fontes textuais têm sido muito trabalhadas pelos historiadores ao longo de todo o percurso da historiografia. O que pretendo nesta parte do livro é discorrer um pouco sobre as implicações dessas fontes que lidam com a linguagem verbal na sua forma escrita – seja no modo manuscrito, impresso ou digitalizado. Além disso almejo, principalmente, expor a grande variedade de distintos tipos de fontes textuais com as quais os historiadores podem contar. Isso dará oportunidade para aprofundar alguns aspectos já apresentados na parte inicial deste livro.

Por exemplo, veremos que alguns tipos de fontes demandam serem tratados como peças autônomas de um discurso, funcionando bem como unidades que podem ser analisadas a partir de uma abordagem qualitativa, ao mesmo tempo em que outros gêneros de fontes demandam a abordagem serial propriamente dita, pois só fazem pleno sentido quando são inseridas em uma série constituída pelo historiador. E, certamente, encontraremos fontes que se prestam a essas duas ordens de abordagens. Veremos ainda que existem fontes que se assumem como um discurso fictício, criativo e imaginário, e que outras – as quais podem ser abrigadas sob a designação de "fontes realistas" – correspondem a textos que foram produzidos para criar em seu leitor ou receptor o efeito de realidade, a impressão incontornável de que eles têm diante de si um discurso sobre algo que efetivamente aconteceu.

Esta parte do livro também nos permitirá traçar um grande panorama dos diferentes tipos de fontes textuais, o que possibilitará um vislumbre da complexidade pertinente à variedade de gêneros, linguagens, produtores de discursos, receptores, estilos e modelos textuais com os quais os historiadores precisam se familiarizar com vistas ao domínio do vasto universo de fontes históricas que lhes são disponibilizadas em ambientes tão diversificados como os arquivos, a literatura corrente e já publicada, as instâncias da vida cotidiana, as coleções familiares, a Internet, a oralidade e as tradições.

8

Fontes manuscritas e fontes impressas

8.1 As fontes textuais no quadro da diversidade documental

A "fonte textual" tem dominado amplamente o universo historiográfico, ainda que tenha crescido muito o trabalho dos historiadores com fontes iconográficas e fontes sonoras (isto é, com aquelas que atrás categorizamos como "fontes de conteúdo" não verbais), e que haja também muito trabalho significativo sobre as fontes da cultura material (as "fontes materiais" propriamente ditas)[47]. De igual maneira, a Etno-História tem trabalhado amplamente com as "fontes imateriais" ao estudar os rituais, formas de sociabilidade, patrimônios imateriais, tradições, e assim por diante. Por fim, lembraremos também que, além da fonte textual, há também outro tipo de "fonte verbal" que tem crescido bastante no que se refere à sua utilização historiográfica: a "fonte oral". Esta, como já se disse, é constituída por depoimentos provocados pelo próprio historiador ao entrevistar, com as técnicas apropriadas, sujeitos históricos que vivenciaram determinados processos históricos.

---

47. O trabalho de historiadores com as fontes da cultura material permite que a História se encontre com a Arqueologia, examinando os objetos por esta trazidos de períodos anteriores, a partir de escavações. Além disso, sem necessitar dos recursos mais específicos da Arqueologia, os historiadores também podem analisar diretamente os objetos materiais que ainda participam do Presente, pois neste caso os objetos da cultura material apresentam a propriedade tanto de estarem presentes e integrados ao momento atual como de trazerem as marcas do tempo em que foram criados (e dos tempos que atravessaram através do seu uso). Basta considerar, por exemplo, o mobiliário de uma fazenda antiga, as ruas de uma cidade, ou um objeto antigo ainda em uso ou que esteja sendo utilizado para finalidades decorativas.

Isso posto, ainda que reconhecendo a vasta ampliação documental para todas essas direções possíveis – imagens, sonoridades, fontes audiovisuais, patrimônio imaterial e história oral –, a verdade é que a fonte textual tem ocupado um lugar proeminente em nossa historiografia. Vamos então avançar por dentro de algumas subcategorias e critérios que nos permitirão compreender melhor as chamadas "fontes textuais".

8.2 Fontes textuais – ou: as fontes verbais através da escrita

Fontes textuais são as fontes verbais produzidas através da escrita (pois também podemos considerar as fontes verbais produzidas pela oralidade). A transformação da mensagem ou conteúdo verbal em texto escrito pode se dar, primariamente, através de duas modalidades ou formas principais de registro: o manuscrito e o impresso. Dessa maneira, pode ser igualmente útil pensar as fontes textuais em termos de seus desdobramentos como "fontes manuscritas" e "fontes impressas", especialmente porque cada uma dessas formas de registro traz suas especificidades, problemas e desafios a serem considerados.

Atualmente, um novo modelo de registro se juntou ao manuscrito e ao impresso quando pensamos nas fontes textuais. Refiro-me ao registro digital, e à sua contrapartida virtual. Nos dias de hoje, um texto não precisa ser manuscrito ou impresso em uma folha de papel, tal como ocorria amplamente antes das últimas décadas do século XX. Um texto pode ser simplesmente digitalizado e disponibilizado na rede mundial de computadores, da mesma forma que também pode ser gravado em mídias como os *pen drives*, CDs, DVDs, HDs externos e outras formas de armazenamento da informação. De todo modo, é fácil passar ou retornar desses registros digitais ao documento impresso, bastando para tal imprimir o documento digitalizado, se isto for mais adequado. Além disso, é possível registrar através de recursos digitais (CDs, DVDs e outras mídias) ou de recursos virtuais (Internet) as fontes verbais oralizadas que foram vertidas em gravações. Por ora, contudo, vamos nos concentrar nas fontes manuscritas e nas fontes impressas propriamente ditas.

Lidar com fontes manuscritas ou fontes impressas implica ou demanda habilidades e conhecimentos distintos do historiador que se vale de um ou outro desses tipos de documentação. As fontes manuscritas, por exemplo, escritas à mão com tipos de letras diversificados para as várias sociedades e épocas – sem mencionar a própria singularidade grafológica de cada indivíduo que escreve um texto à mão – requerem frequentemente a necessidade de algum conhecimento de paleografia daqueles que delas se aproximam para fins historiográficos. É também preciso que o historiador que trabalha com documentação manuscrita adquira uma habilidade maior de ler o manuscrito com rapidez e eficiência, o que se adquire apenas com a prática e o hábito.

Para aquém do limiar histórico da invenção da imprensa[48], penetramos no laborioso mundo dos originais manuscritos que, quando convinha ou interessava, podiam ser recopiados à mão. Na Idade Média cristã, o papel dos *scriptoria* dos mosteiros medievais para a produção de cópias manuscritas foi inestimável, e não apenas visando obras religiosas e teológicas, mas ainda genealogias, crônicas régias, obras filosóficas e mesmo literatura profana. Além disso, a documentação pública também podia ser objeto de copiagem ou reprodução manuscrita, mesmo para além do limiar inicial da invenção da imprensa. Por exemplo, as "chancelarias régias" portuguesas – designação que se refere tanto à repartição medieval encarregada da redação e expedição dos atos lavrados pelo poder régio, como à própria documentação por ela produzida – mereceram recopiagem dos documentos mais importantes para novos livros entre 1460 e 1480. Os copistas e escrivães eram preparados para copiar fidedignamente os documentos de origem, mas erros involuntários poderiam ocorrer, e seleções voluntárias do que copiar podiam também se dar. Os historiadores que se acercam da documentação manuscrita, nesse sentido, precisam ter uma exata noção acerca da posição da fonte em relação à matriz original[49].

8.3 Trânsitos entre o manuscrito e o impresso

Temos que considerar também as possibilidades de trânsito entre o manuscrito e o impresso, e vice-versa. É oportuno lembrar que a "fonte impressa", em diversas ocasiões, pode corresponder a uma "fonte manuscrita" – localizada em

---

48. A primeira máquina de impressão com tipos móveis foi criada por Johannes Gutenberg em 1439, mas sua difusão generalizada dá-se a partir do século XVI.

49. Na situação exemplificada, sabe-se que em 1459 o monarca português Afonso V ordenou ao guarda-mor da Torre do Tombo – Gomes Eanes de Zurara – que copiasse em novos livros os documentos mais importantes, e que fosse elaborado um resumo dos outros, mas omitindo aqueles que considerasse inúteis. Sobre isto, cf. COSTA, 1996, p. 71-101. • MARCONI, 2018, p. 22.

algum arquivo ou biblioteca sob a forma de um documento único – para a qual se fez uma versão impressa, não raro se procedendo a uma edição da mesma com vistas a colocá-la em um mercado livreiro ou a possibilitar seu acesso não apenas a historiadores e pesquisadores de arquivo, mas a todo tipo de interessados.

A fonte impressa, portanto, oculta muitas vezes uma matriz manuscrita ou uma primeira matriz também impressa. Isto significa que sua reprodução, fazendo-a passar para um novo "suporte", atravessa todo um processo gráfico intermediário que muitas vezes tem de ser compreendido por análises paleográficas (para o caso de documentação de períodos mais remotos) e por eventuais traduções e tratamentos especializados em nível de saberes linguísticos. Ou seja, entre o historiador e seu documento primitivo interpõe-se, neste caso, uma série de eventos intermediários para os quais deve estar atento. Posto isso, não há qualquer empecilho em se realizar uma pesquisa histórica a partir de fontes impressas referentes a manuscritos ou versões textuais impressas anteriores, contanto que nos asseguremos da idoneidade de sua produção no sentido de evitar distorções em relação ao original.

Além disso, o historiador sempre precisa conservar uma compreensão muito clara sobre o que pertence ao "documento primitivo" e o que pertence já ao novo "suporte". Um texto traz por vezes, imbricadas ao documento impresso, certas estratégias ou práticas editoriais – como prefácios, advertências, glosas, notas – que rigorosamente são interpolações a serem filtradas pelo olhar do historiador. Conforme observa Roger Chartier,

> é necessário recordar vigorosamente que não existe nenhum texto fora do suporte que o dá a ler, que não há compreensão de um escrito, qualquer que ele seja, que não dependa das formas através das quais ele chega ao seu leitor. Daí a necessária separação de dois tipos de dispositivos: os que decorrem do estabelecimento do texto, das estratégias de escrita, das intenções do "autor"; e os dispositivos que resultam da passagem a livro ou a impresso, produzidos pela decisão editorial ou pelo trabalho da oficina[50].

Pode-se dar ainda o caso de que, apesar de ser manuscrito, o documento seja uma cópia de um primeiro original (manuscrito ou mesmo impresso). Nos tempos anteriores à invenção da Imprensa, era muito comum a prática da cópia ma-

---

50. CHARTIER, 1990, p. 127.

nuscrita de um original. O texto original – um objeto único – podia ser copiado em um mundo cultural no qual era muito importante o trabalho dos escrivães. Também podia ocorrer o caso de reelaboração modificada, em uma nova versão, de um primeiro texto. Mas mesmo quando a intenção fosse copiar o texto original literalmente, nada assegura que isso ocorresse sem erros.

Nesses casos, teríamos o que se convencionou chamar de *documento manuscrito derivado*. Este tipo de classificação é importante para o historiador no sentido de colocá-lo em estado de prevenção quanto à possibilidade de ocorrência de erros diversos (trocas de letras, supressão de palavras e de linhas inteiras, bem como outros tipos de erros que podem ter sido cometidos pelos copistas que reproduziram o texto original). Em vista disso, pode ser particularmente útil para os historiadores distinguir entre fontes manuscritas *originais* e fontes manuscritas *derivadas*. Categorizar e distinguir, como temos dito neste livro, não é mera operação de erudição ou de obsessão classificatória, mas uma oportunidade para refletir sobre problemas e alertas importantes.

8.4 Os âmbitos "público" e "privado"

No universo das fontes textuais, é possível evocar ainda as categorizações que se referem ao âmbito em que foi produzido o documento – e que na verdade já antecipam algumas das considerações sobre o "lugar de produção" em que se inscreve a obra ou a fonte histórica em referência[51]. Por ora, vamos considerar que um documento ou texto pode ser *público* – produzido oficialmente pelo Estado, mas também por instituições diversas, por associações diversificadas, pela Igreja etc. – ou *privado* – isto é, produzido por um particular, por um indivíduo específico cercado de sua privacidade.

Cada um desses tipos ainda pode ser avaliado com respeito ao âmbito de sua circulação. Por exemplo, um "documento privado" pode ter sido projetado para conservar-se no âmbito particular – uma carta endereçada a outro indivíduo, por exemplo – ou para se tornar público (um livro, uma peça de teatro, uma confissão pública, o texto de um *blog* nos tempos modernos). Por outro lado, o "documento público" pode ter finalidades de transmitir uma informação à coletividade: um

---

51. Este tema – *A fonte histórica e seu lugar de produção* – será desenvolvido de maneira aprofundada no segundo volume desta série sobre fontes históricas (2020).

decreto real, uma carta constitucional. Ou pode ter sido produzido para comunicar algo a um particular (uma notificação judicial, um aviso que só diz respeito ao indivíduo em questão etc.).

Pode ainda dar-se o caso de que o documento privado não tenha sido originalmente projetado para circular em qualquer desses âmbitos, tal como no caso do diário ou das anotações pessoais, mas apenas servir de diálogo interno ou de suporte para atividades práticas. No entanto, é peculiar o caso dos diários pessoais que depois se tornam públicos por iniciativa do próprio autor, migrando do ambiente privado-pessoal para o ambiente público-editorial – por vezes impondo, nessa passagem, alterações menos ou mais substanciais em partes do seu conteúdo[52]. Temos também os casos em que diários ou anotações pessoais de um indivíduo muito conhecido terminam por ser postos a circular publicamente em algum momento posterior à sua morte, ou mesmo ainda em vida[53].

8.5 Autenticidade e veracidade

Antes de prosseguirmos, será oportuno abordar dois problemas que precisam ser considerados quando adentra no cenário historiográfico qualquer tipo de documentação verbal escrita, seja em forma manuscrita, impressa ou digitalizada. São dois aspectos independentes um do outro, mas que se tornaram importantes para as chamadas "crítica externa" e "crítica interna" do documento histórico, respectivamente. Referimo-nos às possibilidades de que documentos escritos não sejam autênticos, de um lado, e de que não sejam comprometidos com a veracidade, de outro lado. Em duas palavras, temos aqui as questões relacionadas à "inautenticidade" e à "inveracidade". Para melhor compreender isso, vamos comparar os textos escritos com os objetos materiais comuns, que também podem ser fontes históricas.

---

52. Há o caso emblemático do *Diário de Anne Frank* (1942-1944), surgido como diálogo íntimo e espontâneo em um primeiro momento, mas vislumbrado depois pela autora na possibilidade de vir a ser publicado, até, finalmente, após a morte da autora em um campo de concentração, ser publicado pelo seu pai e se tornar um *best-seller*. O texto cumpre, assim, a travessia do ambiente pessoal-privado ao ambiente público de circulação.

53. Apenas para dar um exemplo, entre tantos possíveis, esse foi o caso das *Anotações de Napoleão Bonaparte* sobre o livro *O príncipe*, de Maquiavel. Este clássico do pensamento político, escrito por Maquiavel em 1513, era o livro de cabeceira de Napoleão, e ele costumava anotar seus próprios comentários e observações em seu exemplar, à maneira de notas laterais. Mais tarde, em 1816, uma versão de *O príncipe* com comentários de Napoleão seria publicada em Paris. Nos dias de hoje podemos tê-la traduzida para diversos idiomas, inclusive o português. Cf. MAQUIAVEL, 2000.

Um objeto – seja uma antiguidade ou um objeto de uso cotidiano – é o que é. Como os objetos não falam (no sentido estrito da palavra), e considerando os casos em que não apresentem inscrições (textos escritos a eles aderentes), não podem negar a si mesmos – ou mentir sobre si mesmos, por assim dizer. Uma tesoura é uma tesoura (para além de cortar papel ou pano, que é sua finalidade principal, pode ser usada também como uma arma, mas isso é outra questão). Ainda assim, uma tesoura é uma tesoura, do mesmo modo que uma cadeira é uma cadeira, um colar de brilhantes é um colar de brilhantes e uma bijuteria é uma bijuteria. Um cachimbo é um cachimbo.

É claro que os objetos podem ser falsificados, ou melhor, apresentados com inautenticidade. Por exemplo, a bijuteria pode ser exposta a um comprador incauto como um valioso colar de brilhantes, e uma cadeira construída há dois anos poderia, talvez, ser apresentada como um móvel muito antigo, com vistas a alcançar uma maior valorização de preço entre colecionadores. Há artistas que se especializaram em falsificar estilos de pintores famosos, e por isso também surgiram especialistas capazes de detectar tais falsificações. Em todos esses casos, entretanto, a inautenticidade não está propriamente nos objetos, mas sim nos textos ou nos discursos externos que agregamos a eles. São os vendedores inescrupulosos que, em sua fala desonesta – ou, talvez, empunhando falsos certificados escritos –, podem dizer que a bijuteria é um colar de brilhante, ou que a cadeira é um objeto de antiguidade. Não são os próprios objetos que dizem isso, mas os discursos que os cercaram. Os objetos de cultura material, rigorosamente, são o que são. A inautenticidade, nesses casos, não é produzida pelos objetos, mas, sim, por aquilo que é dito sobre os objetos ("Isto não é um cachimbo")[54].

Com os textos e discursos (escritos ou falados) novos problemas adentram o campo da reflexão historiográfica. Ao contrário de um objeto, um texto pode falar de si mesmo, e inclusive pode dizer coisas falsas sobre si mesmo. Com isso, não estou sustentando que um objeto não fale habitualmente certas coisas aos

---

54. "Isto não é um cachimbo" é o título de um quadro de René Magritte (1929), pertencente à série *A traição das imagens* (1928-1929). A obra explora o aparente *nonsense* ao colocar o espectador diante de uma imagem que dificilmente não lhe pareceria um cachimbo, ainda que acompanhada de uma legenda que afirma o contrário: "Isto não é um cachimbo". A complexidade da proposição está em que a afirmação não expressa na verdade um contrassenso, mas sim uma obviedade. A imagem não é de fato um cachimbo, mas apenas um conjunto de traços e cores dispostos em uma tela que, a muitos, parecerá constituir a representação de um cachimbo.

historiadores, arqueólogos e outros tipos de analistas. É claro que, tal como já foi comentado, uma cadeira com o tampo para escrever situado ao lado esquerdo tem o efeito de nos esclarecer sobre a presença de uma minoria de canhotos em uma sociedade, e sobre o respeito que nela se faz presente em relação a essa condição ou a tal minoria, uma vez que uma a cada doze cadeiras escolares devem apresentar legalmente o tampo à esquerda para facilitar a escrita daqueles que não pertencem à maioria destra. E é claro que a mesma cadeira fala-nos de uma civilização industrial, capaz de produzir cadeiras em série, ao mesmo tempo em que nos indica a presença de certos materiais e tecnologias disponíveis para a produção desse tipo de objeto. Para o bom analista, a cadeira também fala sobre a altura média dos indivíduos presentes em uma sociedade, ou sobre seu peso (pois, dependendo desse fator, os pés devem ser reforçados ou não). Uma cadeira, enfim, diz-nos muitas coisas. Mas não nos diz que não é uma cadeira, ou que é uma cadeira de uma outra época que não aquela em que foi de fato construída. A cadeira, em si mesma, não é inautêntica. Somos nós que podemos criar inautenticidade ao falar sobre ela, em um discurso paralelo que pode falsificar sua data de fabricação, origem, procedência de fábrica, qualidade de material ou outros aspectos. Enquanto isso, já um texto escrito pode literalmente dizer muitas coisas sobre si mesmo.

Além de desenrolar seu discurso sobre o que quer que seja, um texto pode utilizar suas próprias palavras para se apresentar de maneira inautêntica. Um autor pode, por exemplo, datar seu texto incorretamente, seja por descuido, por má-fé ou por qualquer outra razão. A autoria também pode ser falsificada: neste caso, diz-se que o texto foi escrito por determinado indivíduo, imputando-lhe a responsabilidade pelo que foi escrito. Pode-se falsificar ainda a chancela de uma instituição que pretensamente teria produzido ou publicado o documento, e assim por diante. Pode haver mesmo a falsificação de documentos pretensamente antigos, e a história está, de fato, repleta de exemplos nesse sentido. Todos esses aspectos se referem ao problema da "inautenticidade". É claro que, se o historiador está tomando seriamente certos textos como fontes históricas, precisa em algum momento fazer a crítica de sua autenticidade. Deve se assegurar de que a data de produção do texto é realmente aquela que lhe foi aposta; de que a autoria do texto é aquela mesma que foi indicada; de que o documento é realmente autêntico, e assim por diante.

Quando está diante de textos já bem conhecidos, ou de documentos que já foram analisados criteriosamente pelas instituições de guarda que os acolhem (os arquivos, bibliotecas e museus), o cuidado em proceder a uma rigorosa crítica de autenticidade pode se deslocar para um segundo plano. Mas diante de um novo documento, descoberto inesperadamente, tal procedimento mostra-se fundamental. É claro que um documento falso – ou melhor, a não percepção de que um documento é falso – levaria o historiador a extrair conclusões inaceitáveis sobre a fonte que tem diante de si. Em tempo: o fato de um documento ser falso não o torna inútil para os historiadores; apenas redefine os problemas que podem ser repensados a partir de tal documento.

Podemos evocar o célebre caso da *Carta de doação de Constantino* – um dos mais famosos documentos falsos provenientes da Idade Média, mas cuja inautenticidade só foi demonstrada no início da Modernidade. Elaborado por um monge na segunda metade do século VIII, tal documento apresenta, desde sua seção de abertura, inautenticidades relacionadas à sua datação e à autoria declaradas. O texto afirma ser um edito imperial assinado no século IV pelo imperador romano Constantino[55]. Entre outros conteúdos inverídicos – como a menção a uma miraculosa cura de lepra que teria sido realizada pelo Papa Silvestre em favor do imperador – o principal aspecto do documento (na verdade, a própria razão de ser da falsificação) é a menção à doação de terras imperiais à Igreja Católica, que deveriam ser pretensamente administradas pelos sucessores do papa[56]. Alguns séculos após seu surgimento, o documento já começaria a ser contestado na própria Idade Média, mas sua inautenticidade só seria definitivamente demonstrada, no início do período moderno, pelo humanista italiano Lorenzo Valla (1407-1457), que para tal se apoiou em diversas análises críticas[57].

O fato de ter sido percebido mais tarde como inautêntico não impede que a *Carta de doação de Constantino* prossiga sendo uma excelente fonte histórica. Não

---

55. Imperador romano entre 306 e 337 e.C.

56. A motivação para a falsificação deste texto refere-se ao cumprimento, em 756 e.C., de uma promessa feita pelo rei carolíngio Pepino ao Papa Estêvão II. Este último havia solicitado ao rei que ele combatesse os lombardos para recuperar terras que haviam sido por eles tomadas à Igreja Católica. Contudo, a Igreja Romana precisava afirmar, em nome de sua futura independência em relação à monarquia franca, que as terras conquistadas já lhe pertenciam de direito. Daí surge a demanda por uma falsificação que sustentasse que a doação das terras em questão já havia sido há muito promulgada pelo Imperador Constantino, no século IV e.C. Consequentemente, a doação de Pepino configuraria apenas uma restituição, à Igreja, de terras que já lhe haviam sido doadas antes.

57. Sobre a demonstração de Lorenzo Valla, cf. GINZBURG, 2002, p. 64-79.

é uma fonte, certamente, para compreender o período final do Império Romano, pois ela não constitui de modo algum um texto daquela época. Em compensação, trata-se de uma excelente fonte para se compreender aspectos como a relação entre Igreja e Império na Alta Idade Média, as necessidades da Igreja em se salvaguardar diante de poderes temporais vários, as ambições expansionistas da Igreja Romana em relação a outros patriarcados da Igreja cristã[58], as singularidades do imaginário religioso naquele momento, e o próprio impacto da lepra no mesmo período, entre tantas outras questões que podem se amparar na análise do documento. Além disso, o texto é útil para compreender os modelos e fórmulas habituais para esse tipo de documento, e também reafirma a posição ortodoxa da Igreja em relação a certas questões dogmáticas, pois as menciona de passagem com vistas a criticar certas opiniões que seriam consideradas heréticas[59].

Existem, de fato, muitas questões medievais importantes envolvidas no novelo textual e intertextual que se entretece em torno da *Carta de doação de Constantino*. Graças a este documento falso, podemos compreender vários aspectos sociais, políticos, culturais e religiosos pertinentes à sociedade que o viu ser produzido. O documento falso, enfim, é ainda assim uma fonte, e a primeira questão que podemos a ele contrapor refere-se às motivações que levaram à sua falsificação. A inautenticidade eventual de certos documentos escritos, dessa maneira, surge como um desafio instigante a ser enfrentado pelos historiadores, principalmente em relação a certos períodos e contextos. A Idade Média do período acima considerado, particularmente entre os séculos VIII e XII, apresenta inúmeras falsificações de diplomas, capitulares e decretos pontificais, o que fez Marc Bloch situar esse período entre as "épocas mitômanas", nas quais as falsificações aparecem em maior quantidade[60].

Hoje em dia, os meios disponíveis para surpreender as inautenticidades já estão amplamente dominados por historiadores, filólogos, arquivistas e especialistas de

---

58. No caso, havia disputas territoriais entre a Igreja Romana e as Igrejas da Antioquia, Alexandria, Jerusalém e Constantinopla; no documento, essas disputas são denunciadas pelo fato de que as terras cedidas ficam exatamente nessas regiões.

59. A menção a uma posição de Constantino em favor da crença na Trindade – uma proposta que somente se afirmaria no cenário católico ortodoxo a partir de 381 e.C. – foi inclusive um dos indícios evocados por Lorenzo Valla para demonstrar a inautenticidade do documento.

60. BLOCH, 2001, p. 99. O período de transição do século XVIII ao XIX é outra das "épocas mitômanas" citadas por Marc Bloch em *Apologia da História* (1942-1944), sendo o fenômeno por ele referido nos termos de uma "vasta sinfonia de fraudes" que recobre a Europa. O caso de maior destaque são os poemas pseudoceltas atribuídos a Ossian. Bloch também discorre sobre a divertida cadeia de documentos inautênticos produzidos, em 1857, pelo falsário romântico Varin-Lucas (BLOCH, 2001, p. 100).

diversos tipos. A ocorrência ou recorrência de uma expressão ou vocábulo que não poderia estar presente em um texto de certa época, o padrão de escrita manuscrita que faz o documento destoar do estilo caligráfico que dele se esperava, a menção a rituais ou práticas que só teriam surgido anos depois, a fórmula textual ainda não usual que denuncia a intrusão de uma época sobre outra, a presença de papel como suporte para o texto, em lugar do papiro ou do pergaminho que seria o esperado para a época em questão – tudo pode amparar a crítica de autenticidade destinada a verificar se o documento realmente condiz com o espaço-tempo por ele declarado. Conferir a autenticidade, quando necessário, faz parte do conjunto de procedimentos relacionados ao que se costumava chamar de "crítica externa" do documento.

Por outro lado, estaria mais relacionada a uma "crítica interna" a verificação da veracidade. Se a autenticidade, em diversos aspectos, refere-se ao documento propriamente dito, a veracidade se refere habitualmente ao seu conteúdo. Voltemos aos objetos materiais, com vistas a um termo de comparação. Um objeto não pode mentir – a não ser através de inscrições ou de imagens bem definidas que recubram sua superfície. Por via de regra, um objeto material é ao mesmo tempo sua forma e sua funcionalidade. O objeto pode ser ineficaz no que se refere ao ajuste entre sua forma e sua funcionalidade; mas não faz muito sentido dizer que tal ou qual objeto é verdadeiro (já vimos que a declaração falsa sobre a autenticidade de certo objeto é que pode se afastar da verdade).

Já os textos, estes sim são os territórios da verdade relativa ou da mentira absoluta. Quando se referem a certos acontecimentos, os autores de textos estão certamente apresentando pontos de vista, e podem acreditar naquilo que dizem. Mas nada impede que também explorem a possibilidade de mentir, de falsear aquilo que percebem, de omitir dados ou aspectos que seriam fundamentais para o cenário a descrever. Há possibilidade de o autor de um texto afirmar ter presenciado ou participado de certos acontecimentos, sem que isto seja verdadeiro. O autor de um texto, por fim, pode mentir conscientemente com vistas a produzir algum efeito sobre os seus leitores, ou pode mentir involuntariamente. De fato, um autor pode repassar adiante aquilo que leu em outro, ou que ouviu dizer, e talvez jamais venha a desconfiar de que seu texto foi o veículo de uma inverdade. Um pouco por isso, ao considerar a complexidade de aspectos que envolvem o que pode ser dito em um texto, o historiador francês Jacques Le Goff (1924-2014) chega a afirmar: "No limite, não existe documento-verdade. Todo documento é mentira"[61].

Ao lado disso, temos de considerar que, se um texto pode testemunhar informações objetivamente verdadeiras ou distorcidas em relação a esse ou àquele aspecto, sob outra perspectiva todo texto é também um discurso, e como tal precisa ser analisado. Todo discurso, em última instância, está associado a um ponto de vista e lugar de fala, bem como a um conjunto de complexidades que chamaremos de "lugar de produção". Mas a isso voltaremos oportunamente.

8.6 O vocabulário e suas variações

Outro problema que surge com as fontes verbais – e agora tanto no que se refere às "fontes textuais" (verbais escritas) como às fontes verbais orais (depoimentos falados) – é o da variação vocabular. O elemento básico das fontes verbais é, obviamente, a palavra – no caso das fontes textuais, mais especificamente a palavra escrita –, e isso já traz em si implicações imediatas que não existem em outros tipos de fontes, tais como as "fontes materiais" (objetos de todas as espécies), ou como as fontes de conteúdo não verbal (imagens, sons etc.). As palavras – componentes elementares da língua viva e dos sistemas verbais de comunicação – possuem uma história, variam no decurso do tempo naquilo que se refere aos sentidos por elas abarcados, ressignificam-se, são reapropriadas pelos sucessivos contextos e adaptam-se a novos usos.

Os historiadores, como não pode deixar de ser, precisam lidar com sua própria língua, na qual escrevem suas análises e obras historiográficas, mas também com a língua das fontes que analisam. Mesmo que trabalhem com a mesma língua aparente (um historiador brasileiro de hoje analisando fontes de outra época escritas em português), os historiadores precisam lidar com dois universos vocabulares distintos. Suspensas entre eles, as palavras podem ser enganosas. Se já em um mesmo momento elas podem comportar diversos sentidos, em momentos distintos essas possibilidades se multiplicam.

---

61. LE GOFF, 1990, p. 497. O historiador francês prossegue, em certo trecho de seu artigo "Documento-monumento": "Qualquer documento é, ao mesmo tempo, verdadeiro – incluindo, e talvez sobretudo, os falsos – e falso, porque um monumento é em primeiro lugar uma roupagem, uma aparência enganadora, uma montagem. É preciso começar por desmontar, demolir essa montagem, desestruturar essa construção e analisar as condições de produção dos documentos-monumentos" (Ibid., p. 99).

Boa parte dos chamados problemas de anacronismos funda-se nesse instigante contraste entre o universo linguístico do historiador que escreve e o universo linguístico das fontes que são analisadas. A história conceitual – em particular a partir da contribuição teórica e historiográfica de Reinhart Koselleck (1923-2006)[62] – tem se esmerado em rastrear e analisar os diferentes usos das palavras comuns e dos conceitos ao longo da história, mas a percepção dos problemas decorrentes da necessidade de lidar com a linguagem das fontes é já bem antiga, e a eles já se referia Marc Bloch na sua *Apologia da História* (1944)[63]. Ao historiador, é preciso cuidado tanto no momento de escolher ou constituir os conceitos de hoje que empregará para dar a compreender as sociedades e processos históricos de ontem, como no momento de trazer e dar significado às palavras de ontem, extraídas das próprias fontes, para compor a narrativa historiográfica de hoje[64].

Há uma pequena polêmica, na história da historiografia brasileira, que já se tornou clássica para exemplificar tal questão, sendo oportuno trazê-la mais uma vez para ilustrar a necessidade incontornável de que o historiador se ponha em estado de permanente alerta diante das palavras trazidas pelas suas fontes textuais[65]. Sérgio Buarque de Holanda (1902-1982), em um artigo simultaneamente mordaz e saboroso intitulado "Sobre uma doença infantil da Historiografia" (1973)[66], cita o caso de um anacronismo produzido pela ressignificação indevida de uma palavra trazida do universo das fontes para o âmbito de uma análise histórica. Determinado historiador, que Sérgio Buarque de Holanda prefere não nomear[67], deparou-se em suas pesquisas com certa descrição contida nas fontes, na qual se diz que "a cidade de Salvador era, das colônias do Brasil [no início do século XIX], a mais frequentada de gente policiada". Segue o comentário de Buarque de Holanda sobre o deslize cometido por seu colega de ofício:

> Acontece que, ao ler "gente policiada", o comentador [o historiador criticado por Sérgio Buarque de Holanda] não teve dúvidas: Vilhena [personagem his-

---

62. A obra mais emblemática é a já célebre coletânea de ensaios intitulada *Futuro passado – Contribuição à semântica dos tempos históricos* (KOSELLECK, 2006) [original: 1979]. Cf. ainda KOSELLECK, 1992, p. 134-146.

63. BLOCH, 2001, p. 138.

64. Examinamos amplamente esses problemas em uma obra recente intitulada *Os conceitos – Seus usos nas ciências humanas* (BARROS, 2016, p. 137-191).

65. A polêmica a seguir foi também evocada em BARROS, 2016, p. 177-178.

66. Artigo publicado em *O Estado de S. Paulo*, em 17/06/1973.

67. O artigo gerou depois polêmicas, incluindo réplicas do próprio historiador criticado.

tórico, autor da fonte analisada] queria falar em polícia, portanto em gente armada, portanto em militar. O estranho é que não lhe passou pela cabeça [do historiador] que a palavra "policiada" pudesse ter, e no caso tinha, com certeza, o sentido de "cultivada", "refinada", e, em suma, "civilizada", ou seja, quase o oposto daquilo que a palavra "polícia" costuma evocar atualmente. O que o cegou, provavelmente, foi a convicção inabalável de que uma só e mesma palavra só pode ter um só e mesmo significado[68].

O caso refere-se não propriamente ao uso equivocado de um conceito trazido do passado para a época do historiador, porém mais propriamente à atribuição anacrônica de um falso sentido a uma palavra simples, presente tanto na linguagem da época como na atualidade. Problemas como este ocorrem frequentemente quando avaliamos inadvertidamente a linguagem do mundo das fontes e a relemos com os sentidos literais que teriam hoje algumas das suas palavras.

Para a questão que discutimos neste momento, é interessante notar que esse é um problema típico das fontes verbais, sejam escritas ou orais. Se o historiador tivesse diante de si uma fotografia mostrando uma cena urbana repleta de policiais truculentos em atitude de vigilância, ou, ao invés disso, uma cena mostrando hábitos refinados pertinentes à sociabilidade burguesa, não poderia confundir um ambiente social e outro. No entanto, nesse caso, o que o historiador tem diante de si é uma fonte verbal escrita que busca retratar com suas próprias palavras uma determinada sociedade, ou certo cenário. As palavras, nesse exemplo, são mediadores que o historiador precisa considerar. Elas atravessam os tempos, pois continuam fazendo parte da mesma língua viva. Seus sentidos, no entanto, podem se alterar na passagem do mundo das fontes para o mundo dos historiadores. É uma função importante destes últimos a de devolverem aos seus leitores o sentido adequado das palavras; ou, então, esclarecer-lhes as oscilações de sentido[69].

Compreender as variações de sentidos portados pelas palavras trazidas pelas fontes, para além disso, também implica nos conscientizarmos sobre a diversidade

---

68. HOLANDA, 2011, p. 425.

69. As imagens, por seu turno, também oferecem inúmeros outros problemas de mediação que devem ser considerados pelos historiadores, inclusive as fotos, que envolvem pontos de vista, escolhas de quem as produziu, escolhas daqueles que as preservaram, objetivos aos quais se destinavam quando foram produzidas, objetivos aos quais se destinavam quando foram preservadas, possíveis simbolismos (principalmente no caso de pinturas). As imagens que hoje nos chegam como fontes históricas podem ter sido percebidas de maneiras distintas por aqueles que as contemplaram em sua época. Esses problemas, e outros, pertencem à ordem das fontes imagéticas. Não obstante, o problema da variação de sentidos típico da palavra pertence, só e mais especificamente, às fontes verbais.

interna de uma língua nacional aparentemente unificada. O historiador que analisa suas fontes também precisa adentrar o universo dos dialetos sociais, dos jargões profissionais, das comunidades linguísticas, dos modos de expressão geracionais. Grupos sociais diversificados podem fazer diferentes usos da língua, encontrar sentidos distintos para a mesma palavra, inventar novas palavras e expressões e desenvolver um modo de falar e de se comunicar específico. Gangues urbanas, jovens de uma idade aproximada pertencentes à mesma classe social, praticantes de certa atividade desportista ou cultural, especialistas ou profissionais ligados a determinada área de estudos ou de trabalho – estas e outras comunidades linguísticas também podem se expressar nas fontes através de seus dialetos sociais. Os advogados e economistas, entre os círculos profissionais, dão-nos exemplos de ambientes profissionais que desenvolvem formas próprias de expressão.

Certos tipos de textos – gêneros distintos de fontes textuais, conforme veremos mais adiante – também terminam por desenvolver seus próprios padrões. Há uma linguagem dos inventários, fórmulas específicas para cada tipo de documentação jurídica, estilos relacionados a diferentes tipos de jornalismo. Há um vocabulário próprio a ser aprendido nas páginas policiais de um periódico, ou nas colunas de moda, certas convenções que orientam a correspondência epistolar. A língua também se diversifica internamente, dentro de uma mesma época, e não é apenas seu desenvolvimento no decorrer do tempo histórico o que lhe multiplica os sentidos e entonações diversas de que podem ser portadoras as suas palavras.

8.7 Gêneros textuais

Por tudo isso, será preciso considerar como instância de máxima importância para a análise historiográfica a *natureza do texto*, ou o que convencionaremos chamar *gênero do discurso*. As fontes textuais de que se pode valer um historiador abarcam um grande conjunto de possibilidades: crônicas, narrativas, poemas, literatura de ficção, prosa moralística, obras historiográficas, ensaios, tratados técnicos – somente para citar algumas dentre as que habitualmente se prestam mais à análise qualitativa do que à serialização –, bem como um grande número de outros tipos de fontes que podem ser encontradas nos arquivos, tais como textos legislativos, registros cartoriais ou paroquiais, testamentos, inventários, processos judiciais, documentos comerciais. Enfim, tem-se aqui toda uma rica diversidade de tipos de documentos que, apesar de tão diferentes uns dos outros, têm em comum a utilização da linguagem escrita (e não a falada, a pictórica etc.).

Isso posto, é preciso considerar que – apesar desse ponto em comum que é o suporte fundado no discurso transmitido através da escrita – cada tipo de fonte textual apresenta um sistema de comunicação que lhe é próprio, e que não pode ser imprudentemente confundido com os demais. A linguagem poética, por exemplo, é radicalmente distinta da linguagem legislativa. Além disso, um e outro desses gêneros textuais podem atender a objetivos bem específicos: enquanto o objetivo da poesia é entreter ou comover (e outras coisas mais) – a partir de um código muito especial que é o do discurso poético, e através de uma forma baseada em estrofes e versos –, o objetivo de um documento legislativo é regulamentar a vida jurídica, para o que se requer um discurso com um certo tipo de precisão e objetividade. Do mesmo modo, a prosa de ficção irá se distinguir de uma crônica com pretensões historiográficas, ou mais ainda de um registro da administração pública.

É em vista disso que se pode dizer que cada gênero de discurso requer uma abordagem singular, que não necessariamente é válida para os demais. Por isso enfatiza-se a necessidade de classificar o documento quanto ao gênero – com o que já estaremos imediatamente refletindo sobre a singularidade de sua linguagem. Para introduzir a questão da diversidade de gêneros de discursos e de modalidades textuais que se oferecem aos historiadores como fontes históricas, destacaremos esquematicamente alguns tipos (quadro 3) e discutiremos essa variedade no próximo capítulo.

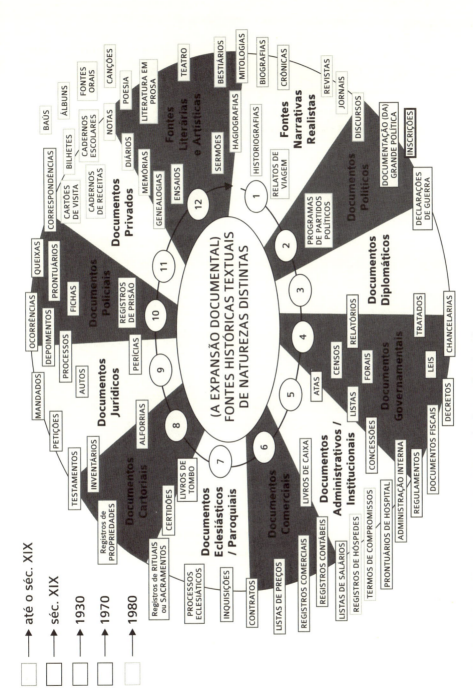

Quadro 3: Alguns momentos no processo de ampliação das Fontes Historiográficas

9

A Literatura no interior da variedade de fontes textuais

9.1 Fontes literárias

O quadro 3 – destinado a apresentar visualmente a grande expansão documental de que se beneficiou a historiografia dos últimos dois séculos no que concerne às fontes textuais – oferece um vislumbre dos diversos gêneros de fontes escritas que se têm colocado à disposição do historiador em sua aventura de interpretar sociedades e processos históricos de todas as épocas[70]. O quadro procura mostrar como foi se dando essa expansão das fontes textuais desde os primórdios historicistas, na transição do século XVIII para o século XIX, e mesmo antes. Começaremos, ainda provisoriamente, pela base do quadrante superior direito, na fatia do esquema que denominamos "Fontes Literárias" (quadro 3, n. 12). As fontes literárias são essencialmente "autorais". Há um autor que por sobre elas se anuncia, e essas fontes também podem ser partilhadas por inúmeros gêneros que estão indicados entre os retângulos no interior da fatia relativa às "fontes literárias"[71].

---

70. O quadro 3, completo e a cores, também pode ser consultado no seguinte domínio: https://www.researchgate.net/publication/328077964_A_Expansao_Documental

71. Em nossa terminologia chamaremos de "fontes literárias" às obras nas quais a imaginação do autor é completamente livre por princípio. Temos aqui, por exemplo, aquelas obras em que o autor cria uma realidade, uma história que não aconteceu efetivamente, ou ainda aquelas nas quais, mesmo que se apoiando em elementos da realidade, o autor é livre para inventar personagens e situações. Nas fontes literárias, o foco está sempre na inventividade do autor do texto, em sua capacidade criativa, em sua habilidade para construir o texto com vistas a comover, encantar ou impactar seu leitor de alguma maneira. "Informar" é um objetivo secundário nas fontes literárias. No que concerne às temáticas relacionadas à história, o gênero de fronteira entre as "fontes literárias" propriamente ditas e as "fontes realistas" é o dos romances históricos.

Dissemos que são fontes autorais, mesmo que em alguns casos o nome do autor tenha se perdido ou esteja propositadamente oculto. As fontes autorais apresentam discursos que têm um ponto de partida no autor individualizado. Podem ocorrer, é claro, textos de dois ou mais autores, mas isso não afeta nosso problema, pois neste caso os dois ou três autores estão funcionando como um único autor que se explicita, que fala a partir de um certo lugar. Na Literatura, o autor pode se esconder atrás de um personagem, e pode mesmo se distribuir discursivamente nos diversos personagens. Mas a autoria existe muito claramente.

Para ficar mais claro, podemos contrapor uma fonte autoral, como o romance *Triste fim de Policarpo Quaresma* (1911), de autoria do escritor brasileiro Lima Barreto (1881-1922), a fontes não autorais de diversos tipos, como a documentação do censo, as certidões de casamento ou nascimento, e tantas outras onde o autor não importa nem mesmo como sujeito oculto. Não perguntamos pelo escrivão que passou para o papel a fórmula burocrática que agora atesta, oficialmente, a união conjugal de um jovem casal que registrou seu enlace matrimonial em um cartório. Os inúmeros pesquisadores que entregaram formulários para serem preenchidos para o censo, e as equipes que reuniram seus dados, também são anônimos. Para os testamentos, inventários, certidões de todos os tipos, ou tantas outras fontes quanto possamos imaginar, a autoria de um texto inexiste. Se ouvimos um poema, entretanto, queremos saber quem o compôs. Uma bula papal vem assinada pelo papa da época, o que já nos diz muito, e um certo edito foi promulgado por determinado rei.

A autoria, enfim, não aparece apenas nas fontes literárias – aqui compreendidas como as obras de literatura criativa em seus diversos gêneros –, mas é certamente um traço típico da literatura, mesmo nos casos em que o nome do criador de certa obra tenha desaparecido por alguma razão, e a ele tenhamos que nos referir como um "anônimo". Além disso, há especificidades que podem distinguir diferentes gêneros de literatura.

9.2 Os vários tipos de fontes literárias

A distinção interna entre os diversos gêneros textuais pertinentes às "fontes literárias" é bastante radical, como é facilmente evidente. Uma "poesia", um "texto teatral" (que servirá de base para uma *performance* de atores) ou uma obra de "literatura em prosa", como o romance de Lima Barreto que citamos exemplificativamente, são na forma e no conteúdo gêneros literários radicalmente distintos uns dos outros. Apenas para simplificar, registramos a "literatura em prosa", mas mesmo essa modalidade poderia ser partilhada em subdivisões ainda menores, como o romance, o romance policial, a ficção científica, o conto, e assim por diante. A forma envolvida em cada um desses gêneros de fontes literárias tem suas próprias singularidades e estratégias discursivas. Basta pensarmos no contraste entre um romance de mistério e um romance de amor, ou podemos contrastar estes dois subgêneros de fontes literárias escritas no modelo da prosa com a poesia, que já constitui um gênero à parte com sua forma muito bem organizada em estrofes e versos, ou com sua evocação de imagens através de palavras para cujo uso conta muito a sonoridade nelas envolvida. A rima, por exemplo, é estratégia discursiva muito presente na poesia, embora não seja obrigatória.

É óbvio que há implicações muito específicas na análise de um texto em forma poética ou no exame de um texto em prosa. Há também implicações envolvidas no texto satírico, que busca criticar mediado pela possibilidade de provocar o riso, ou no texto de um romance de amor, que busca comover. Importante é ainda ressaltar que, para o historiador, um romance ficcional pode trazer informações sobre a realidade, e também discursos e sentimentos nela presentes – independente de a história narrada ser livre criação do seu autor. Em um romance, por mais ficcional que seja, os personagens se alimentam, vestem roupas, manipulam instrumentos, comunicam-se através de certos parâmetros de sociabilidade, utilizam a língua de uma forma que é comum à do autor que os criou ou que faz parte do repertório de estratégias linguísticas e comunicativas presentes nos dialetos sociais com os quais ele conviveu. Os personagens de um romance caminham de uma determinada maneira pelas ruas de uma cidade, mesmo que tal cidade seja inteiramente inventada. Pensam e sentem de certo modo – e, se o autor colocou no papel tais pensamentos e sentimentos, tal foi possível porque eles fazem sentido não apenas para ele, mas também para seus leitores.

Um romance, mesmo que radicalmente ficcional – e que não apresente quaisquer pretensões de constituir uma literatura realista –, fala da realidade de quem o construiu e de quem o vai ler. Assim, se os personagens de Balzac (1799-1850) são diretamente inspirados em figuras que seu autor podia encontrar facilmente pelas ruas de sua cidade, ou que ele até conhecera diretamente[72], mesmo um livro de ficção científica que tematize a vida em um planeta habitado por seres imaginários – talvez com pele verde, dois pares de braços, chifres exóticos e outras distinções físicas – não deixa de discorrer sobre anseios muito reais, de dizer-nos algo sobre temores e aflições presentes nas sociedades do seu autor e dos leitores que atualizaram sua leitura, de nos falar das hierarquias e sistemas normativos que os enquadravam, das esperanças e desencontros que os impactaram, das sociabilidades que os confortavam e da solidão que os recobria[73].

De igual maneira, o célebre romance *Dom Quixote de la Mancha* (1605) fala muito da época do escritor espanhol Miguel de Cervantes (1547-1616). Na verdade, esse romance protagonizado pelo "cavaleiro da triste figura" também termina por nos falar um pouco sobre as diversas sociedades e ambientes culturais que retomaram a leitura desse célebre romance, pois ele não seria lido por sucessivas gerações de leitores se não falasse a cada uma delas de alguma maneira. Mas aqui, é claro, adentramos a complexa e instigante temática das releituras diacrônicas das obras artísticas e literárias, que constitui um interessante campo de reflexões[74].

Em relação a este último ponto, é oportuno ressaltar que a especificidade do enredo de *Dom Quixote de la Mancha* – e de criações literárias com características análogas – permite que observemos as leituras de uma época sobre outra, pois a obra é uma sátira aos antigos romances medievais de cavalaria, gênero que havia gozado de grande popularidade entre leitores de certo tipo, mas que já se

---

72. Honoré de Balzac (1799-1850) notabilizou-se por suas argutas observações psicológicas, que lhe permitiram fundar o Realismo na moderna literatura francesa. Sua obra maior foram os 95 romances, novelas e contos que compõem a *Comédia humana* (1842). O tema de fundo dessas obras é a ascensão da burguesia no período da Restauração e a transição para a vida moderna. A perspectiva realista é tão assumida por Balzac que ele costumava se autoclassificar como "historiador de costumes".

73. Os Tharks – marcianos verdes de três metros de altura e quatro braços que aparecem na adaptação cinematográfica de Andrew Stanton para o célebre livro *Uma princesa de Marte*, de Edgar Rice Burroughs (1912) – são seres que se constrangem em hierarquias sociais e militares, que amam como os humanos, que sofrem e têm preconceitos típicos da época de seus criadores, que se alternam entre a vilania e o heroísmo, embaraçam-se diante da alteridade humana e lutam para conquistar sua liberdade e por assegurar seu espaço vital.

74. "As obras – mesmo as maiores, ou sobretudo as maiores – não têm sentido estático, universal, fixo. Elas estão investidas de significações plurais e móveis, que se constroem no encontro de uma proposição com uma recepção. Os sentidos atribuídos às suas formas e a seus motivos dependem das competências ou das expectativas dos diferentes públicos que delas se apropriam. Certamente, os criadores, os poderes ou os *experts* sempre querem fixar um sentido e enunciar a interpretação correta que deve impor limites à leitura (ou ao olhar). Todavia, a recepção também inventa, desloca e distorce" (CHARTIER, 1994, p. 12). Para uma estética da recepção, cf. JAUSS, 1967 e 1980.

encontrava em declínio quando Cervantes inicia a escrita do romance que o celebrizou. Para os historiadores, tal leitura explícita produzida pelo autor de uma época acerca da literatura elaborada em outra época é uma riqueza adicional, a qual nos introduz em um interessante jogo de espelhos no qual se envolvem dialeticamente o historiador, o autor de uma outra época, e a literatura e sociedade de uma terceira época que foi retratada por este último.

A relação complexa entre a realidade literária e a realidade extraliterária (isto é, a realidade de fora do romance, que vem a ser o próprio mundo em que o autor ou cada um de seus leitores vive) impõe uma última observação. Cumpre notar que – ainda que todas as obras artísticas e literárias sempre tragam algo da sociedade que as viu florescer – nunca temos aqui meramente um reflexo ou uma relação linear e mecânica. A Literatura também preenche lacunas. As pacatas famílias burguesas consomem filmes de ação, e as obras pornográficas podem constituir o principal produto de entretenimento de sociedades puritanas. Ao historiador cabe decifrar as inversões, contradições e silêncios. Além disso, a Literatura também age sobre a sociedade; por isso, analisar fontes literárias implica examinar seus efeitos sobre os grupos sociais que lhes ofereceram leitores à sua época, estabelecendo uma compreensão sobre a relação circular entre essas fontes e a sociedade. Produzida pela sociedade, a Literatura ajuda a transformá-la. É preciso compreender o projeto de ação social que está por trás de uma obra literária, voluntária ou involuntariamente. Um livro, ao ser publicizado, interage com a sociedade como um todo, com grupos sociais e também com os indivíduos em sua especificidade.

O último ponto da relação literatura-sociedade refere-se ao fato-limite de que, quando um ser humano se posiciona diante de uma obra literária para lê-la e interagir com ela, cada novo ato de leitura estabelece uma nova realidade literária, produto da combinação entre o que o autor escreveu e aquele leitor específico. A cada nova leitura da obra *Cem anos de solidão*, de Gabriel Garcia Márquez (1967), surge aos olhos do novo leitor um novo José Acádio Buendia – o primeiro patriarca da saga e fundador da fictícia cidade de Macondo. Talvez leitores distintos percebam de maneiras diferenciadas este personagem e os outros que lhe seguirão; talvez leitores que compartilhem determinado contexto social, ou experiências de vidas análogas, produzam leituras mais aproximadas do mesmo personagem e da mesma obra. De todo modo, e de uma maneira ou de outra, a leitura é também um ato criador, e está longe de ser uma ação passiva. Esse é também um objeto de interesse historiográfico. A História das Ideias possibilita, por exemplo – entre outras temáticas de pesquisa – estudar a leitura de um autor sobre outro.

Vejamos agora como se apresenta a grande variedade de fontes literárias no que se refere à sua diversificação interna e à sua gradual assimilação, pelos historiadores, como fontes históricas importantes. Os vários tipos de fontes, que agrupamos sobre a rubrica das "fontes literárias" (quadro 3, n. 12) – e notadamente os que se associam mais veementemente à ficção e à livre imaginação dos seus autores –, apenas especialmente nas décadas recentes começaram a ser mais bem explorados pelos historiadores como fontes históricas. Há muitos subgêneros que poderiam ser considerados, mas não será o caso de discorrer sobre eles neste momento, considerando que uma rubrica mais ampla como a da "literatura em prosa" poderia ser subdividida em modalidades formais como o "conto" ou o "romance", e ainda estes poderiam ser entrecruzados com gêneros como "ficção científica", "terror", "drama", "saga", "comédia dos costumes", "mitologia imaginária" e tantos outros cuja delimitação mais precisa no esquema tornaria inviável um quadro mais panorâmico como o que ousamos propor.

A poesia, por exemplo, poderia se desdobrar em "poesia épica", "poesia lírica", "poesia satírica", "poesia concreta" e outras tantas, e cada uma dessas modalidades, assim como também cada uma das modalidades e gêneros de literatura em prosa, teria suas próprias singularidades a serem consideradas em um trabalho historiográfico sobre cada um desses tipos de fontes. Os estilos e correntes estéticas de filiação, por fim, implicariam novas considerações a serem entrecruzadas com as formas e gêneros de literatura em prosa ou de poesia. Os "ensaios", situados no encontro entre o literário e o científico, e os textos de "teatro", escritos com vistas a uma *performance* cênica, ou ainda os "sermões", com seus objetivos religiosos, apenas ampliam a variedade das "fontes literárias", que poderia se diversificar ainda mais, para além desses exemplos iniciais.

Há também as modalidades limítrofes. Para a mitologia, conforme veremos no próximo item, podemos simultaneamente pensar em seu aspecto literário criativo – a rigor uma criação coletiva que é mais do que tudo transmitida pela tradição e pela oralidade, ainda que encontre realizações escritas – e no fato de que muitos povos têm em suas mitologias uma certeza de que ali se encontram com sua verdade mais essencial. A própria historiografia – produção literária dos historiadores de todas as épocas – seria ela uma produção de pretensões realistas ou criativas? Que dizer da "hagiografia", para aqueles que acreditam na realidade dos seus santos? No entanto, não é hora ainda de aprofundar a especificidade das fontes literárias e de cada uma de suas modalidades e de seus gêneros.

Na verdade, começamos pelas "fontes literárias" apenas para contrastá-las mais vivamente com o setor que está situado imediatamente abaixo no esquema, ao qual denominamos "fontes realistas" (quadro 3, n. 1). Estas é que constituirão o início efetivo da nossa jornada historiográfica, pois correspondem às fontes que eram mais visadas pelos historiadores das épocas que precedem o advento da historiografia científica. Além disso, seguiram sendo muito utilizadas pelo século XIX adentro, embora naquele mesmo século já tivessem surgido outros tipos de fontes a serem constituídas pelos historiadores.

10

Fontes realistas
Das crônicas às historiografias

10.1 A referência à realidade

O que distingue das "fontes literárias" os tipos de textos que categorizaremos como "fontes realistas" – uma designação com a qual devemos sintonizar a própria "historiografia" – é o fato de que estes textos, de modo geral também autorais, pretendem se referir de alguma maneira à realidade, não se tratando de pura ficção ou criação livre. O que há em comum entre os "textos jornalísticos", os "relatos de viagens", as "biografias", as "hagiografias", as "crônicas" propriamente ditas e, finalmente, a própria "historiografia" – aqui considerada como o gênero textual onde o historiador apresenta suas reflexões sobre a história – é seu vínculo em maior ou menor medida com a realidade efetiva. Esses vários tipos de fontes realistas dependem muito claramente de produzir um forte efeito de realidade. Não se trata somente de fazer o leitor, no momento em que lê o texto, ter a sensação de que o que está sendo narrado está acontecendo, como fazem os escritores de ficção com tanta habilidade. Trata-se, rigorosamente falando, de deixar no leitor uma impressão de realidade que perdure, particularmente depois que ele já fechou o livro ou abandonou a leitura.

Quem escreve um "relato de viagem" pretende narrar os acontecimentos de uma viagem que de fato ocorreu. Não importa tanto que o aventureiro alemão Hans Staden (1525-1576) tenha inventado cenas de canibalismo nos relatos das viagens que fez pelo Brasil. O que importa é que ele tenta convencer seus leitores de que aquilo de fato aconteceu[75]. Também não importa que Saint Hilaire (1779-1853) – viajante francês que percorreu o Brasil do século XIX – só possa expor o que viu em suas viagens através do seu particular ponto de vista europeu, do olhar de sua classe social ou de seu viés científico de botânico e naturalista – e que muito do que olhou e não conseguiu ver esteja atravessado por esse emaranhado de perspectivas que são as suas. O que importa é que o autor de um relato de viagens acredita que está falando sobre a realidade, se for um relato sincero, ou crê que seu leitor irá acreditar naquilo que ele diz, mesmo que parte do que descreve tenha sido conscientemente inventada por ele em alguns casos.

É também *sui generis* a situação dos "relatórios". Situamos essas fontes na fronteira entre a "documentação governamental" e a "documentação diplomática" porque ambos os espaços geram relatórios, em suas formas específicas. Mas há relatórios ligados a instituições diversas, de modo que poderíamos tê-los incluído na "documentação institucional", onde teríamos desde relatórios administrativos até relatórios médicos ou relatórios científicos. Poderíamos, enfim, tê-los situado aqui neste setor que no momento consideramos – as "fontes realistas" –, pois o que os relatórios se propõem a fazer é prestar esclarecimentos verdadeiros sobre as coisas. Mas é isto o que fazem? Sim, e não. Quem escreve um relatório sempre retorce a realidade e a precisão ou imprecisão dos fatos a seu favor. Isso, na verdade, é bem típico nas fontes realistas. Esses textos pretendem se impor como realidade aos seus leitores, e talvez sejam escritos com um autêntico e sincero espírito de veracidade pelos seus autores, mas admitindo muitos trânsitos entre o que precisa ser dito, o que pode ser dito e o que seria interessante de ser dito.

Penso por exemplo nas *Cartas* que Hernán Cortez (1485-1547) – conquistador espanhol do século XVI – escreveu a Carlos V, Imperador da Espanha, prestando contas do que se passava nas operações que ele comandava para a conquista de territórios e povos que habitavam a atual região do México[76]. Ao discorrer sobre os

---

75. O longo título atribuído por Hans Staden (1525-1576) a um de seus relatos de viagens, publicado em 1557, é particularmente eloquente acerca desse aspecto: *Véritable histoire et description d'un pays habité par des hommes sauvages, nus, féroces et anthropophages: situé dans le Nouveau Monde nommé Amérique, avant et depuis la naissance de Jésus-Christ, jusqu'à l'année dernière.* Cf. STADEN, 2008.

76. As *Cartas de Relación* de Hernán Cortez foram por ele redigidas entre 1519 e 1526, quando se dirigia a Tenochtitlan, à maneira de informes oficiais que buscavam relatar os feitos, percalços, vitórias e derrotas dos soldados da Nova Espanha sob seu comando. Nelas, Cortez procurava descrever suas estratégias militares, justificar seus acordos políticos, sem esquecer de descrever os povos que precisava enfrentar ou aos quais precisava se aliar, explorando hostilidades endógenas a seu favor. Situa-se também como colaborador no projeto de expansão do Império Espanhol, e evoca para sua perspectiva o projeto de espraiamento do Cristianismo.

enfrentamentos dos astecas, em seus relatórios (pois é isto o que são as *Cartas de Hernán Cortez*), o maravilhoso está sempre presente através da ajuda inesperada de Deus, assim como se faz marcante o extraordinário heroísmo dos combatentes de Cortez, ou a desproporção numérica gigantesca com a qual terão de lidar – a mesma que, no entanto, ele sempre supera, graças à coragem e à determinação de seus homens e à sua habilidade como líder. Como de praxe, ele oscila convenientemente entre a precisão e o exagero, entre a modéstia e a autojactância, entre o dito e o não dito. Relatórios como esses, ou mesmo os relatórios que cotidianamente elaboramos para falar de nossos sucessos científicos ou para prestar contas a um chefe nas empresas privadas ou públicas, sempre lidam com distorções a favor de quem o escreve, porém matizadas com vistas à sua possibilidade de credibilidade no que concerne a quem vai ler esse tipo de texto. Um texto realista não será sempre um pouco isso?

Não obstante, há também os relatórios que se empenham em primar pela precisão. Até que ponto? Não são mais registros das ações que foram realizadas pelos seus autores – sejam generais ou funcionários de empresas –, mas sim registros de eventos ou situações por eles investigadas. Temos por exemplo os relatórios secretos, que almejam revelar às instâncias superiores os detalhes do que se investiga. No entanto, um jovem investigador formado na academia militar tem sempre uma quadratura à qual não pode se libertar, e que o constituiu intelectual e profissionalmente. Um investigador da polícia política poderá enxergar de outra maneira, que não a que lhe ensinaram, aos seus subversivos políticos? Não é muito diferente com os velhos diplomatas, formados de outra maneira e, portanto, aferrados a outras certezas. Seus relatórios secretos também trazem sua busca de verdade, mas estão ainda acondicionados aos horizontes que os encerram. A variação é possível? Certamente. Mas até que ponto?

Retomando o nosso ponto, vejamos outras fontes realistas. Quem escreve um relato de viagem pretende convencer seu leitor, e em geral a si mesmo, de que está narrando acontecimentos de uma viagem que de fato ocorreu. Quem escreve uma "biografia" pretende retratar narrativamente a história de vida de uma pessoa real; e mesmo as mais fantasiosas "hagiografias" – que são biografias de santos – colocam-se para seus leitores como relatos de algo que efetivamente teria acontecido. O gênero hagiográfico existe, precisamente, porque há leitores que acreditam ou acreditavam nos milagres e em uma margem sobrenatural da própria realidade.

Por outro lado, mesmo as biografias podem oscilar entre a realidade e a invenção, de tal modo que as crônicas sobre antigos monarcas oferecem exemplos igualmente eloquentes, através de caminhos diversos. A cópia de modelos anteriores já bem-sucedidos, por exemplo, não era um procedimento incomum. Marc Bloch, em *Apologia da História*, cita o caso da biografia de Eginhard sobre Carlos Magno, na qual em alguns momentos se apela para uma cópia do antigo retrato de Augusto que já havia sido elaborado por Suetônio[77]. As fontes realistas, desse modo, dialogam significativamente com a invenção ou com a ficção, da mesma maneira que a literatura criativa dialoga com a realidade.

A historiografia, por sua vez, é também um relato ou um texto que se coloca em relação direta com a realidade histórica, e que pretende se referir a sociedades de uma determinada época a partir de uma base documental que os historiadores julgam ser autêntica. Como é evidente, uma obra historiográfica dialoga com textos que podem pertencer a todos os tipos de fontes verbais e não verbais, para além da própria historiografia de épocas anteriores. Entre suas fontes, é claro, o historiador pode empreender uma análise crítica de romances ficcionais com o intuito de analisar o imaginário de uma época; mas isso não afeta o fato de que ele se empenhará em convencer o seu leitor, pois também está convencido ele mesmo de que suas reflexões sobre esse imaginário de uma época são verdadeiras, constituindo conclusões factíveis sobre um imaginário que existia de fato. O historiador procura mostrar, nesse caso, que os deuses gregos podem ser ficções mitológicas, mas que os gregos efetivamente acreditaram em seus mitos (ou não).

Por falar nas "mitologias", é interessante problematizar a tentativa de encontrar uma posição para esse tipo de fontes no universo documental-historiográfico que quisemos representar com o quadro 3. As mitologias de um povo – tenham elas encontrado sua forma escrita ou permanecido no âmbito da transmissão oral – por vezes se integram aos seus anais históricos, ou ao menos à sua memória histórica. O mito da fundação de Roma se encaixa na fundação histórica da cidade, conforme as próprias fontes da historiografia romana[78]. Obviamente que, nos dias de hoje, consideramos os mitos romanos de fundação a partir da perspectiva de

---

77. BLOCH, 2001, p. 113.

78. A narrativa mitológica segundo a qual uma loba teria amamentado os gêmeos Rômulo e Remo – heróis fundadores de Roma – agrega-se à historiografia produzida por Tito Lívio (59 a.C.-17 e.C.) na era do Imperador Augusto, além de também ganhar destaque nas obras poéticas de Virgílio (70-19 a.C.) e Ovídio (43 a.C.-7 e.C.). Cf. TITO LÍVIO, 2008.

que se baseiam em uma estrutura fictícia. O mesmo poderíamos dizer da mitologia da Grécia Antiga, em aspectos análogos.

A questão, entretanto, é se perguntar, como fez o historiador francês Paul Veyne (n. 1930) emblematicamente: "Acreditaram os povos antigos em seus mitos?"[79] A mitologia ocupa um lugar especial no universo das fontes históricas, devendo sempre ser problematizada. Os mitos integram certas culturas de tal modo que não podemos desprezar seu papel simbólico na constituição da mentalidade e das tradições de diversos povos. Além disso, indicações trazidas pela mitologia costumam oferecer sinais que depois se revelam como indícios históricos importantes, como atesta a descoberta das ruínas de Tróia pelo arqueólogo alemão Heinrich Schliemann, em 1871.

Situei a mitologia, em vista de suas peculiaridades, na ambígua fronteira que – no esquema proposto (quadro 3) – demarca a passagem do setor das "fontes literárias" (n. 12) para as chamadas "fontes realistas" (n. 1). Sua posição ambígua – um problema historiográfico por si mesmo – é análoga à da "hagiografia", já comentada.

10.2 Quando o relato historiográfico de uma época torna-se fonte para uma outra historiografia

O problema da historiografia como fonte nos remete a uma questão particularmente importante. Uma determinada obra historiográfica, escrita em períodos anteriores – portanto, uma obra de historiografia que já se tornou histórica –, pode ser tomada como fonte para compreender a própria época em que foi escrita. Nesse caso, é claro, a obra historiográfica que se está analisando deixa de ser um diálogo científico que se trava com um outro historiador, e este passa a ser compreendido como um homem de seu tempo, autor de um discurso que precisa ser analisado como fonte, com direito à apreciação das questões ideológicas que o envolvem. Essa relação da historiografia de uma época com a historiografia de épocas anteriores obviamente variou através do tempo. Se as obras historiográficas dos séculos precedentes podem um dia ter sido tomadas pelos historiadores de certo tempo como fontes de informação relativamente precisas sobre as épocas

---

79. Na verdade, o título de um dos livros mais conhecidos de Paul Veyne é: *Acreditavam os deuses em seus mitos?* (2014).

a que se referem, hoje tendem a ser preferencialmente abordadas como discursos de seres humanos da própria época na qual foi emitido o relato historiográfico. Essa dessacralização dos relatos historiográficos, e sua redução à correta dimensão de uma fonte que precisamos analisar, e da qual devemos desconfiar cientificamente, foi mais uma conquista dos primeiros historicistas oitocentistas, como o célebre Berthold Georg Niebuhr (1776-1831)[80].

Ao se considerar a fonte-historiografia, é importante também considerar que o estilo do chamado texto historiográfico pode mudar historicamente: do modelo narrativo ao modelo analítico, por exemplo, ou do modelo laudatório ao memorialista, e daí ao científico – o que, aliás, ocorreu em momentos específicos da história da historiografia. Além de ser possível a identificação de certas inflexões do estilo historiográfico mais geral no tempo – caracterizando o que podemos compreender como a transição do regime de historiografia de uma certa época para um outro modelo historiográfico que é já o padrão de outra época[81] –, existem sempre distintos paradigmas historiográficos convivendo em um mesmo momento, além de uma grande variedade de correntes ou escolas históricas, sem falar nos estilos pessoais que podem caracterizar cada historiador específico. Para a questão que nos interessa (a relação da historiografia com a realidade), há mesmo diferentes posicionamentos dos historiadores e escolas historiográficas no que concerne à possibilidade de se alcançar ou não uma verdade histórica, ou de se aproximar disso com maior ou menor reconhecimento das subjetividades que levam cada historiador a constituir de certa maneira (e não de outra) sua própria apreensão da realidade histórica. Mas o que importa por ora é que, quando

---

80. Niebuhr, autor de uma célebre *História de Roma* (1812), foi um dos primeiros historiadores modernos a ressaltar a necessidade de encaminhamento de uma desconfiança metódica e científica em relação aos antigos relatos historiográficos datados do Império Romano, os quais costumavam demonizar exageradamente os imperadores como sujeitos históricos. Identificando o predomínio do pertencimento à classe senatorial entre os historiadores da Roma Antiga – e por isso tornando-se capaz de analisar a tendência à depreciação das figuras imperiais como uma decorrência da hostilidade habitual dos senadores em relação aos imperadores de sua época –, Niebuhr contribuiu para deixar claro que a fonte historiográfica de uma determinada época precisa ser tratada como aquilo que ela é: uma fonte como todas as outras. Seus autores-historiadores, como propunha Niebuhr, eram eles mesmos sujeitos históricos que precisavam ser tratados como tais.

81. Autores distintos costumam utilizar conceitos específicos para designar esses grandes modelos historiográficos que tenderiam a predominar em cada época. François Hartog, por exemplo, expressa-se nos termos de diferentes "regimes de historicidade" (HARTOG, 2013). Embora sem cunhar um conceito semelhante, também Koselleck (1979) sustentou a identificação de distintos modos coletivos de pensar as relações entre passado ("campo de experiências") e futuro ("horizonte de expectativas").

pensamos nas obras de historiografia como fontes, elas constituem "fontes realistas", no sentido de que elaboram um discurso sobre a realidade.

Não há historiador que não apresente sua obra como algo que deve ser visto ao menos como um discurso sobre a realidade histórica. A busca de um efeito de realidade em seus textos, e o forte apoio em uma convicção de que seu trabalho mantém algum tipo de relação efetiva com um conhecimento histórico verdadeiro (embora não necessariamente com a verdade positivista), leva os historiadores a produzirem textos que podem ser considerados "fontes realistas". O historiador que nega a relação de seu trabalho com algum tipo de realidade histórica tende a deslizar para a esfera da literatura criativa.

10.3 O amplo uso das fontes realistas até o final do século XVIII

À parte as fontes periódicas e jornalísticas, que só começaram a ser exploradas bem mais tarde (sobretudo nas últimas décadas do século XX) – e isso não apenas porque os jornais impressos só passaram a existir a partir de certa época[82] –, pode-se dizer que toda a historiografia que se fez até o século XVIII tomou por base documental alguns dos vários tipos de fontes que designamos pelo título ambivalente de "fontes realistas". As fontes realistas também são gêneros autorais, isto é, textos que possuem um autor que responde por cada um deles, mas que, distintamente das "fontes literárias", são textos construídos e ancorados fortemente na ideia de veracidade, de que expressam algo verdadeiro, e não algo que é uma livre criação dos seus autores.

Durante séculos, os vários gêneros historiográficos se basearam essencialmente nesses tipos de fontes. Um historiador ou cronista medieval procurava amparar-se, para a construção de seu próprio texto, em obras elaboradas por outros cronistas e biógrafos de épocas anteriores. A partir da Idade Moderna isso não mudaria muito. Mesmo depois do século XIX, essas fontes continuaram a ser bem frequentadas pelos historiadores, embora não mais exclusivamente. Daí que, embora elas tenham deixado de ocupar o centro do cenário no que se refere à base

---

82. A primeira publicação regular sobre acontecimentos – pois é disto que se trata quando falamos em jornais – foi a divulgação mural *Acta Diurna*, fundada por Júlio César em 59 a.C. para tornar públicas suas decisões. O primeiro jornal em papel, e ainda manuscrito, surgiu na Pequim de 713 e.C. Já a primeira publicação impressa periódica, com regularidade semanal, surgiu na Antuérpia em 1605.

empírica da História, as crônicas e obras de historiografia do passado continuam constituindo fontes importantes.

Vamos considerar, para finalizar este tópico, essas fontes realistas específicas que são as obras de historiografia escritas no passado menos recente. A constelação de historiadores anteriores ao período da chamada historiografia científica perde-se de vista: historiadores da antiguidade greco-romana como Heródoto, Tucídides e Tácito; historiadores medievais como Gregório de Tours, Beda, Ibn--Khaldun e Fernão Lopes, daí passando-se a uma plêiade de obras historiográficas que surge com a primeira Modernidade e depois atinge o Iluminismo a partir de nomes como o de Voltaire, David Hume ou Edward Gibbon[83] – a historiografia histórica (a historiografia de outras épocas) tem de fato constituído um material vasto e importante para a compreensão da própria época em que escreveram esses autores, mais do que para o estudo das épocas que eles examinaram como historiadores, embora este aspecto também não mereça ser de todo descartado.

A historiografia, é claro, apresenta sempre a sua face dupla: em relação à sua própria época, as obras historiográficas ocupam o papel de fontes, uma vez que são discursos produzidos por homens e mulheres que são típicos representantes do próprio tempo no qual viveram; já em relação às épocas anteriores que descrevem ou analisam, os textos historiográficos devem ser reposicionados como elementos de diálogo no nível da análise. Os principais problemas pertinentes ao uso da historiografia histórica surgem aqui. De um modo ou de outro, é preciso analisar sempre suas limitações no que se refere ao que esta pode oferecer em relação ao problema que pretendemos examinar.

Os gregos e romanos, inclusive os seus historiadores, chamavam de "bárbaros" a todos os povos não helenizados ou não romanizados. Suetônio e outros historiadores senatoriais, conforme vimos anteriormente, produziram uma historiografia na qual se revelam, nos termos de hoje, "conflitos de interesse" – ao menos nos momentos em que descrevem depreciativamente os imperadores de sua época e dos períodos anteriores. Outros dos historiadores romanos, a exemplo de Tito Lívio (59 a.C.-17 e.C.), discorreram sobre a origem de sua cidade eterna resvalando

---

83. Para indicações do período de vida de cada um dos autores citados, temos: Heródoto (485-425 a.C.), Tucídides (460-400 a.C.), Tácito (56-117 e.C.); Gregório de Tours (538-594 e.C.), Beda (673-735 e.C.), Ibn-Khaldun (1332-1406), Fernão Lopes (1418-1459); Voltaire (1694-1778), David Hume (1711-1776) e Edward Gibbon (1737-1794).

para a mitologia, sem com isso expressarem maiores constrangimentos. Como dialogar com essa historiografia? A história eclesial da Idade Média redesenha em sua historiografia um caminho que aponta passo a passo para o dia do juízo final, sempre sob a supervisão divina. Enquanto isso, os historiadores medievais ligados às grandes linhagens da nobreza e da realeza cuidavam de enaltecer a ampla maioria de seus antepassados. Um pouco por todos os lados, temos de considerar que boa parte da historiografia do passado é bem mais útil como manancial de fontes históricas que expõem os limites e condicionamentos dos homens que as escreveram do que como obras com cujas análises podemos dialogar.

Em uma máxima que pode nos servir de guia mais geral, ainda que sem desconsiderar os desvios de curva, podemos dizer que a historiografia histórica – particularmente a dos tempos mais remotos – não tem sua principal importância por aquilo que *voluntariamente* disse acerca das épocas precedentes que descreveu ou analisou, mas, sobretudo, por aquilo que terminou por *involuntariamente* dizer sobre sua própria época, sobre os próprios homens que a escreveram e que a leram pela primeira vez. Em menos palavras: ao falar voluntariamente sobre outros tempos, a historiografia histórica terminou por falar involuntariamente sobre si mesma e sobre seu próprio tempo.

As fontes realistas, como pudemos ver até aqui, precisam ser enfrentadas pelos historiadores com uma clara consciência sobre suas potencialidades e seus limites. Estas limitações, é claro, não desfazem o caráter realista que pauta esses gêneros de fontes históricas. Os historiadores gregos ou latinos que descreviam outros povos como "bárbaros" não deixavam de acreditar que essa era de fato a expressão mais verdadeira para adjetivá-los, e os historiadores eclesiais da Idade Média acreditavam piamente na existência de um caminho já previamente traçado para o juízo final. Quando descreviam uma tempestade que destruiu e pôs ao fundo do mar a frota inimiga, e a atribuíam à intervenção divina, acreditavam efetivamente nisso.

Mesmo quando forçam os fatos por astúcia ou necessidade, sem crer rigorosamente no que dizem, ainda assim essas obras não deixam de ser realistas, pois esse falseamento jamais é confessado. Uma fonte de caráter realista é aquela que se apresenta aos seus leitores como portadora de um discurso verdadeiro sobre algo que efetivamente aconteceu. Os hagiógrafos medievais visavam ser acreditados no que diziam com respeito aos seus santos miraculosos: o que faz suas obras serem "fontes realistas" é o liame de veracidade que um dia as ligou aos seus leitores, em sua própria época. Já os autores de literatura criativa, daquele mesmo período, não esperavam de modo algum que seus leitores acreditassem nas estórias por eles inventadas. Chaucer (1343-1400), escritor inglês que compôs os *Contos da Cantuária* (1386), não almejava que os episódios de sua narrativa inacabada fossem compreendidos como reais. Tampouco isso era ambicionado pelo escritor italiano Giovanni Boccaccio (1313-1375) ao escrever as cem novelas que compõem seu *Decameron* (1348-1356). Em contrapartida, Marco Polo (1254-1324) – e Rusticiano de Pisa, que foi quem efetivamente escreveu suas memórias de viagem a partir das estórias que ouviu do amigo – esperava que seus leitores lessem com os olhos arregalados o *Livro das maravilhas* (1298), já que este lhes expunha inusitadas verdades e estranhas sociedades ainda não vistas por eles, mas todas reais[84].

Tal como já foi dito no capítulo anterior, tanto as obras de literatura criativa como as fontes realistas contêm simultaneamente realidade e invenção, mas cada uma à sua maneira. O que faz uma "fonte realista" ser merecedora deste título não é a densidade de realidade efetiva que ela contém, mas sim o projeto de realismo que ela encerra. Por mais mirabolantes que sejam os acontecimentos narrados nas fontes realistas – sejam elas uma hagiografia medieval, uma antiga obra historiográfica, um relato de viagem romântico ou um jornal contemporâneo –, elas precisam estar sempre bem acompanhadas por um forte efeito de realidade para realizarem seus projetos de agir sobre a sociedade ou cumprirem suas finalidades básicas. O efeito de realidade torna-se central nessas fontes. Além disso, o fator estético – ainda que não esteja nunca ausente – desloca-se para segundo plano nas fontes realistas, particularmente no momento em que as comparamos às fontes literárias. Informar e convencer, mais do que entreter e encantar, são instâncias decisivas nas "fontes realistas" de todos os gêneros.

---

84. No idioma italiano, a obra foi designada *Il milione* (*O milhão*). As viagens de Marco Polo teriam ocorrido entre 1271 e 1295, mas muitas das estórias e descrições ali contadas podem ter sido até mesmo inventadas ou construídas com base em narrativas de outros viajantes. Para nossa discussão, entretanto, o que importa é que elas foram apresentadas ao seu público como decorrentes de observações e experiências efetivamente realizadas.

11

Primeira revolução documental
As fontes políticas dos arquivos

11.1 Século XIX – A montagem dos arquivos nacionais e dos grandes conjuntos documentais

Neste ponto, podemos adentrar a primeira virada documental que ocorreu na história da historiografia, e avançar por mais algumas das seções fatiadas do nosso esquema. O que assinala isso que tomaremos a liberdade de chamar de "revolução documental historicista" foi o surgimento, no horizonte de expectativas documentais dos historiadores, de um novo tipo de texto de apoio: o documento de arquivo. Em um mundo político posterior ao período napoleônico, no qual as diversas nações europeias queriam se reafirmar como estados-nações, diversos historiadores foram contratados pelos governos dos vários países para colaborar com a consolidação da memória nacional através da montagem de grandes Arquivos[85].

Uma pequena digressão será oportuna. Será útil entendermos, em maior nível de profundidade e precisão, o que é um Arquivo – palavra que aqui grafaremos com inicial maiúscula para distinguir da palavra "arquivo" quando esta estiver remontando aos fundos documentais que existem nas várias instituições, inclusive nos próprios Arquivos.

---

85. Um exemplo, entre outros, é o do célebre historiador francês Jules Michelet (1798-1874), que a partir de 1830 foi empossado pelo novo governo francês na função de chefe da Seção Histórica dos Arquivos Nacionais. Vale lembrar, ainda, que o Arquivo Nacional da França foi fundado em 1790, no próprio contexto do clamor revolucionário, e o Departamento de Arquivos foi instituído em 1796.

Por ora, vamos considerar os Arquivos em sua acepção mais simples. Um Arquivo é uma instituição de guarda de documentos. Esse fator, é claro, é necessário mas não suficiente para defini-lo, uma vez que as Bibliotecas e Museus também são instituições de guarda de documentos, mas diferenciando-se dos arquivos por possuírem um espírito mais colecionista que busca formar seus acervos a partir de uma política de aquisição diversificante. Enquanto uma biblioteca vai adquirindo livros que não formarão um todo orgânico ou um único universo coerente, dado seu direcionamento para uma extrema diversidade de assuntos e gêneros de livros contemplados – e enquanto um museu também amplia seu acervo assimilando peças isoladas dentro de suas áreas de interesse, adaptando-as depois aos sistemas de coerência que já o constituem –, o Arquivo é uma instituição receptora que se propõe a guardar e cuidar de um certo conjunto de fundos documentais provenientes de uma ou mais instituições[86].

Determinado Arquivo pode receber, hoje em dia, os fundos documentais produzidos, a seu tempo, por certos setores jurídicos ou legislativos da administração pública, pelos cartórios de determinada cidade, pelas paróquias de uma diocese, por antigos serviços de investigação repressores já desmontados ou desativados, e assim por diante. Para o século XIX, período de montagem ou consolidação dos grandes Arquivos Nacionais – que também tinham como função delinear a identidade e a memória nacional –, o principal dos fundos documentais transferidos era formado por documentação proveniente das instituições políticas, das chancelarias régias, das instituições de controle da população e da distribuição da terra, sendo que também não era esquecida ou negligenciada a guarda de manuscritos antigos, medievais e da primeira Modernidade, que estabeleciam uma narrativa sobre a formação e expansão do país até atingir o Estado-nação no século XIX.

Os historiadores, como dizíamos, tiveram um papel de primeiro plano no que concerne aos Arquivos, trabalhando em sua montagem, administração ou mesmo na retomada e modernização de instituições de arquivamento que vinham de outras épocas. Um exemplo deste último caso é o Arquivo Nacional da Torre do Tombo, em Portugal, que antes era chamado de Arquivo Geral do Reino e já vinha se constituindo como arquivo central de Portugal desde a Idade Média, na época em que

---

86. "Em arquivologia, costuma-se respeitar como regra de ouro o princípio da proveniência dos Arquivos, *respect des fonds*, tal como nomeado pelos Archives Nationales Françaises em 1841. Nesse sentido, documentos de arquivo são distinguidos de 'coleções' de documentos – por exemplo, um conjunto de cartões postais enviado por diferentes remetentes a diversos destinatários e reunidos, 'artificialmente', por um colecionador" (CASTRO, 2008, p. 26).

seus primeiros guardas-mores eram também os cronistas-mores do Reino. Essa situação antecipa, aliás, a tendência de que aos historiadores (e seus antecessores, os cronistas) fosse confiada a guarda e organização de arquivos, o que confluiu mais tarde para a montagem dos Arquivos nacionais sob a égide dos historiadores[87].

Ao mesmo tempo em que, desde o trânsito do século XVIII para o século XIX, surgiam ou se consolidavam os grandes Arquivos nacionais, também começaram a despontar, nos vários países da Europa, as sociedades para a publicação de consistente documentação histórica de interesse para a memória de cada país. Dado seu pioneirismo, podemos dar como exemplo mais imediato a publicação sistemática da *Monumenta Germaniae Historica*. Iniciada em 1826, esta consistiu de um conjunto de vários volumes de documentação primária para o estudo da história do mundo germânico – essencialmente as crônicas, que já vinham sendo muito utilizadas pelos historiadores desde os séculos anteriores, e, sobretudo, a documentação guardada pelos próprios Arquivos, cujo uso historiográfico mais sistemático e atento passou a ser a grande novidade do século. A publicação da *Monumenta Germaniae Historica*, desse modo, constituiu um empreendimento perfeitamente afinado com os novos tempos historiográficos[88]. A iniciativa foi logo seguida pelos demais países, a exemplo da Itália, da França e de Portugal, que criou a sua *Portugaliae Monumentae Historica*[89].

---

87. O Arquivo da Torre do Tombo deve seu nome à sua localização original, que de 1378 até 1755 era uma torre do Castelo de São Jorge. Com o terremoto de Lisboa, em 1755, sua documentação foi transferida para o Mosteiro de São Bento (atual Palácio de São Bento), no qual permaneceu até ser transferida para sua sede moderna na cidade universitária de Lisboa, em 1990.

88. *Monumenta Germaniae Historica* (MGH) passou a ser tanto a designação do vasto conjunto documental alemão publicado no decurso do século XIX e nas primeiras décadas do século seguinte, como também o nome da sociedade especialmente fundada para a realização dessas publicações que, de 1826 a 1874, esteve sob a direção de Georg Heinrich Pertz, e a partir daí sob o comando de Georg Waitz. O recorte privilegiado ia de fins do Império Romano ao início da Modernidade. A partir de 1935 o Instituto MGM, no princípio uma sociedade privada, foi assumido diretamente pelo Estado alemão.

89. Na Itália, foi criada em 1836 a *Monumenta Historiae Patriae*, a mando do Rei Carlos Alberto (Turim). Na França, surge a partir de 1835 a *Collection des documents inédits sur l'histoire de France*. Já a *Portugaliae Monumenta Historica* foi publicada entre 1856 e 1917, em seus três primeiros volumes sob a direção de Antonio Herculano (1810-1877). O conjunto documental foi dividido em quatro volumes – (1) *Autores, Leis e Costumes*, (2) *Diplomas e Cartas*, (3) *Inquirições* e (4) *Inquisitiones*. A limitação às crônicas e documentação de arquivo segue o modelo das demais séries monumentais de documentação do século XIX, e é bem ilustrativa acerca da importância da documentação política, governamental e institucional para a época, além das crônicas que podiam enaltecer os grandes indivíduos que pretensamente conduziam a história, conforme algumas das perspectivas historiográficas então dominantes.

O que nos interessa com esses exemplos é mostrar que, além de perdurar o já habitual interesse dos historiadores pelas crônicas e tradicionais "fontes realistas", um novo tipo de documentação adentrava agora o cenário historiográfico europeu e americano, inclusive no Brasil. Os mesmos historiadores que haviam sido chamados à tarefa de montar e dirigir os grandes arquivos nacionais ou de publicar monumentais conjuntos documentais, também foram conclamados a introduzirem a História no universo das disciplinas universitárias, e este é também um ponto de inflexão que irá contrastar os novos historiadores oitocentistas em relação àquela antiga historiografia erudita que se fazia no século anterior, muitas vezes por filósofos e pensadores que escreviam sobre diversos assuntos, e não apenas sobre história. Os historicistas, de sua parte, passaram a atuar com vistas a se afirmar como um novo tipo de historiadores: especializados em seu ofício, trabalhando com uma postura metodológica que permitisse incluir a História entre as demais ciências, detentores de cadeiras universitárias relacionadas à nova disciplina que acabara de ser aceita no circuito acadêmico. Para esses historiadores de novo tipo, o documento histórico passou a desempenhar um papel primordial, assim como ganhou destaque a busca de técnicas adequadas para seu tratamento.

11.2 A documentação política, governamental e institucional

Uma vez que a historiografia oitocentista priorizaria a história da política, das guerras, diplomacia, formação das grandes nações, dos grandes líderes políticos – e também, em alguma medida, a história de instituições importantes para a vida nacional, como a Igreja –, o universo de fontes proposto pelos historiadores do século XIX passou a incluir e a valorizar os setores documentais aos quais nos referimos em nosso esquema (quadro 3, itens 2 a 5), como documentação política, documentação diplomática, documentação governamental e documentação administrativo-institucional.

No setor da documentação política, o que era valorizado eram os textos gerados nas instituições da grande política. Não era caso, ainda, da utilização de programas de partidos políticos ou da análise de discursos políticos mais generalizados, os quais só seriam abordados mais consistentemente com a nova História Política do século XX, a não ser em casos mais específicos como as "falas presidenciais" e as "falas do trono" – documentos que já vinham monumentalizados desde sua origem.

Em nosso esquema sobre as fontes textuais, a documentação que passou a ser valorizada naquele novo momento historicista é aquela que está indicada pelos retângulos de borda azul: declarações de guerra, tratados de paz, leis e decretos, documentação diplomática, chancelarias e relatórios governamentais – tais como, por exemplo, os relatórios de presidentes de província, para o caso brasileiro. Também chamava atenção dos historiadores a documentação e as "atas" produzidas pelos políticos de câmaras municipais, estaduais e nacionais, incluindo as discussões sobre grandes temas políticos e de impacto, que eram muito visadas pelos historiadores do século XIX e podiam ser acessadas pelos registros dos grandes debates parlamentares relacionados a esses temas. Na História do Brasil, são clássicas as discussões envolvendo o debate sobre a orientação para o poder centralizado ou federativo, no período do Império, ou os temas da escravidão – da extinção do tráfico de escravos às leis mitigadoras e, finalmente, à abolição da escravatura.

É interessante observar que a documentação política abordada pelos historiadores do século XIX incluía não apenas as fontes políticas tradicionais que já vinham sendo utilizadas pelos historiadores dos séculos anteriores, mas também novas possibilidades. O historiador alemão Leopold Von Ranke (1795-1886), um dos mais célebres de sua época, além de investigador crítico de fontes tradicionais, também desbravou novas possibilidades de fontes políticas. Foi o primeiro historiador a utilizar como fontes históricas as *relazioni* – "relatórios secretos" dos "embaixadores" venezianos. Dessa forma, utilizou em sua pesquisa sobre a história da Itália um arquivo praticamente inexplorado, constituindo também um novo gênero de documento histórico político a ser considerado pela historiografia[90]. Com isso, reforçamos a imagem de que os historicistas alemães – tanto ao se abrir à possibilidade de desbravar novos arquivos e tipos de fontes políticas, como ao consolidarem as bases de uma rigorosa crítica documental – podem ser referidos, com justiça, como encaminhadores da primeira revolução documental.

Lateralmente, ou mesmo complementarmente, continuava-se abordando também a "documentação autoral realista": as crônicas, biografias, historiografias, mas sempre dirigidas ao estudo das grandes figuras políticas. Apesar do aspecto inovador expresso no uso de fontes de arquivo, boa parte da historiografia oitocentista continuou a ser, tendencialmente, uma historiografia na qual se podia assistir a

---

90. VON LAUE, 1950, p. 34.

uma história política conduzida pelos grandes indivíduos, sempre através de relatos nos quais se buscava a particularização, frequentemente o acontecimental. De todo modo, é inegável que, com a entrada dos novos historiadores profissionais – organizadores e pesquisadores de arquivos, obstinados rastreadores de documentação e hábeis críticos das fontes –, havia de fato ocorrido uma primeira expansão documental importante. A partir da nova postura metodológica dos historicistas do século XIX, o hemisfério inferior do nosso esquema sobre a expansão das fontes textuais já está quase todo tomado, à exceção da "documentação comercial", a qual já constituiria uma conquista da historiografia do século XX.

Apesar do amplo predomínio de uma História Política no século XIX, também se deve ressaltar que o âmbito dos "documentos governamentais" (quadro 3, n. 4) – que inclui as leis, decretos, concessões, atas e regulamentos, entre outros tipos de documentação – também já começa a ser bem representado nos arquivos oitocentistas pela incorporação da documentação sobre concessão de terras. No Brasil, podemos encontrar já naquele período o empenho voltado para a guarda de documentos relativos a esse âmbito, particularmente com o Arquivo Nacional – fundado em 1838 ainda com o nome de Arquivo Público do Império. Documentos-chave como as cartas de sesmarias e outras concessões de terras feitas pela Coroa desde o século XVI até o século XIX já podiam, então, ser consultados pelos historiadores. Estes documentos, bem como os registros de "datas de terra" (concessões de lotes no âmbito do rocio), além de levantamentos censitários como o *Registro de Terras* (1855)[91], constituiriam as bases documentais iniciais para uma História Agrária ainda por se fazer, sob demandas do século historiográfico que ainda estava por vir[92].

As fontes censitárias (censos), que incluímos no setor das "fontes governamentais" (quadro 3, n. 4), constituem um campo importante de possibilidades. Podemos lembrar que certa variedade de fontes censitárias – aqui entendidas como aquelas que procedem a recenseamentos de populações, ou também a listagens mais simples – está presente, no Brasil, desde o período colonial, no caso sob a forma de "listas nominativas" e outros documentos que oferecem listas para situações mais específicas.

---

91. Recenseamento, em nível nacional, sobre a situação da propriedade de terra no Brasil de meados do século XIX, para atender às demandas da *Lei de Terras* (1850).

92. Para os documentos sobre terras, cf. BACELLAR, 2005, p. 33-34.

Situamos as "listas" um pouco atravessadamente, entre os setores dos "documentos governamentais" e dos "documentos administrativos/institucionais", porque essas formas de registros podem ser produzidas em um e outros desses âmbitos. Há listas produzidas pelos governos em seus diversos níveis (nacional, estadual ou provincial, municipal, local) e há listas produzidas pelas diversas instituições, incluindo as de iniciativa privada. Mas vamos ficar por ora com os exemplos governamentais.

O gesto de recensear, contabilizar ou colher informações relacionadas a populações – seja com ambições totalizantes ou mais parciais – associa-se a um esforço de controle a cargo daqueles que precisam reger a sociedade. Para tal feito, os governos costumam contar com pessoal próprio, fundando seus aparatos ou institutos de pesquisa, ou apoiar-se no serviço de terceiros. Os procedimentos desse tipo remontam a tempos muito antigos, e a própria palavra "censo" provém das listas de cidadãos e bens que deviam ser providenciadas na Roma Antiga pelos censores[93]. Enquanto isso, na Inglaterra medieval, podemos encontrar, no final do século XI, o *Domesday Book* – um grande cadastro que foi encomendado aos clérigos normandos por Guilherme o Conquistador (1028-1087)[94]. Já em Portugal os primeiros levantamentos populacionais remontam ao reinado de Dom Afonso III, entre 1260 e 1279, mas o primeiro recenseamento com características modernas foi realizado em 1802, também com apoio em informações obtidas com registros da Igreja.

No período colonial e imperial brasileiro, antes do advento mais grandioso dos censos propriamente ditos, listas de vários tipos foram surgindo para atender a finalidades diversas, incluindo aquelas que se referem a grupos sociais específicos. Tal foi o caso das "listas de matrículas de escravos" elaboradas no último quartel do século XIX com o objetivo de recolher informações sobre cada indivíduo escravizado. Data de 1871, portanto um ano antes do primeiro censo promovido pelo governo brasileiro, essa primeira "matrícula geral" – um registro nacional

---

93. O primeiro censo romano teria sido realizado já por Sérvio Túlio (578-535 a.C.).

94. BLOCH, 2001, p. 140. Guilherme I o Conquistador foi o primeiro rei normando da Inglaterra, governando de 1066 até sua morte em 1087. O *Domesday Book* – traduzível como *Livro do julgamento* – foi o resultado de um grande levantamento de informações realizado na Inglaterra, a mando de Guilherme I, em 1086. Uma de suas motivações principais era coletar informações sobre os proprietários de terras e gado, com vistas a calcular esse tipo de riqueza e possibilitar a taxação correspondente. A fonte está disponibilizada *on-line* pelo Arquivo Nacional Inglês (*The National Archives*).

de escravos que hoje permite um acesso bastante confiável às informações mais básicas sobre a população escravizada[95].

Embora mais trabalhadas pelos historiadores a partir dos anos de 1950 com vistas à constituição de uma História Demográfica mais consistente, as "listas" já estiveram disponíveis aos nossos historiadores desde a formação dos primeiros arquivos brasileiros. Assim, em relação às primeiras listagens de levantamentos de população realizadas no Brasil, temos desde cedo as listas nominativas de habitantes que aparecem já no século XVIII, também conhecidas como "maços de população"[96]. Trata-se de uma documentação mais simples, que registrava os domicílios com seus membros familiares e agregados de escravos, mencionando para cada indivíduo aspectos como idade, profissão, condição social, estado matrimonial e cor. Ainda mais simples, mas também de grande utilidade historiográfica, são as "listas de bordo" e as "listas de desembarque", que permitem investigar a população de migrantes que passou a chegar regularmente aos portos brasileiros nos períodos em que se intensificou a imigração.

O esforço público de registrar a população, ou partes mais específicas da população, termina por confluir, finalmente, para os primeiros censos, já mais para o final do período imperial (1872)[97] e primeiras décadas da República (1890 e 1900)[98]. Os censos, ao serem demandados pelas instâncias disciplinares da sociedade e pelas necessidades de administração e controle estatal, constituem-se de coletas complexas de informações sobre a população e a sociedade, de grande valor historiográfico. São conjuntos documentais que investigam e serializam informações para uso do governo, oferecendo em sua sequência uma visão estatística e panorâmica que vem matizada pelas diversas questões constituídas pelo órgão governamental que aplica a pesquisa censitária.

---

95. A feitura dessa lista geral de escravos foi uma demanda da aprovação da Lei do Ventre Livre, com vistas ao recolhimento de impostos para a formação do fundo de emancipação. / Outro exemplo significativo de listas voltadas para um grupo social mais específico – e neste caso muito bem detalhadas no que se refere a certas informações básicas – são as "listas de regimentos de milícias", que registravam os indivíduos que atuavam nas tropas de apoio sediadas nas vilas do país. As descrições físicas nelas listadas são precisas – chegando a aspectos como o formato da testa e a espessura das sobrancelhas –, o que talvez visasse atender a questões como o controle de deserções. / Sobre as "matrículas de escravos" e "listas de regimentos", cf. SAMARA & TUPY, 2007, p. 109.

96. Uma série completa dessas listas de população encontra-se no Arquivo do Estado de São Paulo, registrando em ritmo anual, de 1765 a 1847, a população da Capitania de São Paulo (a partir de 28 de fevereiro de 1821, chamada de Província de São Paulo).

97. *I Recenseamento Geral do Império do Brasil* (1872).

98. Depois, teremos os censos de 1920, 1940 e 1950, estes últimos já realizados pelo IBGE.

Constituem, de certo modo, séries cruzadas de informações que já se acham disponibilizadas previamente pelos seus elaboradores. Por um lado, facilitam o trabalho historiográfico, pois a própria história – através dos órgãos de governos – já providenciou aqui uma serialização e quantificação de dados; por outro lado, isso não isenta o historiador da necessidade de criticar esses dados, compará-los, checá-los, ou de examinar discursivamente as próprias categorias que foram escolhidas para balizar essa quantificação, tais como a categoria "cor" e suas divisões (brancos, pardos, pretos), que também são categorias discursivas e historicizáveis, construídas de um ponto de vista e não de outro, sujeitas a mecanismos de valoração e hierarquização que devem ser compreendidos em suas circunstâncias sociais e políticas.

Passemos à documentação que registra a realidade material das instituições, suas origens e seu cotidiano. Embora a tenhamos localizado esquematicamente na fatia da "documentação paroquial e eclesiástica", podemos citar como documentação produzida no âmbito institucional os "livros de tombo". No seio da instituição Igreja, estes correspondem a pequenos conjuntos de registros relativos a uma espécie de biografia institucional de cada uma das diversas igrejas paroquiais, desde o momento de sua instalação e a partir daí registrando datas importantes em sua trajetória institucional, com o concomitante inventário de seus bens e as citações de doações recebidas em vários momentos[99].

Se as igrejas possuem suas documentações de fundação, as próprias cidades também as têm. Os "forais" correspondem a essas fontes, que detalham a população inicial, a localização espacial da vila, o local do rocio (centro da vila) e de seu principal marco, o pelourinho, assim como a constituição da Câmara Municipal e a delimitação do termo. Seus posteriores anexos, ademais, irão assinalar as eventuais expansões territoriais. No quadro 3, situamos os forais entre os "documentos governamentais". A combinação da documentação de fundação das Igrejas e paróquias – os "livros de tombo" – e a documentação de fundação das próprias vilas – os "forais" – constitui um universo de fontes inicial e indispensável para a feitura da História Urbana, um dos domínios temáticos de maior destaque na historiografia do século XX.

---

99. Até o período medieval, as Igrejas também produziram um setor importante de documentação que são os chamados "cartulários". A palavra pode se referir, por um lado, ao conjunto de títulos temporais de uma instituição eclesiástica.

Poderíamos multiplicar os exemplos de documentação institucional, pois as instituições públicas e privadas de toda ordem se referem às mais diversas atividades da vida. Das maternidades onde se nasce aos cemitérios onde se morre – passando-se pelos hospitais onde se enfrenta a luta pela conservação da vida, ou pelas escolas que formam os cidadãos em diversos níveis, ou ainda pelos hotéis que oferecem pousada aos viajantes e pelas indústrias e instituições ligadas à cultura e ao entretenimento –, todas as instituições produzem farta documentação tanto relativa às suas atividades-fim como à sua "administração interna". Boa parte delas – a não ser as instituições ligadas ao governo e à própria Igreja – passaram a ter sua documentação deslocada para os arquivos, tirante os casos em que as conservaram mais tardiamente ou as incineraram, somente a partir do século XX, que coincide também com o momento em que surge um interesse historiográfico mais efetivo por essa diversificada documentação. Desde então, os historiadores irão se interessar mais vivamente por documentos como as "matrículas de alunos" das escolas, os "registros de hóspedes" dos hotéis, ou os "prontuários de hospital", quando não mais diretamente pela documentação ligada à "administração interna" de cada instituição. Desperta-se ainda o interesse pela documentação ligada às instituições culturais – desde teatros, cinemas e circos até as universidades e centros de pesquisa –, ou a documentação das indústrias e das empresas agrícolas.

Não há limite, evidentemente, para a variedade de documentação institucional que pode ser trabalhada pelos historiadores, e em nosso esquema apenas registramos alguns itens exemplificativamente. Poderíamos pensar nas entradas e baixas dos hospícios, ou nas listas de velórios dos cemitérios e empresas funerárias. As fontes relativas ao campo da documentação institucional oferecem uma ampla variedade de gêneros voltados para os mais diversos tipos de instituições de modo que, em nosso esquema, os itens indicados nessa fatia são apenas ilustrativos de uma variedade indefinida.

Além dessa já imensa diversidade, a documentação relativa às instituições privadas pode também dialogar com a documentação da vida privada propriamente dita, permitindo surpreender o cotidiano de homens e mulheres comuns – mas isso seria uma conquista historiográfica a se consolidar, principalmente, no século seguinte. O interesse por uma história institucional, de todo modo, já se inicia mais esporadicamente desde o século XIX, em particular com as pesquisas mais específicas sobre a História da Igreja, sem contar os estudos sobre as próprias instituições governamentais mais ligadas à grande política.

Com tudo isso pretendemos mostrar que, se o século XIX privilegia a elaboração de uma tradicional História Política, que depois seria muito criticada pelos historiadores mais modernos, é este mesmo século que consolida em seus arquivos uma documentação que seria indispensável para algumas das principais modalidades historiográficas que começarão a se destacar no século seguinte. Além disso, é importante registrar que, de maneira análoga ao que ocorre com as Igrejas, podemos encontrar, nos dias de hoje, fontes de fundação similares para outros tipos de instituições, inclusive as empresas privadas, cuja presença sinalizamos no setor "documentos administrativos/institucionais". Algumas das fontes aí presentes, contudo, também serão mais visitadas pelos historiadores a partir da expansão documental dos anos de 1930, a exemplo dos "registros contábeis", das "listas de preços" e "listas de salários".

Já a documentação judicial, conforme veremos mais adiante, será explorada principalmente a partir dos anos de 1970 (quadro 3, n. 9). Todavia, isso não quer dizer que, em relação a certos eventos de grande significação política para a história de um país, não haja antecipações oitocentistas desse uso historiográfico dos processos e devassas. Ao lado disso, pode-se dizer que a novidade das décadas recentes é precisamente o uso de processos judiciais relacionados a pessoas comuns. Já em referência aos processos relativos a personagens do mundo político, ou àqueles ligados a grandes acontecimentos igualmente *políticos* – tais como as insurreições e conspirações –, estes já vinham atraindo a atenção de historiadores. No Brasil, temos por exemplo o *Auto da Devassa da Inconfidência Mineira*, tão atrativo de interesses historiográficos que já mereceria uma primeira publicação em 1936[100].

---

100. Publicado pela Biblioteca Nacional. Entre 1976 e 1984 houve uma nova edição do *Auto da Devassa da Inconfidência Mineira*, por iniciativa da Câmara dos Deputados. Disponível em: http://portaldainconfidencia.iof.mg.gov.br/leitura/web/livros/v1.pdf

12

Segunda revolução documental
A diversidade das séries

12.1 O florescer da História Serial e da História Quantitativa

A segunda grande revolução documental da história da historiografia ocidental deu-se na confluência de novas práticas historiográficas – para as quais tiveram um papel fundamental tanto a historiografia francesa liderada pela Escola
dos *Annales*[101] como a atuação dos novos historiadores marxistas que, a partir do
século XX, empenharam-se em estudar a dimensão econômico-social do mundo
humano conforme os princípios que já haviam sido firmados pelo Materialismo
Histórico desde o século anterior. No âmbito da historiografia dos *Annales*, des-
taca-se o surgimento de novas modalidades particularmente importantes para a
historiografia do novo século, tais como a História Serial e a História Quantitativa.

Poderemos compreender melhor a nova demanda por uma ampliação das
possibilidades de fontes se atentarmos para a ampliação que também vinha ocorrendo em relação às temáticas de estudo visadas pelos historiadores. A diretriz
que passaria a nortear os historiadores ligados aos *Annales*, acompanhando uma
tendência que também ocorreu em outros países, foi a de rejeitar veementemente
tudo aquilo que se começava a considerar como uma historiografia demasiado
particularizante, individualizadora, factual, narrativa ou descritiva em detrimen-

---

101. A Escola dos *Annales* – abarcando uma extensão de pelo menos três gerações de historiadores
franceses do período contemporâneo – constituiu um dos mais inovadores movimentos da historiografia ocidental. Os fundadores emblemáticos do movimento foram Marc Bloch (1886-1944) e
Lucien Febvre (1878-1956), que lançaram em 1929 a célebre *Revista dos Annales*. Sobre o movimento dos *Annales* e a Nova História, cf. BARROS, 2012.

to da análise redutoramente política em detrimento das demais dimensões da vida humana[102].

Empreendendo tanto uma crítica aos setores mais conservadores do Historicismo, como também uma rejeição imediata da tarefa factual à qual se haviam adequado alguns dos historiadores ligados ao projeto positivista, os *Annales* das duas primeiras gerações tinham passado a propor explicitamente uma história-problema, econômico-social, valorizadora dos movimentos coletivos em detrimento das ações individuais. Um aspecto sintomático desse discurso de rompimento em relação à historiografia anterior foi o desinteresse, ao menos nos primeiros momentos, por toda aquela documentação política de arquivo que vinha sendo privilegiada pela História da Política do século precedente.

Em detrimento da documentação diplomática, estatal, político-institucional, e também das fontes autorais realistas que enalteciam os grandes homens ligados ao mundo político ou ao enfrentamento bélico-diplomático, os historiadores dos *Annales* acenaram com um novo tipo de documentação de arquivo: os documentos comerciais, industriais, paroquiais, cartoriais, as listas de preços e de salários, os contratos, os registros contábeis, livros de caixa, a documentação do censo. Valorizava-se, aqui, toda uma nova documentação de arquivo que permitiria não apenas o desenvolvimento da História Econômico-Social, como também o florescimento da História Demográfica e da História Local.

É oportuno lembrar que o programa dos *Annales* também incluía a proposta de dirigir uma especial atenção para outros tipos de fontes, como as fontes iconográficas e as fontes da cultura material, e a partir dos anos de 1960 essas fontes seriam muito percorridas por novas modalidades historiográficas como a História das Mentalidades e a Antropologia Histórica. Não obstante, o fato é que a documentação que se tornou dominante entre as décadas de 1930 e meados da década de 1970 – ao menos no seio dos setores historiográficos mais progressistas da

---

102. Já tem sido objeto de análise de historiadores da historiografia o fato de que havia algum exagero dos fundadores dos *Annales* na generalização de toda a historiografia do século anterior como factual. De fato, há muita historiografia factual no século XIX, e esta também se expressaria em certos setores historiográficos do século XX. Mas grandes análises também vinham sendo feitas por historiadores importantes ligados ao historicismo alemão e ao romantismo francês (BARROS, 2012, p. 110). Também é importante distinguir o modelo mais vulgarizado da "história dos grandes homens" de propostas mais problematizadoras como a do tratamento dos heróis por Thomas Carlyle. Sobre este último aspecto, cf. as pesquisas desenvolvidas pela historiadora Débora Andrade (2000 e 2006).

França dos *Annales* – foi mesmo a documentação que se prestava a análises seriais e quantitativas por oposição às análises qualitativas que permitiam individualizar cada fonte histórica ao invés de inseri-las em uma série mais ampla.

Os historiadores econômicos ligados ao serialismo ou ao quantitativismo proposto pelos *Annales*, os quais tinham na liderança de Ernst Labrousse (1895-1988) o seu nome mais influente, de certo modo encontrariam a meio caminho os pesquisadores da Economia que trabalhavam com a história. Assim, historiadores-econômicos e economistas-historiadores passavam a partilhar um importante setor documental dos arquivos. De fato, um reforço fundamental para as novas possibilidades de tratamento serial e quantitativo voltadas para a História Econômica, já no final dos anos de 1950, pode ser atribuído à Cliometria estadunidense. Esta corrente, iniciada pelos economistas Alfred Conrad e John Meyer, também se dedicou a explorar massivamente esse novo setor da documentação de arquivo, mais particularmente para submetê-la a uma quantificação baseada em técnicas econométricas e abordagens estatísticas. Em meados dos anos de 1960, quando William Parker (1919-2000) e Douglass North (1920-2015) se tornaram editores do *Journal of Economic History*, a Cliometria adquiriu especial projeção no que concerne ao estudo de temas como a escravidão estadunidense, a história da agricultura e a história dos transportes.

12.2 A "série"

Para o panorama de possibilidades metodológicas e documentais que nos interessa neste momento, cumpre retomar a discussão sobre "série" que foi iniciada no capítulo 6 deste livro. A série, tal como delineamos naquela oportunidade, deve ser definida como um conjunto homogêneo de fontes do mesmo tipo e relacionadas a um recorte de espaço-tempo contínuo. Por exemplo, podemos serializar as certidões de casamento encontráveis nos arquivos provenientes de determinada Igreja e referentes a determinada localidade e época.

Tal como ressaltamos no princípio deste livro, é sempre um determinado problema histórico bem-estabelecido o que motiva e justifica que o historiador proceda à constituição de uma certa massa de documentos em uma série. Vejamos um exemplo mais específico. Por alguma razão, um historiador demográfico poderia estar interessado em levantar o perfil de determinada população no que concerne às idades em que os indivíduos de um sexo e outro costumam contrair matrimônio nessa comunidade. Ou então poderia se dar que seu interesse fosse o de verificar a taxa de celibatos, ou que o problema historiográfico se relacionasse ao exame das estratégias matrimoniais – tais como os intercâmbios econômicos e políticos entre certas famílias que costumam se relacionar matrimonialmente no seio de uma população mais ampla, ou as estratégias de ascensão social de indivíduos a partir do casamento. Digamos, ainda, que o historiador pretenda examinar as variações na recorrência de casamentos entre indivíduos pertencentes a etnias ou classes sociais distintas. Para cada problema desses, só será possível nos aproximarmos de uma visão de conjunto pertinente a toda a comunidade pesquisada se nos valermos da história serial, pesquisando permanências e variações no interior da série.

A análise de uma única fonte, ou a comparação de certo número de fontes esparsas, ou mesmo o procedimento estatístico da amostragem, possivelmente deixariam muito a desejar no que concerne às possibilidades de fazer afirmações seguras sobre o perfil da população examinada em referência às variações nas idades de matrimônio ou às taxas de celibato. Uma única certidão de casamento, ou mesmo um certo número de certidões esparsas, pode nos dizer muito pouco em relação ao perfil da comunidade. Uma série de certidões, contudo, analisadas passo a passo e sem soluções de continuidade, já nos diz tudo o que precisamos saber no tocante a esses aspectos. Uma visão mais panorâmica sobre as estratégias matrimoniais desenvolvidas pelos indivíduos no seio dessa comunidade, ou sobre os casamentos interétnicos ou interclassistas, também poderia ser proporcionada por uma análise cuidadosa da série.

A série, em problemas como os que foram arrolados para o caso do estudo dos perfis de casamento, permite-nos compreender tanto um conjunto sincrônico – isto é, os comportamentos que se apresentam ao mesmo tempo no interior de certo espaço social – como também possibilita a análise de um conjunto diacrônico, relativo a um desenvolvimento sucessivo no tempo. Para o caso evocado, seria possível verificar, através de uma série de certidões de casamento, como os comportamentos matrimoniais presentes na comunidade se modificaram no tempo.

12.3 A serialização na História das Mentalidades

Não são apenas os aspectos econômicos e demográficos que podem ser investigados através de uma série. Se esses âmbitos de estudo se beneficiaram bastante das abordagens seriais e quantitativas já a partir dos anos de 1930, não tardaria para que, a partir de meados da década de 1960, o serial e o quantitativo também se anunciassem como uma metodologia interessante para a pesquisa sobre a História das Mentalidades, aqui compreendida como o âmbito de estudos no qual se busca compreender os modos de pensar e de sentir coletivos, habitualmente associados a mudanças e ritmos de longa duração[103]. Os medos e angústias, a aceitação ou rejeição do sobrenatural, a repulsa radical da alteridade, a perseguição obcecada da bruxaria, ou os modos coletivos de sentir e pressentir a ocorrência ou a proximidade da morte – eis aqui temáticas históricas típicas da história das mentalidades que também podem ser abordadas sob uma perspectiva serial.

O historiador francês Michel Vovelle (1933-2018), por exemplo, utilizou uma grande série de testamentos para realizar sua pesquisa sobre as expectativas dos cidadãos franceses do período barroco diante da morte[104]. Seu problema histórico, portanto, relacionava-se mais diretamente ao âmbito da História das Mentalidades. A abordagem de Vovelle, por sinal, confrontava-se com aquela que já havia sido empregada, para o mesmo problema, por outro historiador das mentalidades: Philippe Ariès (1914-1984). Este outro historiador das mentalidades, igualmente formado no convívio dos *Annales*, já havia publicado um denso estudo sobre *O homem diante da morte* (1977) no qual se utilizava de uma variedade de tipos distintos de fontes, priorizando sempre uma abordagem qualitativa. Era uma ambiciosa obra, na qual Ariès lançava mão dos mais diversos tipos de fontes – desde escritos de todos os tipos (literatura, hagiografias, poemas, canções, crônicas, testemunhos anônimos) até as fontes iconográficas e os objetos da cultura material.

O confronto historiográfico entre a abordagem qualitativa e a metodologia serial – ambas exemplificadas no enfrentamento de um mesmo problema histórico – iria se expressar em uma interessante polêmica estabelecida entre esses dois autores. Um ano depois da publicação da célebre obra de Philippe Ariès, Vovelle

---

103. A "longa duração", na terminologia inaugurada pelo historiador Fernand Braudel (1902-1985), corresponde aos processos – econômicos, sociais e mentais – que se modificam muito lentamente. Esse ritmo mais lento de mudanças históricas, de acordo com a dialética de durações proposta por Braudel, poderia conviver com outros ritmos de mudanças, como os que se dão com os processos políticos de "curta duração" ou com os "ciclos econômicos" de média duração. Segundo tal perspectiva, a história pode ser vista como uma polifonia entretecida por processos de diferentes durações. Os hábitos mentais coletivos, de acordo com a maior parte dos historiadores das mentalidades, tenderiam a constituir padrões que mudam mais lentamente, ao contrário das mudanças que se dão mais rapidamente no mundo político. Cf. BARROS, p. 152-182.

104. Sobre os testamentos, discorreremos em mais detalhe em um item posterior deste capítulo.

iria publicar sua tese sobre a *Piedade barroca e descristianização* (1978), na qual examinava com invejável precisão e método centenas e centenas de testamentos provençais – sempre abordados de forma massiva com vistas a tornar possível a apreensão serial de padrões e deslocamentos de padrões que denunciassem as variações das atitudes diante da morte no circuito de longa duração por ele escolhido, bem como outras questões como a própria relação do homem mediano com as exigências religiosas. Quando examinou fontes iconográficas, complementando sua criteriosa análise da série de testamentos, Vovelle também se afastou da abordagem qualitativa livre em favor de uma metodologia mais sistematizada, na qual procurava avaliar topicamente a recorrência e a ruptura de certos modos de representar, às vezes chegando a medir espaços no interior da representação iconográfica e a quantificar elementos figurativos. Quando foi às fontes da cultura material – pois os objetos mortuários, os túmulos e a arquitetura funerária também constituíram para ele séries alternativas de fontes –, Vovelle empreendeu cuidadosas medições das distâncias que separavam túmulos e altares.

Cada aspecto desses, em relação aos quais os analistas menos experientes talvez não fossem capazes de ver senão padrões recorrentes nessa ou naquela década, adquiria para Vovelle um sentido, uma conexão com modos específicos de pensar e de sentir, com tendências humanas de se colocar diante da morte e de lidar com o imaginário dela decorrente. A pesquisa de Michel Vovelle nos mostra que, ao praticante da história serial, também é perfeitamente possível investir no cruzamento de séries. O mais importante, no brilhante exemplo por ele trazido a partir de sua obra-prima sobre a descristianização pré-iluminista, era o encaminhamento de uma abordagem sistemática, cuidadosamente preocupada com a homogeneidade das fontes e com seu lugar preciso no interior da série.

As críticas do serialista Michel Vovelle contra as abordagens qualitativas da história das mentalidades seriam ainda mais bem explicitadas em uma coletânea de ensaios por ele publicada dez anos depois, sob o título *Ideologias e mentalidades* (1987) – uma obra na qual, já na "Introdução", este historiador francês procurava sustentar sua convicção de que não existia nenhuma incompatibilidade entre a perspectiva do materialismo histórico e o campo histórico delineado pela História das Mentalidades. Em relação a seu antigo contramodelo historiográfico – a história qualitativa das mentalidades desenvolvida por Philippe Ariès –, Vovelle é taxativo ao considerar como uma técnica "impressionista" aquela utilização de um universo de fontes tão heterogêneo, percorrido mais ou menos livremente por Ariès em *O homem diante da morte* (1977)[105].

12.4 Os novos setores da documentação de arquivo

Conforme vimos até aqui, a história serial, e também a história quantitativa, interagiram com muitos campos de possibilidades, aplicando-se desde os estudos de história econômica e história demográfica até às pesquisas sobre história das mentalidades. Todas essas possibilidades não teriam sido possíveis se os historiadores não pudessem ter se apropriado daquela nova documentação cartorial, paroquial, institucional e comercial que também podemos encontrar fartamente nos arquivos (mas não apenas neles), e que ultrapassa em todas as direções a antiga documentação política de arquivo que já havia sido muito bem utilizada pelos historiadores oitocentistas.

A documentação institucional dos arquivos, incluindo o âmbito das empresas privadas, os registros comerciais, a documentação de identificação e controle em relação aos homens e mulheres comuns – tais como as certidões de nascimento e morte, de casamento ou separação –, ou ainda os registros de propriedade, os testamentos e inventários, as cartas de alforria para o período do trabalho escravo: esses e tantos outros novos tipos de fontes textuais permitiram que se ampliassem consideravelmente o universo documental disponível aos historiadores.

Em nosso esquema, essa expansão documental corresponde às seções fatiadas n. 5 a n. 8 do quadro 3. De um só movimento, a possibilidade dos tratamentos serial e quantitativo das fontes permitiu que os historiadores contemporâneos se aproximassem mais sistematicamente, nos arquivos de todos os tipos, dos "documentos comerciais", "documentos administrativos-institucionais", documentos cartoriais", "documentos paroquiais", e, mais adiante, já nos anos de 1980, de toda uma documentação jurídica e policial repressiva que também permitiria a possibilidade da abordagem serial dos arquivos[106].

---

105. VOVELLE, 1987, p. 51.

106. A palavra "arquivo" apresenta dois sentidos muito usados. Quando a empregarmos com inicial maiúscula, "Arquivo" estará designando uma instituição de guarda de documentos. Quando a empregarmos em minúscula, estará designando os "fundos arquivísticos" presentes em uma instituição como essa. Por exemplo, o Arquivo Nacional possui diversos fundos arquivísticos – diversos arquivos – de diferentes proveniências (acervos de processos criminais, o arquivo relativo à ditadura militar etc.).

É importante refletirmos, antes de prosseguirmos, sobre o que é mais propriamente um "Arquivo" (a instituição-Arquivo). Já vimos, no capítulo anterior, que uma primeira função dos Arquivos foi a de atender aos ditames dos Estados nacionais, produzindo uma memória de interesse para os mesmos, o que contemplava tanto a inclusão de acervos formados por crônicas e relatos admitidos pelo ponto de vista oficial como também a guarda de fundos arquivísticos derivados da documentação política e institucional proveniente dessas mesmas demandas estatais[107].

Vimos ainda que, com o desenvolvimento da vida moderna, passou a existir toda uma burocracia e sistemas de controle que também gera uma documentação que termina por ser assimilada aos Arquivos, correspondendo esta segunda ordem de documentos àqueles que relacionamos, do ponto de vista de sua assimilação pela historiografia, a uma segunda revolução documental. Por fim, particularmente a partir dos anos de 1960, as sociedades ocidentais modernas conheceram aquilo que Andréas Huyssen chamou de "um impulso de tudo arquivar", o que tem ampliado ainda mais extraordinariamente os tipos de documentos, textos, objetos e registros imagéticos e sonoros que terminam por encontrar seu lugar nos Arquivos[108].

Nossa intenção neste momento, em função dos propósitos do presente capítulo, será a de refletir sobre aquela "documentação de arquivo" mais específica que foi trazida aos historiadores pela segunda revolução documental, ocorrida na terceira década do século XX.

12.5 A transferência da documentação corrente para os arquivos

Habituamo-nos a encontrar nos arquivos que se colocam à disposição dos historiadores toda uma sorte de documentos como os que até aqui vimos discutindo. Certidões de casamento, inventários ou documentos de transação comercial datados do século anterior, assim como também os testamentos ou processos criminais – nada disso esteve sempre em um Arquivo Público Geral, sujeito à guarda

---

107. Para esses aspectos, vale lembrar as observações encaminhadas em *Vigiar e punir – O nascimento da prisão* (1975) pelo filósofo francês Michel Foucault. Para ele, o arquivo não visa tanto "re-produzir", mas sim "produzir" significados. Nesse sentido, o arquivo constitui também uma "formação discursiva" (FOUCAULT, 1991, p. 92).

108. Segundo Huyssen, o impulso de tudo arquivar, a partir dos anos de 1960, fez dos arquivos verdadeiras "fábricas de memória" (HUYSSEN, 2000, p. 22).

permanente e à espera dos historiadores para serem tomados como objetos de pesquisa. Na verdade, há toda uma documentação corrente que, em seu período de vida útil – a bem saber, de utilidade para a vida comum – encontra-se dispersa em instituições diversas, públicas ou privadas.

Se um crime ocorre ou um distúrbio social qualquer atrai a intervenção da polícia, imediatamente pode ser gerado um boletim de ocorrência policial. Se daí se evolui para uma investigação, temos agora a formação de um processo policial ou investigativo, que depois se converte em processo jurídico de modo a gerar toda uma série de ações que irão ocupar advogados, testemunhas, acusados, defensores privados ou públicos, juízes e, por fim, a depender do tipo de processo, também poderá requerer a participação de indivíduos que conformarão um corpo de jurados. A documentação de um processo costuma ser vasta e complexa. Se a documentação de investigação fica guardada nos arquivos de polícia para ser utilizada durante a investigação do crime, a documentação processual tem também o seu lugar: habitualmente, fica arquivada nos fóruns das cidades modernas.

O Fórum é um Arquivo vivo, portador de uma vasta documentação que pode ser demandada a qualquer hora, a não ser que o crime prescreva depois de certo tempo. Não é lugar para pesquisadores de história, mas sim para aqueles diversos profissionais que precisam da documentação jurídica para resolver questões ainda pendentes ou para evocá-la quando as questões da vida corrente assim o requererem. Algo similar também acontece com os cartórios. Eles guardam certidões de todos os tipos que podem ser buscadas a qualquer instante pelos usuários interessados, despachantes e advogados. Seus arquivos abrigam inventários, documentos de transmissão de propriedades, livros com firmas reconhecidas, e muitos outros tipos de documentos. Também uma Igreja costuma conservar a documentação de casamento e batismo de seus coparoquianos, antes de transferi-los para o Arquivo mais central de sua diocese, e as escolas e universidades costumam manter em suas gavetas administrativas e computadores as informações e históricos de seus alunos, principalmente os das gerações mais recentes. As fábricas e escritórios, em uma lógica análoga, retêm documentos e informações relacionadas aos seus trabalhadores.

Instituições diversas, como essas e muitas outras, utilizam documentações específicas para sua atividade corrente e as conservam disponíveis, uma vez que elas podem ser chamadas a qualquer momento para dar apoio a um fato corriqueiro da sua vida administrativa ou para atender às necessidades dos seres humanos com elas envolvidos. Há um momento, no entanto, em que a documentação torna-se inútil ou obsoleta para uma instituição, no que concerne a suas finalidades específicas. Nesse instante, a instituição pode pensar em se definir pelo descarte de documentos, ou por sua transferência aos Arquivos permanentes, que atendem aos fins de pesquisa.

Cada tipo de crime, por exemplo, tem um período de prescrição, depois do qual já não pode haver mais condenação referente ao mesmo. As certidões de nascimento ou casamento, guardadas pelos cartórios, só têm utilidade no âmbito de algumas gerações, e também não há sentido para uma Igreja local conservar em seus arquivos as certidões de batismo já muito antigas, referentes a pessoas que até mesmo já faleceram. Ademais, vivemos um período tecnológico complicador que não precisaremos considerar neste momento. Há hoje, igualmente, os arquivos digitais, cuja principal característica é não precisarem ocupar o espaço demandado pela documentação em papel.

De todo modo, a origem de alguns dos arquivos examinados pelos historiadores está nesse trânsito de um ambiente documental vivo, ainda ativo e corrente, para o ambiente da documentação que já não tem mais utilidade para a vida cotidiana. Quando a Igreja quer se desfazer de seus documentos, ou os cartórios não precisam mais guardar inventários e testamentos que já são praticamente de outra época, surge a possibilidade de que eles entreguem sua documentação para ser guardada em outra ordem de Arquivos que só terão interesse, a partir daqui, para os historiadores e outros tipos de pesquisadores. As instituições que se responsabilizarão pela guarda de documentações de todos os tipos, não mais necessárias à vida corrente, podem ser tanto instituições públicas, por vezes constituídas diretamente para esse fim ("Arquivos públicos" fundados como tais), como também podem ser instituições privadas, a exemplo das universidades[109].

---

109. Posso dar um exemplo que conheci de perto. Durante dez anos de minha carreira como professor de História, atuei em uma universidade em Vassouras, de caráter privado, que geria um Centro de Documentação que tinha sob sua guarda uma riquíssima documentação pertinente ao Vale do Paraíba, relativa tanto ao período escravocrata como às primeiras décadas da República. Entre os tipos de documentos disponíveis havia desde uma vasta série de processos criminais até séries de documentos paroquiais que incluíam certidões de casamento, batismo e outras. Também séries de jornais locais estavam representadas amplamente no acervo, e outros tipos de fontes. Era um arquivo público, gerido por uma instituição privada de ensino.

É claro que falamos aqui de uma situação ideal. Na prática, há muita documentação antiga mal ajeitada em seus ambientes de origem, sujeita à deterioração ou a ordens intempestivas de incineração ou abandono. Outras vezes são esquecidas em um canto, a não ser pelos insetos que as corroem. Grande parte da documentação mais antiga de Registro Civil ainda se encontra em cartórios sem necessidade, e há pequenas igrejas cujos livros de casamento e batismo de gerações já muito antigas sequer foram transferidos para os arquivos das dioceses.

Os Arquivos permanentes que se colocam à disposição dos historiadores, de todo modo, formam-se a partir dos arquivos vivos e do universo documental corrente, circulante na vida diária. Trata-se de decidir, é claro, o que passará dessa documentação institucional viva para a permanência dos Arquivos históricos. A memória, como se sabe, é seletiva, e não é diferente com a memória social, que deve contar com um sofisticado processo de decisões individuais e coletivas que se somam para definir o que será preservado, o que será descartado, como será organizado o material encaminhado para as instituições de guarda, e que pastas de documentos passarão a compor as paredes do fascinante labirinto dos arquivos públicos.

Discute-se ainda que essa decisão sobre o que deverá ser preservado e arquivado deve ser tomada, em última instância, por especialistas em arquivística, e também por historiadores que sejam chamados a cooperar com a montagem de arquivos públicos. Em um sentido mais amplo, uma sociedade deve decidir que documentação conservará depois que ela não for mais necessária para a vida corrente. Destaco abaixo uma oportuna passagem do historiador Carlos Bacellar, em seu texto "Uso e mau uso dos arquivos" (2005), na qual se traz um exemplo autoesclarecedor:

> É o caso, clássico, dos cartões de ponto. Devem ser preservados por um certo período, pois têm efeito de prova legal para comprovação de tempo de serviço; decorrido tal prazo, têm valor quase nulo para a História, e apenas uma ínfima percentagem deve ser preservada, sendo o restante descartado. Em sentido inverso, originais de leis e discursos de governantes devem ser preservados em sua totalidade, pois são únicos em seus conteúdos e não comportam qualquer amostragem[110].

O mundo, de todo modo, não é só feito de historiadores e pesquisadores, e na prática as decisões sobre o que deverá ser preservado atravessa diversos níveis

---

110. BACELLAR, 2005, p. 48.

de decisões seletivas – a começar por aqueles "titulares" que, nas instituições de origem, têm o poder de descarte ou de encaminhamento dos documentos para as instituições de guarda[111]. Por fim, para além da documentação corrente que migra a seu tempo para os Arquivos permanentes, é oportuno lembrar que existem também as migrações de fundos arquivísticos de instituições que, por alguma razão, já desapareceram. Muitos Arquivos nacionais também herdaram conjuntos documentais oriundos de instituições como os antigos mosteiros e ordens religiosas[112].

Decidido o que será guardado para o futuro – como memória da sociedade e fonte para a historiografia por vir – formam-se os arquivos tais como os conhecemos no interior das instituições de guarda (Arquivos, Bibliotecas e Museus), com toda a sua pujança e extraordinária riqueza de possibilidades documentais. É desse vasto universo arquivístico, surgido no trânsito de arquivos vivos para os arquivos permanentes que só hão de interessar aos pesquisadores – e destes vários tipos de documentação –, que puderam se apropriar os historiadores com vistas a atender às demandas requeridas pelos novos campos históricos em profusão a partir da terceira década do século XX. Foi para lidar com um universo amplo e complexo de documentos, e para enfrentar um conjunto de problemas até então inéditos nos meios historiográficos, que os historiadores desenvolveram abordagens massivas de documentos e informações, como a história serial e a história quantitativa.

12.6 Diferença entre História Quantitativa e História Serial

Gostaria de aproveitar esta seção de capítulo para esclarecer melhor a diferença entre o Serial e o Quantitativo, pois com frequência uma coisa é equivocadamente confundida com a outra. É verdade que não são nada incomuns os casos em que as duas abordagens se superpõem para formar uma História Serial-Quantitativa. Não obstante, podemos ter perfeitamente uma História Serial que

---

111. "É importante ter em mente, em primeiro lugar, que a constituição dos conjuntos de documentos que compõem um arquivo implica, necessariamente, diversos *processos seletivos*. Quando os pesquisadores examinam os documentos de um arquivo, esse conjunto concreto e particular de itens é o resultado final de uma longa seleção. O que 'resta' em um arquivo resulta, diretamente, de pessoas que definem certos materiais – e não outros – como aqueles 'que vale a pena guardar'" (CASTRO, 2008, p. 29).

112. Marc Bloch cita o caso dos diplomas da abadia de Saint-Denis, que remontam aos tempos merovíngios da França medieval. Como a comunidade dos monges dionisianos não sobreviveu à Revolução de 1789, essa rica documentação terminou por ser acolhida pelos Arquivos Nacionais franceses (BLOCH, 2001, p. 85).

não envolva necessariamente o aspecto quantitativo. "Serializar" e "quantificar", enfim, são operações distintas, embora a segunda possa interagir com a primeira em casos específicos (ou não)[113].

Tal como já foi discutido, a História Serial propriamente dita refere-se por definição ao uso de determinado tipo de fontes – homogêneas, do mesmo tipo, referentes a um período coerente com o problema a ser examinado –, as quais permitem uma forma específica de tratamento historiográfico: a serialização de dados, a identificação de elementos ou ocorrências comuns que permitam a apreensão de um padrão e, em contrapartida, uma atenção às diferenças, às vezes graduais, para se medir variações, inversões de padrões, deslizamentos de uma situação à outra, mudanças bruscas, tendências no decorrer do recorte examinado.

Já em relação à História Quantitativa, esta deve ser definida por meio de outro critério, que é o seu campo de observação. O que a História Quantitativa pretende observar da realidade está atravessado pela noção de "número", "quantidade", valores a serem medidos. As técnicas utilizadas pela abordagem quantitativa serão muito frequentemente estatísticas, ou baseadas na síntese de dados através de gráficos diversos e curvas de variação a serem observadas de acordo com eixos de abscissas e coordenadas. Algumas análises quantitativas mais sofisticadas poderão mesmo utilizar logaritmos, assim como recursos matemáticos avançados como integrais e derivadas. O computador, ademais, oferece aqui uma ajuda imprescindível. Em relação ao tipo de fontes, conforme já foi remarcado, a História Quantitativa costuma constituir fundamentalmente "fontes seriais", interagindo por isso com a História Serial. Não obstante, existem fontes muito específicas nas quais certos dados já foram serializados previamente, tal como nos censos e outros tipos de relatórios de quantificação.

É nessa possível relação entre quantificação e serialização que encontramos o ponto nodal para entender a nuança diferencial entre História Serial e História

---

113. Uma reflexão sobre a distinção entre o Quantitativo e o Serial também pode ser encontrada em "História e longa duração", de Michel Vovelle. Ele começa por lembrar, com a *História dos preços* de Labrousse, "os primeiros trunfos de uma história quantitativa que ainda não se distinguia da história serial" (VOVELLE, 2011, p. 377). Mais adiante, encontramos o delineamento de uma História Serial que não se superpõe ao quantitativo: "[A noção mais acolhedora da História Serial] supõe a organização no tempo das imagens sucessivas fornecidas por um mesmo indicador, mas de modo algum obrigatoriamente mensuráveis em sua intensidade: série de visões da família contidas nos pedidos de dispensa de decretos diversos; de visões do milagre segundo os ex-votos; de visões do além segundo os retábulos representando o purgatório; de gestos da recusa ou da repressão segundo os procedimentos judiciários – um ideal que, sem rejeitar a quantificação, abre-se para novos domínios da história das mentalidades, permitindo seguir sua aventura na longa duração" (Ibid., p. 390).

Quantitativa, e também a possibilidade de interação entre essas duas modalidades historiográficas. A quantificação pressupõe a serialização, se não de fontes, ao menos de dados. O inverso é que não ocorre necessariamente, uma vez que é possível trabalhar com séries de fontes sem se estar necessariamente interessado no "número". O pesquisador, nesse último caso, pode estar interessado em verificar ocorrências e recorrências, mas não necessariamente quantidades. Foi assim que alguns historiadores ligados à História das Mentalidades como Michel Vovelle, tal como já foi mencionado, utilizariam séries de fontes nas quais se buscava perceber as recorrências e variações, mas não (ou não necessariamente) aspectos quantitativos. É possível, por exemplo, constituir uma série para verificar padrões iconográficos. A quantidade de documentos em que se repete um determinado padrão, ou sua recorrência com variações mínimas, isso pode até ser contabilizado – mas como um recurso paralelo, e não necessariamente.

A chave para definir uma prática como História Serial é, portanto, a busca de padrões recorrentes e variações ao longo de uma série de fontes ou materiais homogêneos, mas não necessariamente a quantidade, tal como ocorre com a História Quantitativa. Ou, pelo menos, isto não é o principal. Em poucas palavras, a "série" é o que conduz a análise na modalidade da História Serial; o "número" ou a medida é o que concentra a atenção do historiador na História Quantitativa. Exemplo de História Quantitativa "pura" parece ser o daquela que, nos anos de 1950, surgiria na América do Norte a partir dos trabalhos de Simon Kuznets (1901-1985), ou ainda com as pesquisas de Jean Marczewski (1908-1990), na França dos anos de 1960[114]. Temos aqui modelos de História Econômica que se ocuparam em classificar ano a ano, para diversos períodos históricos, os *fluxos* – incluindo tanto as produções como os intercâmbios – e os *estoques*, com vistas a resumir a atividade econômica em seu conjunto. Nesse caso, configurando uma modalidade de história econômica mais empreendida por economistas que por historiadores, o enfoque de uma e outra dessas correntes voltava-se para a apreensão de aspectos como a demanda de bens e serviços, a produção interna, a receita total familiar de uma sociedade e vários outros fatores que, aos olhos de muitos de seus críticos, pareciam excluir a presença mais efetiva dos homens como agentes

---

114. O mais importante desses livros foi *Buts et méthods de l'histoire quantitative* (MARCZEWSKI, 1965, p. 125-164). Na mesma época, Marcel Gillet publicava *Técnicas da História Econômica* (1962).

históricos. Por isso mesmo, esse modelo de história econômica quantitativista – o qual parecia fetichizar o número pelo número – recebeu críticas vindas de diversos setores historiográficos. Este último aspecto nos obriga a ressaltar que um dos riscos que rondam certos modelos de História Econômica quantitativa está precisamente na fetichização do número, em seu tratamento como interesse em si mesmo e por vezes desgarrado de um fundo humano e, em outros casos, de uma problematização maior.

Um exemplo dos anos de 1930 pode ser evocado. O modelo de história econômica definido por Ernest Labrousse (1895-1988), já na primeira geração dos *Annales*, foi o de uma história quantitativa-serial que gradualmente ampliou seus focos temáticos. No princípio, ela conformava-se quase que exclusivamente a uma história dos preços que, sob a motivação do contexto do craque da Bolsa em 1929, valorizava o estudo da conjuntura para identificar a ruptura, o momento da crise. Com o tempo, tal como assinala Vovelle em seu artigo "A longa duração"[115], a história quantitativa serial foi se dirigindo para outro campo de interesses: o de uma história da produção e do crescimento que teve um de seus marcos com a obra de René Baehrel (1961).

Esse deslocamento temático no interior da história quantitativa-serial também possibilitou um alargamento do olhar longo ao favorecer a passagem da antiga ênfase na conjuntura à nova ênfase na estrutura secular. Podemos entender essa transição de interesses como desdobramento de um novo contexto, já que no segundo pós-guerra a economia logo passaria da crise a uma "fase de ouro", marcada por um crescimento econômico de quase três décadas. Por fim, é também nesse novo período que começa a surgir uma história serial desligada do quantitativo, o que incluiu as pesquisas ligadas à História das Mentalidades que já comentamos em sessão anterior deste capítulo.

12.7 Riscos e dilemas da História Serial e da História Quantitativa

Sobre os riscos e dilemas enfrentados pelos que lançam mão da documentação massiva dos arquivos para produzir pesquisas de história serial ou de história quantitativa, há ainda algo importante a dizer. Desde que se lançaram ao

---

115. VOVELLE, 2011, p. 377.

empreendimento da história quantitativa e da história serial, os historiadores tiveram de se por em guarda contra alguns dos vícios que podem ser decorrentes de um mau uso, ou de um uso limitado, da história quantitativa. Podemos lembrar inicialmente que, ao enveredar pela história quantitativa, o historiador deve cuidar de não realizar uma história meramente descritiva de informações numéricas, um vício que pode ocorrer na história quantitativa aplicada à História Econômica, mas também a outros âmbitos como o da História Demográfica.

Quando a história quantitativa se resume à mera exposição de quantidades ou informações numéricas, fatalmente se transforma em uma história descritiva, não problematizada, o que vem a ser uma espécie de atitude complementar àquele antigo fazer historiográfico que ficou conhecido como história factual. Assim como é passível de crítica o historiador que se mune de documentação histórica para simplesmente se dispor a narrar os fatos, de maneira não problematizada – como se o importante fosse a mera descrição "dos fatos que aconteceram" –, é igualmente passível de críticas descrever simplesmente os dados econômicos de certa sociedade.

Convenhamos que esse tipo de vício pode ser considerado uma espécie de fetichização da quantificação. O número, a quantificação, a descrição estatística parecem, nesse caso, valer por si mesmos. Não obstante, e rigorosamente falando, é até mesmo uma ilusão acreditar que seja sequer possível expor o número como dado bruto, expressivo por si mesmo, pré-existente; isso porque, na verdade, o número é sempre uma construção do historiador, mesmo que ele não se conscientize disso. É a partir de uma determinada concepção e de certas perspectivas que o historiador escolhe os modos numéricos dos quais irá se valer, e é também um ponto de vista que lhe permitirá definir os limites no interior do qual o número aparecerá e terá validade. Ainda em relação aos seus números, é o historiador quem os ordena conectando-os a uma série de outros, além de expressá-los a partir de uma determinada estratégia discursiva. Nenhuma dessas operações, e tampouco outras que envolvem a construção do número, são neutras.

Um pequeno exemplo, da ordem das estratégias discursivas consoante às quais podemos expressar uma informação numérica, servirá como uma ilustração entre tantas outras que poderiam ser dadas. Suponhamos que um certo número de eleitores, no conjunto da população de um país, tenha votado em um determinado candidato. Embora todas essas formas de dizer reflitam a mesma grandeza numérica, é completamente diferente dizermos que "60% dos eleitores elegeram o candidato Lula", ou que três em cada cinco eleitores brasileiros votaram em "Lula". Quando nos expressamos desta segunda maneira, deixamos de utilizar essa categoria discreta e neutra que parece ser a porcentagem e nos aproximamos do humano. Com a segunda estratégia discursiva – este outro modo de expor o mesmo dado – quase imaginamos esses eleitores em sua humanidade efetiva, votando diante de uma urna real, talvez discutindo uns com os outros. Percebemo-los então como seres humanos, não mais como um número na estatística. De igual maneira, a forma escolhida para expressar um índice econômico, uma variação de preços, por exemplo, tenderá a produzir diferentes percepções naqueles que a recebem. Podemos expor o aumento percentual de um preço em relação ao mês anterior, ou inseri-lo em uma série que trará outra tábua de leituras, motivando concomitantemente outras possibilidades de reações nos receptores da informação.

Podemos comparar duas décadas em relação a algum problema econômico ou demográfico: o aumento de preços de imóveis, por exemplo, ou a migração populacional. Porque escolher duas décadas, os anos de 1960 e os anos de 1970, e não dois períodos recortados de maneira distinta (o período 1965-1974, e o período 1975-1984)? Posso discorrer, por exemplo, sobre a drástica redução na população indígena brasileira e expor meus números. Mas como cheguei a esses números? A partir de que fontes os produzi? Que datas escolhi para comparação, ou para balizar períodos a serem comparados, e por que elas? O número – o fato da história quantitativa – é definitivamente uma construção, assim como os fatos da história narrativa.

Há sempre um problema, uma visão de mundo, por vezes um interesse que recorta e reconstrói o fato, seja ele um fato da história política a ser transformado em narrativa, ou um fato "quantitativo", se assim pudermos nos expressar. O fato no interior de uma série acontecimental pode dizer uma coisa (chamar atenção para determinado aspecto, ou mesmo produzir determinadas expectativas), e, no interior de outra série, dizer outra coisa (iluminar outro aspecto, produzir outras expectativas). É por isso que o fato quantitativo isolado, como se fosse um "átomo de informação", não tem qualquer sentido, da mesma maneira que os fatos relativos às ações humanas não são os "átomos" da história política. Quantificar dados, ou serializar documentos, são recursos a serem empregados pelos historiadores em seu permanente desafio de construir interpretações históricas. A serialização não é um fim em si mesmo, e tampouco a quantificação[116].

12.8 Testamentos e inventários

Quero dar alguns exemplos concretos de fontes que podem ser serializadas para fins historiográficos. Os *testamentos* e *inventários* – dois tipos de fontes que se prestam de maneira particularmente adequada à abordagem serial – compartilham uma primeira característica em comum, que podemos ressaltar já de saída. São documentos oficiais motivados pela morte de um proprietário de bens, e que visam, respectivamente, o direito de determinar pela vontade a transmissão desses bens (no caso do testador) e o direito à herança desses mesmos bens (no caso dos inventariantes). Em relação ao evento "morte", esses dois documentos – complementares tanto de um ponto de vista jurídico como de um ponto de vista historiográfico – ocupam posições diametralmente opostas: o testamento precisa ser registrado antes da morte; o inventário é gerado após a morte, dando ensejo à partilha de bens pelos herdeiros.

Conforme se vê, ambos os documentos – embora motivados diretamente pela morte – servem basicamente à vida. O inventário atende às necessidades imediatas dos vivos que foram transformados em herdeiros. O testamento, em muitos sentidos, representa o empenho de um indivíduo de posses, o testador, em interferir na vida ainda uma última vez – neste caso determinando onde e quando isso é possível, quem deverá herdar seus bens[117]. Temos aqui a figura algo comovente de um testador que tenta, através de procedimentos legais, exercer seu último quinhão de poder sobre a vida, mesmo quando às vésperas da morte. O testamento é o último

---

116. Braudel já dizia em um artigo sobre a História dos Preços: "Uma série de preços tem certamente sua própria realidade; todavia, não se estabelece como um fim em si mesmo" (BRAUDEL & SPOONER, 1967, p. 375).

117. Tal como ocorre nos dias de hoje na legislação testamentária de muitos países, na existência de herdeiros legítimos, o testador só podia dispor de parte de seus bens para efeito de determinação de herança. Assim, no Brasil Império e décadas iniciais da Primeira República, quando vigoraram as *Ordenações filipinas*, o testador só podia dispor livremente da proporção de seu patrimônio que era chamada de "terça".

gesto efetivo de sua vontade. Deserdar alguém, e designar um terceiro como herdeiro; determinar o que este ou aquele de seus descendentes ou familiares irá receber, eventualmente surpreendendo e frustrando expectativas, faz parte do poder do testador que tenta interferir ativamente no modo como será distribuída a sua herança.

À medida que recuamos no tempo para períodos mais afastados da sociedade laica, também encontramos outra faceta da vida bem presente nos testamentos. Até o Brasil Império, por exemplo, o testamento não era estritamente um documento econômico, mas também tocava recorrentemente em questões religiosas. Em certa parte de seu testamento, o testador podia fazer doações à Igreja e em troca encomendava sua alma através da solicitação de missas em seu favor[118]. Interferindo mais uma vez na vida, e obrigando rezas a favor da elevação de sua própria alma, o testador espera agora ser beneficiado em uma outra vida, no além-túmulo![119]

Comum durante o Antigo Regime, o rastreamento dessa prática mostra que, à medida que vai se estabelecendo mais firmemente a separação entre Igreja e Estado, o testamento tende a se tornar cada vez mais um documento estritamente econômico, destinado meramente a expressar a vontade do futuro defunto em relação à disponibilização ou interdição de seus bens. Para os historiadores, no entanto, os testamentos antigos apresentam essa riqueza adicional: atestam o padrão de mentalidade religiosa dos proprietários de bens, registram seus afetos por membros de sua família expandida, e também apresentam suas expectativas, anseios e temores diante da morte.

Para a compreensão da cultura material, e da cultura de modo mais geral, os testamentos de todas as épocas constituem fontes promissoras, como também o

---

118. A ideologia do Purgatório, já desde a Idade Média, amparava-se na ideia de que o número de missas encomendadas em favor do defunto poderia facilitar sua ascensão ao Paraíso. Na mesma direção deveriam atuar as práticas de caridade, o investimento em velas maiores e as devoções a santos diversos – estas sempre bem expressas na evocação de seus nomes no texto testamentário. Sobre as origens dessas concepções, cf. LE GOFF, 2005, p. 145. Sobre a origem medieval do Purgatório, cf. LE GOFF, 2017.

119. Na documentação jurídica que busca se antecipar à morte, existe ainda outro instrumento jurídico, o *codicilo* – que na história do Brasil esteve presente desde as *Ordenações filipinas*. Abstendo-se de instituir herdeiros, este "pequeno testamento" era muito usado para registrar decisões do testador em relação aos funerais ou às esmolas que pretendia deixar para os pobres (FURTADO, 2015, p. 101).

são os inventários, que os complementam na descrição minuciosa dos bens do indivíduo que faleceu. Essas fontes permitem, ademais, um vislumbre sobre as hierarquias sociais e uma percepção aguda das relações familiares e de compadrio[120].

Faz-se possível ainda, tanto com os testamentos como com os inventários, um rastreamento dos hábitos e rotinas presentes nas sociedades, os quais se mostram mais ou menos claramente a partir dos objetos que os tornam possíveis. Esses mesmos objetos costumam expor a diversidade de práticas culturais, as tendências de moda e as mais variadas formas de ostentação, uma vez que os testamentos – principalmente os dos períodos mais recuados – costumavam registrar desde joias e móveis até roupas, livros e objetos de uso pessoal.

Já nos inventários relacionados às antigas propriedades rurais, era regra o registro dos instrumentos agrícolas. Mais ainda, para os períodos recentes, os inventários rurais se preocupam em indicar o maquinário e veículos que dão suporte aos agronegócios. Enquanto isso, os inventários modernos que atendem às demandas dos herdeiros urbanos costumam registrar os automóveis que constituirão objeto de partilha. Quanto às propriedades de terras, além de indicarem de imediato um nível de riqueza, a descrição delas oferece informações relevantes acerca da espacialidade material, do especialismo econômico a que se dedicavam, dos animais das fazendas e, por fim, sobre o próprio mundo do trabalho que através dessas propriedades se expressa. Considerando mais especificamente o período escravocrata, os escravos são descritos com especial detalhe nos testamentos e inventários.

Além disso, em certos períodos da história do Brasil escravocrata, um número expressivo de testadores costumava alforriar alguns escravos – ou, então, aproveitava-se a oportunidade para reforçar as alforrias que já haviam sido concedidas. Os testadores proprietários de escravos expressavam, através desse gesto, um dos seus últimos atos de vontade. Isso ensejava mais uma oportunidade para o detalhamento das características e peculiaridades do trabalhador escravizado no que concerne a aspectos que nem sempre apareciam na descrição usual do escravo como mera

---

120. Os apadrinhamentos são mencionados com alguma frequência nos testamentos mais antigos, uma vez que, com a eventual ausência de herdeiros legítimos, ampliavam-se as possibilidades de doações de bens a afilhados. Essa recorrência de doações a afilhados também revela a prática de estratégias de ascensão social encaminhadas pelas mães que buscavam padrinhos de batismo para seus filhos.

propriedade. A justificativa de uma alforria, habitualmente, costumava tocar em aspectos relativos à relação afetiva, à idade ou condição de saúde do indivíduo a ser libertado, bem como à sua inserção em uma família mais extensa na qual se revelavam filiações inesperadas[121].

Em relação ao que se permite ver com a indicação de herdeiros pelo testador, as linhas familiares laterais se expressam aqui com especial clareza, pois os testamentos configuravam uma oportunidade ímpar para que os pais reconhecessem como herdeiros os seus filhos ilegítimos. No Brasil escravocrata também era comum testadores reconhecerem como filhos aqueles que foram gerados com escravas ou ex-escravas. Em outros casos, podia ser encontrada, ao lado do reconhecimento da alforria a uma escrava, a solicitação piedosa de que os herdeiros cuidassem dela, mesmo como liberta, devido à sua velhice ou desamparo. E assim, um testamento como esse pode testemunhar, mais uma vez, cenas das condições sociais e econômicas daqueles que são mencionados no documento.

Alforriar um escravo em consonância com um testamento, como demonstra a variedade de casos, podia configurar um gesto de sincera generosidade ou de hipócrita desumanidade, neste último caso quando se considera aqueles com idade já avançada e sem condições de se manter[122].

No encontro entre as relações sociais e as relações familiares, os testamentos se prestam ainda à observação das "relações de gênero" e da "dominação masculina". Para seguir com exemplos do Brasil escravocrata, há testamentos em que o senhor

---

121. A alforria do escravo no testamento podia se dar por motivações diversas, desde o reconhecimento de algum escravo como filho, até o desejo de comunicar que aquele escravo já havia comprado sua liberdade, com o que, através do testamento, o senhor fazia com que seus herdeiros soubessem que já não teriam nenhum direito sobre ele. Havia também situações em que o senhor reconhecia que um escravo já havia lhe pagado um montante expressivo para a compra de sua liberdade, faltando ainda determinada quantia para conquistar a emancipação. Com isso, declarava que se, à altura de sua morte, o escravo ainda não tivesse quitado o restante da dívida, teria de servir ainda aos herdeiros por um número específico de anos, até conseguir a emancipação definitiva. Havia ainda a possibilidade de indicar nos testamentos a alforria condicional, que declarava que, para conseguir a alforria definitiva, o escravo ainda teria de cumprir certas condições.

122. Há ainda citações de alforria em testamentos nos quais, de maneira algo curiosa, existe a sugestão de uma espécie de "alforria reversível" pelo senhor que prepara o destino de seus bens para a ocasião de sua morte. Com uma declaração, o testador parece libertar seu escravo. Mas impõe-lhe a condição de continuar a servir por certo número de anos a um de seus herdeiros instituídos e ainda acrescenta, peculiarmente, que em caso de rebeldia ou insolência o escravo deverá ser revertido novamente à condição de escravidão, agora como propriedade do herdeiro.

declara que a escrava estará liberta no momento de sua morte; mas que, se ela se evadir de sua companhia antes disso, perderá o direito que está lhe sendo conferido com o testamento. Dessa maneira, impõe-se uma subjugação da mulher ao homem, forçando-a a prosseguir como companheira sob ameaça de perder seus direitos futuros. Hipocritamente, o que a declaração de alforria está impondo é a condição de escravidão. Situações análogas a essa também podem ser encontradas, já no período da República, entre um homem livre que pretendia beneficiar condicionalmente sua companheira igualmente livre, contanto que ela se disponha a continuar lhe prestando os favores e obrigações esponsais.

O vínculo dos testadores a irmandades religiosas, ou mesmo sociedades secretas, também pode ser percebido através das indicações e doações testamentárias[123], bem como podem ser evidenciados outros tipos de redes de solidariedades. Os testamentos, desse modo, permitem investigar o universo da sociabilidade e não apenas o da familiaridade.

Com o quadro 4, logo a seguir, busquei sintetizar alguns dos principais eixos temáticos que, conforme pudemos verificar no decorrer de nossos comentários anteriores, mostram-se especialmente acessíveis aos historiadores através dos testamentos. Não são obviamente todos os temas que podem ser trabalhados a partir dos testamentos, pois a imaginação historiográfica não tem limites no que concerne a combinar uma multiplicidade de problemas históricos às mais variadas fontes, mas certamente são alguns dos temas mais imediatos quando temos em vista as fontes-testamentos. Vale lembrar que, em certos casos, é mais do que recomendável a complementação dos testamentos pelos inventários, mais propriamente no que concerne às informações sobre a "cultura material" (0), "propriedades" (4) e, para o caso mais específico do período escravocrata – no qual o trabalhador escravizado era considerado juridicamente uma propriedade –, também dados que demarcam as especificidades do "sistema de trabalho" (5), incluindo aqui as características mais gerais dos indivíduos e da população sujeita àquela forma de trabalho compulsório.

---

123. Podemos considerar, como exemplo, o período colonial e imperial do Brasil, no qual se multiplicavam as irmandades religiosas. Uma série robusta de testamentos, relativa à determinada localidade, pode possibilitar um mapeamento bastante satisfatório das irmandades nas quais se distribuíam os devotos que, na preparação para sua morte, deixavam-lhes doações. Sobre as Irmandades, sua profusão e papel social no período, cf. BOSCHI, 1986; SOARES, 2000; QUINTÃO, 2000; SALLES, 2007.

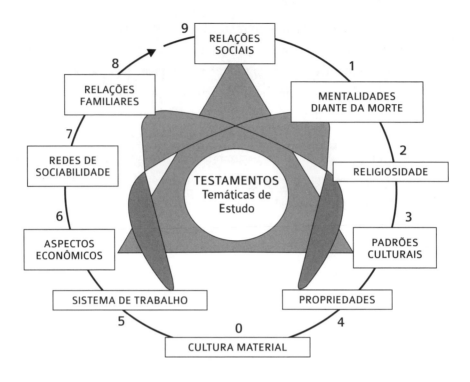

Quadro 4: Temáticas acessíveis através dos testamentos

Sobre as descrições de propriedades, rurais ou urbanas, os inventários oferecem detalhamentos não apenas acerca das singularidades mais propriamente materiais do imóvel (tamanho, forma, compartimentação em cômodos, pavimentos, materiais que o constituem, anexos), mas também a localização espacial, a vizinhança, o ambiente, e, em uma outra ordem de aspectos, a posição da propriedade em um universo de outros imóveis que podem ser abordados comparativamente, através do cruzamento de fontes.

A parte inferior do esquema permite mostrar como os testamentos e inventários são eficazes em oferecer, ao pesquisador, uma radiografia pertinente aos aspectos mais básicos da vida humana em termos de "cultura material", "propriedades" e "trabalho". Cultura material, desde já, implica dois caminhos de possibilidades. Há por um lado a possibilidade de uma história da cultura material, que toma como objetos de estudo os itens de cultura material indicados entre os bens deixados para herança – sejam móveis, roupas, livros, joias, objetos decorativos, obras de arte, utensílios, talheres, instrumentos ou quaisquer outros. E existe a possibilidade de uma história *através* da cultura material, que retoma esses mesmos objetos descritos, mas agora como *fontes* para perceber outros aspectos, como aqueles pertinentes a uma história do cotidiano ou a uma antropologia histórica, entre outras possibilidades.

A partir dos livros indicados em uma biblioteca disponibilizada para herança, pode-se compor o quadro que permitirá uma reflexão de história intelectual. A partir das roupas indicadas em uma série de testamentos, pode-se recuperar elementos para uma história da moda. Os automóveis arrolados em uma série de testamentos podem ajudar a delinear uma história dos transportes, assim como as próprias indicações de bens imóveis pode ajudar a configurar elementos para uma história da habitação. Inúmeras outras situações análogas poderiam ser evocadas.

O triângulo de fundo, que rege o esquema proposto, indica em cada um dos seus vértices três das dimensões da vida social que podem ser acessadas através dos testamentos: as "relações sociais" (9), os "padrões culturais" (3) e os "aspectos econômicos" (6). Uma vez que o evento de partida que demanda diretamente a elaboração dos testamentos (e inventários) é a morte, indicamos como primeiro item temático associável a essas fontes as "mentalidades diante da morte" (1). De fato, os testamentos antigos costumavam expor, através dos discursos de seus testadores, as distintas concepções sobre a morte, a variedade de visões sobre a vida depois da morte física, e os distintos modos como podem ser tratados socialmente os falecimentos nas diversas classes sociais e de acordo com as várias perspectivas religiosas (funerais e outros ritos).

Se examinarmos, em uma longa série de testamentos, o lento deslizamento de um padrão de relacionamento com a morte a outro, ou a mudança mais abrupta que se dá em determinado ponto da série, se for o caso, teremos aqui a possibilidade de investigar um típico problema relacionado à história das mentalidades[124]. De igual maneira, também a "religiosidade" (2) aparece como um eixo temático que pode ser trabalhado com bastante sucesso através dessas fontes[125]. O flanco à

---

124. Entre os clássicos de maior destaque para o estudo das mudanças de mentalidades em relação à morte, com base em investigações de fontes testamentárias, estão as obras do historiador francês Michel Vovelle (1933-2018): *Visões da morte na Provença dos séculos XV ao XIX* (1970), *Piedade barroca e descristianização* (1976) e *A morte e o Ocidente de 1300 aos nossos dias* (1983). Podemos lembrar ainda CHAUNU, 1978.

125. Indicadores religiosos muito presentes nos testamentos são as menções a santos de devoção e a anjos, evocados como figuras de força que poderiam pretensamente auxiliar a ascensão da alma ao Paraíso.

direita do esquema, dessa forma, relaciona-se ao mundo da cultura, notando-se ainda que a variedade de objetos descritos nos testamentos também pode elucidar historiograficamente uma série de outros "padrões culturais" (3). No flanco à esquerda, que conflui para o vértice das "relações sociais" (6), as "redes de sociabilidade" (7) – incluindo o pertencimento a vizinhanças, instituições, associações e irmandades –, assim como as "relações familiares" (ao lado dos parentescos não necessariamente legítimos e das relações de apadrinhamento e compadrio), merecem destaque.

Para adentrarmos o universo dos antigos inventários como fontes complementares aos testamentos, podemos ressaltar que – embora ofereçam um número menor de temáticas de acesso, visto que se concentram nos aspectos econômicos e materiais – os inventários são habitualmente muito precisos na descrição de objetos de valor e propriedades. Para o período escravocrata, costumam indicar e descrever todo o plantel de escravos do testador, indicando para cada um deles a origem tribal, tipo de trabalho que estão aptos a executar, idade, situação familiar (se casados ou solteiros), condição de saúde, entre outras informações pertinentes. Desse modo, uma série de inventários pode ajudar a recuperar todo um perfil populacional de trabalhadores escravizados, atuantes em certa localidade e período.

Por outro lado, para certos aspectos e com relação a determinadas épocas, convém desconfiar da exatidão de informações relacionadas a preços e valores. Assim, ao se considerar valores de imóveis urbanos, é preciso considerar que estes podem estar eventualmente distorcidos em relação ao mercado vivo e real. Para tempos mais recentes, é muito comum que, para se fugir ao pagamento mais elevado de impostos de transmissão (necessários à transferência da propriedade de um indivíduo para outro), os imóveis sejam subavaliados[126]. O historiador, desse modo, não pode simplesmente registrar o valor indicado em um inventário e dá-lo como certo. Ao analisar uma série, talvez precise comparar atentamente o preço declarado e o preço vivo, de mercado, de cada um dos imóveis que são indicados e descritos nos inventários que fazem parte da série examinada.

Para compreendermos a complementaridade jurídica dos inventários em relação aos testamentos, é oportuno lembrar que os inventários, conformando uma

---

126. Essa situação de subavaliação de preços também ocorre frequentemente nas escrituras modernas, e em avaliações de patrimônios para partilha nas separações matrimoniais.

documentação bem mais complexa, incluem habitualmente o próprio testamento do proprietário de bens que faleceu, em uma de suas sessões (a transcrição do testamento costuma vir na segunda seção, logo após o termo de abertura)[127]. Nesse sentido, o desejo do morto é confrontado com o direito dos vivos, e a documentação produzida pela expectativa da morte encontra a documentação *post-mortem*.

Algumas palavras finais sobre o trabalho serial de testamentos e inventários são oportunas. Habitualmente, pensamos na série como um conjunto contínuo de documentos do mesmo tipo (testamentos ou inventários, ou este par complementar) no horizonte de um tempo e localidade, abarcando todos os documentos desse tipo encontrados em uma comarca ou arquivo. A série, regra geral, não deixa lacunas: analisa a passagem de certa documentação ao longo do tempo, buscando identificar variações, permanências, lentos deslizamentos de uma situação a outra, variações abruptas, inversões.

No entanto, devemos agora acrescentar que a série pode ser constituída e interferida por um problema. Por exemplo, ao invés de selecionarmos todos os testamentos e inventários de uma comunidade ou pequena população em certo período, podemos analisar recortes específicos na população: uma determinada classe, uma certa categoria profissional, e assim por diante. Digamos que estamos investigando o grupo mais singular dos astrônomos, dos profissionais de saúde, dos militares de determinada patente, dos membros de certo partido político, dos literatos modernistas, ou das mulheres pertencentes a este ou àquele segmento da população. E digamos que, além disso, investigamos um ou outro desses recortes de grupos humanos com vistas a determinado problema em estudo. Quero mostrar aqui que o problema historiográfico investigado permite o estabelecimento de um recorte no conjunto-universo de inventários ou testamentos que temos à nossa disposição em certo arquivo, em referência a determinado espaço-tempo.

---

127. A designação "inventário" pode se referir, simultaneamente, ao processo jurídico e ao conjunto da documentação por este gerada. Considerando este segundo sentido, habitualmente temos as seguintes seções constituintes do Inventário como um todo: (1) O termo de Abertura; (2) A transcrição do Testamento (se houver); (3) A inventariação propriamente dita (que registra e avalia os bens móveis, os imóveis, os bens semoventes, e os contrapõe às dívidas ativas e passivas); (4) A partilha dos bens entre os herdeiros; e (5) o *Codicilo* (item opcional). Outras seções podem ser necessárias em vista de situações específicas, como a designação de tutores para menores, ao mesmo tempo em que são também comuns os anexos de diversos tipos. Por fim, é preciso considerar que os distintos códigos civis, elaborados em diferentes momentos, podem apresentar variações desse modelo que aos historiadores cumpre situar com maior precisão.

Dito de outro modo, é possível estabelecer uma "série historiográfica" – uma série determinada por um problema histórico específico a ser analisado – no interior de uma "série histórica" de testamentos ou inventários.

O mesmo raciocínio aplica-se, é claro, a outros tipos de fontes serializáveis. Tomando para análise uma série de jornais de Recife das últimas décadas do período escravocrata, o sociólogo Gilberto Freyre estabeleceu em um de seus livros (1963) um primeiro recorte, que era o dos classificados (a seção de anúncios disponibilizados nos jornais). Dentro desses classificados o que lhe interessava, especificamente – e aí empreendeu um segundo recorte – foram os anúncios sobre fugas de escravos. Sua chave da análise nesse último recorte, por outro lado, eram as marcas apontadas nas descrições das características físicas dos escravos, através das quais seu olhar sociológico-historiográfico pôde examinar origens étnicas africanas (nos casos em que essas marcas fossem sinais tribais), tipos de castigos aplicados, marcas decorrentes de atividades físicas ocasionadas por trabalho repetitivo, e assim por diante. Ou seja, uma sucessão de recortes no interior das séries pautaram suas análises: os jornais, os classificados, os anúncios de fugas de escravos, os trechos que perfilavam as descrições das aparências de escravos, as marcas que eram citadas no interior desses trechos descritivos. Mais uma vez, como sempre, é o problema que determina a série, o recorte no interior de uma série, aquilo que nela buscamos.

12.9 Documentação cartorial e paroquial

Serializáveis são também os documentos de cartório, os quais apresentam uma grande variedade que procuramos registrar, apenas exemplificativamente, no quadro 5. Os próprios testamentos e inventários, embora conformem documentação judicial, são registrados em cartórios[128]. Ao lado deles podemos encontrar, nos cartórios de vários tipos, as escrituras de todos os gêneros – incluindo

---

128. Com a multiplicação da documentação da vida comum e das burocracias, os cartórios acham-se hoje especializados. Nos cartórios de registro civil são registradas certidões de nascimento, casamento, divórcio, óbito, entre outras. Nos cartórios de notas são registrados registros de firmas, procurações, escrituras, testamentos, inventários, entre outros. Os cartórios de registros de imóveis responsabilizam-se pelo histórico completo dos imóveis. Há os cartórios de protestos (documentos que ficam arquivados até que os devedores registrem o pagamento de suas dívidas). Por fim, nos cartórios de registro de títulos e documentos acham-se os contratos em geral, as notificações extrajudiciais, e todos os documentos não previstos nas atribuições já mencionadas. / Para períodos históricos anteriores ao século XIX, no caso do Brasil, essas especializações ainda não estavam definidas.

as de compra e venda de terras e imóveis –, os contratos, procurações, certidões de toda ordem (nascimento, casamento, divórcio, atestados de óbito), registros de fundação de sociedades e casas comerciais, firmas reconhecidas, registros de emancipação, registros de mudança de nome, protestos, entre outros. Para múltiplos fins, esses vários documentos podem ser utilizados pelos historiadores seja para a busca e checagem isolada de informações seja, mais comumente, para a constituição de séries que se tornam reveladoras de questões concernentes à sociedade como um todo.

Quadro 5: Documentos cartoriais

Os historiadores têm se utilizado amplamente das fontes cartoriais, desde a revolução documental dos anos de 1930 – e ainda com maior recorrência a partir de meados do século XX com o impulso recebido pela emergência da História Local (anos de 1960). Assim como passaram a explorar os registros cartoriais, os historiadores também têm se utilizado das fontes paroquiais (produzidas no circuito eclesiástico), que são similares àquelas para os períodos em que não estava consolidada a separação entre a Igreja e o Estado laico, incluindo documentos como certidões de casamento (no âmbito religioso) e certidões de batismo[129]. Para o caso brasileiro, nos períodos colonial e imperial a Igreja funcionava como um autêntico serviço público, e era bem abrangente em relação à documentação viva da população. Depois disso, passa a se restringir à comunidade católica, mas segue produzindo documentação relacionada aos sacramentos e ritos católicos[130].

Em geral, alguns documentos cartoriais e paroquiais só adquirem maior significado historiográfico em uma série. Pouco sentido faz uma única certidão de nascimento ou casamento, a não ser para a recolha desta ou daquela informação importante com vistas a compor a "biografia" de algum personagem histórico conhecido, a "história de vida" de uma pessoa comum, ou então a genealogia de uma família. Por outro lado, séries completas e abrangentes de certidões de nascimento, casamento ou óbito podem revelar padrões sociais cujas mudanças e permanências podem ser analisadas, bem como possibilitar a constituição de rigorosos perfis demográficos, além de ajudar a iluminar conjunturas econômicas ou a identificar redefinições culturais. Uma data assinalada por um único óbito pouco significa; mas a série de datas expressas nas certidões de óbito de determinada comunidade em certo recorte de tempo podem revelar tendências, aumentos na longevidade de uma população ou grupo social, surtos de doenças e epidemias, baixas ou elevações nas condições de vida.

Segundo a mesma linha de raciocínio, não haveria muito sentido consultar uma página isolada no "livro de registros de batismo" de uma certa Igreja, de modo que o livro inteiro, anotado sistematicamente pelo padre local sempre que ocorre a realização de um novo batizado, é já em si mesmo uma série que se oferece ao historiador, o que não o impede de cruzar diversos livros de batismo, na mesma paróquia ou entre paróquias distintas. Para os matrimônios, também havia livros específicos[131].

---

129. As certidões de casamento religiosas e cartoriais são análogas em seus aspectos descritivos e informativos, sendo que as produzidas pela Igreja agregam informações sobre os sacramentos já realizados por aqueles que estão se casando (no caso, batismo e crisma). Em relação a uma comparação entre as "certidões de nascimento" dos cartórios e as "certidões de batismo" produzidas pela Igreja, a informação agregada – e de grande importância, por introduzir no documento as redes de sociabilidade e de alianças extrafamiliares – é a menção aos padrinhos.

130. De modo geral, a documentação eclesiástica tende a se encaminhar e a se concentrar nas *cúrias diocesanas*, que são os organismos administrativos da Igreja relacionados a cada diocese e comandados pelos bispos por elas responsáveis. "Cúria" é termo de origem latina, e pode ser entendido como "o lugar onde se 'cuidam' as coisas". "Diocese" – palavra também importada da antiga administração romana – é o equivalente a uma "região administrativa".

131. As Igrejas, no Brasil colonial e imperial, tinham ainda os seus livros de óbito, completando o circuito da vida percorrido pelo nascimento (batismo), casamento e morte (óbito).

As certidões relacionadas a estes que alguns historiadores chamam de "registros de eventos vitais"[132] – a saber, nascimento, casamento (com ou sem divórcio) e óbito – apresentam uma vantagem em relação às fontes judiciais-cartoriais que já comentamos (os testamentos e inventários). Os testamentos e inventários, conforme já vimos, são fontes relativas a proprietários de bens que são confrontados pela perspectiva ou pelo evento da morte. Desse modo, na instância do lugar de produção, referem-se apenas a uma parcela da sociedade possuidora de bens, embora a menção a indivíduos pertencentes a grupos sociais desfavorecidos possa aparecer no corpo dessas fontes, como é o caso dos trabalhadores escravizados que, nos testamentos antigos, eram considerados bens semoventes a serem arrolados como qualquer outro. Logo, os testamentos e inventários são pertinentes a um recorte social bem definido.

As certidões de nascimento, casamento e óbito, por outro lado, são fontes que efetivamente abarcam toda a população, vindo daí o amplo interesse por elas da parte dos historiadores. Todos os seres humanos nascem e morrem, residindo aí a igualdade humana fundamental, sempre incontornável, por mais hierarquizados, excludentes e inequalizadores que sejam os sistemas sociais. Assim, todo indivíduo – pertencente a qualquer classe, etnia, grupo social e gênero – gera certidões de nascimento e de óbito, e, no universo eclesiástico, seus correspondentes, que são as anotações do casamento religioso e o registro de batismo, embora aqui haja já o recorte da Igreja Católica que, por outro lado, em muitas sociedades do Antigo Regime exerceu em certo momento uma função notarial extensiva ao universo populacional mais amplo[133].

Retomando a comparação entre os documentos geradores de herança (testamentos e inventários) e as certidões de eventos vitais nos vários períodos históricos (nascimento, casamento e óbito), é evidente que apenas certo número de indivíduos, ao morrer, produz testamentos e inventários; todos, no entanto, deixam

---

132. BASSANEZI, 2015, p. 142.

133. No caso do Brasil, o Registro Civil, acompanhando a separação entre Estado e Igreja, só começa a se afirmar nas proximidades da Proclamação da República. Desse modo, para todo o período colonial e para o período do Brasil Império, são os registros paroquiais que desempenham o papel de registro oficial e público de nascimentos, casamentos e mortes, sendo revestidos da força de um ato civil que faz o indivíduo se inserir na sociedade. Para uma cronologia mais precisa da instituição do Registro Civil, destacamos que em 24/03/1874, ainda no Brasil Império, o Decreto n. 5604 regulamentou os registros civis de nascimentos, casamentos e óbitos; e só em 07/03/1888 o Decreto n. 9886 fez cessar os efeitos civis dos registros eclesiásticos. Por fim, em 22/09/1888, tem-se definitivamente formalizado o Registro Civil propriamente dito, sendo que a solenidade do casamento civil é regulamentada em 14/06/1890 pelo Decreto n. 181 da República.

atestados de óbito ou anotações nos livros a isso correspondentes. Da mesma forma, além de todos nascerem e morrerem, a certa altura de sua vida adulta muitos se casam (e eventualmente se separam ou se divorciam, nos períodos históricos em que já existe tal figura jurídica). Quando ocorre, o casamento é extensivo a todas as classes sociais, não se referindo apenas a um grupo social. As cerimônias de casamento podem ser feitas com grande pompa, demandando grandes despesas e envolvendo vultosos dotes no caso dos casais pertencentes a classes privilegiadas, mas o casamento em si é um evento vital que se espraia pelo universo social como um todo. Portanto, também as certidões de casamento vêm se juntar às de nascimento e óbito como registros extensivos a toda a população[134].

Os registros de nascimento permitem identificar os indivíduos e suas filiações, além de locais de nascimento; quando se trata de registros de batismo – o correspondente eclesiástico dessas fontes – também trazem indicações de apadrinhamentos. Enquanto isso, os registros de óbitos trazem, além das informações básicas, a identificação da idade do indivíduo que veio a falecer e, por vezes, a causa da morte. Por fim, as certidões e registros de casamento dão informações sobre indivíduos pertencentes a duas famílias que se cruzam, além de identificarem suas idades.

Coloquemos esses dados em movimento, para cada caso, no interior de séries mais amplas. As idades de casamento assinaladas em uma grande série de registros de casamento permite medir dados demográficos relacionados à nupcialidade. Por exemplo, em determinada região e período de certa sociedade, com que idade os homens ou as mulheres tendem a se casar? Há distinções nesse dado em relação ao grupo social ao qual os indivíduos pertencem e, em cruzamento com outros índices, como a profissão, escolaridade, etnia, tipo de descendência, religião? Já uma série de registros de nascimento ou batismo permite aferir dados relacionados à fecundidade, bem como ao crescimento ou declínio da curva demográfica. No caso dos registros de batismos, uma série constituída pelo historiador pode indicar tendências sociais de apadrinhamento, envolvendo distintos

---

134. São oportunas as palavras da historiadora Maria Sílvia Bassanezi: "Mesmo que, para determinados momentos e locais, uma parcela dos nascimentos, das uniões conjugais e dos óbitos, por algum motivo, não tenha sido anotada, esses livros incluem de fato todos os setores da sociedade. Homens e mulheres, ricos e pobres, brancos, negros e índios, nacionais e estrangeiros, filhos legítimos e ilegítimos/naturais, crianças expostas ou enjeitadas, e também escravos e libertos (antes de 1888) tiveram (e têm) os seus eventos vitais registrados. A universalidade dessas fontes é uma das coisas que mais atrai os historiadores" (BASSANEZI, 2015, p. 132).

grupos sociais, em relações verticais ou horizontais envolvendo classes sociais, mas também grupos de migrantes, ou outros. Os apadrinhamentos revelam estratégias de ascensão social presentes em uma comunidade, alianças que se estabelecem, quando não modos de negociar a própria sobrevivência em uma sociedade desigual. Os índices de mortalidade, e dados sobre doenças que levam à morte, e em que idades, também emergem quando se tem uma série de registros de óbito, e não apenas um único documento.

Cruzamentos entre séries de casamentos e séries de nascimento ou batismo também podem proporcionar elementos para uma análise sobre a formação de famílias, nucleares ou extensas, bem como sobre os padrões de ocorrência de relações extraconjugais. A família escrava, do mesmo modo, pode ser investigada a partir das séries de nascimento e batismo, no interesse do seu estudo em si mesmo ou, adicionalmente, para verificar estratégias sociais presentes nas relações de apadrinhamento e compadrio.

É importante destacar que, além de se abrir para a possibilidade de uma História Demográfica mais preocupada com os dados em si mesmos, a análise demográfica também pode se combinar com a História Social ou com a História Cultural. As estratégias de reprodução ou de controle sobre a reprodução, de acordo com as práticas perceptíveis em grupos diferenciados, também se apresentam como possibilidade temática a emergir dos registros de nascimento. Além disso, tal como se disse atrás, também as crianças abandonadas passam pelo registro de nascimento, de modo que a exclusão social e a penúria tornam-se passíveis de serem examinadas através das séries de batismo e nascimento. Nestas, o estudo dos nomes constitui ainda um capítulo temático à parte, indicando uma diversidade de relações possíveis com os antepassados e com os contemporâneos, além das referências religiosas e culturais às quais os distintos nomes podem estar vinculados.

Pode-se dizer, enfim, que os registros paroquiais e as certidões cartoriais relacionadas aos três momentos vitais – nascimento, casamento e morte – apresentam como principal riqueza historiográfica o fato de que constituem documentos a um só tempo individuais – demarcadores dos aspectos relativos aos indivíduos a que se referem – e coletivos – nesse caso, a partir da integração à série oferecida pelo próprio registro (os livros de casamento, batismo e óbito da Igreja, por exemplo). As certidões e outros documentos cartoriais e paroquiais, para dizer de outra forma, permitem tocar o traçado biográfico de indivíduos, mas também elaborar biografias coletivas. Como documentações coletivas – por vezes acomodadas previamente em séries oferecidas pelos livros ou maços de documentos –, estas mesmas fontes adquirem um novo sentido historiográfico na série ou "recorte de série" produzido pelo próprio historiador. Esta, a série constituída pelo historiador, é importante dizer, não coincide – ou *não necessariamente* – com a série definida ou sugerida pelo fundo arquivístico que o historiador toma como seu universo documental mais imediato. Ao historiador compete tirar partido do arquivo, mas não se deixar aprisionar por ele[135].

Este capítulo poderia seguir adiante, enumerando muitos outros tipos de fontes que podemos encontrar junto aos cartórios, arquivos eclesiásticos, fóruns, repartições burocráticas ligadas ao Estado moderno, juntas comerciais, depósitos legais, instituições dos mais diversos tipos – sejam públicas ou privadas. Para citar mais uma vez o âmbito dos cartórios, documentos como contratos, acordos, escrituras de compra e venda de propriedades, termos de aberturas de sociedades, entre outros, podem possibilitar o levantamento de trajetórias de famílias inteiras de comerciantes, com suas migrações rastreadas através de uma documentação que expõe os detalhes das trajetórias de vida que se entrecruzam. De igual maneira, documentos como esses permitem recuperar redes de sociabilidade, alianças comerciais, formação de famílias, estratégias matrimoniais, *performances* de ascensão social. Usados como pontos em um caminho a ser recuperado pelo historiador, ou inseridos em séries que permitem o traçado de biografias coletivas e levantamentos relacionados a comunidades inteiras, tais fontes abrem-se a muitos usos historiográficos.

De nossa parte, apenas trouxemos exemplos relevantes de tipos de documentações que, neste capítulo, tiveram o intuito de mostrar a faceta da possibilidade de serialização. No próximo capítulo passaremos a abordar outro modo de tratamento de fontes, que privilegia a análise qualitativa de certos tipos de textos ou conjunto de textos, por vezes buscando apreender subjetividades, detalhes reveladores que se acumulam em um único documento, conflitos polifônicos de vozes que se entrelaçam ou se recobrem em um mesmo discurso, discursos que falam de si ou do mundo que cerca seus autores.

---

135. "Na história, tudo começa com o gesto de pôr à parte, de reunir, de transformar em 'documentos' certos objetos distribuídos de outro modo" (CERTEAU, 2012, p. 69).

13

Das fontes intensivas às novas subjetividades

13.1 As modalidades historiográficas das últimas décadas do século XX e a nova expansão documental

Prosseguindo em nosso esquema sobre a expansão dos tipos de fontes históricas, chegamos aos anos de 1970. É perceptível que ocorreu ali uma nova e importante expansão documental, levando os historiadores a setores da documentação de arquivo que ainda não haviam sido explorados, e também a outros tipos de fontes, não situadas nos arquivos.

Entre algumas das novas modalidades historiográficas que começam a surgir naquele período, a Micro-História – interessada em captar a vida humana através de uma análise intensiva das fontes, da disponibilização dos diálogos que abarcam vários pontos de vista, e da valorização dos detalhes reveladores – descobre a importância de um novo setor de possibilidades documentais: a documentação judicial, de investigação e de inquérito[136]. Os documentos jurídicos e policiais, e

---

136. A Micro-História é a modalidade historiográfica que trabalha com a aproximação da escala de observação utilizada pelo historiador, e na qual este utiliza um campo bem específico de observação – uma vizinhança, uma família, a trajetória de um indivíduo anônimo, uma prática cultural examinada em detalhe – de modo a investigar uma questão social, cultural, econômica ou política mais ampla. Metaforicamente, pode-se dizer que, com a Micro-História, o historiador busca enxergar algo do oceano inteiro a partir de uma "gota d'água", cuidadosamente escolhida. A abordagem privilegia para tal a apreensão de detalhes que por vezes passam despercebidos pela macro-história tradicional, a análise densa de fatores que interagem em determinada realidade, a atenção a fontes que podem iluminar aspectos relacionados à vida cotidiana, às práticas de sociabilidade e à expressão dialógica das várias vozes sociais. Entre outras obras que podem esclarecer mais sobre essa modalidade, cf. LEVI, 2000. • LIMA, 2006. • REVEL, 1998.

também a documentação da inquisição para períodos anteriores, passam desde então a chamar atenção dos historiadores.

No âmbito da documentação policial (cf. quadro 3, n. 10), os historiadores contam, de uma parte, com uma constelação de documentos mais propriamente derivada da atividade repressora e prisional da polícia. No primeiro caso, as "queixas", "prontuários" e "boletins de ocorrência" – sem mencionar as chamadas "fichas de polícia" – permeiam mais diretamente o universo repressor, mas também um território investigativo. Enquanto isso, os "registros de prisão" – que controlam a entrada e saída de condenados e os fatos pertinentes à população carcerária – correspondem mais propriamente à função prisional da instituição policial.

Neste último caso, os registros de entrada de prisioneiros em penitenciárias e prisões costumam oferecer conjuntos de dados importantes acerca da parcela da população que vai ter às cadeias. Nesses registros tanto aparecem listadas as contravenções e crimes que como tal são classificados pela justiça de então, como são reunidas informações gerais sobre os presos (idade, etnia, profissão, naturalidade, estado civil, dados físicos, habilidades tidas por criminosas). Perfis sociais podem ser levantados a partir dessas listas prisionais, e foi isso o que os historiadores começaram a explorar em parte da documentação policial que passou a ser examinada mais atentamente a partir dos anos de 1970. Uma história da marginalidade, e também uma história da repressão, emerge a partir daqui; mas é bom ressaltar que a história social, de modo mais geral, e ainda a história política, também podem ser abordadas através da documentação prisional[137].

Por outro lado, a função investigativa da atividade policial pode acabar gerando uma documentação que, mais tarde, termina por ser incorporada aos processos judiciais de vários tipos, configurando um conjunto documental de fronteira que ao mesmo tempo inclui os registros policiais (ocorrências, queixas, depoimentos, corpo de delito) e os documentos mais propriamente jurídicos que adentram os fóruns e chamam a si inúmeros outros agentes da esfera judicial, tais como os juízes, promotores, advogados, legistas, peritos de toda ordem, sem contar que os processos incorporam depoimentos de atores sociais os mais diversos sob a forma

---

137. Exemplos de estudos da repressão policial no Brasil são o livro de Thomas Holloway sobre a *Polícia no Rio de Janeiro do século XIX* (1997) e o livro organizado por Berenice Brandão (1981). Para um balanço sobre o tema, cf. BRETAS & ROSENBERG, 2013. Sobre o uso mais específico dos arquivos policiais e judiciários, cf. CHAVAUD, 1998.

de testemunhas, vítimas e réus. Em vista de sua dupla natureza policial e jurídica, situamos no quadro 3 – atravessando a fronteira entre as fatias da "documentação policial" e da "documentação jurídica" – essas configurações documentais altamente polifônicas que são os "processos", e sobre as quais discorreremos mais adiante (capítulo 16).

Por ora, é importante registrar que a documentação jurídica, valorizada historiograficamente a partir da década de 1970, inclui gêneros que vão muito além dos processos criminais e cíveis modernos. As antigas Inquisições constituem um exemplo relacionável, pois são como que processos encaminhados pela Igreja nos períodos em que esta deteve um inquestionável poder de julgamento público. Para tempos também antigos, podem ser lembradas ainda outras modalidades de processos, como os "autos" de todos os tipos (cf. quadro 3, n. 9). Temos aqui não apenas os "autos de devassas" – conjuntos documentais por vezes demarcados por grandes perturbações ou resistências políticas, capazes de gerar os correspondentes processos de repressão –, mas também os "autos de querela", que eram processos simplificados relativos a contendas geradas na vida cotidiana de habitantes de pequenas cidades na América Portuguesa, os quais passariam despercebidos pela história dos séculos seguintes, não fossem retomados pelos pesquisadores preocupados em compreender a vida comum em todas as épocas[138].

Como os processos criminais e as inquisições, os "autos de querela" são fontes polifônicas que trazem diversas vozes sociais através dos testemunhos que são recobertos pelo aparato jurídico – no caso dos "autos de querela", o registro das queixas que são trazidas pelo escrivão ao juiz ordinário da vila. Conforme veremos ao fim deste livro, fontes processuais como essas costumam envolver, de modo geral, uma "polifonia em camadas", na qual algumas vozes recobrem outras[139].

Fontes processuais de natureza investigativa, mas agora voltadas para uma outra ordem institucional, eram os antigos processos promovidos pela Igreja para investigar e avaliar os candidatos à carreira sacerdotal (os processos de *Genere, Vitae et Moribus*). Iniciado pela petição do candidato ao juiz das justificações, esse tipo de processo eclesiástico implicava um verdadeiro rastreamento da vida do

---

138. Os *Autos de Querela* da América Portuguesa foram examinados por Antonio Otaviano Vieira Jr. (2004).

139. Esse conceito ficará mais claro no último capítulo, quando falaremos de algumas possibilidades de fontes dialógicas, inclusive os processos criminais e inquisitoriais.

postulante, seja no que se referia à sua origem étnica, condição econômica e antecedentes morais, seja no que se referia a detalhes como defeitos físicos e hábitos cotidianos, afora o conhecimento que o mesmo deveria revelar acerca da doutrina cristã. Como todo processo, era colhido um exaustivo depoimento do postulante e ouvidas as necessárias testemunhas por um pároco que desempenhava a função inicial de investigador, antes que o inquirido fosse encaminhado a uma rigorosa sabatina com 29 questões relacionadas a diferentes aspectos de sua vida. Igualmente dialógicos, tal como ocorre com outros tipos de processos, o *Genere, Vitae et Moribus* expunha tanto a vida cotidiana como as redes de solidariedade presentes na comunidade, vindo daí sua riqueza historiográfica.

Procedimentos investigativos típicos dos meios eclesiásticos, e habituais no período colonial e imperial brasileiro, eram ainda aqueles que vinham anotados no "rol das freguesias" e no "rol dos confessados". O primeiro livro referia-se àqueles processos que tinham sua ação investigativa centrada em um pároco visitante, o qual vinha com a missão de fazer um levantamento sobre a freguesia no que concerne ao comportamento moral e confessional de seus fiéis. Terminava-se, assim, por se produzir um perfil da localidade, bem quantificado, e por isso de importante valor historiográfico.

A segunda prática investigativa – registrada no livro conhecido como "rol dos confessados" – era conduzida anualmente pelo pároco da freguesia, com o objetivo de avaliar a vida de cada fiel e sua situação em relação ao cumprimento dos sacramentos obrigatórios. O objetivo central era verificar, a cada ano, quem efetivamente se confessava durante a quaresma, e se comungava ou não, e por isso era rastreada rigorosamente toda a população, arrolando todos os indivíduos que viviam em cada habitação da freguesia[140].

Essas duas modalidades de processos investigativos praticados pela Igreja Católica produziam, respectivamente, detalhados perfis da comunidade e de cada um dos indivíduos a ela pertencentes. Mas não eram os únicos procedimentos de controle eclesiástico sobre a população da freguesia. Por ocasião do planejamento de matrimônios por casais de cidadãos, havia ainda as "dispensas matrimoniais", que investigavam a existência ou não de impedimentos (por exemplo, parentesco

---

140. Sobre os dois tipos de processos – "rol das freguesias" e "rol dos confessados", também conhecido como "rol da desobriga" –, cf. os comentários de SAMARA & TUPY (2007, p. 108).

indevido entre os nubentes). Com isso, acrescentava-se aqui mais um instrumento de controle e de rastreamento das características pertinentes aos indivíduos pertencentes à paróquia. Conforme se vê a partir do exemplo de cada um desses tipos de processos eclesiásticos, não se tinha apenas na justiça estatal a única produtora de processos e procedimentos investigativos capazes de expor em detalhe a vida cotidiana de homens e mulheres comuns. E isso sem contar, por fim, os terríveis processos da Inquisição – formadores de documentação ainda mais rica para as finalidades historiográficas.

Em Portugal e na América Portuguesa, as Visitações do Santo Ofício da Inquisição, e também as visitações ordinárias realizadas pelos bispos no âmbito de suas dioceses, eram registradas nos *Livros de Devassas*, que expunham longos interrogatórios envolvendo muitas e muitas testemunhas, ao mesmo tempo em que se buscava desnudar a vida cotidiana e o universo de crenças de cada acusado. No último capítulo do presente livro, veremos que – para além de trazer à tona uma miríade de aspectos relacionados ao universo mental, social e material dos acusados e demais testemunhas convocadas a prestar depoimentos – os processos de Inquisição devem ser tratados como fontes polifônicas nas quais as diversas vozes sociais se entrecruzam e recobrem-se umas às outras, terminando por deixar nas várias seções do processo as suas ressonâncias, mesmo nos casos em que algumas dessas vozes eram constrangidas por interrogatórios incisivos e cansativos ou vilipendiadas por práticas como a da tortura. Surge de fato, nas páginas dos *Livros de Devassas*, uma janela incomum para a observação dos anseios, preconceitos, medos, angústias, superstições, rivalidades, solidariedades, hábitos e vida material das diversas comunidades que eram enredadas pelas visitações do Santo Ofício. À maneira dos modernos processos criminais, nenhum detalhe parecia escapar ao olhar atento dos inquisidores, nenhuma voz pertinente a cada caso examinado deixava de ser ouvida, nem que fosse para ser depois silenciada, e nenhum espaço social estava a salvo dos inquisidores.

A novidade maior trazida, a partir dos anos de 1970, pela exploração historiográfica da documentação processual – seja jurídica ou eclesiástica – refere-se à possibilidade de examinar a vida de indivíduos comuns, seu cotidiano, a cultura material, as hierarquias sociais e formas de sociabilidade, os mecanismos de solidariedades e rivalidades presentes na comunidade, as estratégias dos indivíduos comuns diante dos sistemas normativos que os limitavam e restringiam.

A multiplicidade religiosa e a alteridade emergem aqui com especial vigor. Ao mesmo tempo, acusava-se o outro por medo, vingança ou ambição de lhe tomar os bens, talvez por desejo de ficar bem aos olhos dos vigilantes eclesiásticos, quem sabe por preconceitos ou talvez para, ao ocupar a cadeira da testemunha, não ser colocado na cadeira do réu. Expunha-se ao outro para evitar de se expor a si mesmo. Em vão – já que nada escapava ao olhar inquisidor e ao devido registro nos *Livros de Devassas*.

Para a historiografia recente, o que é particularmente atrativo nessas fontes processuais – e aqui estendemos os mesmos comentários aos processos criminais modernos – é a possibilidade efetiva de examinar a vida comum e as pequenas redes sociais com uma lupa de aumento, metaforicamente falando, e não necessariamente as ações e os crimes cometidos por celebridades e grandes figuras políticas. Já para a perspectiva do indivíduo notável, podemos lembrar os processos eclesiásticos de canonização e beatificação, que rastreavam a vida do indivíduo em vias de se tornar célebre pela santificação, trazendo ao centro do cenário investigativo a enigmática figura do "advogado do diabo"[141]. A função deste último era a de apresentar provas impeditivas para a admissão do candidato a santo ou beato, opondo-se ao "promotor da fé", que fazia as vezes de uma espécie de advogado de defesa do possível santo – muitas vezes um indivíduo que já havia morrido.

Passando ao ambiente laico, algumas palavras a mais sobre a possibilidade de interação entre a documentação jurídica e a documentação policial tornam-se oportunas neste momento. O meio policial e o meio jurídico estão em permanente diálogo nas sociedades modernas e contemporâneas, assim como já desde os tempos antigos a investigação era o preâmbulo do julgamento. Contudo, e tal como já observamos anteriormente, uma dessas instâncias pode existir perfeitamente sem a outra, e nem todas as fontes policiais situam-se na fronteira com a seção jurídica, ou vice-versa.

De fato, todo um universo documental decorrente da dimensão mais operacional da atividade investigativa do Estado e das demais funções das instituições policiais pode ficar à parte dos processos que terminam por serem levados à

---

141. A função de advogado do diabo (*Promotor Fidei*) foi formalmente estabelecida pelo Papa Sisto V (1587), mas sua presença eventual remonta a casos isolados na Idade Média, a exemplo do processo de beatificação de São Lourenço Justiniano (1381-1456).

Justiça. Os arquivos policiais costumam manter "fichas" de indivíduos que são tidos por criminosos em potencial. Há também "listas de procurados" pela polícia. Se essas fontes contêm informações verdadeiras, ou se as práticas repressivas podem deformá-las em informações não tão confiáveis, essa é outra questão. A *informação* sobre o marginal ou sobre o reprimido, e o *discurso* sobre esse marginal ou reprimido, são ambos objetos e fontes de igual legitimidade para os historiadores. Por fim, deve-se acrescentar que os arquivos de polícia comportam materiais investigativos diversos, dos quais também pode se valer a historiografia. Dos registros de denúncias, calúnias e queixas aos resíduos variados que podem nutrir as investigações, eles terminam por conformar o que Jean-Marc Bérliére, que estudou os arquivos policiais franceses, apelidou de "lixeiras da história".

Habitando as delegacias e departamentos de polícia, quando os arquivos policiais perdem a utilidade mais imediata no decorrer do avanço das novas gerações, costumam ser oportunamente transferidos para arquivos públicos. De outra parte, nos períodos de ditaduras a repressão estatal gera seus próprios arquivos, voltados para a investigação e combate contra as atividades de resistência política. Exemplo bem conhecido na História do Brasil relativamente recente são os tristemente famosos arquivos do DEOPS relativos à Ditadura Militar instaurada em 1964, os quais se tornaram mais acessíveis aos historiadores a partir dos anos de 1990, quando foram transferidos para arquivos públicos estaduais. Tem-se aqui um conjunto de fichas, dossiês e prontuários que revela a visão e a perspectiva de órgãos repressores acerca dos indivíduos e organizações que foram alvo de sua vigilância e repressão[142].

Passando-se a outro âmbito da expansão documental recente, temos o setor que, em nosso esquema, denominamos "documentação privada" (cf. quadro 3, n. 11). O século XIX já havia explorado razoavelmente bem um tipo de fontes referente ao circuito privado (aqui entendido como o não público, ou o não oficial). Referimo-nos às Genealogias. Elas existem desde a Idade Média, ou mesmo tempos anteriores, e adentram a Modernidade consistindo de listas sistemáticas de ascendências e descendências familiares ou linhagísticas, sem contar as genealogias régias que demarcam as dinastias de governantes.

---

142. Parte dessa documentação encontra-se hoje digitalizada. Um acesso mais amplo a esses documentos sigilosos permitiu o desenvolvimento de uma historiografia que até então vinha sendo represada. É oportuno lembrar que o DEOPS foi fundado em 1924.

Para o estudo do "âmbito privado", tem havido grande interesse recente nas genealogias de indivíduos e atores sociais que se encontram fora do universo mais glamoroso dos personagens que passaram à história como "grandes homens" e que ocuparam lugares de destaque no tecido social. Há diversos tipos de textos genealógicos, nos mais variados formatos, desde as árvores genealógicas esquemáticas e listas mais simples de indivíduos referidos às suas filiações, até os textos descritivos e narrativos de ramos familiares. Por vezes, as genealogias podem vir entremeadas com narrativas protagonizadas por indivíduos pertencentes às famílias ou linhagens que se quer valorizar ou depreciar, como era o caso dos chamados "livros de linhagens" – nobiliários típicos da Idade Média ibérica[143].

Esse tipo de fontes, que de alguma maneira remete à vida privada – ou ao menos familiar, se considerarmos o conceito de vida privada um pouco prematuro para a Idade Média –, era já razoavelmente bem explorado pelos historiadores oitocentistas, de modo que, no grupo das fontes relativas à documentação privada, não chegam a constituir uma novidade. De todo modo, os historiadores do século XIX abordaram quase sempre um setor mais específico das fontes genealógicas: as genealogias de famílias aristocratas (os chamados nobiliários) e as genealogias de dinastias régias, de maneira que as listas genealógicas e narrativas familiares de pessoas comuns ainda precisam ser mais bem investigadas.

Os anos de 1970 e 1980, entrementes, trazem à palheta dos historiadores todo um novo universo de fontes típicas da vida privada moderna, às quais se convencionou denominar "escritas de si"[144]. Os exemplos mais marcantes são as *cartas* – já milenares na história[145] – e os *diários pessoais*, típicos da Modernidade. A carta

---

143. Sobre esse tipo de fonte, cf. BARROS, 2013. Em relação aos "livros de linhagens" ibéricos, e mais especificamente do Portugal medieval, estes foram compilados em momentos diversos entre os séculos XIII e XIV, sofrendo sucessivas interpolações até assumirem sua forma definitiva. São conhecidos basicamente três livros de linhagens: o *Livro Velho* (LV), o *Livro do Deão* (LD), e o *Livro de Linhagens do Conde D. Pedro*, que aqui chamaremos de *Livro de Linhagens* (LL). Os períodos presumíveis para suas compilações vão de 1282 a 1293 para o LV, de 1290 a 1343 para o LD, e de 1340 a 1343 para o LL. As três fontes já possuem edições diplomáticas importantes. 1 – *Livros velhos de linhagens* (incluindo o *Livro Velho* e o *Livro do Deão*) e 2 – *Livro de linhagens do Conde D. Pedro* (MATTOSO & PIEL, 1980a e 1980b).

144. No universo da escrita autorreferencial, as escritas de si oriundas da vida privada, e habitualmente não destinadas à divulgação pública – tal como as correspondências e diários pessoais –, convivem com outros modelos de escrita de si, mais literários e voltados para a publicação. Entre eles estão os livros de memórias, as autobiografias, e ainda os memoriais que expõem trajetórias científicas e acadêmicas.

145. Cf. nota n. 263 (cap. 15).

e o diário podem ser evocados como dois exemplares mais gerais que configuram modelos dos quais derivam diversos outros subgêneros de "escrita de si" (outras modalidades de correspondência, e outros gêneros de relatos autobiográficos).

A primeira ordem de exemplares – a que abriga as cartas e outros tipos de correspondências – relaciona-se a uma forma de comunicação escrita, no suporte-papel e envolvendo a atuação de mensageiros – entre dois ou mais indivíduos. Todos ainda estamos muito familiarizados com esses textos que seguem uma normativa (uma certa fórmula de escrita à entrada e à saída dos seus textos) e que são dispostos em envelopes lacrados, e depois selados, para serem entregues aos seus destinatários. Em um futuro possível, todavia, dado o avanço extraordinário da telecomunicação e comunicação através da Internet e dos diversos dispositivos eletrônicos, pode se dar que as cartas se tornem efetivamente itens de museu e de arquivo. Para os historiadores, contudo, as cartas de várias épocas sempre constituirão fontes importantes para acessar uma dimensão da vida individual que nem sempre encontra plena exposição em outros tipos de fontes.

Embora dando ensejo a que os atores sociais escrevam sobre si mesmos, as correspondências, mais rigorosamente falando, constituem uma ordem de discursos cruzados nos quais dois indivíduos respondem alternadamente um ao outro, não apenas produzindo relatos sobre si mesmos, mas também trocando informações, comunicando ações e decisões tomadas, debatendo opiniões e estabelecendo rituais de sociabilidade. Desse modo, se são escritas de si, as cartas e outros tipos de correspondência também são mais do que isso: são fontes nas quais transborda o encontro e o desencontro das alteridades.

Uma dificuldade a ser enfrentada para a utilização historiográfica dessas fontes é o fato de que, sendo um processo comunicativo que gera dois arquivos distintos em cada uma das suas pontas (os dois interlocutores de uma série de cartas), nem sempre estarão disponíveis, ao pesquisador, os dois arquivos que permitiriam resgatar uma troca de correspondência completa. Talvez tenhamos à nossa disposição apenas as cartas recebidas por um dos interlocutores, e que por algum motivo foram guardadas, mas não as duas pontas interativas do processo comunicativo – para o que é necessário, obviamente, que ambos os interlocutores tenham preservado seus arquivos de cartas e que estes tenham sobrevivido documentalmente até chegar a uma instituição de guarda ou ao próprio pesquisador. Quando conseguimos reunir as duas pontas de uma troca de correspondência, seja entre figuras conhecidas ou entre pessoas comuns, temos diante de nós uma espécie de polifonia alternada – uma verdadeira antífona na qual uma voz responde diretamente à outra[146]. Enquanto isso, quando temos apenas uma das pontas do processo de correspondência, temos de pressupor essa polifonia implícita a partir do olhar do outro e do que diz a voz do outro. Isso continua sendo possível, mas requer maior sofisticação na análise, à maneira dos procedimentos que vislumbraremos no último capítulo deste livro.

O segundo grupo de fontes privadas relacionadas à "escrita de si" – que inclui desde o *diário íntimo* típico dos séculos XIX e XX, até os *blogs* e *fotologs* que proliferam nesse volátil mundo da exposição digital tão típico do século XXI – configura uma escrita de si propriamente dita, no sentido mais estrito da expressão. Em alguns dos gêneros característicos dessa segunda ordem de exemplares, o autor fala de si para si (o *diário íntimo*), e em outros fala de si para os outros, projetando para a esfera pública seu relato autobiográfico (os *blogs*, para citar a modernidade digital, e as *memórias, confissões* e outros gêneros de *autobiografia* já de muito conhecidos).

Um caso e outro, é especialmente com os anos de 1980 que os historiadores e outros tipos de pesquisadores passam a investir no potencial extraordinário dos diários pessoais, particularmente os de autoria de indivíduos comuns, como fontes para a compreensão de certas dimensões nem sempre tão visíveis das sociedades modernas. Os diários de indivíduos conhecidos e celebridades, obviamente, sempre atraíram um interesse eventual de editores interessados em publicá-los, e de pesquisadores dedicados a consultá-los, particularmente os biógrafos de personagens que foram colocados em destaque pela história ou pelo mundo da cultura. Em períodos mais recuados, há mesmo autores que foram precursores na percepção de que os diários poderiam constituir fontes extraordinárias para captar tanto a grandeza como a vilania dos indivíduos, seu caráter eventualmente excepcional, mas também sua trivialidade – e, sempre de alguma maneira, sua autopercepção de estar inserido como protagonista ou testemunha em uma história da qual se faz parte[147].

---

146. Em um de seus sentidos musicais possíveis, a *antífona* é um gênero de música executado por dois coros semi-independentes, por vezes cantando frases alternadas.

147. Essa perspectiva já era expressa pelo político e escritor britânico Arthur Ponsonby (1871-1946), em seu estudo sobre os diários ingleses do século XVI ao século XX (1923).

Também houve os que, pioneiramente, já anteviram a possibilidade de uso historiográfico e sociológico dos diários pessoais para a percepção da vida cotidiana, dos padrões alimentares, da vida familiar. O nome que aqui se destaca é o de Gilberto Freyre, sociólogo brasileiro que, para a elaboração de *Casa-grande e senzala* (1933), chegou a investigar os diários de senhores de engenho, entre inúmeras outras fontes que lhe permitiram adentrar o âmbito da vida privada, tais como as cartas comerciais e privadas, os relatos de viagem, testamentos, bilhetes de alcova, estatísticas médicas, objetos de cultura material, e inúmeros outros gêneros de fontes históricas.

Voltando ao nosso quadro panorâmico (quadro 3), pode-se dizer que, à parte os precursores em uma ou outra direção, datam efetivamente dos anos de 1970 e 1980 os adensamentos da apropriação do diário como "objeto de estudo" ou como "fonte primária" para compreender os aspectos gerais de uma época e os traços específicos da vida comum – e, sobretudo, o incremento do estudo sistemático acerca do diálogo íntimo do indivíduo simples, e não tanto daquele que por um motivo ou outro foi realçado à figura de personagem extraordinário, exemplar ou contraexemplar, inspirador de curiosidades legítimas ou mórbidas[148].

Um conjunto amplo de temáticas se abre, aqui, à análise historiográfica: sistemas de afeto, modos de escrita, padrões de linguagem com seus variados dialetos sociais, vida cotidiana e material, contradições entre classes sociais, interações entre os gêneros, conflitos geracionais – estes são apenas alguns dos campos de problemas que, através da escrita de si exposta nos diários pessoais, podem ser bem explorados pelos historiadores.

Uma peculiaridade agrega um interesse adicional ao estudo dos diários: em um mundo que a partir do século XX mostra-se crescentemente marcado pela publicação impressa e pelos artefatos da escrita mecânica – primeiro a máquina de escrever e depois a digitação em computador –, os diários pessoais tradicionais constituem uma notável resistência do manuscrito. Não é raro que esses livros pessoais que registram depoimentos e meditações íntimas também

---

148. O pioneiro no estudo moderno sobre os diários, já na geração mais contemporânea, foi o ensaísta francês Philippe Lejeune (n. 1938), que em 1975 escreve o já clássico *O pacto autobiográfico*. Já em 1971, ele havia publicado *A autobiografia na França*, e depois dessas duas obras iniciais publicaria muitos outros ensaios sobre o assunto, até chegar ao mais recente *O diário íntimo – História e antologia* (LEJEUNE & BOGAERT, 2006).

comportem a colagem. Pequenas relíquias da vida cotidiana, por assim dizer, podem ser agregadas às suas páginas, de acordo com o costume: fotos, recortes de jornal, desenhos, pedaços de tecido, ou mesmo fios de cabelo. Assim, se o objeto-diário já é uma fonte interessante da perspectiva material – ao se multiplicar através de suportes que vão dos cadernos aos diários de luxo –, esse tipo de fonte também comporta, eventualmente, outros tipos de materialidade e objetos físicos no interior de suas páginas.

Deve-se observar, de passagem, um divisor importante no grupo das fontes-diários. Os diários íntimos de pessoas comuns oferecem um determinado tipo de possibilidades historiográficas. Os diários de indivíduos de destaque, outras. Quando não por oscilarem de maneira algo ambígua nas proximidades do horizonte demarcado pela vontade de projetar uma imagem de si mesmos para a posteridade, os diários de celebridades e grandes personagens – mesmo nos casos em que seus autores notórios não tenham tido jamais a intenção de uma futura publicação – passam a ser revestidos de problemas que transcendem a normalidade. Ou já os trazem, ou o olhar dos historiadores que os abordam já busca tendencialmente a excepcionalidade de uma vida ilustre ou que se tornou notória por um motivo ou por outro.

O diário pessoal do presidente brasileiro Getúlio Vargas (1882-1954), ou os diários de viagem de Albert Einstein (1879-1955), somente com dificuldade poderiam ser historiograficamente trabalhados para a percepção da vida comum, e o mesmo pode-se dizer da correspondência da princesa inglesa Lady Di (1961-1997)[149]. Em vista disso, diários fora da curva como estes e conjuntos de correspondências como estas deixam de ser retratos da vida comum para serem retratos do singular, do excepcional, da trajetória que se destacou na história e entrou para a História[150].

---

149. Uma preocupação indelével com a autoimagem também ronda os escritos pessoais de celebridades. Assim mesmo, as contradições podem emergir, a exemplo dos inesperados rasgos de xenofobia e preconceitos contra povos específicos que foram identificados nos *Diários de viagem de Albert Einstein* (1922-1923).

150. Assim se expressa Regina Moreira, que participou da equipe do CPDOC constituída para o tratamento, recuperação e publicação dos manuscritos pessoais de Getúlio Vargas: "O cuidado, ou o zelo, da equipe da qual fiz parte baseou-se na certeza de não se tratar da mera publicação de um diário. Tratava-se, sim, da publicação de manuscritos que a partir dali seriam 'entregues' a um público bastante diversificado, englobando desde pesquisadores do meio acadêmico a antigos partidários e até mesmo inimigos e desafetos políticos. Afinal, Getúlio Vargas foi um dos mais polêmicos personagens da história política do país" (MOREIRA, 1996, p. 178).

Voltando ao âmbito dos diários pessoais das pessoas comuns, o equivalente imagético destes talvez sejam os álbuns de família, com fotografias que contam uma história na qual os historiadores podem observar aspectos os mais diversos. Serializáveis ou inseridos em uma rede comparativa com outros do gênero, os álbuns familiares de fotos mostram os desenvolvimentos da indumentária, o universo de objetos recorrentes na cultura material de uma época, o espaço público e privado, as habitações por fora e por dentro, os rituais de todos os tipos, as hierarquias expressas através das poses estereotipadas, a riqueza ou a pobreza, e até mesmo os perfis demográficos expressos pela variação nos tamanhos e modelos dos grupamentos familiares.

O antigo álbum de família, à sua maneira, pode ser de fato compreendido como uma espécie de diário iconográfico (pessoal ou familiar), da mesma forma que os *fotologs* e as redes sociais de compartilhamento público de fotos poderiam passar a ser vistos mais tarde, já na civilização digital, como os correspondentes imagéticos dos *blogs* de textos. No caso dos álbuns de fotografia, evidentemente, já saímos do grande grupo de fontes que é o objeto central desta parte de nosso livro: as fontes textuais. De todo modo, vale a pena ressaltar que o ambiente privado começa, de fato, a atrair a atenção dos historiadores dos anos de 1980 não apenas devido a uma notável expansão da documentação textual no sentido de abarcar fontes privadas como os "diários", "correspondências" e "bilhetes" – entre outras possibilidades como os "cadernos escolares", "cadernos de receitas", "listas de convidados", "cartões de visita", e mesmo as "notas marginais" apensadas à mão nas laterais das páginas dos objetos-livros, sejam estes pertencentes a personagens notórios ou a pessoas comuns. Já situados fora do círculo das fontes textuais, também os próprios objetos de cultura material (os famosos "baús" de família) e os "álbuns de fotografia" tornam-se a partir daqui fontes historiográficas importantes, requerendo metodologias próprias[151].

_____

151. A metodologia de análise para as fotografias de álbuns de família deve considerar, já de saída, a situação mais corrente dos indivíduos fotografados nas diversas situações registradas por conjuntos iconográficos como esses. Ao estar na mira da câmara clara, cada indivíduo se refaz de uma outra maneira – o que também oferece, aliás, uma boa metáfora para compreender os diários, e sobretudo os *blogs* nas sociedades de exposição, que também apresentam uma escrita carregada de "poses". Em relação às fotografias, já dizia o filósofo e semiólogo francês Roland Barthes (1915-1980) em seu livro *A câmara clara* (1980): "Fui fotografado sabendo disso. Ora, a partir do momento que me sinto olhado pela objetiva tudo muda: ponho-me a 'posar', fabrico-me instantaneamente em outro corpo, metamorfoseio-me antecipadamente em imagem. Essa transformação é ativa: sinto que a Fotografia cria meu corpo ou o mortifica a seu bel-prazer" (BARTHES, 1984, p. 22). Para o tema dos álbuns de família, cf. o estudo pioneiro de HIRSCH (1981), e, mais recente, GARAT (2011).

Avancemos em nosso grande esquema sobre a expansão das fontes textuais (cf. quadro 3, n. 12). A intensificação dos estudos de História Cultural – de uma Nova História Cultural – avança em seguida para a valorização daquelas fontes das quais partíramos neste relato sobre a expansão documental: as "fontes literárias" não realistas. A ideia de que a historiografia poderia tirar proveito da análise de todos os tipos de discursos – estes entendidos como lugares privilegiados para a expressão ou ocultamento do poder – não deixou de atrair a atenção dos historiadores também para as fontes da literatura criativa. Todos os gêneros literários, propriamente ditos, mostram-se agora como oportunidades exemplares para o estudo historiográfico. Conforme vimos no capítulo 7, se as fontes realistas contêm sua parte de subjetividade, ou mesmo de ficção, também as fontes literárias, por mais fantasiosas que sejam, falam da realidade em algum nível. Uma distopia, construída a partir da mais livre imaginação, traz à tona angústias reais, aflições e medos presentes no corpo social. Um romance com personagens fictícios expõe modos de afeto típicos de uma sociedade, uma cultura material com objetos que podemos encontrar no dia a dia, hierarquias que demarcam grupos sociais também existentes na realidade de fora do romance, e inúmeros outros aspectos. São esses universos criativos da literatura – da prosa à poesia – que se oferecem como mais um setor de fontes importantes para os historiadores que escrevem a partir da década de 1980.

Por outro lado, no âmbito das fontes que havíamos antes categorizado como "fontes realistas", os periódicos estavam, até então, um pouco à parte das predileções documentais dos historiadores. Conforme ressalta Tânia Regina de Luca, por muito tempo as fontes jornalísticas eram evitadas por parecerem inadequadas aos historiadores, já que "continham registros fragmentários do presente, realizados sob o influxo de interesses, compromissos e paixões" e que "em vez de permitirem captar o ocorrido, dele forneciam imagens parciais, distorcidas e subjetivas"[152].

Nos anos de 1980, essas fontes – às quais voltaremos em mais detalhe e profundidade no próximo capítulo – passam a ser bem valorizadas. As distorções, manipulações, imposições dos poderes de todos os tipos e conflitos de interesses, as concessões incontornáveis do produtor do discurso jornalístico ao leitor que viabilizará a própria possibilidade de existência do jornal, tudo isso passou a

---

152. DE LUCA, 2005, p. 112.

ser visto mais como uma riqueza presente nesse tipo de fontes do que como um defeito, uma vez que são mais propriamente em tais meandros que emergem as contradições, os poderes e micropoderes, a polifonia das vozes que está na base da construção do texto jornalístico.

Se os jornais passam a ser reconhecidos como fontes importantes a partir dos anos de 1980, vem também dessa década o chamado "retorno do político" – na verdade, relacionado à emergência de uma Nova História Política –, o qual também avança sobre fontes que ainda haviam sido pouco tocadas no setor da documentação política: os programas de partidos políticos e os discursos, entre outras. A valorização de uma História Vista de Baixo, por outro lado, também faz despertar nas últimas décadas do século XX o interesse pela documentação privada: as correspondências e diários, por exemplo. Por fim, desperta-se a atenção para um novo tipo de fonte que situamos já fora do círculo, pois é ainda fonte verbal, mas não mais "fonte textual". Referimo-nos ao interesse crescente pela História Oral. O trabalho historiográfico com a oralidade, ao requerer técnicas relacionadas às entrevistas e um sofisticado trabalho com a memória, constitui um capítulo à parte na história da historiografia.

13.2 Para além dos tradicionais registros textuais

O próximo passo para compreender a expansão das fontes verbais iria nos conduzir para fora do círculo das fontes textuais impressas e manuscritas, situando-nos para além e aquém de um espectro mais acessível e familiar que se ampara no suporte-papel. Aquém deste – e antes dos tempos que instituem o suporte--papel como forma de apoio predominante na história da comunicação escrita –, temos ainda outras possibilidades de fontes verbais, também envolvendo outros modos de escrita, a exemplo das "inscrições" de todos os tipos: em pedra, nas paredes de cavernas, sob a forma de tabletas de argila, tijolos de pirâmides, sarcófagos, cerâmicas e objetos de vários tipos, por vezes entremeando o texto e a imagem, ou mesmo constituindo outros padrões de linguagem que precisaram a seu tempo ser decifrados pelos arqueólogos, linguistas, semiólogos e historiadores. As antigas escritas cuneiforme e hieroglífica são apenas dois notórios exemplos.

Padrões de escrita que prescindem do papel também seguiram existindo na Modernidade, a exemplo dos grafites – que por sinal já são conhecidos desde o antigo Império Romano[153]. Definem-se os grafites como inscrições caligrafadas ou desenhos gravados sobre suportes que não haviam sido originalmente previstos para tal finalidade. Na contemporaneidade, os grafites nos muros das grandes cidades oferecem o exemplo mais emblemático. Ressalto que o grafite, que pode ser visto mais adequadamente como uma modalidade de arte urbana, deve ser bem distinguido da pichação, que consiste em outra modalidade contemporânea de escrita que se vale das estruturas muradas e das paredes das construções e prédios[154].

Distinta da arte do grafite, a pichação mostra-se mais como uma forma de comunicação, protesto, transgressão e afirmação de identidades, seja nos casos das pichações políticas ou das marcas impostas aos muros e paredes pelas "tribos urbanas" de todos os tipos[155]. As pichações também funcionam como demarcações de território e afirmações de individualidades no interior do grupo e do universo de pichadores, além de sinalizarem para uma cultura específica, quando não para atos políticos – tal como ocorreu com as milhares de pichações que começaram a surgir na década de 1980 "no" e "contra" o muro que separava as duas Alemanhas da Guerra Fria. Demolido o Muro, seus pedaços hoje são como inscrições em tabletas pós-modernas, conservadas por particulares e museus como relíquias de uma outra era.

Em relação ao tipo de linguagem, nos grafites e pichações a escrita e a imagem se encontram, juntando-se ao suporte material que lhes é característico. Como esses suportes são fixos, os historiadores que desejem trabalhar com tais fontes precisam lançar mão de recursos como a fotografia. Em alguns casos, é uma tarefa patrimonial de grande importância registrar as realizações em grafite antes que corram o risco de serem perdidas, como ocorreu com parte da arte poética e filosófica do célebre Profeta Gentileza (1917-1996) – artista, pregador e filósofo

---

153. Nas paredes de Pompeia – antiga cidade romana cuja cultura material terminou por ser preservada graças à catastrófica erupção do Vesúvio em 79 e.C. – foram encontradas milhares de inscrições populares retratando os mais variados temas. Tal como observa Funari, "há poesia, desenhos, recados, trocas de impressões, até exercícios escolares podem ser lidos, dois mil anos depois de serem escritos" (FUNARI, 2009, p. 121).

154. No que concerne ao grafite, este pode surgir tanto como uma reapropriação do espaço e da materialidade urbana, motivado por uma atitude de independência ou contrariedade em relação aos poderes que administram o ambiente citadino, como pode ser beneficiado por espaços especialmente designados para suas práticas e realizações. Um caso e outro – definindo circunstâncias bem distintas – devem ser considerados em sua especificidade pelo historiador que toma o grafite como fonte histórica.

155. A criação dessa expressão é atribuída ao sociólogo francês Michel Maffesoli (1988).

de rua que cobriu com inscrições as 56 pilastras de um viaduto do Rio de Janeiro, terminando por ter seu legado deteriorado e apagado, e depois restaurado pelos próprios poderes municipais que o haviam coberto com tinta cinza[156]. A utilização dos grafites como fontes históricas ainda aguarda uma maior atenção da comunidade historiográfica.

A presença histórica, desde as mais remotas culturas e civilizações, das formas de escritas anteriores ao suporte-papel leva-nos a pensar o uso do suporte-papel em sua historicidade, considerando também o aquém e o além dessa possibilidade. Se, por um lado, temos um espectro que se estende à Antiguidade para uma faixa de realizações culturais e comunicativas "antes do papel", na mais recente modernidade já podemos adentrar o vasto espectro que corresponde ao "depois do papel", no qual podem ser obtidas as fontes virtuais de todos os tipos. Os textos, agora, libertam-se de seus suportes tradicionais e revelam ser o que são: textos. Uma nova lógica e dinâmica os apoia. É também um mundo no qual, entremeados com o textual, encontraremos as imagens e sons.

O balanço que encerramos aqui se referiu apenas às chamadas "fontes textuais" – e mais especificamente aquelas que se conformam ao grande arco que vai do manuscrito ao impresso –, de modo a dar uma ideia de sua variedade e de como os historiadores foram se apropriando progressivamente dos mais diversificados tipos de documentação que se fundamentam na palavra – primeiro escrita, depois falada (e, mais adiante, digitalizada). Ao lado disso, um movimento análogo de expansão documental da historiografia contemporânea foi se apropriando também dos artefatos e demais fontes da cultura material, das fontes iconográficas, das fontes musicais, ou de fontes complexas como o Teatro e o Cinema, as quais incluem tanto um nível de verbalização como instâncias relacionadas à imagem e ao som. Esses seriam certamente assuntos de razoável complexidade, dignos de serem desenvolvidos em outro livro.

Para contemplar as reflexões que foram inicializadas neste capítulo, demonstrando-as com a exemplificação de alguns dos tipos de fontes emergenciais que assinalamos, abordaremos no próximo capítulo os problemas e dilemas envolvidos

---

156. A restauração dos murais de Gentileza – estabelecidos a partir de 1980 no Viaduto do Gasômetro – iniciou-se em janeiro de 1999 e concluiu-se em maio de 2000, sendo os murais tombados como patrimônio naquele mesmo ano, ainda que, em 2016, tenham sofrido novos vandalismos. A obra foi registrada e apresentada em livro por Leonardo Guelman com a obra *Tempo de Gentileza* (2000).

pela apropriação historiográfica dos jornais como fontes históricas. Será um capítulo longo, pois pretendemos discutir cada aspecto que precisa ser considerado para a abordagem desse tipo de fonte. Mais adiante, em outro capítulo, faremos o mesmo para outras fontes, como os processos criminais e inquisitoriais. Nesta segunda parte do livro, encerramos o voo panorâmico e iniciamos o mergulho de profundidade, visando esgotar o que se pode dizer acerca da apropriação historiográfica de duas ordens de fontes mais específicas.

Terceira parte

A polifonia das fontes

Duas ordens de exemplares

Preâmbulo

Nesta última parte do livro, nossa intenção principal será a de mergulhar exemplificativamente, explorando a profundidade de suas implicações, em dois tipos de fontes históricas que têm sido trazidas à cena pelos trabalhos historiográficos mais recentes. São na verdade duas *ordens* de fontes históricas. A primeira é a ordem dos periódicos – fontes como os jornais, revistas e outros tipos de impressos que são publicizados recorrentemente, com um ritmo definido (diário, mensal, anual) visando distintos tipos de leitores. Os jornais constituirão, aqui, o exemplo central.

A outra ordem de fontes – abordada no último capítulo – será a daquelas que denominei "fontes dialógicas", uma designação com a qual quero me referir a fontes que apresentam alto grau de polifonia e dialogismo, o que nos permitirá abordar um certo número de diferentes tipos de fontes, como os processos criminais, os relatos de viagem, os depoimentos mediados, entre outros.

A partir deste ponto, este livro poderia ter um número indefinido de capítulos, abordando os vários tipos de fontes em mais detalhes. Ainda nos mantendo no âmbito das "fontes textuais", poderíamos retomar em seguida, em maior profundidade, as "escritas de si" – com fontes como os diários, autobiografias ou *blogs* –, ou poderíamos ainda discorrer sobre essa peculiar troca de textos a dois que constitui as "correspondências". Poderíamos abordar fontes literárias de todos os gêneros – da literatura em prosa à poesia – ou ainda a literatura ensaística tomada como fonte. O uso dos próprios textos historiográficos de todas as épocas como fontes históricas (e não como textos com os quais dialogamos) poderiam oferecer um alentado capítulo.

Esses e muitos outros tipos de fontes textuais, e também as fontes baseadas em outros tipos de linguagens e suportes – como fotografia, música, cinema, objetos de cultura material – poderiam cada qual ter o seu lugar de discussão em um capítulo de maior profundidade. Dadas as limitações de espaço com as quais temos de lidar em um único livro físico, optamos por abordar esses outros tipos de fontes futuramente, em outros livros que fariam parte de uma série que se inicia com a presente obra.

Entrementes, não quis limitar o livro a uma visão panorâmica, sem um ou dois mergulhos na profundidade e complexidade que estão envolvidas quando precisamos tratar com fontes de qualquer tipo mais específico. Por isso, escolhi como exemplos iniciais – que prosseguirão ao longo da série de outros livros – as "fontes periódicas" e as "fontes dialógicas". Estas duas ordens de fontes, como as chamei, são bons pretextos para trabalhar, na última seção deste livro, com um nível ainda maior de complexidade.

14

O uso dos jornais como fontes históricas

14.1 Periódicos – Forma impressa, periodicidade e disponibilização pública

O que é um jornal? Neste capítulo, partiremos dessa questão que, talvez à maior parte dos habitantes das cidades contemporâneas, dificilmente ocorreria ser necessária tal a familiaridade que todos temos com os jornais em nossas vidas cotidianas. Os jornais são de fato objetos muito presentes na vida moderna. Para nos aproximarmos deles como um tipo mais específico de fonte histórica, no entanto, e vislumbrar todas as potencialidades e desafios que eles apresentam aos historiadores, devemos ultrapassar o senso comum e essa sensação de franca familiaridade. É preciso compreender mais a fundo o que são os jornais no seu dia a dia, no mundo da cultura, no interior da sociedade que os gera e os reatualiza como uma forma específica de comunicação, informação, poder e instrumento de sociabilidade. Para tal propósito, algumas perguntas já se colocam de partida: Que tipo de objeto é um jornal? Que finalidades cumpre? Que práticas a ele se filiam? A que demandas atende? Como afeta a vida de homens e mulheres em sociedade e em sua vida particular?

Antes de mais nada, esse "meio de comunicação" e "produto cultural" destinado à leitura, tão típico da idade moderna e contemporânea, deve ser incluído no grupo mais amplo dos "periódicos" – categoria que também inclui outras modalidades de publicações, como os boletins, almanaques, catálogos e revistas. Estas últimas, diga-se de passagem, rivalizam em importância com os jornais diários, constituindo ambos os principais modelos básicos de periódicos dos quais, de alguma maneira, todos os outros derivam ou se aproximam[157].

Os periódicos são, efetivamente, todos aqueles tipos de publicação impressa postos a circular publicamente com algum tipo de periodicidade, seja esta diária, semanal, anual ou qualquer outra. Se serão vendidos ou distribuídos livremente, e se serão expostos em bancas de jornal ou disponibilizados em circuitos mais específicos, isso ainda não importa muito para que esta e aquela publicação possam ser classificáveis como periódicos. O essencial – as características matriciais que definem os periódicos – está na "periodicidade" e na "forma impressa", embora com a mais recente era digital tenham começado a aparecer novos modos de divulgação integral ou parcial para os periódicos, muitas vezes complementares ao modelo impresso. Ao lado disso é oportuno lembrar que, para além da "forma impressa" e da "periodicidade", a "publicização" – ou a disponibilização a algum tipo de público – constitui a terceira característica essencial dos periódicos[158].

A relação do tipo de periódico com cada um desses aspectos – o formato ou materialidade da "forma impressa", o ritmo de disponibilização que define a "periodicidade" e o modo ou abrangência da "publicização" – permite compreender a combinação de fatores que define a diversidade de periódicos disponíveis nos tempos modernos. Mencionei atrás, como exemplos iniciais, os jornais, revistas, boletins, almanaques e catálogos, que são modelos de periódicos mais relacionados com os formatos, ou ainda com o tipo de periodicidade que rege sua publicização. Se considerarmos a abrangência e os tipos de públicos a que se destinam, ou outros aspectos como as finalidades de cada tipo de publicação, poderemos chegar a uma considerável variedade de publicações que unem a forma impressa, a periodicidade e a publicização.

─────────────────────

157. O preço um pouco mais elevado, a regularidade mais espaçada de sua publicação, o tipo de papel, o formato mais similar ao dos livros, a encadernação com capa e a possibilidade de uma maior especialização para certos tipos de leitores (nos casos em que não temos a abrangência temática típica da "revista de variedades") costumam ser indicados como aspectos que podem demarcar bem o objeto-revista em relação ao objeto-jornal. Quanto mais adentramos o século XX, esse contraste tende a se reforçar.

158. Desse modo, um balanço periódico de uma empresa, direcionado para funcionários específicos em vista da realização de determinado trabalho, não deve ser caracterizado como um periódico, o que vale igualmente para outros relatórios desse tipo. O periódico se oferece à leitura de um certo público; não é a ele imposto.

Há periódicos que atendem quase que exclusivamente a finalidades publicitárias, a exemplo dos catálogos de produtos disponibilizados com regularidade pela indústria ou pelo comércio para informação dos consumidores e vendedores. E há também publicações que, ao contrário dos jornais diários ou das revistas que são vendidas nas bancas de jornal para um número mais abrangente de indivíduos, são relacionadas a instituições muito específicas, tais como os sindicatos, associações de moradores, institutos profissionais ou científicos, museus, clubes e grêmios recreativos. Por fim, teríamos ainda os periódicos voltados para grupos sociais e culturais mais singulares, tais como os dos praticantes de determinado *hobby* ou esporte, os publicados por grupos demarcados por certas identidades étnicas, bem como os ligados aos movimentos sociais de todos os tipos. Da informação à cultura, entretenimento, representação de classe ou congregação política, as finalidades e ambientes dos periódicos se multiplicam.

Considerando sua importância cultural, social e mercadológica, as revistas de histórias em quadrinhos (HQs), para dar um último exemplo significativo, já constituem um grande e especial gênero de periódicos que desenvolveu uma linguagem própria, constituindo também uma nova forma de expressão artística e uma indústria específica, a qual terminou por ensejar, a partir da última metade do século XX, um diálogo importante com o Cinema[159].

Conforme podemos ver, ao lado das publicações relacionadas mais propriamente à Grande e à Média Imprensa – em especial os jornais diários e as revistas –, é possível entrever uma rede bastante diversificada de publicações periódicas que procuram atender aos mais variados segmentos de leitores e às mais diversificadas finalidades. Também são múltiplos os ambientes sociais ou culturais nos quais cada um desses tipos de periódicos pode circular, e os modos como eles podem ser disponibilizados ao seu público ou segmento de população.

---

159. Data de 1895 a primeira realização no âmbito de uma nova linguagem que pode ser relacionada ao gênero das HQs – definível a partir daqui como aquele tipo de periódico em que ocorre a exposição de uma trama seccionada em quadrinhos de imagens, as quais são complementadas por registros de mensagens verbais condicionadas a balões que apontam para os personagens. A tirinha em questão é "O menino amarelo" de Richard Outcault, que aparece desde essa época nas páginas de dois jornais nova-iorquinos e é efetivamente pioneira na introdução de uma solução que se ligará definitivamente à nova linguagem: o "balão" que encaminha a fala dos personagens envolvidos na ação. Por outro lado, em 1890 já havia aparecido em Londres uma primeira revista com histórias desenhadas: a *Comic Cuts*. Para uma aproximação da linguagem dos quadrinhos, cf. EISNER, 1999. Uma *História das Histórias em Quadrinhos*, até meados dos anos de 1980, pode ser encontrada em MOYA, 1986.

Neste capítulo, apenas exemplificativo, vamos nos limitar ao caso dos jornais diários e sua possibilidade de uso como fonte histórica pelos historiadores. Procuraremos considerar, à partida, um quadro mais geral de aspectos que são típicos dos jornais e que, a princípio, podem ser evocados conforme o esquema abaixo.

Quadro 6: Oito características essenciais dos jornais

14.2 Jornais – Periodicidade e largo alcance

Contemporaneamente, os jornais constituem um "meio de comunicação" voltado para a captação das massas ou de segmentos ao menos significativos da população, com a capacidade de abranger uma diversidade de assuntos de interesse público – embora também exista uma margem relevante de jornais direcionados para setores mais específicos da população ou para grupos muito restritos, assim como jornais especializados em aspectos singulares como economia, ciência, humor ou esporte. Essa tendência a abranger assuntos e âmbitos diversos e, mais particularmente, a alternância e complementaridade que se dão entre o aspecto "noticioso/informativo" dos jornais e os "textos de opinião" neles presentes – estes já pertencentes declaradamente à ordem dos discursos – unem-se às duas já comentadas características centrais dos jornais: a periodicidade e o largo alcance[160].

Para além desses aspectos essenciais já nem mencionaremos o mais óbvio: o fato de que os jornais apoiam-se necessariamente em uma base discursiva textual-imagética, e de que materialmente são constituídos por cadernos de papel e por caracteres gráficos neles impressos. Foi com vistas à elaboração de uma síntese adequada que, no quadro anterior, registramos alguns dos principais aspectos inerentes aos jornais, particularmente no mundo contemporâneo.

Deve-se notar que, no início de nosso empenho em definir o que são os jornais, utilizei a expressão "meio de comunicação". Frequentemente podemos nos deparar com a referência de que os jornais constituem um "meio de informação", o que não deixa de ser também verdade. Todavia, a face "meio de comunicação" costuma se sobrepor, nos jornais, à face "meio de informação", principalmente aos olhos dos historiadores e sociólogos. Isso ocorre porque os jornais não transmitem apenas informações. Eles também comunicam ideias e valores, e através dessas ideias e valores buscam agir sobre a sociedade, além de representarem certos interesses – não necessariamente um único setor de interesses, mas sim um campo de interesses no interior do qual diversos fatores interagem.

O fato de ser um "meio de comunicação" interfere na função jornalística de se propor a ser um "meio de informação", e esse aspecto precisa ter uma centralidade na análise dos historiadores. A informação transmitida pelos jornais, como veremos adiante, mescla-se com a elaboração de um discurso, com a comunicação de valores e ideias, com os projetos de agir sobre a sociedade, com a necessidade de interagir com fatores políticos e econômicos.

Voltemos, neste instante, à síntese das características que conformam os jornais como uma modalidade específica de periódicos e como uma forma singular de mídia, além de transformá-lo em uma possibilidade muito peculiar de fonte histórica. Tão importante quanto compreender a "periodicidade" e "abrangência" de assuntos e público leitor que são típicas dos jornais diários, para os objetivos da análise historiográfica é fundamental compreender ainda que um jornal não

---

160. Oportunamente, voltaremos a discutir esse convívio, nos jornais, entre os discursos de opinião encaminhados através dos textos analíticos e o aspecto noticioso e informativo, o qual abre espaço, inclusive, para a possibilidade do caminho sensacionalista.

é formado por um único texto, mas sim por um conjunto de textos. Para evocar tal característica, utilizaremos a expressão "polifonia de textos". Assim, se uma carta ou qualquer outro tipo de correspondência conforma um único texto – o que também ocorre com outros tipos de fontes como o livro autoral, o diário, e inúmeros documentos de arquivos como os testamentos, as certidões, e assim por diante –, temos no jornal um conjunto articulado de textos distribuídos em diferentes seções e escritos por uma variedade de autores e redatores.

Esse aspecto, que ajuda a definir o jornal como uma "produção multiautoral" – ainda que nem todos os autores dos textos jornalísticos sejam nomeados –, faz dos jornais modernos um tipo de fonte na qual a regra é a alternância de muitas vozes e diferentes agentes discursivos. Assim, um determinado jornal pode responder por um único nome – o *Jornal do Brasil*, *The Times* ou *Le Monde* – e em torno deste nome pode-se apresentar uma certa identidade e estilo dominante, ou predominar uma tendência menos ou mais bem definida de posicionamentos políticos; mas cada nova edição desse jornal abriga de fato uma diversidade considerável de autores, ocultos ou não. Lidar com uma fonte multiautoral, como no caso dos jornais diários, é diferente de lidar com uma fonte monoautoral, como a correspondência, a obra literária ou o relatório administrativo.

O fato de que os jornais se dirigem a um universo amplo e diversificado de leitores também os distingue de outras fontes que podem ser constituídas pelos historiadores. Em uma carta privada, por exemplo, temos um único autor que se dirige a um único leitor. E em um diário temos um autor que se dirige a si mesmo. Mas nos jornais temos um certo número de autores que se dirigem a muitos e muitos leitores. Mesmo que haja em cada grande jornal uma bem definida linha editorial que busca constituir uma identidade e congregar autores parecidos em alguns aspectos, não é possível desprezar o fato de que, por trás de cada jornal, existe uma pequena diversidade de homens e mulheres que lhe dão vida.

Por fim, a "periodicidade" – a mais saliente característica dos jornais e de outras fontes similares – permite-nos contrastá-los com todos os tipos de fontes que se apresentam como textos únicos e singularizados. Podemos considerar a série de obras literárias produzidas por um grande romancista, ou uma série de livros escritos sobre determinado assunto em certo ano, mas essas são operações historiográficas que não estão dadas previamente ao momento em que o historiador define seu objeto de estudos ou seu universo de fontes. Dito de outro modo, é o próprio historiador quem coloca obras literárias de qualquer tipo em uma série como procedimento útil para sua análise. Um livro é um livro – ainda que o juntemos a outros nas prateleiras de uma estante, ou no *corpus* documental que será abordado pelo historiador.

Os jornais, por outro lado, já nascem como uma série que se estende ao longo do tempo. Podem ter uma existência menos ou mais extensa entre seu nascimento e seu desaparecimento, e pode ocorrer mesmo o caso de jornais que não ultrapassaram as duas ou três primeiras edições; não obstante, a intenção de se criar um jornal, ou qualquer outro periódico, implica propor sua continuidade no tempo através de edições-exemplares que pretendem se suceder uma à outra, de acordo com um ritmo ditado pelo seu padrão de periodicidade (o jornal diário, semanal, ou mesmo mensal).

Para nós, historiadores, isso é importante porque, através dos sucessivos exemplares periódicos de um mesmo jornal, encadeia-se uma história que precede a operação historiográfica. Precisamos sempre nos aproximar dessa história, pois não faz muito sentido analisar uma edição de um jornal separada das outras que a precederam a não ser como fonte de reforço para alguma informação mais específica. Mesmo que nos concentremos na edição que veio a público em determinado dia, o olhar para trás, para a série de edições anteriores, é incontornável para a análise historiográfica de um jornal.

Por fim, o "efeito de realidade" que está envolvido no conteúdo de um jornal é outro aspecto fundamental, do qual falaremos mais adiante. Este traço, como já demostramos em um capítulo anterior deste livro (seção 10.1), é também característico de todas aquelas que podemos considerar como "fontes realistas". Tanto quanto um cronista ou viajante que pretende fazer com que seu público acredite em tudo o que está dito em seu relato de viagens, ou quanto o funcionário ou o general que produz seus relatórios acerca de uma ação cumprida – ou mesmo o hagiógrafo que pretende convencer sua plateia de crentes acerca da santidade e dos milagres de seu biografado –, os jornais também abrigam discursos que se pretendem apresentar como verdadeiros, conforme veremos mais adiante.

Antes de passar ao próximo item, chamo atenção para um ponto importante. Muito habitualmente utilizamos a palavra "jornal" para nos referirmos ao Jornal como instituição – a empresa que produz jornais (exemplares de jornais) e os vende ao seu universo de leitores compradores – e usamos a mesma palavra "jornal" para nos referirmos a esse caderno que agrega um conjunto de textos e que tem forma e materialidade definidas, constituindo um objeto cultural de consumo, normalmente descartável. Assim, há o "Jornal" "instituição", e há o "exemplar" ou a "edição" do "jornal" – sendo estas edições de um jornal, aliás, as que depois se transformam em fontes aos olhos do historiador.

Usar a palavra jornal para a empresa ou instituição que produz jornais, e usá--la para estes exemplares editados, é inevitável. Entretanto, precisamos distinguir bem quando estamos empregando a palavra em um sentido ou outro. Parece um truísmo dizer isso, mas um Jornal produz jornais. Sendo assim, avancemos em uma compreensão mais bem definida sobre o que é uma empresa ou indústria jornalística, e sobre o que é um jornal como objeto cultural, material, gráfico, informacional e mercadológico, para que depois também possamos compreendê-lo como objeto discursivo, político e ideológico.

14.3 Máquinas, papel e leitores – Os aspectos materiais e sua finalidade humana

Os aperfeiçoamentos na tecnologia da impressão permitiram que os jornais assegurassem um patamar cada vez maior para sua tiragem de exemplares, de modo a atender a igualmente crescente demanda de leitores nas sociedades modernas. Já nas últimas décadas do século XIX o principal jornal inglês havia alcançado a casa dos 300.000 exemplares para cada tiragem diária[161]. São muito elevados os números de leitores a serem atingidos pelos textos jornalísticos, e isso já traz uma primeira marca de especificidade a esse tipo de fontes quando as comparamos com fontes de recepção mais modesta. Dado o poder de penetração dos jornais nos vários segmentos sociais de uma população, esse meio de comunicação se transforma por isso mesmo em um poderoso ator político nas sociedades contemporâneas.

Em relação ao tipo de suporte, habituamo-nos a pensar nos jornais sob sua forma impressa, embora hoje já sejam comuns os jornais virtuais e a televisão também tenha possibilitado a emergência dos telejornais. Para períodos anteriores à Modernidade, os historiadores também têm conseguido surpreender outras

---

161. Trata-se do *Daily Telegraph*, jornal fundado em Londres em 1855 e que existe até os dias de hoje. Sobre isso cf. ORTIZ, 1999, p. 24.

experiências culturais de comunicação e informação que envolveram a publicação periódica – até mesmo em civilizações antigas –, o que se dava através de outros meios como a escrita em murais ou a circulação de manuscritos. Todavia, o que realmente possibilitou o surgimento dos jornais propriamente ditos foi a invenção da imprensa. Seu florescimento, entrementes, precisou aguardar o anfiteatro das sociedades industriais europeias, pois foi necessário que às novas possibilidades tecnológicas de impressão se juntasse o processo exponencial de crescimento da alfabetização ocorrido nesse período, e também se verificassem melhorias no desenvolvimento da indústria do papel[162].

Máquinas de impressão, seres humanos letrados e papel: eis aqui o tripé sobre o qual se assenta a produção massiva de jornais. Eventualmente, cada um desses apoios se entrelaça ao outro. Assim, ainda no que concerne às características mais gerais dos jornais, devemos salientar a necessidade de se garantir um baixo custo para o consumidor, o que terminou por condicionar também a materialidade do exemplar impresso, no caso através do amplo predomínio da utilização de um tipo de papel reciclável que ficou conhecido como "papel-imprensa"[163].

Barato, periódico, socialmente penetrante, formador de um hábito de consumo, fácil de manusear e descartável – o jornal rapidamente ganhou as massas, armou-se de suas máquinas e se revestiu de seus papéis, pronto a se tornar parte do cotidiano da vida citadina e um dos seus símbolos mais imediatos. Comprar jornais para lê-los, ou espiar sua primeira página de notícias mesmo que no exemplar fixado à porta de uma redação ou na banca de jornal, tornou-se um hábito para um grande número de habitantes das cidades. Depois: comentar suas notícias, acreditar nelas, comover-se com o que dizem, temer as suas consequências, encher-se de alguma esperança ou simplesmente assistir, nos diversos textos articulados de um jornal, à passagem da vida em todos os seus aspectos: a política, a vida, a morte exposta nos obituários, a compra e venda anunciada nos

---

162. A primeira publicação impressa periódica, com regularidade semanal, surgiu na Antuérpia em 1605, com o *Nieuwe Tijdinghen*. No mesmo ano, Johann Carolus (1575-1634) lançou um impresso germânico que recebeu o nome de *Relation aller Fürnemmen und gedenckwürdigen Historien*, sendo este voltado para a divulgação muito específica de informações comerciais. Já em Paris, um periódico importante surgiria em 1631, com a *Gazette de France*.

163. O papel de imprensa, que também passou a ser conhecido como "papel-jornal" ao passar a ser utilizado amplamente nos jornais contemporâneos, apresenta uma textura espessa e áspera. Pode ser obtido a partir de fibras recicladas e de pedaços de madeira residuais derivados da fabricação de móveis.

classificados, as notícias sobre o país e o mundo, a expectativa de guerra e paz, a sensualidade e o crime, o humor das charges, o gol e a notícia inesperada. Todas essas coisas trazidas pelo jornal, sob a forma de diversão, esperança, medo ou angústia, tornaram-se parte da vida moderna. Também por isso, os historiadores não podem ignorar as fontes periódicas.

14.4 O efeito de realidade

Conforme mencionamos no capítulo anterior, foi somente a partir dos anos de 1980 que os jornais e demais publicações periódicas começaram a chamar atenção dos historiadores como fontes históricas importantes, de modo que nesse ponto nosso esquema central (quadro 3, n. 1) reencontra-se com seu princípio, já que aqui é finalmente incorporada ao fazer historiográfico a última das modalidades de fontes que podemos classificar como "fontes realistas". Todo jornal, a não ser que seja um jornal de humor, ampara-se na possibilidade de inspirar e manter em seus leitores a viva convicção de que ali, naquelas páginas ásperas e por vezes levemente amareladas, fala-se de fato da realidade, da vida efetivamente vivida, da história que se refaz a cada novo dia, de algo que realmente ocorreu e do qual se dá um retrato fiel e não comprometido por parcialidades – embora a impossibilidade efetiva dessas posturas parciais seja sempre bastante evidente para os analistas de periódicos e também para os leitores mais argutos.

O efeito de realidade – ao lado de uma singular "relação circular com o real"[164] – é de fato uma característica inerente aos jornais, tal como ocorre nos demais tipos de "fonte realistas". Cada qual à sua maneira, os jornalistas, cronistas, historiadores, hagiógrafos e autores de relatos de viagens – entre outros tipos de escritores ligados às fontes realistas – sempre almejam oferecer aos seus leitores uma espécie de retrato daquilo que consideram ser a realidade (ou que desejam que seja considerado real). Bem entendido, em boa parte dos casos – e isso é particularmente característico dos jornais –, mesmo que não estejam convencidos de que seus discursos são inteiramente verdadeiros, e principalmente quando agem de má-fé para beneficiar certos interesses políticos ou econômicos, os autores de

---

164. Expressão empregada pela historiadora Márcia Espig, que em seguida complementa: "Ao mesmo tempo em que dá exteriorização a um discurso criador de significados, o jornal também se encontra atrelado ao que é possível dizer" (ESPIG, 1998, p. 277).

fontes realistas pelo menos almejam convencer aos seus leitores de que estão lhes oferecendo um retrato confiável da realidade. Desse modo, a relativamente recente valorização dos jornais como fontes históricas importantes completa o setor documental que, no quadro 3, havíamos intitulado como "fontes realistas", e que corresponde a uma fatia do universo documental que já vinha sendo cotejada pelos historiadores dos séculos anteriores.

Considerar o jornal como um tipo de "fonte realista", é claro, implica compreender que o discurso realista encaminhado pelos jornais nada tem de neutro[165]. De alto a baixo, os jornais são atravessados por posicionamentos no tocante à realidade social, os quais se conectam visceralmente a certos interesses políticos, sociais e econômicos. A intenção de agir sobre a sociedade através de seus discursos sobre a realidade, e das informações que selecionam ou mesmo fabricam, é muito característica dos jornais – ou da multiplicidade de autores, profissionais, editores e sujeitos sociais neles envolvidos.

É exatamente porque os jornais são instrumentos e campos de lutas, ocultando interesses políticos e sociais que podem ser desvelados através da análise do seu discurso, que eles se tornam particularmente interessantes para os historiadores que pretendem abordá-los ou como objetos de estudo ou como fontes históricas para o estudo de temáticas diversas. Sem que seja preciso dar como exemplo o caso mais óbvio e gritante das manipulações e distorções, não há nada de neutro na mais simples escolha encaminhada pelo jornal acerca do *que* informar, de *quando* informar, de *como* informar.

Os destaques dados a essa ou àquela notícia, as estratégias editoriais diversas, os modos como se busca comover, impactar, indignar ou direcionar os leitores, o posicionamento de uma notícia junto a outra, o tamanho calculado das letras, a escolha de fotos dignificantes ou embaraçosas – existe aqui toda uma infinidade de recursos e procedimentos à disposição dos jornalistas que, *ato continuum*, precisam ser cuidadosamente decifrados pelos historiadores. Isso é tanto mais importante quanto mais compreendemos que, desde sempre e cada vez mais, a Imprensa tem se imposto como força política singular e incontornável nos tempos modernos. Não é possível tomar o jornal como objeto historiográfico, ou tampouco utilizá-lo

---

165. Assim, por mais que vincule seu discurso à realidade, "todo jornal organiza os acontecimentos e informações segundo seu próprio filtro" (ZICMAN, 1985, p. 90).

adequadamente como fonte histórica, sem partir dessa compreensão mínima acerca dos jogos de interesses que atravessam os jornais.

Diga-se de passagem, não devemos confundir o interesse dos historiadores pelos jornais como *objetos de estudo* – o que ocorre quando o historiador se dedica a esse domínio temático da historiografia ao qual podemos chamar de "História da Imprensa" – com seu mais recente interesse pelo jornal como *fonte histórica*[166]. Tratar o jornal (ou a Imprensa) como objeto de estudo é bem diferente de tratar o jornal como fonte histórica. Neste último caso, o jornal pode ser utilizado como caminho para nos aproximarmos de quaisquer outros objetos de estudo e modalidades historiográficas: a história política, a história econômica, a história cultural, e assim por diante.

É essa utilização do jornal como fonte histórica relevante para compreender diversificados aspectos da vida social, do mundo político ou da cultura – partilhados através de uma miríade de objetos de estudo – o que adentra o cenário da historiografia nos anos de 1980, elevando os periódicos a uma posição equivalente àquelas que diversas outras fontes já ocupavam na palheta historiográfica. Tratar o jornal como fonte histórica, nesse sentido, é compreender que ele pode ser utilizado como fonte para a história de gênero, para a história do trabalho, para a história dos movimentos sociais, para a história do cotidiano, para a história urbana, ou para os inúmeros objetos de estudo de interesse dos historiadores.

Posto isso, retornemos à já iniciada caracterização do jornal simultaneamente como objeto cultural, meio de comunicação e prática social. Retenhamos, já de início, esse primeiro conjunto de características mais gerais que parecem ser partilhadas por todos os jornais: periodicidade, alcance de modo geral previsto para as massas ou para setores amplos da população, baixo custo para o consumidor, altas tiragens com vistas a atender à demanda de levar a grandes distâncias e recantos sociais a informação e discursos a ela atrelados e, por fim, um declarado compromisso com a fiel retratação da realidade, apesar dos interesses políticos e econômicos nem sempre visíveis que os movimentam nos bastidores. Além disso,

---

166. Conforme bem assinala Tania Regina de Luca, em seu ensaio teórico-metodológico "A História dos, nos e por meio dos periódicos", o interesse pela História dos Jornais (ou pela História da Imprensa) precede a "escrita da História *por meio* da imprensa" (DE LUCA, 2005, p. 111).

torna-se bem característico o jogo de interação entre a informação e a opinião, pois ao jornal não cabe apenas informar, mas também convencer e comover. Eis aqui um conjunto bem expressivo de aspectos iniciais que devem ser considerados, e que preparam a compreensão das mensagens e conteúdos que podem ser encaminhadas pelos jornais.

14.5 Produção, circulação e leitura

Podemos passar agora aos aspectos relacionados ao discurso e ao conteúdo jornalístico. Para a apreensão mais específica das possibilidades de tratamento dos textos jornalísticos como fontes históricas, é imprescindível compreender, antes de qualquer outra coisa, que todo jornal é envolvido por uma intrincada dialética trinitária que coloca em interação o "polo editor" (1), o conjunto de discursos, conteúdos e mensagens encaminhadas (2) e, por fim, o "polo receptor" (3), o qual se refere aos leitores habituais ou ocasionais do periódico, sejam eles os compradores do objeto-jornal ou aqueles que têm acesso às suas notícias e matérias por outros meios[167].

Em termos mais gerais, podemos falar na interação efetiva entre o "circuito de produção", a "mensagem" ou conteúdo, e a "recepção". Essa tríade de elementos – a *produção*, a *mensagem* (ou a forma-conteúdo) e a *recepção* (ou a finalidade) – constituem de alguma maneira um acorde básico de elementos que se acham envolvidos em quase todos os tipos de fontes históricas, das textuais às visuais e sonoras, e não apenas nos jornais. Nestes últimos, contudo, essa tríade adquire algumas características especiais que já discutiremos. Em relação ao estudo mais elaborado do "lugar de produção" de uma fonte histórica, seja qual ela for, este será desenvolvido no próximo livro desta série[168]. Não obstante, anteciparemos aqui alguns dos aspectos relacionados a esse tema.

---

167. Pode-se ler um jornal, ou ao menos sua primeira página, na própria banca de jornal que o coloca em exposição, pois outra das características mais salientes dos jornais – que nisso, aliás, os diferem das revistas – é que seu conteúdo já começa a ser exposto logo na primeira página. Pode-se ler ainda o jornal tomando-o de empréstimo àquele que o comprou, ou quando este já foi por ele descartado. Também não é incomum que os hotéis e consultórios médicos disponibilizem exemplares de jornais para a leitura de seus clientes. Por fim, alguém pode se inteirar do conteúdo de um jornal simplesmente apreendendo-o através do circuito da oralidade, ao se pôr à escuta daqueles que o leram.

168. *A fonte histórica e seu lugar de produção* (2020).

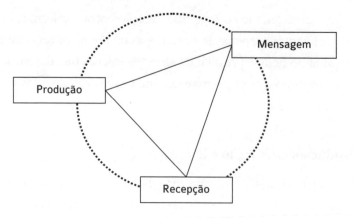

Figura 1: O triângulo das fontes

Para o caso das fontes periódicas que abordaremos neste momento, podemos dizer que o circuito de produção e edição de um jornal está sempre inserido, antes de mais nada, no interior de um "lugar de produção" bem demarcado por algumas coordenadas mais amplas. Qualquer jornal, antes de todas as questões mais específicas que devem ser consideradas, é produzido em uma época, no interior de uma sociedade, em um contexto histórico a ser compreendido, sob certas circunstâncias e a partir de determinadas possibilidades econômicas e materiais que sustentam seu empreendimento. Desse "lugar de produção" mais amplo, passamos em seguida ao circuito mais específico que permite a elaboração do jornal. Vou denominá-lo aqui de "polo editor", assim como chamarei de "polo leitor" ao outro campo de forças que com esse primeiro polo interage. É entre esses dois

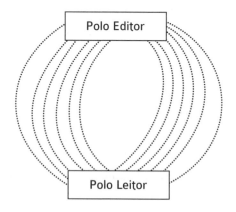

Figura 2: "Polo editor" e "Polo leitor"

campos em interação que são elaborados os conteúdos, discursos, mensagens e informações presentes nas fontes periódicas.

Existe uma permanente e incontornável interação entre o "polo editor" e o "polo leitor", ainda que a decisão ou possibilidade de fundar e manter o jornal em circulação dependa de modo mais imediato dos editores ou dos proprietários do jornal, se este for um empreendimento privado ou comercial. A questão principal é que, se não há leitores (e compradores), não há jornal; a não ser que seja mantido por alguma instância externa e não seja autossustentável. Ainda assim, as decisões tomadas no polo editor sempre precisarão considerar o polo leitor, uma vez que este constitui a finalidade ou o alvo de todo jornal[169]. Por fim, os próprios discursos, conteúdos e mensagens também dependem da interação entre o polo editor e o polo leitor.

Destaco, de passagem, que a mesma lógica que irei aqui descrever para os periódicos impressos é igualmente válida para compreendermos os jornais televisivos, que surgiram a partir da segunda metade do século XX. No final do segundo milênio, a revolução digital também introduziu os jornais virtuais e outros modelos similares, os quais trazem consigo suas próprias especificidades; mas também não deixam de funcionar de acordo com uma lógica similar àquela que estaremos descrevendo. Com essa colocação, vamos nos concentrar exemplificativamente nos jornais impressos.

14.6 O "polo editor" e o "polo leitor"

Tal como ocorre para diversos outros círculos de produção escrita ou meios de comunicação, também nos jornais diários, ou de qualquer outro tipo de periodicidade, a recepção é, e necessita ser, antecipada pela produção[170]. Isso ocorre,

---

169. Como os jornais não constituem apenas um empreendimento capitalista ou mercadológico, mas também um meio através do qual se pode manipular a opinião pública, pode-se dar que a manutenção de um jornal não autossustentável seja justificável em vista da possibilidade de atender a outros interesses políticos e econômicos. No período anterior à industrialização da Imprensa, inclusive, foi bem comum a manutenção de jornais com recursos externos, que não retornavam através da venda de exemplares. Há também o caso de jornais distribuídos gratuitamente, com vistas a finalidades de propaganda política ou religiosa, entre outras. De todo modo, pagante ou não, o leitor é sempre a referência central da prática jornalística.

170. Autores diversos têm atentado, desde fins dos anos de 1960, para o papel da recepção na produção de diferentes tipos de texto. Da *Estética da Recepção*, inaugurada por H.R. Jauss em 1967, às análises de Paul Ricoeur sobre o círculo hermenêutico constituído pelos diversos tipos de narrativas

acima de tudo, porque os jornais precisam interessar cada vez mais leitores e/ou vender exemplares para que possam simplesmente existir. Nesse sentido, cada jornal moderno precisa procurar atender tanto às demandas de um exigente mercado de anunciantes – os quais pagam pela divulgação de seus serviços e produtos nos classificados de um jornal que esperam que, de fato, seja lido por certas quantidades e tipos de público – como, principalmente, às demandas diretas advindas de um público de leitores que busca os jornais que mais se sintonizem com seu perfil.

O circuito de produção e recepção nos diz que o produtor de um texto – especialmente de um texto inserido em um jornal que precisa dos seus leitores para continuar existindo – deve levar em alta consideração seus leitores em potencial e imaginar os impactos que seu texto terá no leitor ideal por ele almejado. Isso condiciona em algum nível tanto o que será dito como o modo como será dito, o vocabulário a ser empregado para o encaminhamento dessa ou daquela mensagem, os próprios cuidados para não ferir suscetibilidades, e assim por diante.

O redator de um texto – o jornalista que trabalha em um jornal, por exemplo – precisa equilibrar o que quer ou precisa dizer em relação a um jogo de antecipações que leva em consideração tanto os seus leitores como também os seus supervisores no jornal. Conforme ressaltamos anteriormente, estes também irão trazer ao texto as suas exigências e imposições de alterações, as quais procuram antecipar de sua própria parte tanto os olhares leitores como as circunstâncias importantes no momento (pode ser preciso atender a limitações impostas pelo mundo político, por exemplo). No jornal, o estilo de um texto não pertence apenas ao jornalista que por ele se responsabilizou em certa fase da produção textual. O texto jornalístico é literalmente produto de um trabalho coletivo que apresenta em uma de suas pontas uma complexa hierarquia de interferentes que se superpõe efetivamente ao texto produzido pelo escritor-jornalista – incluindo-se aqui o diretor, o chefe de edição e os preparadores e revisores envolvidos no produto

---

(1983-1985), já existe uma literatura bem consistente sobre o tema. No caso da proposta de Jauss para as análises de obras literárias, trata-se de ultrapassar seu confinamento ao "circuito fechado de uma estética da produção e da representação", e alcançar a incontornável apreensão da "dimensão do efeito produzido por uma obra e do significado que lhe atribui um público" (1978, p. 43-44). Para o caso do texto jornalístico há complicadores adicionais, que podem incluir a própria necessidade imediata de vender o jornal no dia seguinte à sua publicação, bem como de disputar um mesmo público com outros periódicos concorrentes.

final – e, na outra ponta, a não menos complexa figura do leitor coletivo, se pudermos recorrer a esta pequena metáfora.

O historiador Robert Darnton (n. 1939), que em certo momento de sua vida trabalhou como jornalista no famoso jornal *The New York Times*, chama atenção sobre como "o poder do editor sobre o repórter, e/ou do diretor sobre o editor, realmente gera uma tendência na maneira de redigir as notícias, tal como assinalam os estudos sobre o 'controle social na sala de redação'"[171]. Entrementes, o historiador americano chama igualmente atenção para as pressões e contrapressões que são habitualmente exercidas e sentidas pelos próprios repórteres em seu âmbito mais horizontal, formado pela rede de relações de uns com os demais. O escritor-jornalista, portanto, tanto escreve para sua cadeia hierárquica superior – o dono do jornal, o diretor, o redator-chefe e seus supervisores mais imediatos – como para o público que lerá seu texto depois de impresso, e, particularmente, também para os outros repórteres com os quais concorre. Por fim, por vezes a contragosto, é sempre conduzido a submeter seu texto – depois que este já recebeu os reparos, sugestões e alterações propostas pelo editor – aos preparadores e revisores, que irão agregar-lhe suas próprias alterações.

A relação por vezes tensa entre os preparadores e revisores, de um lado, e os jornalistas-autores, de outro, faz do texto jornalístico uma pequena e disputada arena discursiva na qual combatem duas grandes ordens de linguagens: aquela representada pelos jornalistas-autores, que procuram cada qual impor seu próprio estilo e personalidade autoral, e aquela linguagem única que pretende ser, ao menos nas matérias de autoria não declarada, o estilo geral do próprio jornal como uma entidade maior[172].

Conforme pudemos ver até aqui, o texto jornalístico, particularmente no mundo contemporâneo, é efetivamente um produto complexo, elaborado a muitas

---

171. DARNTON, 1990, p. 77. Robert Darnton trabalhou no *New York Times* durante os anos de 1964 e 1965. Suas observações sobre o que é efetivamente a redação de um jornal moderno, com suas complexas demandas e hierárquicas e competitivas redes de interação envolvendo diretores, editores, repórteres e revisores, foram mais tarde publicadas em um texto inserido na coletânea *O beijo de Lamourette* (DARNTON, 2007, p. 70-97).

172. Sobre isso, diz-nos Robert Darnton: "Os preparadores parecem ver as matérias como segmentos de um fluxo ininterrupto de 'material' que clama por uma padronização, ao passo que os repórteres consideram cada texto como uma coisa de sua propriedade. Os toques pessoais – observações ou citações inteligentes – satisfazem ao senso de habilidade do repórter e açulam o instinto do preparador em passar a caneta" (DARNTON, 1990, p. 77).

mãos e interferido pelas mais diversas vozes. Nem sempre existiu, é claro, essa vasta divisão de trabalho – expressa tanto pela vida agitada de uma redação na qual cada um parece ter sua própria função e posição determinada, como também pela igualmente complexa e seccionada estrutura do setor gráfico. Decerto, o mundo das irrequietas redações contemporâneas, e das poderosas rotativas capazes de produzir milhares ou milhões de exemplares por dia, pode ser confrontado historicamente com aquele antigo trabalho artesanal e individual sobre o texto que, não raramente, podia ser realizado por um único jornalista, nos momentos anteriores ao circuito de produção industrial dos grandes e médios jornais contemporâneos. No Brasil oitocentista, por exemplo, eram comuns jornais cujos textos eram basicamente produzidos por um ou dois autores, até mesmo no claustro de um mosteiro ou numa cela de cadeia, sem as sucessivas fases intermediárias de redirecionamento e revisão extra-autorais. Como sempre, é indispensável situar a análise de qualquer texto jornalístico na própria história da imprensa para identificar o nível de complexidade de sua produção e a densidade efetiva de sua polifonia – questão à qual voltaremos oportunamente.

Assim como os leitores influenciam, com suas demandas e expectativas, os próprios produtores do texto jornalístico, a produção de um jornal também pode influenciar decisivamente sua recepção. Há de fato um poder midiático que tem a capacidade de influenciar a opinião pública e de, com isso, produzir novas demandas, ou mesmo interferir mais diretamente nos destinos de uma nação[173]. Os tempos recentes têm mostrado cada vez mais esse poder da Imprensa em influir nos setores mais diversos da opinião pública, e muitos governos já foram derrubados por articulações que incluíram as mídias como forças fundamentais para a interferência no mundo político ou na vida social. A ideia de que a Imprensa pode desempenhar a função de um "quarto poder" no mundo político – a qual outrora era empregada positivamente, ao enfatizar o papel da imprensa como denunciadora ou inibidora dos abusos políticos – tem proporcionado nos dias de hoje uma conotação negativa. Se a imprensa pode denunciar abusos, seu projeto de interferir na sociedade pode se transformar, ele mesmo, em um irreparável abuso de poder.

---

173. Thomas Carlyle, historiador escocês do século XIX, já observava: "Burke disse que há três Estados no Parlamento. Mas lá longe, na Galeria dos Repórteres, senta-se um Quarto Estado, muito mais importante do que todos eles. Não se trata de uma figura de linguagem ou de um dito espirituoso. Trata-se de um fato literal" (CARLYLE, 1897, p. 219).

Nas sociedades digitais de nossa época, isso é bastante visível. Um texto fundamental de Noam Chomsky (1991)[174], por exemplo, denuncia a "democracia do espectador" que nessas sociedades se estabelece, mostrando como os meios de comunicação podem e têm sido instrumentalizados para manipular a opinião pública e o cidadão comum em um processo de fabricação de consenso que, em última instância, atende aos grandes poderes econômicos e suas correlações políticas. Para a sociedade da Alemanha nazista, a utilização da Imprensa pelo Estado totalitário hitleriano também nos mostra eloquentes exemplos. Mas é possível perceber esse potencial de interferência política da mídia impressa mesmo em períodos que recuam até os momentos de formação inicial da Imprensa nos vários países[175].

Uma coisa e outra – os efeitos na produção desencadeados pela antecipação e demandas do público leitor, e a influência nos leitores por esta mesma produção – ocorrem concomitantemente, em um complexo emaranhado que recobre todas as possibilidades de conteúdos a serem desenvolvidos pelo jornal.

Para os jornais impressos, vale ainda lembrar, considerando principalmente períodos mais recuados, que podia haver até mesmo sérios riscos de vandalismo ou apedrejamento por populares como reação a certos posicionamentos proferidos pelo jornal. Essa tensão latente em relação à reação do público também podia interferir na decisão editorial de levar ao prelo essa ou aquela matéria. Em períodos de muita agitação, pairava no ar a prática do "empastelamento" – expressão que costumava ser utilizada em referência à invasão de redações ou gráficas de jornais com vistas a inutilizar o trabalho de edição em curso ou danificar materiais[176].

---

174. Cf. *O controle da mídia – Os espetaculares feitos da propaganda* (CHOMSKY, 2003). Cf. ainda *Mídia – Propaganda política e manipulação* (CHOMSKY, 2013) [original: 2002].

175. Para o período de surgimento e consolidação da Imprensa no Brasil do século XIX, por exemplo, Marco Morel e Mariana Monteiro de Barros registram os seguintes comentários: "Mas os impressos, suas ideias e informações relacionavam-se de forma dinâmica com a sociedade, circulavam, eram repetidos e podiam ser reapropriados. As fronteiras e definições entre os grupos políticos e seus vocabulários, o perfil dos formadores de opinião e a circulação de vozes e clamores pelas ruas divulgam outras dimensões do que chamaremos aqui de transformação dos espaços públicos" (MOREL & BARROS, 2003, p. 44).

176. Caso memorável foi o empastelamento do jornal *Gazeta da Tarde*, em 8 de março de 1897, como represália ao seu apoio à Revolta de Canudos. A lista de jornais empastelados em diversos momentos da história da imprensa no Brasil é grande. Caso bem conhecido ocorreu imediatamente após o suicídio de Getúlio Vargas, com a insurgência de populares contra *A Tribuna da Imprensa*, jornal que publicava os artigos de Carlos Lacerda contra o presidente.

14.7 Duas ordens de discursos trazidas pelos jornais – A informação e a opinião

Se uma das funções declaradas do jornal é *informar*, outra delas é de *opinar*. Essas duas lógicas parecem se confrontar e interagir desde os primórdios da inserção dos jornais nas sociedades industriais e capitalistas. Teríamos aqui dois gêneros distintos – o "jornal informativo" e o "jornal opinativo"? Mas, será mesmo possível ter a informação desligada da opinião? É possível informar – e especialmente em relação a determinado tipo de informes – com plena neutralidade? Ou será que, ao informar isso e não aquilo, e desta maneira e não de outra, já não estamos agindo necessariamente sobre a sociedade, e transmitindo a ela valores muito específicos? O historiador que se proponha a examinar periódicos – seja como objetos, seja como potenciais fontes históricas – deve colocar para si mesmo questões como essas.

Consideraremos, a título de exemplo, o ambiente jornalístico do Brasil no início do século XIX. Dentro do gênero "jornal", designado em sentido mais amplo, já havia dois subgêneros bem reconhecidos pelos leitores oitocentistas: um mais dedicado à informação, outro mais à opinião. Os jornais chamados de "gazetas", em nosso país, ao menos no período que precede a independência, parecem ter sido ali compreendidos como periódicos nos quais deveria predominar o projeto de informar dados mais objetivos, ou pelo menos desligados de uma proposta de análise explícita ou de uma opinião proferida por aquele que elabora o discurso. Não é por acaso que o primeiro jornal oficial e legalmente publicado no Brasil, por iniciativa do governo joanino ao se estabelecer no Brasil, recebeu o nome de *Gazeta do Rio de Janeiro*. Já os "jornais" propriamente ditos seriam aqueles dos quais se esperava uma postura mais analítica, opinativa, erudita, ou mesmo mobilizadora de polêmicas[177]. A comunicação de ideias e opiniões, e a transmissão de informações, conforme se vê, conviviam no

---

177. Para lembrar as palavras da pesquisadora Maria Beatriz Nizza da Silva, pode-se dizer que, em relação ao "jornal" propriamente dito, a expectativa era a de que este trouxesse "uma maior erudição e a análise de questões relacionadas com a agricultura, o comércio, a história natural, a economia política, entremeadas, por vezes, com um pouco de poesia" (SILVA, 2009, p. 16).

jornalismo do século XIX de maneira muito explícita – seja no confronto entre diferentes tipos de jornais, seja em seções distintas de um mesmo periódico[178].

Vamos nos ater, por ora, aos jornais de opinião do período em questão. Pode-se dizer que, bem pesadas as circunstâncias, a opinião política costumava ser sustentada muito claramente em um setor significativo do universo de periódicos publicados na segunda Modernidade (século XIX). Sem o disfarce da isenção, o jornalismo doutrinário e polêmico se afirmava com toda intensidade, conforme veremos mais adiante. É somente com a transição para o século XX, que aqui qualificaremos como uma terceira Modernidade, que veremos se estabelecer uma Grande Imprensa tendente a preconizar – na autoimagem que os jornalistas fazem de si ou tentam passar a seu público – a ideia de que o jornal é principalmente um "veículo de informação". A verdade, entretanto, é que o jornal nunca deixou de ser um meio de comunicar ideias e de interferir na sociedade a que se destina, faça isso de modo voluntário ou involuntário. A pretensa objetividade das informações, mesmo na aparente exposição mais pura de dados, vem sempre mesclada às opiniões, escolhas e decisões daqueles que elaboram o discurso jornalístico ou que disponibilizam as informações na Imprensa. No jornal, as informações e opiniões são duas ordens de discursos que se alternam, interagem entre si, e por vezes se fundem em uma coisa só.

Consideremos o jornalismo anterior ao século XX, no qual o caráter doutrinário e opinativo de boa parte dos jornais era de modo geral muito explícito, e as posições políticas e ideológicas de seus realizadores costumavam ser claramente expostas. Havia jornais cuja própria razão de ser era interferir diretamente no mundo político-social. Na França de fins do século XVIII, a Imprensa teve papel central na divulgação dos princípios sustentados pela Revolução, a exemplo do célebre *O Amigo do Povo*, editado por Jean-Paul Marat (1743-1793)[179]. No século subsequente, podemos lembrar a *Gazeta Renana*, na qual Karl Marx registrava fortes críticas

---

178. Bem mais tarde essa distinção entre a "gazeta" e o "jornal" parece desaparecer, e as duas palavras começam a ser empregadas mais livremente como títulos de periódicos, ao lado de outras expressões como "correio", "diário" e "folha". Tanto assim que a *Gazeta de Notícias*, jornal publicado entre 1875 e 1942, abrigou já inúmeros artigos de opinião e foi o veículo utilizado por José do Patrocínio (1853-1905) para encaminhar suas críticas ao escravismo brasileiro.

179. *L'Ami du Peuple* foi publicado entre 12 de setembro de 1789 e 14 de julho de 1793.

contra os poderes constituídos de seu país[180]. Em casos como esses, os historiadores não precisam despender muito esforço analítico para conseguir identificar nos jornais as diversas posições políticas ou ideologias, pois elas não são escamoteadas e por vezes são até mesmo estampadas já nos títulos do periódico.

No Brasil oitocentista, por exemplo, já desde o ano em que entra em vigor uma política de liberdade de expressão para a Imprensa (1821)[181], é possível encontrar diversos periódicos cujos títulos chegam a ser pequeninos discursos em prol de uma posição política ou de outra. Assim, os jornais *O Amigo do Rei e da Nação*[182], *O Revérbero Constitucional Fluminense*[183], *O Tamoio*[184] e *A Sentinela da Liberdade*[185], entre outros, não escondem suas posições por trás de títulos neutros. Estes jornais voltam-se declarada e nitidamente para o eixo da opinião, alguns dos quais se dedicando mais particularmente ao enfrentamento de questões políticas específicas tais como o projeto de Independência, nos jornais de vida curta criados em 1821, e outras como a crítica ao Absolutismo ou a defesa da autonomia provincial, em jornais do período subsequente.

---

180. A *Gazeta Renana* foi fundada em 1º de janeiro de 1842, e contou com colaboradores como Max Stirner e Karl Marx.

181. Desde 1808, com a instalação da Imprensa Régia no Brasil por Dom João VI, a circulação de impressos era controlada pela Coroa, que fundara a *Gazeta do Rio de Janeiro* concomitantemente ao estabelecimento da censura prévia. Esta última seria extinta em 28 de agosto de 1821.

182. Jornal que circulou de março a junho de 1821, com linha editorial conservadora e favorável ao Príncipe Regente Dom Pedro I.

183. Jornal que circulou entre 15 de junho de 1821 e 8 de outubro de 1822, sob a iniciativa de Gonçalves Ledo (1781-1847), com o principal propósito de apoiar a elaboração de uma Constituição para o Brasil.

184. Jornal fundado em 1823 pelos irmãos Andrada (José Bonifácio, Martim Francisco e Antônio Carlos), depois de terem sido excluídos do governo. O jornal tinha como um de seus principais objetivos o de combater os privilégios dos antigos colonizadores portugueses no Brasil recentemente independente. A referência aos tamoios, índios que combateram os portugueses na região do Rio de Janeiro, é uma metáfora que sinaliza a oposição ao elemento português. O grupo dos Andrada, antes conformador da liderança governista, passou, a partir da fundação de *O Tamoio*, a fazer parte da oposição.

185. Em 1823, surgem dois periódicos brasileiros com esse título. *A Sentinela da Liberdade à Beira do Mar da Praia Grande* foi um jornal do Rio de Janeiro, fundado pelo carbonário italiano José Estevão Grondona. Seu título inspirava-se na publicação fundada em Pernambuco por Cipriano Barata (1764-1838): o combativo jornal *A Sentinela da Liberdade na Guarita de Pernambuco*. Com o número 66 deste último, após a prisão de Cipriano Barata, o nome do periódico é ampliado para *A Sentinela da Liberdade na Guarita de Pernambuco, atacada e preza na Fortaleza do Brum por ordem da força armada reunida*. Em 1831, em outra fase de sua trajetória militante, Cipriano publica *A Sentinela da Liberdade na Guarita de Pernambuco, hoje na Guarita do Quartel-General do Pirajá, na Bahia de Todos os Santos*. Mais tarde, Cipriano ainda utiliza mais quatro designações similares. A última fase de sua produção jornalística se encerra em 2 de agosto de 1835.

Ao lado dessa tendência mais demarcada em favor do jornalismo opinativo ou doutrinário, a nova geração de periódicos brasileiros do século XIX continuou a conhecer também periódicos voltados para a variedade informativa, como *O Diário do Rio de Janeiro*[186], um jornal que publicava principalmente notícias sobre movimentação portuária, leilões, crimes e fugas de escravos. Foi também um jornal essencialmente informativo, mas desde já ideológico por representar diretamente a Coroa Portuguesa instalada na colônia a partir de 1808, o primeiro jornal legalmente instalado nas futuras terras brasileiras. O principal objetivo da *Gazeta do Rio de Janeiro* parecia ser o de relatar os acontecimentos relacionados às guerras napoleônicas, mas o jornal também desempenhou um papel importante ao passar adiante "informações neutras", como dados sobre a movimentação portuária ou o oferecimento de serviços e a divulgação de mercadorias[187]. Já para dar mais exemplos de uso de títulos que clarificam a posição ideológica do jornal, nos anos em que se mobiliza o debate sobre a Abolição da Escravidão encontramos títulos como *O Abolicionista*[188]. Mais tarde, com o projeto republicanista, surgiria o jornal *A República*, que nada mais seria do que um porta-voz do movimento que também se alicerçou na fundação do Partido Republicano[189]. Conforme se vê, já no próprio século XIX a rede de impressos nacionais inclui a alternância e combinação entre o jornalismo noticioso-informativo, herdado das antigas gazetas, e o jornalismo opinativo, por vezes tendendo, nesse último caso, ao jornalismo panfletário voltado para causas políticas muito precisas. A prática jornalística opinativa e doutrinária, por outro lado, estava sempre em pauta como

---

186. Jornal que circulou entre 1º de julho de 1821 e 1878.

187. O lugar de produção da *Gazeta do Rio de Janeiro* era a Corte, e o governo português instalado na Colônia era seu criador e mantenedor. Os editores responsáveis variaram. Em 1815, vamos encontrar com essa função o professor da Academia Militar Manuel Ferreira de Araújo Guimarães (1777-1838). Cf. SILVA, 2009, p. 16. • SILVA, 2007, p. 13.

188. O jornal *O Abolicionista* foi fundado em 30 de outubro de 1880 pela Sociedade Brasileira contra a Escravidão, com o apoio da família Nabuco.

189. O jornal *A República* foi fundado por Salvador de Mendonça (1841-1913), com seu primeiro número surgindo em 3 de dezembro de 1870. Essa primeira edição do jornal já traz a público o *Manifesto Republicano*, de modo que o jornal nasce indissociavelmente vinculado a um projeto e a uma posição ideológica específica. Além disso, sua rede humana de formação foi constituída pelos dissidentes do Partido Liberal (então chamados "luzias"), destacando-se desde logo a liderança de Quintino Bocaiúva (1836-1912). O jornal foi "empastelado" na noite de 23 de fevereiro de 1873, a mando de conservadores antirrepublicanos. Circulou até 1888.

preocupação dos poderes governativos, desde os primórdios da instituição da Imprensa no Brasil[190].

Com a transição para o novo século e os primeiros momentos de formação do que logo passaria a constituir uma Grande Imprensa no Brasil, os títulos de ideologia explícita permanecem apenas no cenário da imprensa alternativa e militante, a exemplo de jornais anarco-sindicalistas como *A Plebe* ou *Ação Direta*[191]. Isso não quer dizer, entretanto, que os jornais da Grande Imprensa, que passariam a mobilizar amplas tiragens e a se apresentarem sob o prisma do "meio de informação", deixariam de representar interesses políticos e econômicos, ou de produzir discursos ligados a projetos de intervenção na sociedade. Quer dizer apenas que os historiadores que se proponham a trabalhar com esses jornais, seja como fontes históricas ou como objetos, precisam dedicar uma atenção especial à compreensão do lugar de produção de cada jornal a partir do entrecruzamento de fontes diversas para além do próprio discurso jornalístico.

A abordagem de documentos que revelem filiações políticas, o pareamento de correspondências trocadas pelos jornalistas, as análises de anunciantes, as investigações sobre os circuitos de sociabilidades frequentados pelos editores – esses e mais outros procedimentos podem ser úteis para situar o jornal em sua polifonia de interesses. O importante, de todo modo, é nunca recair na visão ingênua de que um jornal pode ser encarado meramente como um veículo de informação.

Quero registrar, ainda no tocante à face informativa dos jornais, que alguns destes podem tanto se apresentar como informadores de todas as coisas, em sua variedade geral, como outros podem se especializar em certos tipos de informação. Existem ou existiram jornais especializados nas informações financeiras e comerciais, como foi o caso, para considerar mais uma vez o universo brasileiro, da *Gazeta Mercantil*, fundada em 1920 como um boletim diário de mercado e

---

190. Durante a permanência da corte portuguesa no Brasil, no período joanino, foi bastante clara essa preocupação de controlar a informação jornalística em desfavor da opinião, mais especificamente no que concerne às notícias políticas. A regra elaborada pelo oitavo Conde dos Arcos (Dom Marcos de Noronha e Brito) para orientar a primeira gazeta privada a que foi permitido circular no Brasil – *A Idade d'Ouro do Brasil*, a partir de 1811 – cobrava do futuro redator que relatasse os fatos políticos "sem interpor quaisquer reflexões que tendam direta ou indiretamente a dar qualquer inflexão à opinião pública" [*Postura do Conde dos Arcos*] (SILVA, 2009, p. 18).

191. *A Plebe* circulou entre 1917 e 1951, sob coordenação de Fábio Lopes dos Santos Luz (1864-1938) e Edgar Leuenroth (1881-1968), tendo sido fundado em plena Greve Geral na cidade de São Paulo. O jornal *Ação Direta* foi lançado em 1929 por José Oiticica (1882-1957), voltando a ser editado entre 1946 e 1958.

atuando como um jornal econômico, a exemplo de outros como O *Jornal do Commercio* ou o *Valor Econômico*[192]. Em outros quadrantes temáticos, as imprensas inglesa e estadunidense já possuem, há muito, um setor da imprensa especializada nas informações sensacionalistas, tal como ocorre também em outros países[193]. Existem ainda jornais só de classificados, e outros especializados em divulgar concursos públicos, como a *Folha Dirigida*, que circulou a partir das últimas décadas do século XX[194].

Em relação à faceta declaradamente analítica e opinativa, os jornais também podem ou podiam ser abrangentes, tocando através de suas múltiplas seções nos diversos universos possíveis de interesse, ou então, mais estritamente especializados, dedicando-se a apenas uma modalidade. Esse é o caso, por exemplo, dos jornais literários, que na história do Brasil já aparecem desde os tempos joaninos – como o jornal baiano publicado em 1811 sob o título *As Variedades*[195] – até os tempos mais recentes, como é o caso do *Jornal de Letras*, publicado desde

---

192. O *Valor Econômico* – jornal criado a partir da parceria entre esses dois grupos fortemente amparados na ideologia neoliberal que são o Grupo Folha e o Grupo Globo – propõe-se a trazer objetivamente informações acerca da economia, negócios e finanças, ao lado de análises e entrevistas que já pendem para os interesses que o sustentam. É esse o seu desafio. O jornal estreou em 2 de maio de 2000, e em 2016 a participação do Grupo Folha foi vendida ao Grupo Globo, que passou a ser o único controlador do periódico. É importante lembrar que o jornal foi criado para concorrer com a *Gazeta Mercantil*, que já existia desde 1920, mas que terminou por sucumbir após a crise financeira de 2009. O *Jornal do Commercio* (do Rio de Janeiro), que encerrou sua existência em 29 de abril de 2016, foi um dos mais antigos do gênero, e já era derivado do *Diário Mercantil*, criado em 1824. Em 2015, a rede de jornais concorrentes à especialização nos aspectos econômicos e financeiros foi adensada pelo aparecimento do *Brasil Econômico*, um jornal lançado pelo grupo empresarial português *Ongoing*.

193. Os jornais sensacionalistas constituem uma modalidade que já traz uma longa história atrás de si. Nos Estados Unidos, desde fins do século XIX a designação *Yellow Press* ("imprensa amarela") tem sido utilizada para se referir ao setor da Imprensa dedicado a esse nicho que busca alcançar grandes margens de público através de um jornalismo que valoriza o acontecimento – muitas vezes abarcando aspectos da vida privada de celebridades. A palavra tem origem na referência a "O menino amarelo", tira pioneira de quadrinhos que era publicada e disputada por dois jornais sensacionalistas sediados na cidade de Nova York: o *New York World* e o *New York Journal American*. Em português, fala-se em uma "Imprensa Marrom".

194. A *Folha Dirigida* – jornal fundado em 1985 e especializado em divulgar concursos e empregos – faz parte de um grupo que inclui a rede de cursos preparatórios para concursos denominada *Degrau Cultural* e a *Livraria Dirigida*, especializada na venda de apostilas para concursos. Essa combinação também leva a pensar sobre a associação da informação que se quer "objetiva" e os interesses que nela podem interferir. O grupo também atua na área de Turismo, com portais e periódicos direcionados a tal campo.

195. Esse jornal, publicado em Salvador, também trazia um título alternativo: *Ensaios Periódicos de Literatura*. É oportuno lembrar ainda, já na cidade do Rio de Janeiro, o jornal literário *O Patriota*, que circulou entre janeiro de 1813 e dezembro de 1814.

1981 em Lisboa, mas com razoável circulação no Brasil[196]. Entrementes, abordaremos no próximo item os grandes jornais dedicados ao universo mais amplo das variedades, e que mesclam a ordem informativa com a ordem analítica/opinativa. Trataremos mais especificamente daquilo que poderemos chamar de Grande Imprensa, para abordar agora um novo aspecto que precisa ser considerado pelos historiadores que se dedicam à análise de periódicos: a rede de concorrência formada pelos diversos jornais.

14.8 Os jornais e seu circuito de concorrentes

No mundo capitalista, o jornal apresenta uma dupla inserção que também é importante compreender. Se por um lado os jornais interagem com um mercado mais amplo através dos anunciantes que lhes asseguram parte de seu sustento, por outro lado os próprios periódicos produzidos também costumam ser constituídos como objetos desse mercado. São vendidos a determinado preço; geram propagandas de si mesmos – além de encaminharem, em suas páginas de classificados, a propaganda dos produtos de seus anunciantes. Há aqui, novamente, um público a ser atingido por este mercado – o dos anunciantes de produtos diversos que pagam para dispor anúncios nos classificados do jornal, ao lado da faixa de mercado mais específica que também trata os próprios exemplares do jornal como produtos a serem vendidos. Como se vê, mais uma vez nos encontramos diante dessa dialética que se estabelece entre o polo editor do jornal e a recepção formada pelos seus leitores e anunciantes.

Já examinamos, no que se refere aos agentes e instâncias que o constituem, esse lugar de produção que estamos denominando "polo editor". Por ora, quero apenas ressaltar que o estudo da produção de um jornal é tão importante – para a análise historiográfica de fontes impressas – quanto o exame do público leitor que o jornal atingia ou pretendia atingir. Em um mesmo circuito de produção e circulação de periódicos – como, por exemplo, em uma determinada cidade em certa época –, alguns jornais podiam se dirigir a setores diferenciados do público leitor, ou também disputar os mesmos setores de público.

---

196. O *Jornal de Letras, Artes e Ideias* ainda está em circulação. O subgênero, já secular, conheceu outras realizações, como o *Jornal da Sociedade dos Amigos das Letras*, publicado em Lisboa entre abril e agosto de 1836, apenas para dar um exemplo entre tantos dos que podemos encontrar em língua portuguesa. Os jornais literários, por outro lado, sofrem a concorrência das revistas literárias, que têm sido inúmeras no decorrer da história dos periódicos.

Essa observação é importante para darmos a perceber um elemento adicional: o da inserção incontornável de qualquer jornal em uma grande rede de outros jornais que conformam um complexo mercado midiático e o próprio universo de leitores que é afetado pelos jornais. Dito de outro modo, um jornal relaciona-se com seu público e com os leitores possíveis, mas também interage com os demais jornais que com ele compartilham o mercado, se considerarmos o contexto já capitalista industrial da Grande Imprensa ou o circuito político típico da primeira fase da história da imprensa nos diversos países.

A título de exemplo, e de modo simplificado, no próximo item consideraremos a cidade do Rio de Janeiro das primeiras décadas do século XX ou, mais propriamente, o recorte correspondente ao período da Primeira República. Este circuito insere nossa análise em um momento peculiar, que é o da inserção dos jornais em uma indústria cultural de largo alcance, na qual já temos um mercado capitalista que transforma o jornal em um objeto de consumo típico das cidades e cuja produção se ampara nas possibilidades tecnológicas introduzidas por um maquinário de maior porte, capaz de grandes tiragens. A ampla distribuição, além disso, foi favorecida pelo desenvolvimento da infraestrutura de transportes como as linhas férreas, que multiplicaram suas estações na proximidade do século XX, além da consolidação dos serviços dos Correios[197].

14.9 Exemplos de redes de jornais concorrentes em uma grande cidade – O Rio de Janeiro em dois momentos

O conjunto dos principais jornais das duas primeiras décadas do século XX que estavam circulantes no Rio de Janeiro – lembrando que esta cidade era então a capital do Brasil – pode ser representado conforme o esquema exposto na página seguinte (quadro 7). Tomamos como referência o ano de 1919, de modo que não aparecem no esquema nem jornais que se extinguiram muito antes desta data nem jornais que surgiram um pouco depois, como por exemplo o jornal *O Globo*, cuja data de fundação é 1925. No interior de cada círculo, indicamos o nome do jornal e, logo abaixo, entre parênteses, os anos de sua fundação e eventual extinção, apenas como uma informação inicial que nos permite situar cada jornal em sua

---

197. Há variações dos analistas quanto ao ponto onde se encontra o corte entre a nova imprensa brasileira, já industrial, e a imprensa mais artesanal, com gestão improvisada. Hoje, tende-se a ver o corte na transição para o século XX. Em um artigo de 1985, Renée Zicman preferia traçar a linha de corte nos anos de 1945/1950 (1985, p. 91).

própria história. O fato de que a cidade do Rio de Janeiro era a capital da República, e uma das duas maiores cidades do Brasil (ao lado de São Paulo), também indica que alguns desses jornais tivessem circulação nacional, e não se ativeram apenas ao circuito local-urbano da própria cidade do Rio de Janeiro.

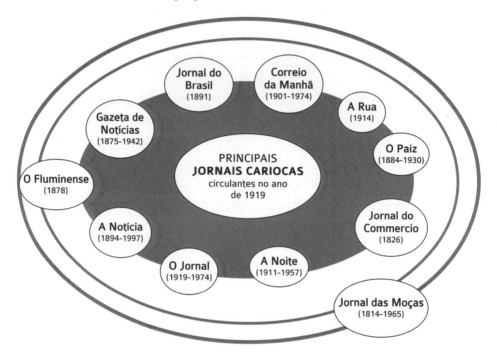

Quadro 7: Uma rede de jornais concorrentes

Refletir sobre o alcance do periódico que se tem à frente, compreendendo sua inserção local e seu alcance mais global, quando este existe, é um procedimento obrigatório para o analista da fonte. Ainda a propósito da destacada importância do Rio de Janeiro no mapa geral de periódicos do país, vale a pena registrar que somente essa cidade já concentrava, por ocasião de uma contagem oficial realizada no ano de 1912, vinte e três dos jornais diários publicados no Brasil (cerca de 17% do total de jornais editados no país) ao lado de uma produção igualmente significativa que na mesma época estava a cargo de São Paulo, cidade na qual circulavam 17 periódicos diários[198].

---

198. Na República como um todo, o levantamento publicado em 1931 sob o título de *Estatística da Imprensa Periódica no Brasil* indica, para o período de 1907 a 1912, cerca de 140 jornais diários. Nesse universo, as cidades do Rio de Janeiro e de São Paulo tinham a seu dispor cerca de um terço dos periódicos diários publicados em todo o país. Sobre isso, cf. SOUZA, 2003, p. 19. • COBEN, 2008, p. 104.

No universo de jornais acima indicado (quadro 7), pode-se dizer que o *Jornal do Brasil* e o *Correio da Manhã* disputavam mais ou menos um mesmo público, se considerarmos o aspecto social. Eram os jornais lidos pelos pequenos comerciantes, trabalhadores em geral, bem como pelos militares de baixa patente. Em relação ao *Jornal do Brasil*, este periódico diário tinha ainda, por volta de 1920, um grande alcance entre os habitantes dos subúrbios.

O lugar social de produção de cada jornal – os seus editores, por exemplo – também trazia repercussões para a linha de ação, captação e capacidade de atingir setores diferenciados dentro desse público. Assim, o *Jornal do Brasil* surgira em 1891 como um jornal monarquista[199]. Com a coordenação de Ruy Barbosa, em 1893, tornara-se um jornal republicano legalista que diligentemente se opusera à ditadura do Marechal Floriano Peixoto. Entrementes, sob a gestão dos Irmãos Mendes, entre 1894 e 1919, tornara-se um jornal mais popular, de ampla tiragem, e é nesse momento que o visualizamos[200]. Mas os próprios editores, os dois irmãos que produziam o jornal, tinham pontos de vista distintos no que concerne à política, sendo um republicano e outro monarquista – o que já abria um espaço de diversidade no próprio seio do corpo editorial-proprietário.

O grande rival do *Jornal do Brasil* no que concerne ao público popular que buscava atingir – o *Correio da Manhã* – apresentava-se ainda mais francamente como um campo de oposição ao governo e como uma voz, ou conjunto de vozes, ocasionalmente a favor das lutas e reivindicações dos movimentos sociais[201]. Ou-

---

199. O *Jornal do Brasil* foi fundado em 9 de abril de 1891 por Rodolfo Dantas (1855-1901), um pouco animado pelo desejo de defender a monarquia que havia sido recentemente deposta. Nos primeiros anos, o jornal encaminhou uma oposição moderada ao governo recentemente instalado, pois tinha de se precaver contra as restrições da censura que pesavam sobre muitos periódicos do período. Havia também os temores da prática do "empastelamento", que era um vandalismo que eventualmente visava redações de jornais, tal como ocorreu com o *Jornal do Brasil* em 1891, o que inclusive fez com que o jornal se reorientasse para uma linha mais conservadora. Em relação à sua rede humana, o periódico pôde contar em seu plantel, em diferentes momentos de sua história, com nomes de peso na intelectualidade brasileira, como o de Joaquim Nabuco, José Veríssimo, Ulisses Viana – o Barão do Rio Branco – e mesmo correspondentes internacionais como o escritor português Eça de Queiroz.

200. Em 1900, o *Jornal do Brasil* atingiu a marca dos 60.000 exemplares impressos por dia, a maior da América Latina.

201. O *Correio da Manhã*, fundado por Edmundo Bittencourt e anunciado desde seu primeiro editorial como um "jornal de opinião", circulou entre 15 de junho de 1901 e 8 de julho de 1974. Foi um jornal caracteristicamente de oposição na primeira metade do século XX, colocando-se criticamente em relação a quase todos os presidentes da República no período, o que lhe rendeu perseguições e suspensão de funcionamento em várias ocasiões – a exemplo da suspensão entre agosto de 1924

trossim, este periódico queria projetar a autoimagem de um jornal capaz de imparcialidade política. Com esse perfil, ainda que compartilhando ou disputando como público leitor os mesmos extratos sociais, o *Correio da Manhã* expressava uma tendência um pouco mais à esquerda, ou beneficiava melhor as demandas críticas em relação ao governo, embora se deva assinalar que o *Jornal do Brasil* não era propriamente uma voz a favor do governo.

Já a *Gazeta de Notícias* e *O Paiz* demarcavam um posicionamento político mais favorável aos governos da Primeira República. No sentido mais específico de apoio ao sistema constituído, *O Paiz*[202] era considerado o jornal carioca mais conservador na primeira metade do século XX, e chegou a ser apedrejado por populares mais de uma vez em decorrência de suas posições. O jornal tanto apoiava, como eventualmente até mesmo se abria como espaço para pronunciamentos de membros do governo. Essa inflexão governista permitia que jornais como *O Paiz* ou a *Gazeta de Notícias*[203] atingissem e tocassem, no que concerne mais propriamente à perspectiva política, um outro setor do público leitor. Além disso, os dois jornais não tinham o alcance popular do *Jornal do Brasil* e do *Correio da Manhã*. Nesse aspecto, podemos dar o exemplo de *O Paiz*, jornal que havia sido dirigido em 1884 pelo presidente do Partido Republicano, o célebre Quintino Bocaiúva (1836-1912). Conforme bem atestam os historiadores que o estudaram, o jornal voltava-se principalmente para um público de intelectuais e estudantes de nível superior, mas particularmente matizando-se por seu caráter conservador em relação aos governos da Primeira República[204].

---

e maio de 1925 por ter apoiado os levante do Forte de Copacabana em 1922. Também contou com nomes importantes da literatura em seu plantel de redatores, entre os quais o poeta Carlos Drummond de Andrade e os escritores Antonio Callado e Lima Barreto. Este último, que começara a atuar como cronista crítico no *Correio da Manhã* em 1905, mais tarde satirizou a redação do jornal no livro *Recordações do escrivão Isaías Caminha* (1909).

202. *O Paiz* foi fundado pelo imigrante português João José dos Reis Junior em 1º de outubro de 1884, mantendo-se em circulação até 1930. Seu primeiro redator-chefe foi Rui Barbosa (1849-1923), logo substituído por Quintino Bocaiúva (1836-1912). Além deste último, o jornal contou com vários líderes republicanos como redatores-chefes. Em 1930, opôs-se ao Golpe de Estado liderado por Getúlio Vargas na chamada "Revolução de 30". Talvez por isso sua sede tenha sido vitimada pelo incêndio ocorrido no mesmo ano.

203. A *Gazeta de Notícias* foi fundada em 2 de agosto de 1875, circulando até 1942. No último quartel do século XIX, havia sido antimonarquista e abolicionista, abrigando, em 1879, os artigos antiescravagistas de José do Patrocínio (1853-1905). Em seu plantel de autores, contou com literatos como Machado de Assis, Olavo Bilac e Euclides da Cunha.

204. O público leitor de *O Paiz*, bem como de outros jornais da época, foi rastreado por Marialva Barbosa através das cartas que os leitores enviavam à redação dos jornais (2010, p. 219-226). Esse tipo de rastreamento, quando possível, constitui um dos recursos dos historiadores para apreender a recepção de um jornal.

Havia ainda um quinto jornal importante no cenário carioca da época – o *Jornal do Commercio* –, o qual se matizava por seu interesse bem mais específico em trazer informações de cunho comercial e econômico, o que se expressava no próprio título e que, de modo geral, pautava-se por uma orientação mais conservadora no quadro político[205]. Outros jornais menores também ajudavam a compor o universo de periódicos no Brasil da Primeira República. Podemos citar *A Rua*[206], *A Notícia*[207], e também *O Jornal*, periódico fundado precisamente em 1919 a partir de uma dissidência em relação ao *Jornal do Commercio*[208]. O periódico diário *O Fluminense*, que indicamos à esquerda no esquema, em um lugar situado mais fora da curva, era na verdade um jornal sediado em Niterói, mas com alguma circulação na capital e já tendo contado com a colaboração de intelectuais da envergadura de Euclides da Cunha[209]. Havia ainda o singular *Jornal das Moças*, que na verdade era mais similar a uma revista semanal ilustrada dedicada exclusivamente a certo segmento do público feminino[210]. Já nem mencionaremos, apesar de sua grande relevância política, uma série de jornais sindicais e vinculados a associações específicas, os quais já estavam fora daquilo que podemos conceituar como uma Grande Imprensa em formação. Jornais como *A Plebe*, o *Ação Direta*

---

205. O *Jornal do Commercio* era então o mais antigo periódico da América Latina. Derivou do *Diário Mercantil*, fundado em 1824, e recebeu seu nome definitivo em 1827. Àquela altura, o *Diário do Rio de Janeiro*, outra folha comercial que havia sido fundada em 1821 para se tornar um dos primeiros periódicos diários do Brasil, já havia sido extinto (1878). Antes deste último, foram mais antigos, embora com vida bem mais curta, o *Correio Braziliense* e a *Gazeta do Rio de Janeiro*, ambos fundados em 1808 e extintos em 1822.

206. *A Rua* foi fundado por Viriato Correa em 1914, e exerceu uma forte oposição ao governo Hermes da Fonseca. Circulou até 1927.

207. O jornal vespertino *A Notícia* foi fundado em 1894 por Manuel Jorge de Oliveira Rocha, apelidado "Rochinha". Em 1924, o periódico foi adquirido por Cândido de Campos, vindo a fechar em 1930, até ser reaberto na década de 1950 ao ser comprado por Adhemar de Barros e Chagas Freitas, os quais já constituíam o grupo jornalístico ligado ao jornal *O Dia*. Nas décadas de 1980 e 1990, *A Notícia* perde sua natureza política e passa a disputar o mercado de jornais que noticiavam crimes violentos e que exploravam as demandas sexuais.

208. *O Jornal* foi fundado em 1919 por Renato de Toledo Lopes, antigo editor do *Jornal do Commercio*, que rompeu com este periódico. A historiadora Tania de Luca, inclusive, observa que o próprio título do periódico – "O Jornal" – já era em si uma provocação ao *Jornal do Commercio*, visto que era assim que os leitores costumavam se referir a este último periódico (DE LUCA, 2008, p. 161). Em 1944, *O Jornal* foi comprado por Chateaubriand.

209. *O Fluminense* foi fundado em maio de 1878 e ainda está em circulação, o que o coloca como o sexto jornal, ainda em circulação, editado no país, e como o mais antigo do Estado do Rio de Janeiro ainda existente.

210. O *Jornal das Moças* circulou semanalmente entre 1914 e 1965. Tendia a ser apolítico e centrava suas principais seções em esferas como a moda, a economia doméstica ou o receituário culinário.

ou *A Voz do Trabalhador*[211], circulavam, de fato, em ambientes mais específicos, com perfis de politização relacionados aos movimentos sociais e ao mundo do trabalho, além de serem elaborados fora da linha de produção industrial.

O quadro atrás esboçado visa apenas mostrar que, em um mesmo universo de circulação de periódicos, tínhamos alguns jornais que disputavam a atenção das camadas populares – como o *Jornal do Brasil* e o *Correio da Manhã* – e alguns que se voltavam para públicos mais bem situados economicamente, como era o caso de *O Paiz*. Já o *Jornal do Commercio* nos traz a perspectiva de uma nítida especialização em suas temáticas de interesse, o que também redefine o público ao qual o periódico tem acesso. Além disso, do Império aos governos da Primeira República esse periódico sempre se mostrou favorável à "situação", agregando-se ao âmbito dos jornais conservadores. Seus leitores habituais eram os altos comerciantes, os homens de negócios, a aristocracia cafeeira, os altos funcionários do governo, a elite política. Era também o periódico mais caro, o que também contribuía para delimitar um tipo de público comprador[212].

Se a especialização nos aspectos comerciais e financeiros podia demarcar um setor de público a ser atingido por um jornal, o nível de linguagem e a seleção de temáticas e assuntos abordados também traziam implicações importantes para a competência leitora e para a captação de determinados setores de público em detrimento de outros. *A Imprensa*, jornal que a certa altura passa a ser editado por Ruy Barbosa, evitava explorar as notícias sensacionalistas e investia mais no debate político e intelectualizado, neste último aspecto competindo com *O Paiz*, mas dele diferindo pelo posicionamento político. Também se aproximava dos modos de expressão encaminhados por esses jornais a *Gazeta de Notícias*, periódico que, adicionalmente, primava por um estilo mais literário em decorrência da presença de vários escritores entre seus redatores. Já *A Notícia* se distanciava destes três jornais e procurava disputar um espaço leitor similar ao visado pelo *Jornal do Brasil* e pelo *Correio da Manhã*, cultivando os modos de expressão correspondentes ao público almejado.

---

211. *A Voz do Trabalhador* foi um periódico controlado pela liderança anarco-sindicalista e circulou em duas fases, entre 1º de julho de 1908 e 9 de dezembro de 1909, e entre 1º de janeiro de 1913 e 8 de junho de 1915.

212. Esse último aspecto, o preço do jornal, constitui uma informação importante para qualquer historiador que toma um certo periódico como fonte. O preço também ajuda a definir o polo receptor, tornando o jornal mais acessível para certos setores do público leitor. Em uma relação inversa, também a necessidade de se conservar o público pode pressionar o preço.

O quadro 7, atrás delineado, não esgota toda a rede de impressos, conforme já ressaltamos, mas apenas expõe os jornais de maior estabilidade e circulação. Poderíamos evocar também um segundo cenário concorrente, que perdura desde a Proclamação da República até 1927, configurado por uma efervescente mas instável rede de jornais político-partidários voltados para os trabalhadores. Habitualmente, costumavam ser produzidos por intelectuais e lideranças trabalhistas de orientação anarco-sindicalista.

Ao contrário dos grandes e médios periódicos apresentados no esquema anterior, esses jornais se debatiam contra circunstâncias que não lhes permitiam nem uma periodicidade constante nem tiragens mais expressivas. Por vezes, seus líderes e produtores eram perseguidos e, nos casos daqueles que fossem estrangeiros, alguns deles foram deportados. Não obstante, tais jornais de esquerda também disputavam ou compartilhavam, à sua maneira, um certo setor do público trabalhador, e tiveram um papel importante na vida política da classe operária[213].

Com esses exemplos dados até aqui, quero apenas ressaltar que o uso dos jornais como fontes históricas não pode prescindir de um conhecimento de seu público receptor, assim como é igualmente necessário conhecer seus lugares de produção, considerando ainda que o polo da produção interage ativamente com o polo da recepção e vice-versa[214]. Além disso, em algum momento os jornais têm de ser confrontados, pelo menos para situar a análise, com a rede de outros jornais que os cercam, disputando ou compartilhando os mesmos setores de público, ou atingindo setores que outros jornais não atingem. No interior dessa rede, os jornais posicionam-se em um campo e disputam anunciantes, além de agregarem objetivos extraeconômicos, como o de interferir na política ou no comportamento coletivo. No período que acabamos de ver, alguns jornais já faziam parte de uma Grande Imprensa em formação, de modo que foi preciso considerar a rede de jornais em concorrência sob o prisma do Mercado.

---

213. Um estudo aprofundado dessas publicações pode ser encontrado em FERREIRA, 1978.

214. José Inácio de Mello Souza, que estudou os jornais brasileiros da Primeira República ao período Vargas em um livro intitulado *O Estado contra os meios de comunicação* (2003), deixa entrever em uma passagem como era tênue o equilíbrio entre o polo editor e o polo leitor: "A maioria das folhas vivia na corda bamba do agrado ou do desagrado dos leitores por se jungirem ao âmago das lutas políticas do tempo" (2003, p. 21). Mais adiante, o autor prossegue: "O jornal não informava sobre a política; ele era o seu principal instrumento" (ibid.).

OS PRIMEIROS JORNAIS BRASILEIROS (momento-base: circulação entre 1821 e 1823)

1808 · 1821 · 1822 · 1823

- Gazeta do Rio de Janeiro (1808-1822)
- Correio Braziliense (1808-1822)
- A Idade d'Ouro no Brasil (1811-1823)
- O Patriota (1813-1814)
- Diário do Rio de Janeiro (1821-1878)
- Amigo do Rei e da Nação (1821)
- Bem da Ordem (1821)
- O Espelho (1821-1823)
- O Conciliador do Reino Unido (1821)
- Reverberador Constitucional (1821-1822)
- A Malagueta (1821-1822)
- Regulador Brasileiro (1822-1823)
- Reclamação do Brasil (1822)
- Correio do Rio de Janeiro (1822-1823)
- A Estrela Brasileira (1823-1824)
- Diário do Governo (1823)
- Atalaia (1823)
- Reclamação do Brasil (1822)
- Sentinela da Liberdade à Beira do Mar da Praia Grande (1823)
- Sentinela da Liberdade na Guarita de Pernambuco (1823)
- Typhis Pernambucano (1823-1824)
- O Silfo (1823)
- O Tamoio (1823)

Quadro 8

Para complementar nossas observações sobre as redes de concorrência que se estabelecem entre os jornais, será oportuno recuarmos agora para outro momento – o da formação da Imprensa no Brasil. Com isso teremos a oportunidade de vislumbrar uma rede de jornais que atende a demandas distintas, não mais propriamente configurando um mercado tipicamente capitalista, uma vez que muitos dos jornais oitocentistas apenas se mantinham como podiam com vistas a atender seu principal objetivo, que era a divulgação de ideias, sem buscar mais propriamente o lucro. A rede de jornais em concorrência, nesse momento anterior, prossegue como aspecto fundamental a ser considerado pelos historiadores, mas agora tal rede tem mais do que tudo um sentido político. De fato, os jornais já se mediam uns em relação aos outros, alinhavam-se e desalinhavam-se, opunham-se mutuamente, por vezes publicavam duras matérias diretamente contra seus opositores ancorados nos jornais concorrentes. Mas não era tanto uma rede econômica a que se formava naquela época.

Recuamos agora do mundo capitalista da imprensa industrial, que vislumbramos no esquema anterior – com suas agitadas redações organizadas sob o prisma de uma hierarquizada divisão de trabalho e pautadas na expectativa de venda para um público leitor de massa –, para o mundo voluntarioso de um jornalismo que precisava basear-se em outras formas de sustentação que não o retorno do lucro proporcionado pela venda de exemplares produzidos em grandes tiragens. Esse outro mundo, anterior ao da imprensa que tem nas redações agitadas e na banca de jornal o seu signo visual, era um mundo de iniciativas nas quais a produção de um jornal podia ser acionada de uma residência, de um claustro, mesmo da cela de uma cadeia, por homens que acima de tudo queriam divulgar suas ideias políticas e não ocultavam seu desejo de agir sobre a sociedade atrás de um discurso de neutralidade. Temos ali, conforme nos indica o quadro 8, uma rede de jornais concorrentes que buscavam interferir na sociedade a partir de projetos políticos explícitos e declarados, embora convivendo com outro subgênero de jornais que eram conhecidos como gazetas, e que procuravam se manter fora da polêmica política sob o pretexto de trazer apenas informações.

O quadro 8 toma por base os anos de 1821 a 1823, mas recua, na direção do centro, ao momento gestante das primeiras experiências da Imprensa no Brasil: 1808 – quando a Família Real chega ao Brasil e uma das primeiras medidas do

Príncipe Regente é a instituição da Imprensa Régia. Esta instituição responsabilizava-se por imprimir todos os documentos e avisos relacionados a ações do novo governo. A impressão de jornais, um horizonte que se torna agora possível, seguirá muito controlada pela Corte, que praticará a censura prévia mesmo em seu próprio jornal, fundado em 10 de setembro com o título de *Gazeta do Rio de Janeiro*. Antes deste jornal, contudo, já havia sido lançado um jornal sem autorização da Coroa, com impressão em Londres e pioneiro do gênero de jornais críticos no Brasil: o *Correio Braziliense*.

Os dois jornais podem ser localizados no esquema bem próximos ao centro, e seu contorno foi reforçado para chamar atenção para o fato de que esses periódicos inauguram, no Brasil, dois estilos de Imprensa. As Gazetas, conforme definições da própria época, eram jornais que se dedicavam à narração de acontecimentos (no caso da *Gazeta do Rio de Janeiro*, as grandes notícias eram as lutas napoleônicas, que então se davam na Europa) e à divulgação de informações objetivas, como os atos do governo, a movimentação nos portos, e ainda avisos de serviços que prenunciam as seções de classificados que hoje em dia são tão típicas de todos os jornais.

Por via de regra, as gazetas daquela época – um subgênero mais específico de jornalismo que já aparece descrito por Voltaire na *Enciclopédia* iluminista publicada na França – não costumavam desenvolver qualquer jornalismo de opinião, e tampouco investiam em questões polêmicas. Alguns autores discutem como esse tipo de periódico era apropriado para as monarquias absolutistas do Antigo Regime, em atenção às quais se desejava desmotivar matérias muito polêmicas[215].

As polêmicas, no entanto, tinham chegado aos jornais com os acontecimentos revolucionários da França, e tiveram um papel especialmente relevante na derrubada da monarquia absolutista. Na Inglaterra do século XVII, esse jornalismo crítico também se prenuncia. No Brasil, a imprensa crítica é introduzida precisamente pelo primeiro jornal brasileiro, que precede clandestinamente a gazeta fundada oficialmente pelo governo joanino. O *Correio Braziliense*, fundado, elaborado e posto a correr por Hipólito da Costa, abre caminho para uma série de jornais críticos que surgiriam entre 1821 e 1823. Tanto este jornal como seus análogos

---

215. Um estudo que confronta as tradicionais gazetas, típicas do Antigo Regime, e os jornais de opinião, a exemplo da imprensa brasileira no século XIX, foi elaborado por Marco Morel (2009, p. 153-181).

surgidos posteriormente tiveram um papel particularmente ativo no movimento pela Independência do Brasil.

Minha intenção com o esquema é apenas mostrar os jornais diante de seus concorrentes ou aliados, e o ambiente político – pois naquele momento a política propriamente dita é mais importante como definidor da rede de jornais circulantes do que os aspectos econômicos, ao contrário do que se verificou no esquema relativo aos jornais da Primeira República. Um pouco acima do *Correio Braziliense* situei um jornal chamado *O Revérbero Constitucional Fluminense*, fundado em 1821 por Gonçalves Ledo e Januário Cunha Barbosa. Ambos eram maçons, assim como Hipólito da Costa – fundador do *Correio Braziliense* – também o era. A Maçonaria, como se sabe, teve um papel importante seja na organização de parte da Imprensa, em muitos países, seja na condução de movimentos revolucionários ou na difusão de ideias iluministas[216].

O terceiro jornal brasileiro também é inaugurador de um terceiro subgênero. Trata-se de *A Idade d'Ouro no Brasil*, fundado pelo comerciante português Silva Serva em 1811, com autorização do governo joanino. Este seria um jornal analítico – dedicado a assuntos culturais diversos –, mas não político. Difere portanto das gazetas, mas também não está relacionado com o jornalismo polêmico e atuante dos jornais maçons que indicamos – o *Correio Braziliense* e o *Revérbero Constitucional Fluminense*, cujos jornalistas-fundadores também fundariam *O Silfo*, em 1823. *A Idade d'Ouro* era um jornal especializado em aspectos culturais, e por isso situei próximo a este jornal o *Diário do Rio de Janeiro*, que também era um jornal especializado, mas nos assuntos pertinentes ao comércio. Tais jornais não se propunham a participar da crítica política.

No esquema proposto, estabeleci três divisões com as linhas pretas reforçadas. Há o setor dos jornais críticos, à esquerda – inaugurado pelo *Correio Braziliense* e daí descendo para uma diversidade de jornais críticos que pode ser exemplificada com *A Malagueta*, o *Correio do Rio de Janeiro* e *A Sentinela da Liberdade à Beira do Mar da Praia Grande* – um jornal carioca que dialogava com o famoso jornal pernambucano organizado por Cipriano Barata: *A Sentinela da Liberdade na Guarita de Pernambuco*.

---

216. Outros jornais em defesa do constitucionalismo, à maneira do *Revérbero Constitucional*, também surgiram em outras partes do Brasil. Pode-se dar como exemplo o jornal pernambucano *O Alfaiate Constitucional*, publicado em 1821. Cf. BERNARDES, 2006, p. 309.

O Tamoio, à esquerda do quadro, representa uma situação que deve ser considerada pelos historiadores: a flutuação política dos jornais, que podem passar do apoio à crítica do governo. O jornal foi fundado em 1823 pelos irmãos Andrada, que haviam participado dominantemente do governo de Dom Pedro desde a transferência de Dom João VI para Portugal e que, depois da Independência, continuaram a dominar o cenário político. Até que, em 1823, são destituídos de seus poderes junto ao governo e, por isso, passam à oposição crítica.

A seção oposta, mais à direita, é o lugar onde foram situados os jornais conservadores e governistas. Enfileirados no canto inferior direito, dentro da seção pró-governista do esquema, há três jornais sucessivamente fundados pelo famoso Visconde de Cairu: *O Conciliador do Reino Unido* (1821)[217], *Reclamação do Brasil* (1822) e *Atalaia* (1823). Poderia se ter incluído, próximo a estes jornais, um panfleto apócrifo – ou um "jornal interrompido", conforme o ponto de vista – que surge na cena jornalística com o título de *O Despertador Brasiliense* (1821). Trata-se de um libelo atribuído ao Visconde de Cairu[218] que teve grande importância para ajudar a aflorar os sentimentos que se opuseram às medidas recolonizadoras que estavam em vistas de serem impingidas pelos portugueses da Revolução do Porto, o que terminou por conduzir ao episódio do Fico, exigindo a permanência de Dom Pedro I no Brasil e preparando o caminho para a Independência. O Visconde de Cairu, personagem em geral conservador na história da imprensa, sintonizou-se aqui, extraordinariamente, com a Imprensa radical, que incluía uma ala independente e uma ala maçônica.

Na mesma seção, também situei os jornais governistas propriamente ditos. Diversos deles, segundo um padrão de alinhamento que foi introduzido pela *Gazeta do Rio de Janeiro*, foram apoiados ou mesmo financiados pelo poder régio, como foi o caso do jornal *O Espelho*, circulante entre 1821 e 1823. Alguns destes jornais explicitam seus projetos de alinhamento ao governo nos próprios títulos, como

---

217. Outros "conciliadores" surgiram em outras partes do Brasil, como foi o caso do *Conciliador do Maranhão*, lançado em 15 de abril de 1821 ainda sob a forma de um jornal manuscrito, e daí passando a impresso em 10 de novembro do mesmo ano. A situação mostra-nos mais algumas possibilidades da Imprensa. Os jornais podiam incluir, em algum momento, a forma manuscrita. É oportuno ressaltar que de conciliador o jornal não tinha nada, uma vez que era francamente favorável aos interesses portugueses e áulicos. Quanto ao período de circulação do periódico, o *Conciliador do Maranhão* foi publicado bissemanalmente até 23 de julho de 1823, tendo seu nome reduzido, a partir de certo momento, para *Conciliador*, simplesmente. Cf. SODRÉ, 1999, p. 58.

218. Há também quem o atribua a Francisco de França Miranda.

foi o caso de *O Amigo do Rei e da Nação* e do *Bem da Ordem*, ambos fundados em 1821, ou do *Regulador Brasileiro*, circulante entre 1822 e 1823. Não incluí alguns jornais, por dificuldade de administrar o espaço limitado do esquema, mas poderia citar na mesma série outros periódicos como *A Sabatina Familiar dos Amigos do Bem Comum*, um jornal circulante entre 1821 e 1822.

Na seção menor, na parte de baixo do esquema, reservei um espaço para representar os jornais especializados, que não entravam propriamente na polêmica política que agitava a Imprensa brasileira em formação, naqueles três anos que vão da movimentação pela Independência, em 1821, à dissolução da Assembleia Constituinte, em 1823. Já mencionei dois exemplos desses jornais que se direcionam para uma terceira via, o especialismo, seja na cultura, no comércio, ou outros âmbitos. O modelo pioneiro foi o já mencionado periódico baiano *A Idade d'Ouro no Brasil*, fundado em 1811 para se tornar o terceiro jornal brasileiro. E o *Diário do Rio de Janeiro*, um jornal voltado prioritariamente para o comércio, teria vida longa desde sua fundação em 1821.

Considerada a rede que exemplificamos com o quadro 8, o historiador-analista, que certamente tem seus próprios problemas históricos em vista, deve ter sempre em mente que as questões que animaram os jornalistas oitocentistas foram distintas das que moveram os jornalistas atuantes na primeira metade do século XX (cf. quadro 7). Vou apenas evocá-las, exemplificativamente. Uma contradição fundamental do espaço social e político no qual atuavam os jornalistas do Vice-Reino, e também da primeira fase do Brasil Independente, era a oposição dos indivíduos que se identificavam com o Brasil – muito habitualmente chamados *brasilienses* – em relação aos indivíduos que se identificavam com os portugueses, que mais tarde seriam referidos como *reinós*. Não se tratava só de nascimento, pois muitos dos brasilienses eram portugueses (nascidos em Portugal, e não na colônia) que se identificavam com o Brasil. Essa oposição de identidades era um dos temas que animavam, de um lado e de outro, os jornalistas do período que escolhemos para exemplo.

Os embates em torno da luta pela Independência, e sua posterior conservação, constituíam outro aspecto visível. Nem sempre tão visível, mas igualmente estruturante, era o pertencimento de muitos dos intelectuais e políticos brasileiros à sociedade secreta da Maçonaria, a qual tinha suas próprias representações nos jornais, o que gerava eventuais confrontos da parte de outros jornalistas que não compartilhavam o mesmo pertencimento[219]. O nível de poderes que deveria ter o monarca na nova ordem independente era outra questão que dividia os políticos e jornalistas no período considerado. Havia ainda a questão da autonomia federativa. Os jornais críticos de Pernambuco – a *Sentinela da Liberdade* produzida por Cipriano Barata (1762-1838) e o *Typhis Pernambucano*, de Frei Caneca (1770-1825) – lutavam principalmente por tal questão, defendendo através de seus jornais uma posição a favor da autonomia pernambucana. De igual maneira, o apoio nas ideias iluministas era uma luz geral que se espalhava sobre diversos dos homens de Imprensa no período considerado. As questões que estruturam o contexto desta ou daquela rede de jornais dialogantes e concorrentes, mesmo que haja outro problema histórico a ser examinado centralmente, devem ser pautadas pelos historiadores empenhados em compreender melhor seu universo de fontes.

Algo importante a dizer é que todos os jornais que evocamos neste item, relativos ao Brasil do século XIX, dirigiam-se a um público letrado e ativo politicamente. O número de indivíduos alfabetizados ainda não tinha crescido o suficiente, como ocorreria já nas primeiras décadas do século XX, de modo que esses jornais funcionavam à base de pequenas tiragens. Eram produzidos também por pequenas equipes, parcerias de dois jornalistas, ou mesmo um só indivíduo, configurando-se aqui um modelo ainda artesanal de produção jornalística. Esses momentos da história da imprensa em determinada sociedade precisam ser sempre considerados pelos historiadores que analisam jornais, seja como objetos, seja como fontes históricas. Um jornal inserido na rede de mercado que prenuncia a formação de uma Grande Imprensa, como vimos no penúltimo quadro, ou um jornal inserido na rede artesanal de jornais que se digladiam politicamente, tal como registramos no quadro anterior, apresentam demandas diferentes, e consequentemente obrigam a olhares diferenciados da parte dos historiadores. A seguir, retornaremos à reflexão sobre os aspectos que precisam ser visados pelos historiadores que examinam periódicos, agora abordando a importante questão da presença de polifonia (diversidade de vozes autorais ou leitoras) nesse tipo de fontes.

---

219. Assim, no período em torno da Independência, registra-se a fundação do Apostolado, uma sociedade secreta que pretendia se opor à Maçonaria e que incluía em seu quadro jornalistas como Frei Sampaio, redator do *Diário do Governo*.

14.10 Polifonias e complexidades

O universo de leitores que constitui a recepção de um jornal é apreensível de muitas maneiras. Os historiadores podem surpreender a composição do público leitor de um jornal através das cartas que este recebe, sem contar que muitos periódicos mantêm uma página ou sessão de diálogo publicizado com os leitores. Se não está ali representada proporcionalmente a variedade de tipos de leitores que leem o jornal, está pelo menos retratada a parcela de leitores que têm meios ou interesses em estabelecer uma comunicação com aquele jornal que estão habituados a ler. Além disso, podemos encontrar indícios sobre a recepção dos jornais em outros textos da época, como nas crônicas que relatam o dia a dia de uma cidade[220], ou como os romances ficcionais que, de maneira explícita ou encoberta, sempre abordam questões bem reais. Correspondências particulares e públicas também costumam falar dos jornais e podem permitir indicações de público. Outros caminhos ainda são importantes, como a consulta às listas de assinantes.

Em relação ao "polo editor", é fundamental compreender que este não é de modo algum um lugar único, pacificado, representado apenas pelos editores e donos do jornal. Já vimos em momento anterior que a redação de um jornal contemporâneo é habitada por tipos diversos, frequentemente ajustados a uma cadeia hierárquica que desce do dono ou investidor da empresa jornalística, nos momentos em que este impõe suas próprias decisões editoriais, ao editor-chefe propriamente dito, aos editores relacionados às diversas seções, e daí chegando aos repórteres-autores, aos fotógrafos, aos revisores e preparadores que ajustam o texto e a forma final para serem repassados à equipe gráfica. Cada texto, se for considerado em si mesmo, já é multiautoral em si, pois se vê atravessado por múltiplas personalidades decisórias e estilos que se ajustam uns aos outros. Para além disso, se considerarmos o conjunto geral dos textos jornalísticos que compõem um mesmo jornal, tem-se também uma diversidade textual considerável, distribuída nas diversas seções. O

---

220. Para o período de circulação de jornais que atrás exemplificamos (o Rio de Janeiro da Primeira República), contamos com cronistas diversos, tais como Luís Edmundo – notabilizado por sua obra *O Rio de Janeiro de meu tempo* (1938) –, ou outros como Orestes Barbosa (1893-1966), colaborador do *Diário de Notícias* e da *Gazeta de Notícias*, ou ainda Benjamim Costallat (1897-1961), que atuou também como colaborador da *Gazeta de Notícias* e do *Jornal do Brasil*. Ficcionistas como Lima Barreto, que também alternou a escrita de romances e contos com a elaboração de crônicas e uma atividade jornalística, também se encontram entre eles. Muitas vezes, os intelectuais e literatos também faziam parte do corpo redatorial de um jornal. Ainda o famoso cronista João do Rio atuou no meio jornalístico, e chegou a dirigir a *Gazeta de Notícias*.

conceito que nos permitirá compreender a complexidade do lugar de produção do jornal é o de *polifonia*[221].

Os jornais são conjuntos polifônicos formados por muitos textos. Com esta metáfora, quero chamar atenção para a circunstância de que os jornais – especialmente nos tempos contemporâneos – são de fato construções coletivas, nas quais ressoam muitas vozes. Se o dono do jornal, ou seu editor-chefe, detêm um peso importante ou aparentemente esmagador nas tomadas de decisão relativas às linhas gerais de ação do jornal – sem contar a possibilidade de, a qualquer hora, poderem chamar a si a feitura ou supervisão de editoriais por eles encomendados – é preciso se ter consciência de que o corpo de jornalistas responsáveis pelas diversas sessões do jornal é frequentemente amplo e diversificado, capaz de encaminhar de maneira aberta ou encoberta suas próprias posições diante do jogo político, ainda que necessite interagir com as posições dominantes no periódico. Analisar um jornal é pôr-se em contato com uma obra coletiva e polifônica, que pede que apuremos o ouvido para a escuta das diversas vozes que o percorrem.

O caráter polifônico dos jornais, na verdade, foi se estabelecendo e crescendo cada vez mais com a passagem da Modernidade para a contemporaneidade. Para ficarmos com o exemplo do Brasil, há de fato um contraste entre os séculos XIX e XX que se deve considerar. Praticamente artesanais, os jornais oitocentistas podiam ser produzidos pelo empreendimento de um ou dois indivíduos, se fosse o caso. O número mais reduzido de leitores a ser atingido – e, consequentemente, de exemplares a serem produzidos –, a tecnologia mais simples, requerente de pouca divisão de trabalho técnico, a variedade mais restrita de seções e âmbitos temáticos, com a concomitante exigência de menos recursos a diferentes produtores dos textos jornalísticos – tudo isso, e outros fatores mais, concorria para que os jornais do século XIX ainda apresentassem uma polifonia de mais baixa intensidade.

De modo inverso, com a passagem para o século XX os setores de leitores se ampliam, a tecnologia se sofistica e alcança altas tiragens, exigindo mais especializações nas diferentes etapas do seu manejo. A imagem se instala e conquista cada vez mais espaço – das caricaturas ainda tímidas de meados do século XIX ao

---

221. Conforme já foi dito, a polifonia na Música é o modo de apresentação de composições musicais onde se apresentam diversas vozes melódicas em interação. O conceito – que tem sido adaptado para a Linguística e para a História – será mais bem esclarecido no último capítulo deste livro. Por ora, cf. capítulo 16.1, nota n. 272.

desenvolvimento do fotojornalismo. Novas competências autorais são exigidas. O investidor do empreendimento jornalístico não é mais, não necessariamente, o idealizador e realizador do periódico, que se afirma cada vez mais como um trabalho coletivo em seus diversos níveis. Assim como muitas mãos precisam manejar os procedimentos industriais da publicação, muitas vozes ressoam agora nos contracantos dos seus discursos, fazendo ressoar muitas linguagens e distintas competências autorais. Definitivamente, uma polifonia de alta intensidade se instala na produção jornalística da contemporaneidade.

Analisar um jornal ainda próximo do padrão monológico, por tudo isso, implica procedimentos algo diferenciados em relação à análise de periódicos contemporâneos envolvidos por polifonias de alta intensidade, com suas múltiplas sessões e com suas entradas polifônicas em ambos os polos da relação entre edição e recepção. Analisar um jornal contemporâneo é perguntar por sua variedade de autores e realizadores e por sua diversidade de diferentes tipos de leitores. É perguntar, sobretudo, pelas relações entre esses dois universos de complexidade[222].

Quero lembrar que pode haver um expressivo conflito entre algumas das diferentes vozes presentes nos jornais contemporâneos – cuja polifonia de alta intensidade contrasta bastante com os jornais monolíticos ou de baixa intensidade polifônica da primeira época da Imprensa[223]. Os conflitos e entrechoques polifônicos podem se tornar ainda mais claros quando, por trás dessas vozes distintas, há posições bem demarcadas por indivíduos específicos: diferentes editores-chefes, ligados a setores diferenciados dos jornais, por exemplo. Quando isso ocorre, apresenta-se uma oportunidade exemplar para os historiadores. A polifonia conflitante é uma riqueza, e não um limite paralisante, a qual permite aos historiadores perceber com maior clareza discursos que, de outra forma, talvez não surgissem tão bem delineados. Quando uma voz pronuncia-se, direta ou

---

222. Para ressaltar o contraste entre os jornais monolíticos da primeira fase da história da imprensa e os "jornais polifônicos" de sua segunda fase, podemos estender a todos os grandes jornais modernos, ligados à Grande e à Média Imprensa, os comentários abaixo – registrados pelo historiador Antônio Herculano Lopes em um ensaio sobre o *Jornal do Brasil* na virada para o século XX: "Na condição de grande empresa, o *Jornal do Brasil* estava muito distante dos jornais oitocentistas que se identificavam inteiramente com um dono com opiniões monolíticas. Como um jornal moderno, abrigava posições distintas, muitas vezes conflitantes, ainda que dentro de certos limites estabelecidos pela linha editorial" (LOPES, 2006, p. 344).

223. Para o caso do Brasil, a linha de demarcação entre essas duas fases da história da imprensa situa-se no período que medeia a passagem do século XIX para o século XX.

encobertamente, contra outra voz que coparticipa do mesmo jornal, conseguimos surpreender momentos de especial claridade discursiva[224]. As polifonias de todos os tipos, em via de regra, são presentes extraordinários para os historiadores que aprenderem a lidar com os diversos tipos de dialogismos.

Uma vez que os jornais diários operam desde o último século com pelo menos duas grandes ordens de linguagens – a *escrita* dos textos de vários tipos e a *imagética* dos desenhos, caricaturas e fotografias –, analisá-los implica trabalhar com esses diferentes tipos de registros. Este é mais um aspecto polifônico dos jornais: diálogo e interação entre diferentes tipos de linguagens. Lidar com essa polifonia multidiscursiva, para o historiador, requer considerável erudição, pois os diversos tipos de discursos imagéticos – o *cartoon*, o desenho, a fotografia – demandam distintos métodos e técnicas de análises em relação àqueles que podem ser empregados para a abordagem dos variados tipos de textos (a crônica, o noticiário político, o informativo de crimes, o comentário econômico).

Em contrapartida, é possível trabalhar setorialmente com os periódicos, definindo seções mais específicas para incidir a investigação: as notícias de certo tipo (política, guerra e diplomacia, crime, esporte, e assim por diante), os textos de opinião voltados para âmbitos diversos, os classificados, os obituários, as caricaturas e tirinhas de HQ, as ilustrações e fotorreportagens, as páginas de crítica literária, as seções de interação com os leitores, os editoriais, os comentários sobre moda, os informes relacionados ao mundo da arte e do entretenimento, e tantas outras seções quantas as que se apresentam em um jornal diário de grande ou médio porte.

14.11 A relação entre conteúdo e forma na fonte jornalística

Para o historiador que aborda as mensagens e conteúdos presentes em uma fonte periódica, o lugar físico da matéria jornalística, dentro de uma disposição espacial oferecida pelo exemplar do jornal, é um elemento capital para a análise que será desenvolvida. É de fato imprescindível adquirir uma clara consciência

---

224. O historiador Robert Darnton (n. 1939), cuja vivência nos ambientes redacionais de um jornal estadunidense comentaremos no próximo item, assim se refere a um desses focos de conflito interno presentes em um mesmo jornal: "O diretor da sucursal londrina do *The Times*, quando eu trabalhei lá, era veementemente favorável aos ingleses, ao passo que o diretor da sucursal de Paris era favorável aos franceses. Ao noticiarem as negociações da Inglaterra para entrarem no Mercado Comum, escreviam um contra o outro" (DARNTON, 1990, p. 83).

acerca do lugar no qual se encontra a notícia ou informação que está sendo analisada. A página e a posição de página, o caderno em que se encontra o texto em análise, bem como uma noção lúcida e atenta sobre as implicações trazidas pelas demais matérias que o circundam, constituem por certo fatores essenciais a serem considerados pelo analista historiográfico. A posição física de uma determinada matéria jornalística, que geralmente nada tem de gratuito, já nos diz muito sobre sua valorização e visibilidade.

A primeira página – que ficará exposta na banca mesmo para aqueles que não pretenderem adquirir um exemplar do jornal – é obviamente o lugar de maior destaque. Mas há também a "segunda frente", que é a primeira página do segundo caderno (isto nos casos de jornais contemporâneos, formados por muitas páginas acomodadas em alguns cadernos). "Perto do começo do caderno e na parte superior da página" temos lugares que também agregam prestígio e visibilidade à matéria[225]. Ao sul de cada página a matéria perde visibilidade, e consequentemente seu valor simbólico. Para um cantinho destas, pode ser relegada a matéria rápida e curta que se precisa dar, mas que não se *deseja* dar.

Evidentemente, o jornal não é de hábito um espaço unitário e homogêneo, no interior do qual todas as matérias são meramente postas a disputar sua posição nesse ou naquele caderno como se tivéssemos aqui uma simples concorrência para as posições de destaque. Nas folhas do Antigo Regime talvez ainda fosse possível encontrar esse espaço único que é mais próprio para os panfletos. Nos jornais que adentram a contemporaneidade, todavia, são de praxe as seções tematizadas, com seu lugar físico já muito bem-estabelecido. Os leitores que as apreciam já costumam ir direto ao ponto no qual poderão encontrá-las.

A política, a economia, o crime, o esporte, moda e comportamento, cultura e entretenimento, os classificados e os obituários – estas e muitas outras seções podem fazer parte da tablatura fixa de um jornal, já bem conhecida por seus leitores mais habituais. Cada uma dessas seções pode ter seus próprios lugares internos a serem disputados pelas mensagens e conteúdos que foram definidos para compor aquela edição. Sobre esse passo, é importante compreender que as diferentes

---

225. Para alguns comentários sobre as posições privilegiadas que podem ser ocupadas pelas matérias jornalísticas nas páginas de um jornal, cf. as observações de Robert Darnton (1990, p. 73).

seções de um jornal, quando esse é o caso, podem se referir a distintos tipos de leitores a serem alcançados ou conquistados pelas estratégias editoriais. Há quem se concentre nas páginas de esportes ou de crimes. Na verdade, há mesmo jornais praticamente especializados em esportes ou crime. Há outros leitores que já percorrem, atentamente, alguma combinação de três ou quatro seções antes de descartar o exemplar com uma despretensiosa olhadela geral. Mais raro, há o leitor de tudo ou quase tudo, cuja demorada leitura se estende ao longo de boa parte do seu dia.

Para retomar as palavras do historiador Robert Darnton – que viveu o ambiente de um grande jornal por dentro, e como coparticipante de sua construção diária na função de jornalista –, deve-se ter em vista que "ela [a direção de um jornal] calcula que determinados grupos lerão certas partes do jornal, e não que um hipotético leitor geral lerá tudo"[226]. Mais adiante o historiador norte-americano prossegue, referindo-se à prática organizativa que regia em sua época o famoso jornal estadunidense *Times*:

> [A direção] estimula a especialização entre jornalistas. Contrata um médico para cobrir a área médica, envia um futuro repórter do Supremo Tribunal para a faculdade de direito pelo período de um ano, e abre constantemente novas áreas, como publicidade, arquitetura e música popular.

É claro que estamos falando aqui de um dos maiores jornais contemporâneos, incrustado em uma sociedade que se situa no centro do capitalismo. Além disso, é preciso sempre lembrar que a profissionalização dos jornalistas, e também a intensificação do seu nível de especialização, constituem um fenômeno que se dá na passagem do jornalismo voluntarioso do século XIX para a Imprensa industrializada do século XX. Em nenhum momento devemos nos esquecer que, ao analisar um periódico, precisamos situá-lo no arco maior da história da imprensa e identificar seu pertencimento a um desses dois momentos: a imprensa dos pequenos jornais que se voltam para um conjunto menor de leitores e se elabora em um circuito de produção mais singelo, e a imprensa já inserida no mercado capitalista a partir de grandes tiragens que se dirigem à captação de uma massa de leitores, elaborada a partir das agitadas redações com alta divisão de trabalho tão típicas da indústria jornalística do século XX. A passagem de um a outro movimento dessa

---

226. DARNTON, 1990, p. 81.

história, naturalmente, dá-se em momentos distintos para cada país do mundo, comportando saltos e gradações[227].

Posto isso, a partilha do conteúdo de jornais em campos temáticos, que são preparados para serem facilmente encontráveis pelos variados tipos de leitores de um jornal em suas diversas seções, representa uma tendência antiga, funcional, eficaz. Cedo os jornalistas aprenderam a escrever para públicos específicos de leitores, e agora os historiadores, que precisam compreender esses jornalistas localizados historicamente, devem percorrer o caminho inverso: A quem essa matéria se destina? Que tipos de leitores foram visados pelo autor do texto? E, mais adiante, é também preciso se perguntar: Como esses diferentes tipos de leitores, que foram atraídos para a leitura dessas seções temáticas do jornal, podem ter dado sua própria contribuição para redefinir a produção de outras matérias inseridas nessa mesma seção, nos sucessivos números do jornal analisado?

Perguntar pela produção e recepção envolvidas em cada seção temática de um jornal é atentar, mais uma vez, para o circuito completo da "produção, circulação e recepção" que se repete inúmeras vezes dentro de um mesmo número editado de certo periódico.

Além da posição da matéria no exemplar final de um jornal, o historiador-analista não pode deixar de pensar no ritmo que regeu seu processo produção. Para ainda considerar o jornalismo diário de massa do século XX, as reportagens acontecimentais precisam ser produzidas de forma rápida. Em uma redação tipicamente moderna, assim que anunciados seus focos geradores, os acontecimentos a serem convertidos em matérias hão de requerer rapidez e celeridade dos repórteres indicados para ir a campo, e uma agilidade igualmente comparável será exigida para os jornalistas encarregados de escrever o texto. Os revisores e preparadores do texto final, da mesma forma, terão de acompanhar esse ritmo rápido que se torna característico de toda notícia quente, assaltada pela urgência e pelo desejo de dar o "furo" antes de todos os concorrentes. Já as reportagens de investigação podem amadurecer e se realizar em dias, semanas, ou até meses, e seus textos finais poderão ser produzidos com maior cuidado e vagar, cada

---

227. No Brasil, por exemplo, com o início da atividade jornalística em 1808, oficial ou privada, ainda se estava em um estágio tecnológico, profissional e mercadológico mais simplificado, distinto do que já ocorria com a Imprensa na Inglaterra ou na França.

palavra sendo mais bem pesada e refletida, possibilitando-se aqui conversas mais demoradas com o editor da seção.

Os artigos de opinião, da mesma maneira, terão seu próprio ritmo. Se fizerem parte de uma coluna recorrente, os textos analíticos e opinativos poderão estar mesmo relacionados a uma rotina habitual, já fixada pelo seu jornalista-autor, que aqui-agora se aproximará francamente das práticas do literato que faz da escrita um ofício paciente e artesanal. Os prazos que foram previstos para a entrega desse ou daquele artigo têm muito a dizer aos historiadores. O tempo, como sempre, é um fator importante para ser abordado, para além do espaço físico e simbólico que a matéria encontrou na fonte periódica.

Voltando ao aspecto da valorização das notícias conforme o espaço físico e simbólico que as mesmas ocupam na edição definitiva do jornal, podemos lembrar que o acompanhamento de fotos, ou não, também agrega significados e relevâncias importantes a uma determinada matéria. Pôr uma notícia abaixo ou ao lado de uma outra em muitos casos pode ser uma estratégia discursiva capaz de produzir uma metalinguagem, na qual determinadas associações serão instantaneamente passadas ao leitor. O editor de um jornal costuma pensar essas estratégias discursivas jogando com a posição das diversas matérias, e em certas ocasiões essa prática pode atender a objetivos políticos muito precisos. Situar a reportagem sobre o político que se quer denegrir ao lado da seção de narrativas sobre crimes, ou a matéria sobre a líder feminista que se quer desmoralizar ao lado da seção de futilidades, pode constituir um procedimento eficaz. Oferecer à reportagem sobre o político aliado do jornal, além dos comentários elogiosos, também um bom espaço físico e simbólico – situado bem ao lado de uma matéria comemorativa sobre um antigo líder político que já entrou para a História pela porta da frente –, pode-se apresentar como um ardil eficiente que não precisa de muita elucubração e cálculos.

Pensar as conexões das diversas matérias com a política, com a Grande Política, principalmente nas seções a esta dedicadas, faz parte do *metier* do editor de seção, e de todos que estão acima dele. Um jornalista-autor menos posicionado na hierarquia da sala de redação, por outro lado, pode confrontar habilmente uma decisão editorial ao introduzir na matéria uma fotografia que contradiz o discurso favorável ou desfavorável a esse ou àquele personagem político. É comum, nas épocas de ditadura ou de repressão à liberdade de imprensa, dizer com detalhes presentes nas fotografias coisas que não podem ser ditas nos textos submetidos à lupa da censura.

Nem sempre se escolhe a melhor foto de um político repressor. Quem sabe não se poderá estampar, ao lado da reportagem laudatória, a foto em que o político deixou-se flagrar pela câmera ágil que apreendeu, sob um sol escaldante, o momento exato em que o mesmo fazia a limpeza digital da narina esquerda?

Contrariando a lauda, a foto pode trazer a expressão de asco no rosto da autoridade, um gesto mais truculento, o desinteresse ou a sonolência fora de hora, o truncamento das pernas após um passo mal dado, o tombo. A foto é uma unidade de sentido inserida em uma outra ordem de discursos que pode apoiar ou contrariar o discurso verbal. A voz do fotógrafo, eloquente como todas as outras, pode se apor ou se opor ao discurso verbal que por ela se faz acompanhar através da imagem exposta.

Infelizmente, também é possível empregar a manipulação para outros fins que não apenas a luta contra a opressão ou as injustiças sociais. Pode-se tentar desmoralizar, através de fotos bem escolhidas, líderes políticos importantes para a sociedade, quando estes não aceitam transigir diante de interesses que se querem ver beneficiados. Aspectos como esses nos levam ao próximo item: a relação entre o jornal e o mundo político.

14.12 O jogo do poder e as pressões políticas

As diversas mãos que entretecem o discurso jornalístico, e que o viabilizam no suporte impresso, além de exercerem pressões no mundo que os circunda também podem, de sua parte, sofrer uma grande variedade de pressões externas, advindas das circunstâncias econômicas e particularmente do mundo político. Dito de outro modo, se o jornal é ele mesmo uma força política, um agente capaz de interferir ativamente nos rumos do país ou da cidade em que se insere, também a Política, através de seus múltiplos movimentos e atores, pode pressionar o polo editor de um jornal. Já são tristemente eloquentes os estudos que revelam as interferências da Ditadura Militar brasileira na produção impressa dos "anos de chumbo". Seja perseguindo periódicos menores ligados à atividade sindical e a movimentos sociais diversos, seja pressionando ou enlevando jornais integrantes da chamada Grande Imprensa, o regime ditatorial militar que se instalou no Brasil a partir de 1964 logo percebeu a necessidade de lidar com a Imprensa como uma questão fundamental para a instalação e conservação da ordem que pretendia impor.

A repressão, pressão e cooptação da imprensa jornalística foi característica dos vinte e quatro anos de ditadura civil-militar no Brasil, ou como quer que chamemos a esse regime que teve os militares no comando do poder executivo. Em relação à possibilidade de cooptação da imprensa, como alternativa à pressão e à repressão, temos no primeiro caso o exemplo histórico das empresas jornalísticas que ascenderam ou se fortaleceram precisamente naquele longo período de exceção. O jornal, em situações como essa, faz-se instrumento para a política autoritária, e seus proprietários se enriquecem com tal prática.

Caso bem conhecido de adesão e apoio ao regime militar no Brasil foi o do jornal *O Globo*, que apoiou abertamente o Golpe em 1964 e, vinte anos mais tarde, em 1984, ratificou mais uma vez esse apoio através de um editorial assinado por seu editor-proprietário, Roberto Marinho (1904-2003), mesmo já estando a Ditadura em sua fase final e declinante. Em 2013 – já em período democrático e depois de um crescimento econômico e institucional considerável que incluiu a fundação da Rede Globo de Televisão, em 1965, com sua concomitante ascensão à posição de primeira empresa televisiva do país –, um editorial de *O Globo* reconheceu mais uma vez que apoiou a ditadura militar, mas agora afirmando que, "à luz da história", tratou-se de um inegável erro[228].

É incontornável, para os historiadores que quiserem trabalhar com esse periódico como fonte ou objeto histórico, e também com a emissora televisiva a ele ligada, considerar que o apoio ao regime ditatorial deu o tom dominante à ampla maioria dos informes e discursos políticos encaminhados pelo jornal *O Globo* naquele período. Não há como trabalhar com esse periódico, e outros da mesma época, como se fossem meros "veículos de informação" capazes de oferecer conteúdos neutros e desinteressados, que simplesmente podem ser colhidos e instrumentalizados sem qualquer crítica por parte do historiador ou do analista da fonte jornalística.

---

228. No editorial de 2013, em um texto no qual reconhece que apoiou o Golpe em 1964 e que persistiu nesse apoio durante muito tempo, *O Globo* declara, em tom arrependido: "Naquele contexto o golpe, chamado 'Revolução', termo adotado pelo *Globo* durante muito tempo, era visto pelo jornal como a única alternativa para manter o Brasil numa democracia". Em seguida, o texto refere-se ao editorial de 1984, que ratifica o Golpe, mas tenta amenizá-lo evocando uma pretensa postura democrática do jornal, e de crítica aos excessos da ditadura, mesmo durante o longo período da Ditadura Militar no Brasil. Por fim, o editorial de 2013 conclui: "À luz da História, contudo, não há por que não reconhecer, hoje, explicitamente, que o apoio foi um erro, assim como equivocadas foram outras decisões editoriais do período que decorreram desse desacerto original. A democracia é um valor absoluto. E, quando em risco, ela só pode ser salva por si mesma".

As informações, sua seleção no interior do que vai ser dito, os modos como serão disponibilizadas, o discurso que as encaminha, o destaque que se dá a este informe e não a outro, os silêncios propositados e os silêncios concedidos, ou mesmo as distorções – considerando que estas ocorrem através de inúmeras estratégias discursivas –, tudo isso nos é oferecido por um jornal ou revista como um entremeado de informação e discurso. Trabalhar com os jornais do período ditatorial militar como se estes pudessem (e, em muitos casos, quisessem) funcionar como mero "veículo de informações" é efetivamente uma quimera. Na verdade, não é possível trabalhar dessa maneira com nenhum jornal em nenhum período, e a situação mais radical e explícita das ditaduras apenas expõe mais claramente o nível ideológico que perpassa qualquer jornal a qualquer tempo.

Há que considerar também que um mesmo jornal pode se afirmar preponderantemente como lugar de apoio aos poderes dominantes, ainda que abrigando sessões e frestas nas quais podem se expressar resistências a esses mesmos poderes. Tal se dá em virtude da natureza polifônica dos jornais – os quais são constituídos pela concomitância de textos multiautorais, conforme já salientamos – e também em decorrência do fato de que esses textos são habitualmente orientados ou mediados por metas que sinalizam a intenção de conservar o respeito, a atenção e o interesse de diferentes segmentos do público leitor. O jornal tem posições a sustentar, mas também tem um público pelo qual zelar.

Pode se dar, inclusive, que o jornal que concedeu seu apoio mais imediato à instalação ou ao fortalecimento de determinados poderes veja-se oprimido por esses mesmos poderes em um instante subsequente, tal como ocorreu com *O Estado de S. Paulo* também no período da ditadura militar no Brasil[229]. Nesse caso, o jornal *O Estado de S. Paulo* passou a enredar a sujeição ao regime ditatorial com resistências encaminhadas através de estratégias editoriais diversas. A substituição de matérias censuradas ou proibidas de serem publicadas por trechos extraídos de poemas famosos, ou por simples espaços vazios, tornou-se

---

229. Cf. AQUINO, 1999. *O Estado de S. Paulo* havia apoiado o Golpe em 1964, como boa parte da Grande Imprensa brasileira. Entrementes, diante da promulgação do AI-5, em 1968, tentou esboçar uma resistência efetiva à Censura que terminou por se instalar naquele mesmo momento, bancando inicialmente a publicação do editorial "Instituição em frangalhos", elaborado por Júlio de Mesquita Filho para ser publicizado na edição de 13 de dezembro de 1968 como uma crítica antecipada ao Ato Institucional n. 5. Os exemplares foram recolhidos pelas forças policiais.

eloquente em alguns momentos[230]. No *Jornal da Tarde*, um periódico do mesmo período e dirigido por um irmão do editor-chefe de *O Estado de S. Paulo*, apareceram também as receitas de doces e bolos. Fora estratégias de resistência como estas, menos ou mais explícitas, outros periódicos reagiram à censura com a autocensura, tentando adivinhar o que seria considerado inaceitável e passível de repressão pelo regime em termos de matérias jornalísticas. Esse é talvez o momento mais terrível para a liberdade de expressão: aquele em que a censura é antecipada pela autocensura, entronizando-se e impedindo a postura crítica e a livre-expressão antes mesmo que elas possam florescer.

Esses exemplos mostram um pouco do intrincado jogo de pressões e contra-pressões políticas que pode se erigir em torno das matérias jornalísticas. As ditaduras apenas oferecem um momento de especial definição de imagem para bem visualizar a permanente interferência de poderes diversos na produção do jornal; mas o fato é que esse jogo – explícito ou encoberto – está presente em todos os momentos, e é função dos historiadores decifrá-lo.

Ao lado disso, em movimento inverso, a Imprensa afirma-se como ator político fundamental nas diversas situações, e jamais se situa apenas como um mero transmissor de informações. Pode se colocar em uma posição crítica em relação aos poderes dominantes na política ou na economia, ou pode se colocar a favor desses mesmos poderes, incluindo combinações de poderes locais e internacionais. Esta última situação ocorreu na ditadura do período militar dos anos de 1960 e, para prosseguir com o espaço político-social brasileiro, ocorreu mais tarde, nos acontecimentos que levaram ao Golpe de 2016, já envolvendo a aliança de outras forças políticas e econômicas, entre as quais uma parte expressiva de membros do poder judiciário, as mídias ligadas aos cinco maiores jornais em circulação no país, e uma parte expressiva dos parlamentares, contando-se ainda com a

---

230. Trechos extraídos de *Os lusíadas*, de Camões, apareceram 655 vezes nas páginas de *O Estado de S. Paulo*, entre 2 de agosto de 1973 e 3 de janeiro de 1975, conforme o acervo digitalizado do jornal e a pesquisa desenvolvida por Maria Aparecida de Aquino (1999), que abordou um universo de 1.136 textos censurados só neste periódico durante um período de 21 meses e cinco dias. Também podem ser identificados – com a mesma finalidade de recobrir espaços vazios deixados por conteúdos retirados pelos censores – poemas de Gonçalves Dias, Castro Alves, Olavo Bilac, Cecília Meireles e Manuel Bandeira. Em relação aos textos censurados, estes foram arquivados na época, e mais tarde, já no período democrático, disponibilizados em arquivo digital.

apropriação de parte significativa da opinião pública. Os interesses do capitalismo internacional, além disso, somaram-se a tais forças, ou mesmo contribuíram para sua definição, situando diversos jornais e redes televisivas em um quadro favorável ao desfecho de um novo Golpe, o qual se concretizou e se estendeu para depois, de forma continuada.

Tanto mais quanto recuarmos no passado, encontraremos setores da Imprensa escolhendo explicitamente seu lado no sistema dos poderes que se confrontam, ou sendo constituídos por esses mesmos poderes, visto que os governos e poderes privados diversos também fundam seus órgãos e empresas jornalísticas. Para ainda nos mantermos no caso brasileiro, podemos recuar até o momento-chave de formação de uma imprensa nacional para encontrar mais um exemplo significativo. Em 1808, o governo de Dom João VI decide implantar no país a Imprensa Régia, e funda em setembro do mesmo ano seu próprio jornal oficial, a *Gazeta do Rio de Janeiro*, que pode ser considerado por isso nosso primeiro jornal impresso legalizado. Em contrapartida a este jornal que nasce como porta-voz da ordem estabelecida, naquele mesmo ano é fundado o *Correio Braziliense*, um jornal de oposição impresso em Londres[231]. Desse modo, a imprensa oficial e a imprensa crítica estabelecem aqui seu confronto, do qual podem se valer os historiadores de hoje para a percepção de algumas das forças políticas que afetavam e constituíam o campo jornalístico na época.

Se o confronto entre jornais é interessante para a observação do contraste de ideias e posições políticas, vale lembrar que, mesmo quando é soberano e único em seu local de ação impressa, o jornal não deixa de ter ligações políticas ou de ser, ele mesmo, um emaranhado de relações políticas menos ou mais perceptíveis[232].

---

231. O jornal *Correio Braziliense* foi fundado por Hipólito José da Costa, e circulou entre junho de 1808 e dezembro de 1822. Sua periodicidade era mensal.

232. "Com o passar do tempo, as intenções políticas e partidárias desenhadas pelos proprietários ou conselhos editoriais dos jornais são cada vez mais claramente reveladas pelo movimento da história que pretendem registrar, perfilar, ocultar ou, mesmo, determinar. Além disso, não podemos esquecer que na origem social e histórica de todo e qualquer jornal repousa implícita a existência de um conflito ou disputa política; assim, ainda quando for único numa cidade, ele jamais deixará de espelhar as pelejas latentes ou explícitas que nela ocorrem, o que será ainda mais notado quando as mesmas alimentarem o surgimento de outros periódicos. O cuidado metodológico a ser tomado pelo pesquisador é no sentido de uma tomada de consciência acerca da presença inevitável das ideologias no interior de qualquer jornal. Fazendo isso ele poderá, inclusive, melhor entender certas contradições que frequentemente encontrará no tratamento dado pelo jornal a um mesmo acontecimento" (CAVALCANTE, 2002, p. 27).

14.13 A compreensão da História da Imprensa como requisito para o trabalho com jornais-fontes

Até este ponto, ressaltamos a necessidade de compreendermos o jornal "por dentro" – o que pressupõe ter consciência do jogo de muitas vozes que o constroem, das intertextualidades que permeiam seus discursos, das estratégias que se disponibilizam àqueles que o produzem. Discutimos também a necessidade de entender o jornal "por fora" – considerando o contexto que o envolve, as pressões externas que o afetam e o "lugar de produção" que o enquadra, no sentido mais amplo (sua época, sociedade, circunstâncias). Uma terceira medida importante, por outro lado, é compreender o momento tecnológico que se relaciona ao jornal que tomamos como fonte histórica.

Antes de se pôr a examinar jornais como fontes históricas, é importante que o pesquisador se prepare adequadamente através de leituras sistemáticas no âmbito da História da Imprensa. Isso porque o jornal – enquanto gênero, prática social e tecnologia – possui também uma história, e essa história afeta a fonte-jornal em cada ponto de sua trajetória. Examinar jornais da França do século XVIII – antes ou depois do período revolucionário – é uma operação diferente de examinar jornais no Brasil Republicano do princípio do século XX, para retomarmos os casos que trabalhamos anteriormente.

A título de exemplo, consideremos apenas o aspecto da tecnologia como foco de análise. Quando comparamos os jornais do período Imperial e os da Primeira República, saltam aos olhos as rápidas melhorias tecnológicas que incidiram sobre a história da imprensa nesse segundo momento. Na primeira década do novo século, chegam a São Paulo as primeiras rotativas, o que logo permitiria que se superasse o momento tecnológico das máquinas tipográficas planas. Com isso, a capacidade de impressão em um jornal como O Estado de S. Paulo pode saltar da tiragem-hora de 5 mil exemplares de quatro ou oito páginas dobradas para uma tiragem de "35 mil exemplares diários de 16 a 20 páginas"[233].

Uma mudança tecnológica pontual permitiu tanto multiplicar extraordinariamente a tiragem e atender a um público consumidor de leitores muito mais amplo (ou criar mesmo esse novo público, já que então um número maior de jornais podia chegar aos pontos de consumo), como também baratear o custo de cada

---

233. Sobre isso, cf. SODRÉ, 1977, p. 304. • SOUZA, 2003, p. 19-20.

exemplar e, por fim, ampliar o número de páginas do jornal, abrindo espaço para a criação de novas sessões. A mudança tecnológica, dessa forma, pôde produzir três efeitos: um efeito social-demográfico (ampliação do universo de leitores-compradores), um efeito econômico (barateamento do preço beneficiando simultaneamente a produção e o consumo), e um efeito cultural (a ampliação de páginas, com a concomitante abertura de mais espaço para mais notícias e novas sessões).

O conteúdo, desse modo, vê-se afetado positivamente pelas possibilidades de mudanças no suporte, e essas mesmas já foram decorrências da inovação tecnológica no âmbito da impressão. Ao mesmo tempo, mais exemplares, mais leitores possíveis. Menos custo do produto final, mais acesso do jornal a classes menos favorecidas, com uma consequente diversificação social no polo leitor. Mais exemplares de jornais nas mãos de um número maior de leitores, mais força política para os órgãos de Imprensa. Leitores com novos perfis, novos padrões de escrita. No altamente mutável mundo dos jornais do início do século XX, uma simples mudança repercute em outras. Um tal conjunto de transformações articuladas, em tão curto tempo, só voltaria a se repetir no início do século seguinte, com o convívio dos jornais com a nova sociedade digital.

Para o contexto jornalístico de transformações pertinentes ao Brasil Republicano, que aqui tomamos como exemplo ilustrativo, evoco uma interessante passagem extraída do ensaio da socióloga Maria de Lourdes Eleutério sobre o tema (2008), uma vez que o texto resume de maneira exemplar o conjunto de mutações que afetam a Imprensa brasileira da época produzindo efeitos em todas as direções:

> Nesse período de transformações, a imprensa conheceu múltiplos processos de inovação tecnológica que permitiram o uso de ilustração diversificada – charge, caricatura, fotografia –, assim como aumento das tiragens, melhor qualidade de impressão, menor custo do impresso, propiciando o ensaio da comunicação de massa. No campo gráfico, as transformações foram intensas e impactantes. Como um movimento orquestrado, os setores de suporte daquela atividade conheceram avanços, surgindo rapidamente um mercado consumidor, enquanto se estimulava a produção interna do papel, matéria-prima fundamental para o desenvolvimento do ramo (ELEUTÉRIO, 2008, p. 83).

"Orquestração" é a palavra certa. Não encontro outra expressão mais precisa do que esse conceito originário da teoria musical e da prática musical sinfônica. De fato, o uso desses ou daqueles jornais como fontes históricas pressupõe o conhecimento da música que lhes deu origem, para insistir mais uma vez nesta bela metáfora. Os progressos tecnológicos, as mudanças na prática jornalística, os aperfeiçoamentos no uso do texto e das imagens de vários tipos, o aperfeiçoamento da nitidez gráfica, a possibilidade de ampliação extraordinária nas tiragens diárias, o concomitante desenvolvimento de um público consumidor redefinido pela ampliação possível no número de leitores, e, por fim, o próprio estímulo ao desenvolvimento das indústrias de suporte, sobretudo a voltada para produção e elaboração do papel-imprensa – eis aqui uma bem articulada composição envolvendo muitos fatores diante dos quais é difícil dizer qual deles ressoou primeiro em qual outro.

Compreender esse conjunto articulado de fatores que recolocam os jornais em um novo momento e patamar de possibilidades, em cada uma das fases da história da imprensa de cada país, é uma condição tão importante para o pesquisador que usa os periódicos como fontes históricas como o é a própria preparação para enfrentar a análise dos textos jornalísticos em si mesma. O contexto e o discurso não podem ser negligenciados. Não em qualquer tipo de fontes, é claro. Mas isso fica particularmente evidente no que concerne à utilização das fontes impressas para dar conta dos problemas historiográficos. O jornal – esse meio de comunicação de ideias e projetos sociais que quer transparecer para todos que compõem o seu público como um "veículo de informação", esse produto originado por uma indústria que se renova a cada instante, esse instrumento de sociabilidade que envolve em um girante círculo hermenêutico os produtores e receptores de um discurso no qual muitas vozes se fazem ouvir e representar – parece exigir dos historiadores toda a capacidade indiciária e a criticidade que desenvolveram no decurso da história da historiografia. O encontro entre o contexto e o discurso, entre a tecnologia e as práticas, entre as visões de mundo e a realidade material efetiva, afirma-se aqui como o ponto nevrálgico onde a metodologia aplicável à análise das fontes impressas – ainda que visando temáticas de estudo e problemas históricos os mais variados – impõe que nos rendamos à necessidade de se conhecer adequadamente a história da imprensa que incide no período de produção das fontes impressas examinadas[234].

---

234. Algumas indicações são aqui oportunas. Para uma visão geral da história da imprensa no Brasil, já há algumas obras importantes, entre as quais SODRÉ, 1999; LUCA & MARTINS, 2008; BARBOSA, 2010. Mais específica em relação aos séculos XVIII e XIX é a coletânea organizada por NEVES, 2009. Períodos e aspectos ainda mais específicos, como o processo de Independência, também apresentam bibliografia própria, a exemplo de LUSTOSA, 2000. Muitas obras sobre jornais específicos também estão presentes, como o estudo sobre a *Gazeta do Rio de Janeiro*, desenvolvido por SILVA, 2007. Há ainda os estudos sobre a Imprensa em cidades específicas, como São Paulo (CRUZ, 2000; DUARTE, 1972). Em relação à História da Imprensa no mundo, cf. ALBERT & TERROU, 1990.

14.14 Métodos

Os métodos para analisar os discursos e informações que nos chegam através da fonte-jornal são de número indefinido, pois correspondem a todos os métodos e técnicas disponíveis para analisar textos, ainda que observando as especificidades do discurso jornalístico e do suporte-jornal. Ao examinar uma matéria, qualitativamente, ou um conjunto de matérias – serialmente –, podemos investigar o vocabulário, rastrear temáticas, decifrar estratégias discursivas, empreender uma análise sistemática da hierarquização apreensível a partir da posição ocupada pela matéria na disposição paginada do jornal.

Este último aspecto é particularmente importante para o olhar metodológico: implica perceber que o discurso jornalístico opera no tempo em que se dá a ler e no espaço que configura para leitura. No tempo, o jornal se insere necessariamente em uma série que é publicizada com algum ritmo de recorrência (senão, conforme já vimos anteriormente, o jornal deixaria de ser um periódico). A série de jornais diários, que se sucede "dia a dia" no tempo, é o registro mais evidente e imediato do fato de que todo jornal opera no tempo, partilhando suas matérias e notícias em uma série indefinida que se estende na duração de edições que se encadeiam uma à outra. Entrementes, o jornal também opera no espaço, ou a partir de um espaço gráfico, no qual ele dispõe suas matérias de uma determinada maneira e não de outra. A forma como o jornal organiza seu conteúdo no espaço gráfico deve ser levada em consideração pelo analista-pesquisador. O conteúdo distribui-se através de muitas páginas, e em várias posições no interior de cada página. Sempre conforme o problema historiográfico que se tenha em vista, um esforço de análise, em especial, deve ser dedicado à primeira página, sempre muito reveladora do que pensam os editores do jornal acerca das expectativas dos leitores que esperam alcançar, e também denunciadora dos projetos de agir sobre a sociedade que esses mesmos editores desejam impor[235].

---

235. "De modo geral, a primeira página tem tido sempre uma importância primordial por oferecer, de um lado, um apanhado das principais notícias que aparecem em letras garrafais e cheias de manchetes, segundo o critério de julgamento editorial e social em voga naquela data específica. Por outro [lado], adquire um caráter cartográfico de mapeamento do conjunto de conteúdos oferecido pelo próprio jornal. Nela, o leitor encontrará sempre as notícias de maior efeito social, seja como reação provável ou esperada, no interior de uma cadeia de acontecimentos em curso, seja no sentido de uma intenção deliberada do jornal em formar opinião, em função de sua inserção no jogo político e ideológico vigente" (CAVALCANTE, 2002, p. 27).

É oportuno ressaltar, ainda, outra vantagem e peculiaridade decorrente do modo consoante a que o jornal dispõe seu conteúdo e suas matérias no espaço gráfico. Não importa a notícia que tenha em vista em face de seu problema de investigação específico, o historiador sempre recebe do jornal que está analisando um conjunto contextualizado por outras notícias, conteúdos e matérias. Poucas fontes, senão nenhuma – à exceção de outros tipos de periódicos –, comportam essa possibilidade de oferecer ao pesquisador um contexto tão imediato, ricamente balizado por outros acontecimentos e discursos que podem ser observados comparativamente com poucos golpes de vista, e analisados em detalhe sempre que se queira. É isso o que Renée Zicman, com muita pertinência, chama de "disposição espacial da informação". Nas palavras da autora, "para cada periódico tem-se a possibilidade de inserção do fato histórico dentro de um contexto mais amplo". Essa é uma vantagem decisiva desse tipo de fonte[236]. Praticamente o jornal, em sua exposição simultânea, imediata e contextualizada de conteúdos, obriga a um procedimento metodológico que, afinal de contas, deveria ser obrigatório à análise de todas as fontes: a conexão do conteúdo com um contexto e com outros elementos sincrônicos.

Voltando ao que se pode buscar em um jornal, é possível investigar, de outra parte, a autoimagem: o retrato que o jornal produz de si mesmo – ou a sua "escrita de si", por assim dizer. Quanto ao modelo de análise, pode-se investir, de modo específico ou em combinação, na análise de estilo, na análise de conteúdo, na análise de discurso, na análise temática, bem como empregar técnicas semióticas disponíveis para a análise de textos, e outras tantas possibilidades metodológicas[237].

Os modos de abordar as matérias temporalmente, no interior de séries, também se colocam em pauta. Assim, é preciso considerar a posição da matéria jornalística

---

236. Outras das vantagens da fonte-jornal, indicadas pela autora, é a própria "periodicidade", que termina por transformar os jornais em verdadeiros "arquivos do quotidiano" capazes de oferecer uma "memória do dia a dia" e um "acompanhamento diário [que] permite estabelecer a cronologia dos fatos históricos" (ZICMAN, 1985, p. 90).

237. Tanto no campo da História como na Comunicação e Linguística, têm-se consolidado perspectivas de análise que procuram situar o texto jornalístico como aquilo que ele realmente é: não um discurso neutro e meramente informativo, mas um discurso que age sobre a sociedade. Nas Ciências da Comunicação, a mesma atenção tem sido dispensada ao estudo do discurso jornalístico: "A análise crítica do discurso associa a perspectiva sociológica e política sobre o jornalismo como discurso social e a atenção particular à linguagem e às suas escolhas de realização em atos de comunicação. Orientada explicitamente para a agenda sociopolítica, para a preocupação em inventariar e apresentar criticamente de que formas os discursos sociais podem contribuir para a reprodução ou a mudança de relações de poder, vem-se constituindo como uma área de estudo da linguagem e do discurso dos *media*" (PONTE, 2005, p. 218).

em uma série que transcende aquele exemplar na qual ela se dá a ler – examinando-se o modo de exploração do mesmo assunto nas sucessivas edições do jornal: se eventual, intermitente, recorrente ou insistente, bem como os ritmos de recorrência do assunto em questão nas diversas edições. O interesse em dar publicidade ao acontecimento declina lentamente, ou interrompe-se de súbito? E por quê?

Compreender as matérias de um jornal – as que são relacionadas aos problemas que serão investigados – no interior de uma série que dá sentido a cada matéria em particular é uma postura historiográfica por si mesma. Esse modo de leitura, obviamente, não é o do leitor comum, mas faz parte do padrão metodológico do historiador. Para este último é que a coleção de jornais faz sentido. Já para o leitor comum o jornal só existe a cada dia, e seu destino habitual é ser descartado na lata do lixo, depois de lido, ou ao menos ao final do dia[238]. Esse modo imediato e imediatista de leitura, típico do consumidor diário de jornais, precisa ser confrontado pelo modo historiográfico de leitura do jornal – serializador e comparativo, seja na diacronia das sucessivas edições do mesmo jornal, seja na sincronia que situa o jornal em comparação com seus concorrentes.

Há uma derradeira questão a ser considerada para a análise da ordem textual do *corpus* de matérias dispostas em um jornal. Se o conjunto de textos jornalísticos que se configuram no jornal editado se apresenta como um rico universo polifônico – percorrido de alto a baixo e de lado a lado por diversas vozes autorais, além de se distribuir em variadas seções e de se alternar através das distintas linguagens ligadas aos troncos da imagem e do texto –, em certos momentos o conteúdo jornalístico também atinge com toda complexidade a possibilidade da "polifonia por camadas", um aspecto que discutiremos no último capítulo deste livro ("Fontes dialógicas").

Assim, se existe uma determinada "polifonia planar" dos textos, que é imediatamente visível e decorrente da própria disposição espacial das informações e dos discursos que são dispostos na superfície material do jornal, já existe outra – que aqui vou chamar de "polifonia em camadas" – que se refere à presença de algumas

---

238. RIOUX, 1999, p. 120. Tal como assinala Maurice Mouillaud, "a atualidade parece sem memória porque é feita de presentes que se apagam uns aos outros. O jornal não faz memória, e a coleção de jornais não tem existência para seu leitor" (MOUILLAUD, 1997, p. 77). Para o historiador, entretanto, o que existe é a série; a coleção dos jornais torna-se o seu arquivo: é ela o que dá sentido à edição de um certo número do jornal, publicada em determinado momento.

vozes que recobrem outras vozes, e assim sucessivamente[239]. O exemplo mais evidente são aqueles textos em que os jornalistas realizam entrevistas, dando voz a interlocutores famosos ou desconhecidos, ou, mais ainda, aqueles nos quais ocorre a apropriação de informações e discursos oriundos de informantes anônimos (as chamadas "fontes" do jornalista). Por vezes, como veremos no último capítulo deste livro – também aplicável a outros tipos de fontes –, essa segunda ordem de polifonias precisa ser habilmente decifrada a partir de uma paciente arqueologia do discurso. Trata-se, conforme veremos mais adiante, de enxergar um "outro" através do "outro", de perceber as vozes que se ocultam por trás de uma voz, de devolver um som de fala a outras vozes que foram silenciadas. Tudo isso, obviamente, abre um novo flanco para análises de máxima importância.

Consideremos, agora, a ordem dos conteúdos imagéticos frequentemente disponibilizados pelas matérias jornalísticas. A série das imagens, que caminha junto aos textos, abre de fato a possibilidade para mais um número indefinido de metodologias. Se visarmos à análise das fotografias, haverá cuidados específicos a tomar, a começar por separar, das fotos claramente dirigidas, aquelas em que o fotografado não sabe que está sendo observado. Ao nos colocarmos no ponto de vista do fotógrafo, e evocar alguma imaginação historiográfica, será hora de nos perguntarmos pelas condições em que foram tiradas as fotos: talvez indagar pelo seu risco – a exemplo das matérias que cobrem crimes, catástrofes e guerras – ou pela paciência e obstinação que requereram, em outros tantos casos.

Em seguida, ao termos em mente o processo que se segue à apreensão e captura da imagem por uma câmera, devemos considerar a técnica de revelação que estava disponível no momento de produção da matéria jornalística (a tecnologia da fotografia e a inserção da mesma nos periódicos de diversos tipos têm também sua própria história). Estamos em mundos bem distintos ao analisar fotografias digitais que são imediatamente reveláveis e passíveis de manipulação gráfica, desde o trânsito para o terceiro milênio, ou ao abordar a prática fotográfica que se desenrola através de um cuidadoso processo de revelação e tratamento da imagem, nos dois séculos que precederam a revolução digital.

Nos casos em que as fotos são postas ao lado de textos, que relações se estabelecem? A complementaridade ou a contradição que podem estar presentes na

---

239. A metáfora mais adequada é a da arqueologia, que é eficaz em trazer à luz civilizações e culturas que já estavam soterradas sob outras.

relação entre os produtos desses dois discursos – imagem e texto –, postos agora em diálogo, tem muito a dizer aos historiadores. Existe ainda a relação das imagens com outras imagens. Nesse ínterim, estamos diante de uma série de fotos, tal como ocorre nas seções típicas de fotojornalismo? Analisar a série de fotos, que se constrói como narrativa, envolve um conjunto de procedimentos específicos que não se reduz à análise da imagem que se apresenta isoladamente, ou como mero acompanhante de um texto[240]. Enquanto isso, se temos a cargo de nossa análise outros tipos de discursos iconográficos – tais como os desenhos ou charges –, existem obviamente recursos mais específicos que pautam cada um desses gêneros de imagens, e estes precisarão ser recuperados pelos historiadores que os analisam. Há quadrinhos? Eis outra linguagem a ser aqui considerada, com seus próprios parâmetros.

De volta aos aspectos relacionados àquilo que diz um texto jornalístico, é preciso lembrar sempre que cada seção tem sua própria linguagem e estilo, de maneira que, para analisar seu conteúdo com propriedade, é preciso que o pesquisador se familiarize com o discurso da moda, do crime, da economia, da grande e da pequena política, da crônica que se aproxima da escrita literária. Cada modalidade de texto tem suas próprias implicações, de modo que os procedimentos metodológicos terminam por ser de número indefinido e por apontar para diversas direções. Sem possibilidade de abarcar essa ampla variedade de métodos e esmiuçar seus procedimentos e implicações mais específicas, vamos pontuar no próximo esquema, e no próximo item, uma série de aspectos que devem ser considerados por aqueles que analisam jornais.

14.15 Síntese final – Questões que se colocam à fonte periódica

Nesta seção final, quero sintetizar – com o apoio de um esquema complexo (quadro 9) – tudo o que foi visto neste capítulo acerca dos jornais e de seu uso como fontes históricas. De alguma maneira, desenvolvemos observações que também são possivelmente válidas para outros tipos de periódicos, de modo que também podemos aplicá-las às revistas e a uma variedade de outros tipos de impressos, para além dos próprios jornais diários ou de quaisquer outros ritmos de

---

240. Para a análise mais específica das fotografias na imprensa, cf. ZANIRATO, 2003, p. 205-218.
• ZANIRATO, 2005.

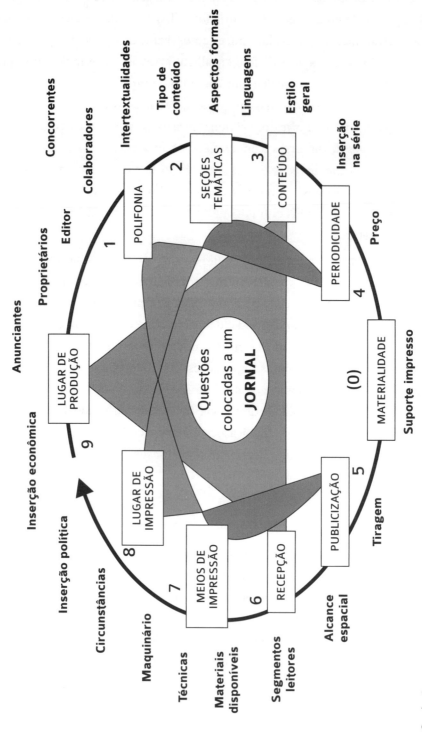

Quadro 9

periodicidade. Também traremos alguns exemplos para os vários aspectos evocados, aproveitando os dois circuitos de jornais brasileiros que examinamos mais atrás: o circuito industrial de massa proporcionado pela Grande Imprensa que começa a se formar no período da Primeira República, e o circuito dos embates políticos que se dão entre 1821 e 1823, pronto a nos mostrar um jornalismo mais artesanal, voltado para segmentos-leitores mais específicos.

O esquema complexo que registramos na página anterior (quadro 9) indica uma diversidade de itens que devem ser considerados pelos historiadores que se proponham a utilizar, como fontes históricas, os jornais ou mesmo outros tipos de periódicos. Os algarismos colocados no círculo central, antepostos a alguns itens de maior destaque, são apenas recursos para melhor localizar os aspectos que sinalizaremos. Não indicam nem pressupõem hierarquia ou importância maior de uns em relação a outros, de modo que, de acordo com o esquema proposto, todos os aspectos sugeridos devem ser considerados em algum momento pelo historiador que aborda a fonte periódica. Os dez itens enquadrados pelos retângulos, em caixa alta, constituem aspectos centrais, e os itens que os circundam, em caixa baixa e em negrito, são aspectos deles derivados ou que se situam entre dois ou mais itens. Nesse esquema visual podemos partir de qualquer lugar, pois nenhum item precede o outro em importância ou como pré-requisito, já que todos interferem uns nos outros.

Iniciemos nossa reflexão sobre o esquema proposto. Podemos observar na parte inferior do quadro os três retângulos relativos aos já mencionados aspectos que são essenciais a todo e qualquer periódico: publicização (5), periodicidade (4) e materialidade (0). Esta última instância, obviamente, deve ser definida – ao menos no âmbito da ampla maioria de periódicos conhecidos – pelo suporte em papel impresso, a não ser que pensemos em aproximar do gênero histórico dos periódicos também as revistas e jornais que já nasceram digitais no período contemporâneo mais recente.

Os periódicos tradicionais são feitos, enfim – por artesanal ou industrial que seja seu processo de produção –, no suporte "papel e tinta". Mas que tipo de papel? Qual o tamanho e formato das folhas? Qual o modo de encadernação? Há alguns padrões mais habituais, que permitem tomar como modelo aproximativo os jornais de formato tradicional e as revistas – oscilando dessa maneira entre o caderno de folhas sem capa, no primeiro caso, e o formato mais próximo ao do livro – no segundo[241]. Todavia, o universo de todos os periódicos produzidos até hoje também oferece aos historiadores muita variedade de cor, textura de papel, tamanhos de página, modos de impressão, estilos gráficos, maior ou menor quantidade de páginas. Ao lado dessa grande variedade bem ou mal acomodada aos modelos materiais mais habituais de periódicos, deve-se lembrar ainda que há pelo menos um subgênero de jornal que é definido pelo seu próprio formato: o tabloide[242].

Além dos seus aspectos materiais, todo periódico – seja um jornal, revista, catálogo, boletim, ou qualquer outro – possui uma "periodicidade" que pode ser diária (como os jornais matutinos de hoje em dia), mas também semanal, mensal, anual, ou em qualquer outro ritmo de recorrência[243]. A periodicidade, por outro lado, também insere cada nova edição de um jornal no interior de uma série que já vem constituída por todos os outros números anteriores e subsequentes daquele jornal ou periódico. Analisar um jornal, como já veremos, também implica em algum momento analisar a série, situá-lo no interior de um conjunto maior que permite melhor compreendê-lo. As notícias que são expostas em um periódico – digamos: uma matéria que veio a público na edição específica de um certo jornal,

---

241. Nada impede que outros formatos se apresentem em casos específicos, embaralhando a materialidade mais habitual dos jornais em seu contraste com as revistas. Tania de Luca registra esses comentários sobre o formato e materialidade do *Correio Braziliense*, jornal não autorizado fundado no Brasil joanino em 1808: "O leitor acostumado aos matutinos atuais talvez se surpreenda com o formato, mais próximo de um livro, com o número de páginas que podia chegar a 150, com a extensão dos artigos que se prolongavam por vários números, e com a divisão interna da matéria, que podia incluir as seguintes seções: política, comércio e artes; literatura e ciência; miscelânea e correspondência. Há mesmo dúvidas a respeito da melhor maneira de caracterizar o *Correio*, não faltando aqueles que consideram mais apropriado denominá-lo revista" (DE LUCA, 2005, p. 131).

242. O tabloide, surgido na Londres de meados do século XX, é um modelo de jornal que apresenta como formato-padrão a página de aproximadamente 43 por 28 centímetros. De designação utilizada para um formato de jornal, a palavra terminou por classificar, em certos casos, um tipo de jornalismo mais específico. Para o caso da Grã-Bretanha, é comum a referência aos tabloides sensacionalistas ingleses, alguns deles dedicados a divulgar escândalos e aspectos da vida privada de celebridades do meio artístico ou mesmo da Família Real inglesa. Também não tem sido nada incomum, em relação a certos tabloides sensacionalistas, a acusação de que eles não hesitam em falsificar algumas de suas notícias, prenunciando as *fake news*.

243. As duas primeiras gazetas legais publicadas no Brasil – a *Gazeta do Rio de Janeiro*, instituída pela Corte em 1808, e a *Idade d'Ouro do Brasil*, esta última concedida para um comerciante baiano e lançada em Salvador no dia 14 de maio de 1811 – estabilizaram-se em um ritmo de publicação em dois dias na semana. Já *O Correio Braziliense*, o primeiro jornal identitariamente brasileiro, era posto a circular mensalmente, sendo digno de nota o fato de que foi publicado sem interrupções e com invejável pontualidade. Depois disso, apareceram no ano de liberação da imprensa, em 1821, muitos jornais de opinião que se inseriram no debate a favor da independência ou do vínculo com Portugal, notando-se em alguns deles uma periodicidade de ritmo irregular. Em relação à periodicidade diária na imprensa brasileira, esta começa a ser mais recorrente a partir da virada para o século XX.

datada de certo dia – não estão simplesmente isoladas, mas fazem parte de um conjunto maior, submetido a um ritmo.

Dentro da série de jornais que se sucedem dia a dia devemos procurar também as séries de notícias e matérias correlatas. Há séries historiográficas – séries constituídas pelo próprio historiador – a serem operadas dentro da série de edições de um jornal. Digamos que estamos diante de uma notícia sobre as manifestações políticas de rua. Uma notícia em um jornal, datado de certo dia, é apenas um elo em uma série maior. Mesmo que o objetivo seja analisar aquele dia específico – ou o posicionamento do jornal acerca das passeatas políticas naquele dia específico –, não podemos extraí-lo, sem perda de sentido, do posicionamento do mesmo periódico em relação aos demais acontecimentos correlatos relacionados à série de manifestações, ou suas consequências, que ocorreram nos outros dias. Ao fazer isso podemos reinserir a notícia analisada em um contexto maior, que a justifica e lhe completa o sentido de alguma maneira, o que permite inclusive compreender a notícia isolada publicada na edição de um jornal datado como uma continuidade, um acontecimento surpreendente ou uma reviravolta. Combinar "série" e "periodicidade" revela aspectos antes menos evidentes, mas imprescindíveis.

Qualquer periódico, como vimos logo no princípio deste capítulo, é necessariamente publicizado de alguma maneira (6). Desse modo, a esse ou àquele periódico devemos fazer algumas perguntas importantes relacionadas a tal "publicização": Será ele vendido em todas, ou pelo menos em algumas, bancas de jornal?[244] Ou será distribuído em outros circuitos de sociabilidade, com ou sem custo? Ou, quem sabe, não teríamos naquele terceiro periódico, de modo distinto, um catálogo disponibilizado para o visitante de algum museu?

Para prosseguir falando sobre a "materialidade", e agora mais especificamente para o caso dos jornais, esta pode ser definida por folhas dispostas em cadernos, interferidas por uma escrita obtida a partir da tecnologia tipográfica, em muitos casos mesclada ao acompanhamento de imagens que podem ir das caricaturas às fotografias, se estivermos nessa fase da história da imprensa. De igual maneira,

---

244. Nas grandes cidades brasileiras, as bancas de jornal começam a aparecer a partir de 1910. Antes disso, os periódicos eram vendidos por garotos que trabalhavam como gazeteiros, e que anunciavam suas principais notícias nas próprias ruas para atrair compradores. O caixote, à maneira dos vendedores ambulantes, também era muito utilizado. Com as bancas de jornal, hoje tão presentes nas paisagens urbanas, surge um novo tipo de estabelecimento comercial.

o conjunto material de todos os exemplares do jornal produzidos em série industrial, em um mesmo dia, implica uma "tiragem" que precisa ser muito bem conhecida pelo historiador.

A tiragem de um periódico ajuda a compreender a abrangência da sua "recepção", assim como seu preço talvez nos dê indicações acerca da inserção de seus segmentos de leitores em certos circuitos socioeconômicos. Conforme vimos em momento anterior, a tiragem de um jornal podia alcançar dezenas ou centenas de leitores nos primeiros séculos da Imprensa jornalística, ou milhares e milhões de exemplares no século XX[245]. Nos países europeus, esse salto chega mesmo antes.

Tiragem e preço conservam entre si certa relação: o incremento de um barateia o outro. Inversamente, o preço mais elevado de um jornal implica a necessidade de um maior poder aquisitivo de seu leitor, e isso acarreta em redução do segmento de população que pode assimilá-lo em suas despesas diárias ou semanais.

O valor de um exemplar de periódico tem muito a dizer, aos historiadores, acerca de seus tipos leitores pagantes – ainda que uma variedade de práticas de leitura e transmissão oral possibilite pensar que não só os leitores-compradores de um jornal são, a qualquer tempo, os únicos que podem ter acesso ao seu conteúdo. De qualquer modo o "preço", se existe, precisa ser conhecido pelo analista de periódicos como um índice importante. É fundamental apreender o preço e desde já considerá-lo historiograficamente, no âmbito de uma economia e na baliza de um custo de vida. É preciso definir, por exemplo, o que representava para um comprador comum os 80 réis fixados como preço para as duas primeiras gazetas legais publicadas no Brasil, ou os 100 réis fixados para o exemplar avulso de diversos jornais do Rio de Janeiro na virada do século XX[246].

É oportuno lembrar, ainda sobre a tiragem, que esta sempre mantém alguma relação com indicações acerca do letramento de uma população. Se as tiragens se

---

245. No início do século XX, na cidade do Rio de Janeiro que já ultrapassara os 620.000 habitantes, o *Jornal do Brasil* já possuía uma tiragem de 60.000 exemplares por dia. Essa relação entre a tiragem e a população local é importante para que se tenha efetivamente uma compreensão adequada acerca do impacto do jornal na sociedade à qual ele atende.

246. Oitenta réis era o preço da *Gazeta do Rio de Janeiro*, posta a correr pela Imprensa Régia desde 1808, e também da *Idade d'Ouro do Brasil*, publicada em Salvador em 1811. Este também foi o preço do *Espelho*, publicado entre 1821 e 1823. Já na virada do século XX encontramos alguns jornais – como o *Jornal do Brasil*, o *Correio da Manhã*, *O Paiz* e a *Gazeta de Notícias* – a 100 réis, valor que correspondia a uma passagem de bonde. Para os periódicos desse último período, cf. a tabela de preços e tiragens elaborada por BARBOSA, 2010, p. 124.

ampliaram na passagem da primeira Modernidade para a segunda (século XIX), e daí para a terceira (século XX), é porque isso se tornou possível devido à redução da margem de analfabetismo na população de diversos países europeus e das três Américas, bem como de outros continentes. A tiragem de um jornal – em uma economia de mercado capitalista – é de algum modo o produto de uma relação dialética entre as condições materiais e objetivas que a viabilizam (maquinário, papel, trabalhadores inseridos em um sistema de trabalho) e uma capacidade leitora definida por um nível de alfabetização alcançado historicamente nas praças na qual o jornal é posto a correr.

Prosseguindo com nosso esquema complexo, no triângulo maior que pode ser entrevisto ao fundo da imagem temos três vértices em destaque, situando fatores que são fundamentais para a compreensão dos periódicos de qualquer tipo: o "lugar de produção" (9), a "recepção" (6), o "conteúdo" (3). Cada qual destes aspectos envolve muitos outros[247]. O "lugar de produção" – um aspecto que na verdade deve ser pensado para qualquer tipo de fonte histórica, conforme veremos no próximo livro desta série – envolve um entremeado de fatores para o caso dos jornais. Talvez haja um "proprietário" ou mais (ou, quiçá, um grupo de investidores). O proprietário ou possuidor da licença para imprimir pode ou não coincidir com o "editor"[248]. À medida que os jornais crescem e se industrializam, amplia-se também sua equipe de produção, e surgem editores-chefes para cada bancada de assuntos mais específicos. Ao lado deles, há ou pode haver uma equipe ou rede de parcerias estabelecida por um certo número de "colaboradores" que oferecem sua contribuição autoral ao periódico, seja esta assumida nominalmente por se tratar de um escritor ou jornalista conhecido, seja diluída no texto de autoria coletiva do qual participam os repórteres comuns. Cada um desses autores possui suas próprias ligações políticas, assim como o jornal, como um todo, também possui

---

247. Para o caso dos jornais, Pierre Albert preferia categorizar o lugar de produção, o conteúdo e o lugar de recepção como três espaços ou campos de análise que deveriam interessar ao pesquisador: o "atrás", o "dentro" e o "em frente" ao jornal (ALBERT, 1976). O "atrás" é o campo que intervém para a realização, e que aqui chamaremos de "lugar de produção". O "dentro" corresponde a tudo o que se relaciona à forma/conteúdo. O "em frente" se refere ao público leitor. Cf. essa discussão em ZICMAN, 1985, p. 92-93.

248. Esse é o caso do primeiro jornal brasileiro oficial e legalizado, a *Gazeta do Rio de Janeiro*, instituída pela Coroa joanina em 1808. O lugar do proprietário é ocupado pela Coroa; o editor, chamado pela documentação de "redator", variou conforme sucessivas nomeações. O primeiro deles foi Manuel Ferreira de Araújo Guimarães (1777-1838).

a sua conexão política mais geral, quase podendo ser considerado uma grande entidade para certos casos.

Para entendermos a ideia de "lugar de produção", vamos evocar como exemplo o primeiro jornal brasileiro: o *Correio Braziliense*, publicado em 1808 e circulante até 1822. Seu lugar de produção mais geral é demarcado pelo Brasil do período joanino – uma sociedade que se vira transformada pela transferência da Família Real portuguesa para a Cidade do Rio de Janeiro, trazendo uma série de progressos típicos da Modernidade (inclusive uma Imprensa Régia), mas que, até 1821, seguia com o cerceamento à impressão. Uma típica gazeta, de cunho informativo – a *Gazeta do Rio de Janeiro* – não demoraria a ser criada para atender aos objetivos e demandas da Corte, mas também ela estaria sujeita aos ditames da censura prévia. O contexto internacional era o das lutas napoleônicas, e foi nesse quadro histórico e circunstancial que Hipólito da Costa (1774-1823), um português exilado em Londres, resolveu de lá editar aquele que seria o primeiro jornal brasileiro.

Um autor ou produtor de textos faz parte do lugar de produção da fonte, com tudo aquilo que a envolve. Visando esta premissa básica, devemos considerar inicialmente que Hipólito da Costa, produtor-editor do *Correio Braziliense*, era um português-brasiliense nascido na Colônia do Sacramento em 1774, que terminou por residir em Londres na maior parte de sua vida. Às vésperas da fundação do jornal que dirigiria até o ano de sua morte (1823), ele havia acabado de fugir da prisão e da perseguição imposta pela Inquisição portuguesa por causa de suas ideias ilustradas – as quais incluíam o antiabsolutismo e a crítica à Igreja – e, sobretudo, por causa de seu pertencimento e intenso envolvimento com a ordem maçônica. O fato de ter sido maçom, para o período considerado, é uma informação particularmente importante. A Maçonaria era uma sociedade secreta muito forte na época, e que estendia sua rede de solidariedade aos seus membros. Parte da Imprensa era produto dela, assim como parte dos líderes políticos.

No quadro 9 situei o item "intertextualidades" próximo ao "lugar de produção", e a continuidade da exposição de dados sobre Hipólito da Costa ajudará a compreender esse aspecto. Os diálogos estabelecidos com outros também ajudam a definir o indivíduo que se coloca no lugar de produção de um jornal. No caso de Hipólito da Costa, este tinha contatos importantes com alguns dos libertadores de países vizinhos ao Brasil, entre eles Francisco Miranda (1750-1816),

Simón Bolívar (1783-1830) e José de San Martin (1778-1850). Os três eram maçons, o que reforça mais uma vez o pertencimento de Hipólito da Costa a esta sociedade secreta.

Além de integrado à rede maçônica, Hipólito da Costa apresentava-se no mundo das ideias políticas como parlamentarista e constitucionalista, sendo favorável à participação popular, mas desde que limitada à liderança liberal. Por volta do período em que fundou o jornal, estava particularmente entusiasmado com a sociedade estadunidense de sua época, na qual vivera durante dois anos, e também com a Inglaterra, que o acolhera no exílio. Considerava Portugal um país muito atrasado em comparação com aqueles dois outros, e isso transparecia em seus textos críticos inseridos no jornal que fundara.

Nem sempre é tão fácil traçar o perfil de um editor ou colaborador de periódico. Os seres humanos, como se sabe, são por vezes ambíguos. Continuemos na mesma época de formação da Imprensa brasileira, e passemos da esquerda para a direita do quadro 8 (anterior), na seção em que estão localizados os jornais governistas ou conservadores. Na parte inferior direita do quadro, vemos três jornais enfileirados, com datas em sequência: o *Conciliador do Reino Unido* (1821), a *Reclamação do Brasil* (1822) e o *Atalaia* (1823). Cada um desses jornais durou um ano, e todos são produtos da iniciativa e trabalho jornalístico de um único homem: José da Silva Lisboa, mais conhecido como Visconde de Cairu.

Para compreendermos cada um dos três jornais citados, teríamos de situar o personagem fundador em seu lugar de produção. O Visconde de Cairu, entretanto, era um ator político bastante ambíguo. Economicamente, era um liberal cujas ações contribuíram para o decreto que normatizou a abertura dos portos. Politicamente, entretanto, era um conservador, e este perfil motivou Dom João VI a escolhê-lo como o primeiro censor. A história da censura acompanha a história da imprensa, e não foi diferente para o caso brasileiro. A instituição da Imprensa Régia vinha acompanhada da instituição da censura; a aparição do jornalista no cenário político e cultural brasileiro vinha acompanhada de seu tão odiado coadjuvante – o censor. No entanto, as duas funções encontraram guarida neste personagem ambíguo que foi o Visconde de Cairu. Como compreendê-lo? Os três jornais que editou, um depois do outro, eram francamente conservadores. No entanto, uma parte da historiografia especializada na história da imprensa brasileira atribui ao Visconde de Cairu a possibilidade de ter sido o autor de um panfleto sem autoria explícita chamado *O Despertador Brasiliense*, que veio a lume em dezembro de 1821[249]. Este texto revolucionário, à maneira dos inúmeros panfletos que foram publicados na França do período revolucionário, chamava a si um movimento político e social que preconizava a permanência de Dom Pedro I no Brasil, contrariando as instruções que ele recebera do movimento liberal do Porto (1820) para retornar imediatamente a Portugal, como primeira medida de um processo que ameaçava fazer retroceder o Brasil para o nível de colônia[250]. O resto da história é bem conhecido: "Digam ao povo que fico", seguido do grito da Independência.

Temos dois comentários a respeito desse panfleto que aparecia no cenário jornalístico com o título de *Despertador Brasiliense*. O primeiro é que ele atesta mais uma vez o oscilante conjunto de ambiguidades que demarcam a figura do Visconde de Cairu, e, portanto, o "lugar de produção" do jornal *O Conciliador do Reino Unido* e seus dois sucedâneos. Liberal, mas diretor da Censura; fundador de três dos jornais conservadores do período situado entre 1821 e 1823, mas possível autor anônimo de um panfleto incendiário que se situou como uma contribuição decisiva para o enfrentamento do domínio português no Brasil – o Visconde de Cairu era um personagem pleno de ambiguidades.

O segundo comentário proporciona a possibilidade de discutir os gêneros jornalísticos. Como dissemos no princípio deste capítulo, e também indicamos no quadro 6, um jornal (ou qualquer outro periódico) precisa ter aparições recorrentes, isto é, *periodicidade*. Um jornal passa a ser constituído de uma série de vários números que adquirem uma periodicidade de algum tipo. Não são raros os jornais que não passam do seu primeiro número, embora a intenção de seu fundador tenha sido a de fundar uma futura série que deveria ser regulada com periodicidade de modo a conformar o que se espera, efetivamente, de um jornal. Um panfleto, por outro lado, é um texto isolado, sem a intenção da recorrência.

---

249. A autoria do *Despertador Brasiliense* também é alternativamente discutida de acordo com a suposição de que seu autor tenha sido o desembargador Francisco de Franca Miranda. Essa é a proposta de Nelson Werneck Sodré em sua *História da imprensa no Brasil*, que também considera o panfleto como um jornal que não saiu da primeira edição (1999, p. 59-60) [original: 1966]. Já Isabel Lustosa propõe que o texto seja classificado como panfleto, e o atribui a José da Silva Lisboa, o Visconde de Cairu (2003, p. 25).

250. O próprio retorno de Dom João VI a Portugal já havia sido uma primeira imposição da Revolução Liberal do Porto. O rei de Portugal resolvera deixar Dom Pedro no Brasil, o que foi uma medida sábia. Na sequência, entretanto, exigia-se também o retorno de Dom Pedro I, e foi desse quadro de tensões que sairia o movimento que culminou com o Fico (campanha para a permanência de Dom Pedro), e finalmente com o processo de Independência do Brasil.

Quando um panfleto possui um título impactante, como o *Despertador Brasiliense* (um título eminentemente jornalístico), ele pode facilmente se transformar em um jornal – ou em uma "folha" – se lhe acrescentarmos a recorrência e a periodicidade. Sobretudo para o período da história da imprensa no qual os jornais eram menos demarcados pela complexidade, e nem sempre sulcados pelos limites entre as diferentes seções temáticas, o panfleto está a um passo de se transformar em um jornal. Também pode se tornar panfleto o jornal falhado – o jornal que tinha intenção de lançar-se como série e como recorrência periódica, mas que ficou estancado em seu primeiro número.

Vamos prosseguir com os comentários relacionados ao lugar de produção da fonte periódica, e logo voltaremos aos exemplos relacionados ao século XIX. O aspecto a seguir não afetava tanto o *Correio Braziliense*, de Hipólito da Costa, ou tampouco os jornais que foram criados e mantidos pelo Visconde de Cairu. Todavia, o tópico é particularmente importante para os jornais do século XX, tal como os jornais diários cariocas que indicamos no quadro 7. Não era o caso dos periódicos oitocentistas, porém quanto mais adentramos o século XX – no qual os jornais afirmam-se crescentemente como empresas industriais voltadas para a cultura de massas –, afirma-se uma inserção econômica a considerar, o que inclui a relação do jornal com os "anunciantes", bem como a posição do periódico no interior da rede formada por ele e outros jornais que lhe são concorrentes. Tais jornais disputam, menos ou mais avidamente, setores mais específicos de um público leitor, os quais configuram o elemento mais exposto da sua "recepção" (6).

Para compreender esse lugar de recepção adequadamente, devemos pensar nos tipos de leitores que têm acesso ao jornal – situando-os em sua condição social, econômica, política, cultural –, entendendo que o jornal também pode disputar com outras diferentes faixas de público. O "alcance espacial" – geográfico, mas também relativo aos espaços de sociabilidade – ainda precisa ser indagado. Sobre o alcance propriamente dito, será o território nacional? Um estado da federação? Talvez um município? Há alcance internacional? Sobre os espaços de sociabilidade, em quais deles o periódico circula?

O "lugar de impressão" (8) de um jornal não deve ser confundido com seu "lugar de produção" (este que é, principalmente, um lugar social, político, econômico, cultural, autoral, inserido na sociedade em uma dimensão mais ampla). O lugar em que o jornal é impresso pode se situar bem distante da localização física de seu púbico receptor ou de seu universo principal de identificação. Retornemos ao exemplo do *Correio Braziliense*. Este jornal crítico em relação ao absolutismo da Coroa portuguesa, que fora fundado em 1808 por um cidadão exilado do Império português, o qual se identificava particularmente com o Brasil (tratava-se, portanto, de um "brasiliense"), era impresso em Londres. Desse modo, Brasil e Portugal aparecem entremeados no lugar de produção deste periódico, e a Inglaterra pode ser referida como seu "lugar de impressão". Em termos semióticos, o lugar de produção de uma fonte está relacionado ao "lugar de produção" de um texto – um lugar não necessariamente físico, embora também possa sê-lo – e o "lugar de impressão" deve ser mais associado ao "lugar de emissão" do discurso.

No caso que presentemente utilizamos para exemplo, a necessidade de imprimir esse jornal de princípios do século XIX em algum lugar fora dos limites territoriais do Império português, e em uma nação europeia dominante como a Inglaterra, atendia certamente às "circunstâncias" demarcadas pela imposição da censura prévia às colônias portuguesas, bem como pela oficialidade da recém-fundada Imprensa Régia e pelo rigoroso controle da Corte sobre os periódicos com pretensões de circulação no Brasil. Entrementes, esse deslocamento do "lugar de impressão" para um país de grande nível de industrialização considerando a época, também se justificava em vista da necessidade de se utilizar do eficaz maquinário inglês e dos "meios de produção" (7) da Imprensa londrina[251].

Avancemos mais no universo de aspectos arrolados pelo quadro 9. Quando pensamos no "conteúdo" (3) – aspecto assinalado no vértice inferior direito do triângulo –, devemos ter em vista fatores como o "estilo geral" do jornal. Para um jornal de qualquer época, podemos nos perguntar: Era um jornal informativo? Opinativo? Doutrinário? Com um estilo combativo? Outros aspectos também devem ser considerados, recolocadores de novas questões. Que "linguagens" mobilizava, além da escrita? Apresentava fotografias, e, mais propriamente, algum tipo de fotojornalismo? Trazia tirinhas de quadrinhos ou charges em alguma de suas

---

251. Se quisermos outro exemplo de deslocamento do "lugar de impressão" em relação ao espaço simbólico e social atendido pelo jornal, podemos lembrar a publicação, em 1824, de um número extraordinário do jornal *A Sentinela da Liberdade à Beira do Mar da Praia Grande*, dirigido por José Estevão Grondona, um jornalista italiano estabelecido no Brasil desde 1817. Fugido da perseguição a políticos e jornalistas de oposição imposta pelo governo de Dom Pedro I após a dissolução da Assembleia Constituinte em 12 de novembro de 1823, Grondona resolveu publicar um número extraordinário de seu jornal em Buenos Aires, ainda no ano seguinte.

seções? Ocasionalmente, podem ser importantes outras questões ainda. Entre os artigos assinados e as matérias anônimas que remetem à autoria coletiva, há no jornal o uso de pseudônimos? O que esta presença de textos assinados por nomes falsos, ou de outros com indicação apócrifa, indica ao historiador?

Pensar nas seções diversificadas de um jornal é pensar simultaneamente em seus "aspectos formais", nas estratégias discursivas e no tipo de linguagem mobilizada por cada uma dessas seções. Também podemos nos perguntar que espécie de conteúdo mais específico demarca cada uma de suas "seções temáticas" (2). São definidas sessões específicas para a política, para a economia, para o crime, para aspectos relacionados à cultura, ao entretenimento, moda ou esporte? Há uma seção de classificados, e um obituário? As seções de um jornal dizem muito aos historiadores: podem ser tratadas como um conjunto mais amplo, que envolve suas relações mútuas, ou podem ser abordadas separadamente, se o problema histórico que se tem em vista permitir.

A questão da "polifonia" (1), tal como vimos em um dos itens anteriores deste capítulo, mostra-se fundamental para o caso dos jornais, principalmente à medida que adentramos o século XX. Passamos aqui a uma polifonia de alta intensidade, e não podemos mais ver o jornal senão como um empreendimento coletivo, multiautoral. Ficam para trás os jornais produzidos por dois ou mesmo um só homem, às vezes em condições muito restritas – como a cela de uma cadeia[252] –, e entramos no mundo já descrito das salas de redação que apresentam uma divisão de trabalho desdobrada em funções diversificadas e organizada a partir de uma hierarquia interna com muitas subdivisões. Se os jornais de uma primeira fase da história da imprensa já apresentavam um nível considerável de polifonia – ainda que de baixa intensidade –, já é uma polifonia de alta intensidade a que temos com os jornais industrializados e voltados para um público leitor massivo, agora dotados de uma rede de muitos colaboradores e também se valendo de processos de autoria coletiva capazes de produzir um texto a muitas mãos. Adicionalmente,

---

252. Na primeira fase da história da imprensa brasileira, encontramos alguns editores que produziram edições de seus jornais da cadeia. Cipriano Barata publicou alguns dos números de sua *Sentinela da Liberdade na Guarita de Pernambuco* a partir das prisões que o confinaram, e chamava atenção para isso através de longos títulos como *Sentinela da Liberdade na Guarita de Pernambuco atacada e preza na Fortaleza do Brum por ordem da Força Armada e Reunida*. Na mesma época, João Soares Lisboa editou um *Correio Extraordinário do Rio de Janeiro* de sua cela em uma cadeia, e a indicava como endereço para leitores que quisessem subscrever o jornal.

talvez tal polifonia comporte intertextualidades com outros jornais, ou haja ainda correspondentes estrangeiros a serem considerados[253].

Por fim, conforme também vimos em um dos itens deste capítulo, resta considerar a rede de jornais concorrentes, geradora de um singular dialogismo que também não pode ser ignorado. Conforme já foi discutido, dois periódicos podem ocupar posições distintas em uma rede de periódicos contemporâneos. Mais uma vez cito o caso do *Correio Braziliense*, um dos dois primeiros jornais do Brasil oitocentista. Opositor em relação à Coroa, esse periódico situa-se no contrapeso político da *Gazeta do Rio de Janeiro*, que era o jornal oficial estritamente controlado pela Corte e diretamente submetido a uma censura prévia que já não afetava seu opositor, impresso na maquinaria londrina desde 1808 e redigido na Inglaterra.

Este, concluímos, é um panorama das possibilidades de questões que podem ser colocadas pelos historiadores aos jornais – ou aos periódicos de maneira mais geral, sopesadas as características de cada gênero e subgênero. Algumas delas, conforme veremos no próximo capítulo, também são questões que se colocam a outros tipos de fontes históricas, sejam as textuais de vários tipos, ou mesmo relativas, ou outros tipos de suportes. Por fim, é importante frisar que existem ainda – o que é mais importante – as questões definidas pelo tema ou problema em estudo. Pode-se estudar, por exemplo, a posição ou "oscilação de posições" do jornal em relação a um tema, questão ou acontecimento. O tema pode funcionar como fator de busca no conjunto de matérias já publicadas pelo jornal, e a partir daí é que tudo começa no que concerne à análise propriamente dita.

---

253. As gazetas do Antigo Regime, por exemplo, costumavam inserir em suas edições periódicas alguns textos traduzidos de outros jornais. Isso ocorria, por exemplo, na *Gazeta do Rio de Janeiro*, jornal oficioso da Corte portuguesa no período de sua estadia no Brasil, a partir de 1808 e até a declaração da Independência. Já no âmbito dos jornais do mesmo período que eram críticos em relação à monarquia, tínhamos o *Correio do Rio de Janeiro*, dirigido por João Soares Cabral entre 1822 e 1823, que publicizou em algumas oportunidades artigos enviados de Pernambuco por Cipriano Barata e textos apócrifos da lavra de Frei Caneca – dois insurgentes que, respectivamente, tinham seus próprios jornais: *A Sentinela da Liberdade na Guarita de Pernambuco*, e o jornal semanal *Typhis Pernambucano*, circulante entre 1823 e 1824.

15

Interlúdio
Alguns aspectos pertinentes a todas as fontes históricas

15.1 A fonte e sua relação circular com a História

Chegamos ao penúltimo capítulo deste livro e, com base em alguns dos exemplos trabalhados ao longo deste ensaio introdutório sobre as fontes históricas, podemos agora postular certos aspectos que parecem ser comuns às análises de todos os tipos de fontes e documentos, sejam essas fontes verbais ou outras. Quero ressaltar que, no segundo volume desta série – *A fonte histórica e seu lugar de produção* –, veremos que ainda existem diversos outros pontos em comum que são partilhados pelas fontes de vários tipos, à parte a especificidade que é a de cada uma delas. Não obstante, por ora farei algumas observações que desde já nos colocam diante de elementos comuns que devem ser levados em consideração sempre que analisarmos as fontes históricas de todos os gêneros.

No último capítulo, ao abordarmos a especificidade do tratamento do jornal como fonte histórica, havíamos chegado, entre outros tópicos, a uma importante conclusão. Para analisar adequadamente o jornal como fonte histórica – ou para nos aperfeiçoarmos nesse *mister* –, precisamos compreender adequadamente a história da imprensa. Vimos que não basta ter diante de nós o exemplar de um jornal e começarmos a analisá-lo como se fosse um texto solto e isolado, que fala por si mesmo, pois a análise depende de algumas questões importantes.

Quem produz o jornal? Quais são seus redatores, e outros tipos de profissionais atuantes na variedade de discursos que configuram o exemplar de um jornal?

Principalmente, quem são os seus leitores, em termos de classes sociais a que pertencem, gênero, gerações e categorias profissionais? De modo mais amplo, que setores e parcelas da população o jornal em questão afeta, de maneira mais direta pela leitura, ou de maneira indireta através da divulgação de suas matérias por aqueles que as leram? Ligado a isso, vimos que era importante nos perguntarmos sempre pela tiragem do jornal – o número de exemplares diários que são produzidos para serem vendidos ou distribuídos – pois isso era desde já um indicativo da amplitude de sua recepção e de seu impacto sobre a sociedade.

Ora, vimos também que a tiragem depende da tecnologia atingida em cada momento, no decorrer da história das técnicas e tecnologias de impressão, ou ainda da capacidade econômica do jornal para adquirir tal aparato tecnológico. A tiragem torna-se possível a partir de um maquinário, e depende de papel – este que, aliás, constitui uma indústria à parte. Além disso, os jornais foram se sofisticando ao transitar do conjunto de escritos simples dispostos em quatro ou oito folhas dobradas até chegar à possibilidade de cadernos bem mais volumosos, e abrigar dentro de si uma diversidade de possibilidades de linguagens que foram se refinando cada vez mais. Em fins do século XIX, os periódicos foram beneficiados pelo advento da Fotografia, que já havia ocorrido em meados daquele mesmo século; e mais tarde, a partir de 1930, surgiria um campo inteiramente novo com as fotorreportagens e o Fotojornalismo[254]. Aflorou também a possibilidade da charge, do *cartoon*, das tirinhas de quadrinhos, entre outras linguagens visuais. Os classificados – sessões para anúncios de compra ou venda de produtos, prontas a abrigar também os avisos sobre objetos achados ou perdidos, ou as informações sobre aluguel ou compra de imóveis – também foram se tornando cada vez mais abrangentes, a partir de certo momento, nos exemplares diários de um jornal.

Cada um desses inúmeros aspectos, é o que queremos frisar enfaticamente neste ponto do livro, tem sua própria história conectada à história da imprensa. Esta mudou de acordo com as inovações tecnológicas, com a adesão de novas linguagens à escrita jornalística, com a ampliação de leitores possíveis a partir do processo de alfabetização massiva trazido pela Revolução Industrial e seus desenvolvimentos posteriores, com as alterações nos hábitos culturais, com as

---

254. O novo conceito é atribuído ao fotógrafo e jornalista húngaro Stefan Lorant (1901-1997). Cf. COSTA, 1993, p. 82.

mudanças nos contextos econômicos e políticos mundiais, e com as características derivadas dos contextos locais de cada país ou cidade.

Como não levar em conta a expressiva tiragem diária de 60.000 exemplares
que passou a ser alcançada pelo periódico carioca *Jornal do Brasil* em uma cidade de 620.000 habitantes? Como analisar um jornal – por exemplo, um certo
exemplar do *Estado de S. Paulo* publicado em outubro de 1907 – sem considerarmos que naquele ano a aquisição de maquinário mais moderno possibilitou
a esse jornal brasileiro o significativo salto quantitativo para a possibilidade de
imprimir 35.000 exemplares diários de 20 páginas? Entrementes, como ignorar
o fato de que, em Londres, a tiragem de alguns jornais já era dez vezes maior naquele mesmo ano? Como desconhecer esses dados, que esclarecem tanto sobre o
quantitativo pertinente ao público leitor de cada cidade ou país, ou sobre o nível
tecnológico alcançado por cada parque gráfico? Há como ignorar ou desconsiderar a história da adesão de cada nova linguagem (fotografia, charge, quadrinhos)
ao mundo dos jornais como um todo, e também ao universo de realizações mais
específicas dessa singular empresa jornalística cujo exemplar publicado em certo
dia está agora na prancheta do historiador, para ser analisado especificamente?[255]

Ou seja, para condensar todos esses aspectos em uma única sentença, podemos
propor a formulação de que não é possível analisar adequadamente o exemplar de
um jornal sem inseri-lo, concomitantemente e de diversas maneiras, na própria
história da imprensa e de cada um dos aspectos que a compõem e a envolvem.
Podemos nos valer de um exemplar de jornal, publicado em certa data e sob certo
contexto, para compreender coisas as mais diversas – tais como problemas econômicos ou políticos específicos, aspectos sociais ou culturais, fatores relacionados à
Educação ou às diversas formas de entretenimento e esporte, ou o que mais quisermos – mas nada disso exime ao historiador, para que ele faça adequadamente seu

---

255. A tecnologia da fotografia, por exemplo, surge em meados dos anos de 1830 e se consolida
a partir de 1839, com a invenção do daguerrótipo e a rápida difusão da prática fotográfica pelo
mundo. Todavia, a entrada da fotografia nos periódicos é um pouco mais tardia. Em 1880 já surgem as primeiras revistas ilustradas; nos jornais diários, entretanto, o primeiro registro de fotografia remete ao jornal inglês *Daily Mirror* em uma edição de 1904 (FREUND, 1989). Com isso,
afirma-se a possibilidade de desenvolvimento do fotojornalismo, o qual iria receber um grande
impulso a partir de 1930 e gerar novos tipos de profissionais ligados aos jornais, como o fotógrafo
e o editor de imagens. A associação do texto às imagens, a partir daqui, passa a ser um fator dificilmente dissociável da linguagem do jornalismo impresso. Também aflora uma nova possibilidade
de leitura dos jornais. Com tal exemplo, vemos como uma história – a da Fotografia – entrelaça-se
com outra, a da Imprensa.

trabalho, de se inteirar acerca da história da imprensa na longa extensão do tempo e também no recorte temporal mais curto, tanto no ambiente global como no local, a fim de que se possa finalmente refletir sobre como essa história da imprensa multifacetada incide sobre a fonte analisada.

É hora de refletirmos sobre o fato de que essa mesma observação é pertinente para todos os tipos de fontes, não importa qual ela seja ou a que tipo de linguagem se filie. Digamos que nos propusemos a analisar processos criminais, ou mesmo um único processo criminal específico (o qual também poderia ser um processo de Inquisição, ou de qualquer outro tipo). Suponhamos que planejamos submeter à nossa análise tal processo não necessariamente tendo em vista, como objeto historiográfico a ser atingido ou investigado, os campos de estudo relacionados à história da repressão ou à história do crime, considerando que também podemos tomar as fontes processuais como caminhos factíveis e adequados para estudar uma enorme gama de problemas históricos e aspectos que envolvem o cotidiano, cultura, política, economia, demografia, a relação entre gêneros, o mundo do trabalho, e assim por diante. Aqui também, para cada um desses temas de interesse, dificilmente poderemos nos colocar diante de um processo criminal ou cível sem nos inteirarmos, ao menos em relação ao próprio período considerado, acerca da história das práticas processuais, da história jurídica, dos desenvolvimentos da história da legislação no país – sem contar a própria história do crime e da repressão criminal, se é de um processo-crime que estamos falando.

Para compreender melhor por que isso é preciso – e por que não é mero esforço de erudição conhecer a história dos processos, para esse caso – devemos considerar o que são, mais propriamente, os processos. Rigorosamente falando, um processo criminal é constituído por um conjunto coerente de documentações de vários tipos, relacionadas às leituras de uma infração legal ou de um crime que foi cometido em algum momento. Através do processo, esse crime e suas sucessivas leituras veem-se detalhadamente registrados em seu percurso pelas instituições policiais e judiciais[256].

---

256. Os vários subconjuntos de documentação que terminam por constituir um processo são pertinentes a diferentes ações. Para considerar a prática processual no período recente, em várias partes do mundo, temos no princípio de tudo a *queixa* ou o *boletim de ocorrência*, devidamente registrados na polícia. O primeiro passo da investigação gera um *inquérito policial* e o *exame de corpo de delito*. Mais propriamente na parte judicial, segue-se o *sumário de culpa*, com a qualificação do acusado e a primeira fase do interrogatório judicial – a qual terminará por definir se o processo seguirá

O grande encadeamento que irá configurar um processo criminal inclui tanto a fase investigativa, a cargo das instituições policiais, como a fase judicial propriamente dita. Quando concluído, o processo encerra-se com uma sentença proferida em um tribunal ou pela autoridade competente, e a documentação se fecha, a não ser que posteriormente seja interposto algum recurso. Depois de algum tempo, por não ter mais qualquer utilidade para as instituições policiais e judiciais, o processo é transferido para algum arquivo, onde passará a ficar disponível para os historiadores e outros tipos de pesquisadores.

Toda essa intrincada complexidade que está habitualmente envolvida nos processos nos mostra alguns campos bem interligados: os crimes, a repressão aos crimes, a punição contra os crimes, as práticas de investigação e de apuração de crimes, a legislação que regulamenta tanto a categoria "crime" como sua repressão e julgamento e, por fim, o universo das próprias práticas judiciais, o que inclui inclusive a elaboração de um modelo específico de texto processual, como este que agora temos à frente para uma análise historiográfica. Todos esses aspectos, que através da fonte "processo" se acham interligados de muitas maneiras, possuem cada qual uma história.

Para começar, qualquer sociedade precisa definir os atos que serão por ela considerados criminosos, sendo que o que é crime em um país pode não ser crime em outro. Essa definição de uma sociedade acerca dos atos que por ela serão considerados criminosos ou ilícitos também está sujeita à historicidade, e aquilo que foi crime um dia pode já não ser em outra época. As práticas de investigação e repressão contra os crimes de vários tipos, as legislações a eles pertinentes, os sistemas judiciais com suas diversas práticas jurídicas e seus modos de conduzir a avaliação de um acontecimento tido por criminoso – desde a "ocorrência" até a "sentença", e passando por outros tipos de ações em diversas etapas –, tudo isso é histórico.

Não é possível tomar um processo criminal como fonte sem o situarmos nesse novelo de histórias. Isso posto, não significa que a necessidade de historicizar cuidadosamente tudo o que está envolvido na prática processual, em seus múltiplos

---

adiante – a partir do pronunciamento do acusado. Desse ponto em diante tem-se o julgamento em plenário, com falas envolvendo os vários atores e uma sequência que pode agregar petições e recursos até confluir para o pronunciamento do júri e para a promulgação da sentença. Depois disso, pode-se dar que novos recursos sejam interpostos, de modo que todos esses subconjuntos de documentações vão se encadeando em um único conjunto. É nessa forma que o processo chega ao historiador, já acomodado e etiquetado nas prateleiras de um arquivo.

aspectos, implique que o interesse do historiador seja propriamente o crime, a repressão ou os modelos de justiça, embora isso também possa ocorrer. Conforme já foi dito, pode-se usar um processo para estudar quase tudo o que se relaciona a uma sociedade ou à vida das pessoas comuns. Contudo, as mediações que aparecem nos processos, todas as figuras e agentes que nele são citados ou que o produzem, os tipos de informações que são postas por escrito, os limites e possibilidades que são dados a cada voz que se pronuncia – nada disso pode ser bem compreendido sem ser situado em seu momento, em seu contexto, em seu trânsito histórico. Tampouco é possível compreender um processo sem entender a legislação que lhe deu forma, que lhe imprimiu um ritmo e dinâmica específicos, que lhe forneceu um conjunto de práticas e representações de modo a transformá-lo, finalmente, em um tipo muito específico de documentação. Um processo, enfim, precisa ser compreendido em sua história e em seu tempo[257].

É por isso que tudo o que foi dito anteriormente para os jornais – a necessidade de compreender historicamente o momento tecnológico, político, cultural e social que produz cada edição de um mesmo jornal – também pode ser adaptado para o trabalho historiográfico sobre os processos criminais. Na verdade, a preocupação em desenvolver uma profunda consciência acerca da história daquele tipo de fonte que nessa ou naquela situação temos diante de nós, como pesquisadores, é perfeitamente válida para quaisquer outros tipos de fontes e documentação, pois nenhuma delas escapa à história. As fontes históricas são fontes para entender a história-acontecimento e para produzir a História escrita que será elaborada pelos historiadores, mas também são históricas em si mesmas. Foram produzidas em um fluxo histórico, e na confluência de várias histórias. Em uma sentença mais emblemática: "A fonte está em relação circular com a História"; produz História e é produto da história[258]. E, mais além, podemos ainda dizer que, ao colaborar

---

257. Keila Grinberg, historiadora que se especializou no uso de processos como fonte histórica, assim se pronuncia sobre esse tipo de trabalho historiográfico: "Sem ela [a legislação em vigor no período], não se entende a lógica do andamento do processo, as sentenças proferidas, as argumentações dos advogados e as interpretações dos juízes. Para estas últimas, inclusive, não basta conhecer a lei, é preciso agir como o faziam os contemporâneos, ler revistas de jurisprudência, sentenças divulgadas nos jornais, suas repercussões na sociedade, compilações de casos, para saber como eram interpretados e julgados processos semelhantes" (GRINBERG, 2015, p. 124).

258. Para uma convenção útil com vistas a nossos propósitos, neste livro grafamos com inicial maiúscula a História produzida pelos historiadores, e com inicial minúscula a história que corresponde ao campo acontecimental.

para a produção da História (discurso dos historiadores), a fonte também produz história (pois seu uso historiográfico torna-se um acontecimento que poderá ainda interferir na história futura). Mais rigorosamente falando, a fonte possui uma relação duplamente circular com a História – envolvendo tanto a história "campo de acontecimentos" como a História "escrita dos historiadores".

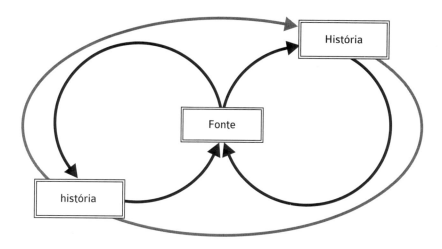

Figura 3: A fonte e sua relação circular com a História

Tendo em vista o que foi dito até aqui, creio que posso generalizar para o uso de qualquer tipo de fonte o cuidado de, antes de nos aventurarmos em sua análise historiográfica, aprendermos bastante sobre a história daquele tipo de escrito ou de prática, tomando consciência de suas nuanças materiais e tecnológicas, de suas transformações sociais e culturais no tempo, bem como dos desenvolvimentos relativos àquele tipo de escrita ou prática como linguagem. Existe ainda, como veremos oportunamente, uma história do uso deste ou daquele tipo de fonte histórica pelos historiadores, e mesmo um único documento também apresenta uma história de seu uso historiográfico, a não ser no caso de fontes que ainda são totalmente inéditas nesse aspecto.

Vejamos, então, até onde essa consciência histórica e historiográfica nos leva. Se é dos exemplares de algum jornal que nos ocupamos, aproximemo-nos da História da Imprensa, em todas as suas implicações. Se temos como fonte um diário ou um livro de memórias, compreendamos, antes de mais nada, a História da

Escrita de Si. Testamentos? Situemos previamente a série de documentos, que acabamos de constituir, no interior da história mais ampla desse tipo de registros e não nos esqueçamos de considerar ainda seu incontornável entrelaçamento com a história das formas de sensibilidade diante da morte e com uma história das expectativas religiosas relacionadas à crença em uma sobrevivência da alma humana em um outro mundo que encerraria o verdadeiro destino humano.

Feito isso, a série de testamentos poderá nos falar não apenas de mortes e heranças, mas de inúmeros outros aspectos como a vida material, hierarquias sociais, relações de parentesco, inserções políticas ou oscilações econômicas, sem contar o auxílio que poderá nos prestar para o traçado de perfis demográficos que podem ser delineados a partir desse tipo de fonte. Antes disso, porém, a série de testamentos também precisará ser validada pela História do Direito. Se os testamentos apresentam-se de certa maneira ao olhar historiador, é porque as normas jurídicas de sua época tal permitiram, ou mesmo obrigaram a isso. Aqui, têm encontro um campo de práticas e um campo de normas jurídicas, ambos constituindo-se mutuamente[259].

Para todo tipo de fontes existe de fato uma história a considerar. Há uma história do comércio – e, mais propriamente, a história dos registros comerciais. Existe uma história dos censos ou, ainda, a história da identificação pública a serviço do Estado, a qual vai desembocar nos cartórios e nos vários tipos de documentos que estes abrigam: certidões de nascimento, casamento, separação e óbito, cada qual com seus próprios desenvolvimentos históricos e modelos em mutação.

Avancemos, com mais exemplos, na compreensão dessa demanda historiográfica que exige historicizar, sempre, a própria fonte. Se quisermos tomar um simples diário como fonte histórica, precisaremos compreender, certamente, o que era um diário naquele momento e naquele lugar social; que tipos de indivíduos os utilizavam; em que classes, gêneros ou grupos geracionais eles eram acolhidos

---

259. Se quisermos exemplificar com o caso do Brasil, há três sucessivos códigos jurídicos, abarcando o período da Colônia até a República, cada qual com suas normas relativas à prática testamentária. As *Ordenações filipinas* vigoraram, como referência jurídica, desde o período colonial até os tempos do Império, e na verdade só foram substituídas em 1916 pelo *Código Civil Brasileiro*. Posteriormente, em 2002, este dá lugar ao *Novo Código Civil Brasileiro*. Cada um desses três códigos possui suas próprias variações concernentes aos modos de se registrar legalmente um testamento, àqueles que podem fazê-lo, àqueles que podem se beneficiar de seus efeitos, e àqueles que podem mediá-lo na ação jurídica que os institui. Desse modo, não é possível abordar uma fonte-testamento sem situá-la historicamente no Código no qual ela se insere. Aqui, a História do Direito recobre a história dos testamentos. Para os inventários, o mesmo se aplica. Cf. FURTADO, 2005, p. 94-102.

como práticas culturais; e no seio de que faixas etárias vigoravam. Se o diário aparecia como uma prática, não basta constatar isso, pois é preciso compreender em detalhe a quais finalidades essa prática visava. Há de fato uma História da Escrita de Si que precisa ser bem compreendida, antes de enfrentarmos o desafio imposto pelo uso do diário como fonte histórica.

Um diário é um texto no qual o autor fala sobre si, sobre sua vida e sobre os acontecimentos que impactaram seu dia a dia durante o período de existência abrangido pelo diário. Além de sua dimensão *autobiográfica*, trata-se de um texto simultaneamente *testemunhal*, visto que nele o autor ocupa-se de registrar o que viu e viveu, e *confessional*, pois neste tipo de texto o autor prima por estabelecer uma conversa íntima consigo mesmo, ou então com um leitor imaginário que é na verdade o próprio diário (os diários de adolescentes do século passado frequentemente utilizavam a fórmula "querido diário").

Esse primeiro ponto abre um divisor. Em boa parte das práticas, o diário é uma escrita de si para si mesmo, ao menos no subgênero que ficou conhecido como *diário pessoal*. Temos aqui talvez a única fonte na qual o produtor do discurso coincide com seu receptor. Mas há certamente práticas nas quais o diário é escrito para que outros o leiam. Nesse caso, o que demarca o direito que se dá a esse registro de se chamar "diário" é o que está estampado em seu nome: uma narrativa que pretende relatar o dia a dia. A datação rigorosa dos subtextos, indicando a passagem sucessiva dos dias é, aliás, outra característica sobressalente do diário. Encontramos o gênero desde a modernidade renascentista, mas sobretudo a partir do século XIX, embora outras modalidades de escrita de si remontem a períodos anteriores[260].

---

260. Entre as escritas de si que remontam à Antiguidade, pode-se mencionar o caso das Confissões, a exemplo das célebres *Confissões de Santo Agostinho* (397-401 e.C.), sendo necessário ressaltar que, nestas, o relato autobiográfico mistura-se à reflexão teológica e filosófica. Além disso, a obra orienta-se para um esclarecimento de fundo, que foi a conversão de Santo Agostinho do maniqueísmo para o catolicismo. O objetivo das confissões de Santo Agostinho foi o mesmo que também veremos nas *Confissões de Rousseau* (1769): responder certas acusações imputadas a partir do contraponto de uma narrativa sobre si mesmo. Entrementes, as confissões pressupõem o tom do arrependimento, do reconhecimento de falhas. Para a questão classificatória que nos interessa neste momento, é importante ressaltar que as confissões, por configurarem uma "escrita de si para os outros", alinham-se mais com o gênero das Memórias. Por outro lado, entre os textos que se autodesignam como diários, e que podem seguir o plano do relato progressivo com um ritmo de dia a dia, podemos lembrar também os "diários de bordo", que se alinham mais aos relatórios de viagem e também configuram uma escrita de si para outros. Hoje, esse tipo de instrumento tornou-se mais técnico, e prima por registrar apenas os acontecimentos importantes relacionados à navegação.

Como modelo privilegiado de escrita de si, a fonte-diário possui já uma história, e é preciso compreendê-la, já que diferentes sociedades e distintos autores de diários se apropriaram do gênero de maneira diversificada. Por isso mesmo, para usar adequadamente o diário como fonte histórica, precisamos situar esse texto íntimo no interior de uma história que pode nos colocar diante de práticas muito diversificadas. Da segunda metade do século XIX em diante, por exemplo, tanto o uso intimista do diário pessoal começa a se sobressair como este se torna preferencialmente um hábito privado das jovens mulheres burguesas e aristocratas. Dessa maneira, a história desse tipo de fonte entrelaça-se, a partir daqui, com a história da vida privada e com a história das mulheres, uma vez que o diário pessoal torna-se desde então uma fonte privilegiada para acessar seus modos de pensar e de sentir, ao menos em relação ao grupo letrado da população feminina. Existe mesmo uma arquitetura prevista para essa nova prática, o que nos leva a entretecer o estudo dessa escrita de si também com a história da cultura material, particularmente no tocante ao novo modelo de residências burguesas[261].

Situar a fonte-diário em uma confluência de histórias, como se vê, é de novo imprescindível. Depois, é preciso compreender as grandes fases dessa historicidade, que podem separar radicalmente as várias sociedades e as distintas gerações. Uma adolescente que escreve um diário em meados do século XX, para sua reflexão íntima, está fazendo algo diametralmente distinto daquilo que faz uma adolescente da mesma idade ao escrever sobre sua própria vida em um *blog* no início do século XXI, no qual sua finalidade passa a ser a exposição pública de si mesma. Escrever à mão, e com certo tipo de letra, é também diferente de digitar um texto. Há portanto uma história que separa e une essas práticas, e é preciso conhecê-la para entender o que é a Escrita de Si. De igual maneira, escrever um diário livremente, e escrevê-lo clandestinamente, em um período de repressão, envolvem distintas disposições de ânimo e de risco, bem como outros aspectos também atravessados pela história[262].

---

261. "A casa burguesa, com seus espaços individualizados, em especial com o favorecimento de um lugar privado para escrever, criava um refúgio para a intimidade – a condição material que permitia e estimulou a escritura do diário íntimo. A afirmativa de que esta é uma prática de escritura das mulheres burguesas pode ser respaldada quando se sabe que, em contrapartida, as mulheres das classes populares ficavam, em geral, excluídas, pois careciam de condições que lhes garantissem maior intimidade ou isolamento, além do pouco acesso à escolarização" (CUNHA, 2005, p. 256).

262. Este foi o caso do *Diário de Anne Frank*, escrito entre 12/06/1942 e 01/08/1944 por uma menina judia alemã cuja família viveu clandestina na Holanda, durante a perseguição antissemita da

As correspondências, ou trocas de cartas, também envolvem de alguma maneira uma outra escrita de si, com novas regras e práticas. Não é mais uma "escrita de si para si", como o diário, nem a "escrita de si para um público", tal como ocorre com o livro de memórias; trata-se, sim, de uma "escrita de si para o outro". Também essa forma de escrita de si – ou melhor, essas "escritas de si cruzadas", em cuja interseção dois indivíduos podem se expor menos ou mais abertamente um para o outro, dependendo do tipo mais específico de correspondência e de sua finalidade – envolve suas próprias histórias.

É assim que, se diante de nós temos cartas que foram trocadas entre dois indivíduos – através das quais pretendemos compreender seu cotidiano, seu mundo social, ou seu ambiente político –, será oportuno fortalecer antes um pertinente conhecimento sobre a história das correspondências, de modo a que possamos situar com maior precisão esses escritos trocados entre duas pessoas no interior de um sistema de possibilidades e limites, de normas sociais e práticas de sociabilidade, de possíveis liberdades de expressão e de padrões estereotipados de escrever. Precisamos entender antes, para esse tipo de fonte, qual era – naquele momento histórico que está em análise – o tempo habitual de entrega das missivas pelos correios, ou qual era o tempo social aceitável para que se desse uma resposta adequada à correspondência recebida sem que isso se convertesse em afronta. Precisamos compreender a troca de correspondências no interior de uma história, ou de algumas histórias que se entrecruzam e se reforçam umas às outras[263].

Ter pleno domínio da história das correspondências é uma questão axial para que possamos tomar as cartas como fontes, ou mesmo como objetos históricos.

---

ocupação nazista. O diário contou com uma versão espontânea, elaborada no anexo no qual se refugiava a família Frank. No entanto, um fato novo ocorre quando Anne toma conhecimento, pela rádio inglesa, de que o Ministério da Educação estava solicitando que as pessoas conservassem seus diários de guerra. Anne Frank, a partir daí, assume o projeto de reescrever o diário, já pensando na possibilidade de sua futura publicação. Faleceu aos 15 anos em um campo de concentração; mas o diário sobreviveu a ela. Mais tarde, em 1947, após a derrota nazista, o diário foi publicado por seu pai, talvez sofrendo novas alterações. Completou uma curiosa trajetória, por assim dizer, que o conduziu do registro íntimo que configura uma autêntica "escrita de si para si", para a escrita de si para outros". Sobre as alterações no *Diário de Anne Frank*, cf. LEJEUNE, 1993.

263. A história dos serviços postais, por exemplo, remonta ao Egito Antigo, onde os historiadores conseguem identificar, já desde o século XII a.C., um eficaz sistema postal. Ao mesmo tempo, a história da troca de missivas também remonta à Antiguidade, atravessa os períodos medieval e moderno e vai encontrar no século XIX uma época de especial destaque, no qual se inicia também uma indústria própria de suporte para a troca de correspondência, da qual os materiais mais visíveis são os diferentes tipos de papel de carta, com os mais variados formatos, cores, texturas e *designs*. Sobre esse aspecto, cf. MALATIAN, 2015, p. 199.

Não podemos analisar por igual a mensagem rápida e por vezes inconsequente de um certo circuito de e-mails trocados modernamente no ambiente da Internet, e as lentas, cuidadosas e premeditadas mensagens que foram trocadas através de cartas manuscritas em um tempo-espaço no qual os correios levavam uma ou duas semanas para fazer a entrega.

A fim de analisar esse tipo de fontes que são as correspondências, enfim, precisamos entender antes a história desse meio de comunicação que envolve simultaneamente uma escrita, uma prática, um hábito social, uma indústria de papel e tinta, uma instituição de serviços postais, um sistema de transportes possível para que sejam adequadamente encaminhados, e mesmo a possibilidade ou os receios relacionados a uma história de repressão ou da censura, para o caso dos regimes ditatoriais e totalitários. O mesmo cuidado com a história da fonte poderia ser pautado para os registros cartoriais e paroquiais dos eventos ligados ao ciclo vital – nascimento, casamento e morte –, pois esses tipos de registro também têm a sua história[264]. Quando se trata de analisar fontes históricas de qualquer tipo, em poucas palavras, precisamos antes compreender sua própria história. Ou, por vezes, é preciso compreender seu emaranhado de histórias.

Quero ressaltar, adicionalmente, que a tomada de consciência em referência à relação circular que se estabelece entre fontes e história, aliada à intenção de perceber os diálogos e relações entre um tipo de fonte e outros, pode levar a que os diferentes gêneros de fontes históricas também possam ser reagrupados de muitas maneiras, produzindo categorias mais amplas capazes de colocar em relevo um traço comum que une distintos tipos de fontes. As categorias classificatórias não estão dadas de uma vez por todas, pois elas são de responsabilidade dos historiadores.

Nestes capítulos finais, por exemplo, operacionalizei a categoria das "fontes polifônicas" com o objetivo de chamar atenção para alguns diferentes tipos de fontes históricas nos quais sobressai a presença de diferentes vozes sociais protagonistas e que envolvem, basicamente, dois tipos exemplares de polifonia: a "polifonia planar" – trazida pelo exemplo dos jornais e de outros tipos de periódicos onde ocorre a espacialização de informações e a presença de distintos discursos em um mesmo conjunto de páginas – e a "polifonia transversal" – que se dá em camadas

---

264. Assim, no que concerne aos registros de batismo e casamentos pela Igreja, temos uma história que remonta ao Concílio de Trento (1560-1565), o qual padronizou esses tipos de registros nos meios eclesiásticos. O atrelamento dessa prática a uma funcionalidade pública, cooperante com o Estado, tem por outro lado outra história, que aqui se entrelaça como um novo aspecto a ser compreendido.

que precisam ser apreendidas e decifradas de maneira mais sofisticada pelo analista, conforme discutiremos no último capítulo deste livro ao expor aquele tipo de dialogismo no qual as distintas vozes se recobrem umas às outras. A categoria das "fontes polifônicas", enfim, não existe como um dado prévio: é aqui criada para expor e trabalhar um problema típico da metodologia da História.

De modo análogo, se desejamos evocar a serialidade que se torna possível ao trabalho historiográfico com alguns tipos de fontes – tais como os testamentos, certidões de cartório, registros paroquiais, inventários, escrituras, entre outras –, torna-se possível falar em "fontes seriais". Já para alguns dos exemplos que acabamos de discutir nos últimos parágrafos, por outro lado – diários, correspondências, confissões, memórias, e outros gêneros autobiográficos –, pudemos conceber e estabelecer a categoria mais ampla da "escrita de si", muito utilizada pelos diversos autores que têm estudado esses tipos de fontes[265].

15.2 O circuito da produção e a recepção (ou finalidade)

Ainda lembrando o exemplo dos jornais, que examinamos em maior profundidade no capítulo precedente, havíamos visto que é uma questão fulcral para sua análise compreender que possuem um "lugar de produção", e dentro deste um polo editor, ao mesmo tempo que um "lugar de recepção", no caso conformado por um polo leitor. A dinâmica triádica entre "produção", "mensagem" (ou conteúdo) e "recepção" (ou finalidade) é pertinente, na verdade, a quase todos os tipos de fontes. Qualquer fonte – ou melhor, qualquer objeto, texto ou criação humana que está prestes a ser constituído pelo historiador em fonte – visou em sua origem (em seu momento de produção) uma "recepção" ou finalidade.

Os jornais são escritos para seus leitores; os censos visam à finalidade de documentar aspectos pertinentes às populações que devem ser administradas ou

---

265. Philippe Antières evoca as fontes relacionadas à "escrita de si" como aquelas que permitem, aos seus autores, uma espécie de arquivamento seletivo da própria vida: "[...] fazemos um acordo com a realidade, manipulamos a existência: omitimos, rasuramos, riscamos, sublinhamos, damos destaque a certas passagens. [...] Num diário íntimo, registramos apenas alguns acontecimentos, omitimos outros. [...] Na correspondência que recebemos, jogamos algumas cartas diretamente no lixo, outras são conservadas durante um certo tempo, outras enfim são guardadas; com o passar do tempo, muitas vezes fazemos uma nova triagem. [...] Numa autobiografia, a prática mais acabada desse arquivamento, não só escolhemos alguns acontecimentos como os ordenamos numa narrativa; a escolha e a classificação dos acontecimentos determinam o sentido que desejamos dar às nossas vidas" (ANTIÉRES, 1998, p. 11).

controladas pelos governos; as certidões atendem às demandas de identificação e cadastramento impostas pelas sociedades disciplinares modernas. Quando um texto de qualquer tipo não é voluntariamente produzido para ser lido por certa especificidade de leitores, o que é muito comum, visa ao menos à certa finalidade, ou então corresponde ao registro de algo com vistas a usos futuros. Da mesma forma, os objetos materiais – como aqueles com os quais convivemos em nossa vida cotidiana – são construídos e conformados para desempenharem uma função, nem que seja decorativa. As imagens se dirigem aos olhares que irão apreendê-las. Os mitos de origem são criados para serem difundidos e conhecidos por todos os que pertencem à sociedade.

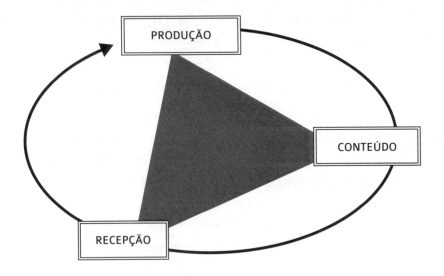

Figura 4: O Triângulo Circular da Fonte

Para o caso de todas as fontes textuais sobre as quais já discorremos neste livro, é praticamente um truísmo – uma obviedade que, efetivamente, já não será mais preciso aqui demonstrar – dizer que todo texto ou objeto tem seu "lugar de produção", conformando um circuito que remete em diversas instâncias à sociedade que o produziu e às suas circunstâncias, e talvez a um autor com identidade social específica, esteja ele inserido ou não em uma instituição. Um circuito, ademais, sempre localizável em um tempo-espaço, mas que pode atravessá-lo mais tarde através de múltiplas apropriações pelas gerações seguintes em novas espacialidades.

O lugar que produz o texto ou o objeto é complexo, mas deve ser decifrado pelo historiador que o analisa. "Produção" e "recepção", por fim, ligam-se entre si, mas também à mensagem ou ao conteúdo. O triângulo formado por "produção", "mensagem" (ou conteúdo) e "recepção", acima representado, pode ser aqui evocado para a compreensão inicial da ampla maioria de tipos de fontes com as quais podem lidar os historiadores[266].

Para toda fonte, de qualquer tipo, é preciso considerar atentamente essa dinâmica relação, essa dialética trinitária que situa em interação o "lugar de produção" do texto – um lugar que, tal como vimos, envolve o entremeado de muitos aspectos, desde o autor até a sociedade e as relações de todos os tipos que os envolvem –, a "recepção" ou finalidade do texto ou do material na ocasião em que foi produzido e, por fim, o "conteúdo" ou a mensagem (um vértice que envolve também inúmeros aspectos). Essas três instâncias de qualquer texto ou produto humano não são estáticas; ao contrário, agem uma sobre a outra, em um processo circular. O triângulo proposto anteriormente contém muitas possibilidades dentro de si para examinar a questão, a começar pela ideia de que o conteúdo (a mensagem, ou a finalidade) é produto de uma relação dialética entre a produção e a recepção:

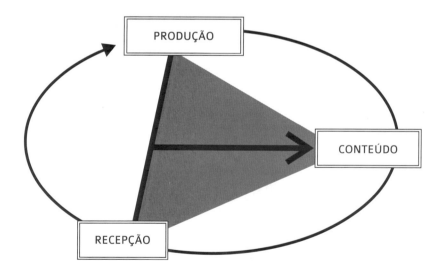

Figura 5

---

266. Este tema será desenvolvido, em maior profundidade e com mais desdobramento de exemplos, no próximo livro desta série (*A fonte histórica e seu lugar de produção*, 2020).

Temos ainda, inclusa no mesmo triângulo, a ideia mais simples de que o conteúdo, ou a mensagem, perfaz um circuito que vai da produção à recepção:

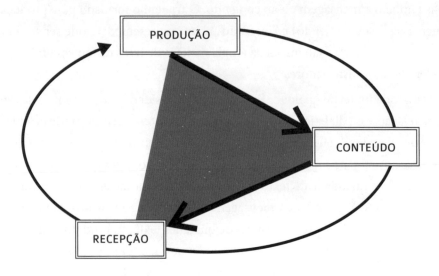

Figura 6

Ou, enfim, podemos entrever no interior da mesma imagem a ideia de que a recepção é antecipada pela produção, para depois a ela retornar, perfazendo um circuito completo de construção do sentido:

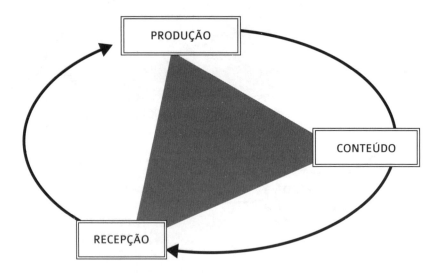

Figura 7

Se o circuito triangular-circular que envolve "lugar de produção, conteúdo e recepção" é inerente a qualquer tipo de fontes, também podemos pensar para cada uma dessas fontes uma "circunstância de produção". Qualquer texto é produzido não apenas em um lugar espacial e social, e por vezes autoral, mas também sob o peso ou a leveza de certas circunstâncias bem definidas que devem ser apreendidas pelo historiador que o analisa. Vimos anteriormente o caso dos jornais oficiais e clandestinos – alguns amparados pelos poderes oficiais, outros produzidos obstinadamente no exílio, no ostracismo, ou mesmo na cela de uma cadeia. Para processos criminais podem variar igualmente as circunstâncias, pois é distinto o processo que passa despercebido pela sociedade, tramitando na invisibilidade do fórum, em relação àqueles que, por alguma razão, recebem ampla cobertura da mídia ao se tornarem emblemáticos para certos grupos sociais ou ao se afirmarem como catalisadores simbólicos de questões muito específicas.

Os textos políticos, sabe-se bem, podem ser escritos a partir de uma ou de outra posição em relação ao poder oficial ou oficioso. O bem conhecido livro *O príncipe*, de Maquiavel (1513), oferece-nos um bom exemplo de texto escrito sob as circunstâncias de um exílio, por um autor que já havia sido eminência-parda do governo de sua cidade de origem até cair no ostracismo, e que talvez almejasse agora ser novamente amparado pelas boas graças de um governo. O *Mein Kampf* de Hitler (1923) traz o exemplo de um texto ditado na prisão, mas ao abrigo de uma expectativa externa que denunciava o crescimento do prestígio popular do líder nazista junto a certos grupos para os quais o futuro dirigente alemão se dirigia em seus escritos.

Seja para o caso de obras conhecidas, literárias ou de outros gêneros, seja para o caso de textos produzidos na vida comum privada, no mundo do trabalho, na esfera política e em outras tantas instâncias, as circunstâncias modalizam o lugar de produção. Sua análise pode ser considerada uma norma aplicável a qualquer tipo de fonte. Assim, mesmo uma simples troca de correspondências pode envolver circunstâncias específicas, passíveis de serem percebidas a partir de certas pistas. O escrito apressado, motivado pela urgência ou pelas condições furtivas em que foi elaborado, difere obviamente daquela carta na qual cada linha é cuidadosamente refletida e pesada, por vezes precedida de um rascunho[267].

15.3 Dois tempos da fonte – O presente-vivido e o passado-presente

Vimos no capítulo precedente que um jornal, no âmbito normal de cumprimento de sua finalidade principal, está quase sempre destinado ao descarte diário pelo leitor comum, que apenas o adquire para tomar contato com informações e opiniões relacionadas aos acontecimentos do dia anterior. O jornal – seja concebido pelos seus difusores como "veículo de informação", "meio de comunicação" ou "instrumento de formação da opinião pública" – tem na imediatez seu traço mais visível. A prática leitora visada no dia a dia tende a descartá-lo; contudo, o que o preserva é uma prática historiográfica – seja esta a prática dos historiadores profissionais, que arquivam seus exemplares e o estudam, seja a prática autorreferente da história empresarial, na qual a empresa jornalística se empenha em arquivar as sucessivas edições de seu jornal com o intuito de elaborar uma permanente narrativa de si. Essa dinâmica entre o tempo comum do vivido e o tempo historiográfico que o sucederá, entrementes, não é apanágio exclusivo da fonte-jornal.

Todas as fontes históricas, de qualquer tipo que seja, possuem uma relação assimétrica que se estabelece entre o modelo de duração previsto para sua vida comum e seu modo de preservação historiográfica. Dito de outra maneira, toda e qualquer fonte parece possuir dois tempos vitais a serem considerados: o da sua "vida comum" e o da sua "vida historiográfica" – esta última configurando uma existência extraordinária que, em geral, só ocorre para atender às demandas da historiografia, da memória, do patrimônio, do desejo de arquivar, preservar ou colecionar. Se não fosse essa segunda ordem de demandas, os selos postais, por exemplo, se esgotariam em sua "vida comum" e no exercício da finalidade para a qual foram previstos – desapareceriam, enfim, após cumprir sua função de aferir valores para o custeio das despesas de transporte postal. No entanto, tal como ocorre com outras fontes, os selos sobrevivem, e através da historiografia ou do colecionismo adquirem sua segunda existência.

---

267. "O uso de tarja negra para situações de luto, de ilustrações em ocasiões festivas ou memoráveis, a exposição de papéis luxuosos de linho, o recurso a simples folhas arrancadas de cadernos ou retalhos de papel de embrulho indicam as circunstâncias em que as cartas foram escritas" (MALATIAN, 2015, p. 199).

Já que falamos em selos, será um bom momento para retomar o exemplo das correspondências. Uma carta é escrita. Ela tem um autor e visa um destinatário, que a recebe. Uma vez cumprido seu papel em uma rede de troca de informações e em um circuito de sociabilidades, qual será agora seu destino? Será ela preservada? Será descartada? Se tal, quando será descartada? No momento imediato à conclusão de sua leitura, no dia seguinte, depois de algum tempo, ao final de uma vida? Ou será preservada, como lembrança, em um pequeno arquivo familiar, talvez atravessando até mesmo muitas gerações? Mais além, oferecerá este arquivo familiar, depois de algumas negociações, algum tipo de acesso – franco ou restrito que seja – aos historiadores?

A reflexão sobre o destino das cartas precisa levar em consideração outro fator. As correspondências podem ser separadas naquelas que têm sua origem no vasto oceano dos emitentes comuns, e naquelas que despertam interesse público por terem sido escritas por pessoas que foram consideradas extraordinárias pelos seus contemporâneos ou extemporâneos. Dependendo do prestígio ou do valor social atribuído ao autor da carta, e talvez ao seu destinatário, é possível que a correspondência desses emitentes ilustres seja preservada de uma outra maneira que não o mero arquivo familiar, e seja transferida em algum momento para algum arquivo público, quando não for o caso de ser publicada, situação nada rara no que concerne a personalidades destacadas no mundo literário.

De um modo ou de outro – estejamos falando dos correspondentes comuns de todos os tipos, ou dos "emitentes ilustres" celebrizados pelos mais diversos motivos –, a verdade é que o primeiro ator social a ter decidido pela preservação de uma carta, ou pelo seu descarte imediato, foi sempre o destinatário – aquele que a recebeu ao sabor de certas circunstâncias e em um determinado contexto. Se depois haverá novas decisões que assegurarão um destino historiográfico a uma carta, ou não, o primeiro gesto no sentido da preservação epistolar pertence definitivamente ao destinatário da missiva[268].

As cartas mantêm, como se vê, uma relação muito específica entre seu tempo de vida comum e seu tempo de vida historiográfica, neste último caso já como fonte em potencial. Algumas, de fato, só conhecerão o primeiro movimento – o

---

268. "É o receptor quem irá provavelmente controlar sua preservação ou destruição, numa prática de memória implícita ou explícita no pacto epistolar e seus desdobramentos, os atos de escrever, enviar, receber, ler, responder e guardar cartas" (MALATIAN, 2015, p. 203).

tempo da vida comum –, uma vez que logo terminarão por desaparecer no circuito de vida cotidiana que as viu circular e completar a habitual roleta de ações relativas a qualquer correspondência: a escrita da carta, seu envio, o recebimento por um destinatário, sua leitura (após ser aberta), a resposta (ou sua desconsideração). Guardar a carta ou descartá-la, conforme também vimos, são ações que já estão na encruzilhada de decisões que irá conduzir a carta ao segundo movimento: a possibilidade de sua preservação historiográfica. Para os historiadores, tudo começa nesse gesto que separa um restrito número de cartas – seja de pessoas desconhecidas ou de indivíduos celebrizados – daquele imenso caudal de cartas que estão destinadas ao esquecimento ou ao desaparecimento definitivo.

Para trazer agora o exemplo dos processos criminais, já mostramos antes que esse tipo de documentação também tem seu tempo de vida socialmente útil. Passado o tempo de prescrição previsto para cada crime, a documentação processual já não tem qualquer utilidade nem para a polícia nem para a justiça. Seu deslocamento para os arquivos públicos, contudo, é habitual, e é aqui que os processos saem da história para reencontrar a História[269].

Para a documentação paroquial podemos dizer o mesmo. Os arquivos físicos das igrejas também têm seus limites materiais, e a instituição eclesiástica precisa elaborar, por isso mesmo, as normas que deverão reger o descarte ou o deslocamento de documentação já antiga – certidões de casamento e batismo que já perderam qualquer utilidade meramente paroquial, e que agora podem se destinar aos arquivos que se tornarão responsáveis pela sua guarda e por promover sua disponibilização historiográfica ou arquivística. Com os cartórios, também ocorre essa mesma passagem habitual dos arquivos correntes para os arquivos públicos, que abrigarão uma documentação que a partir daqui só há de interessar aos historiadores e aos outros tipos de pesquisadores.

Cada tipo de fonte, enfim, ao ter seu próprio padrão de relação dialética entre seu tempo de "vida viva" e seu tempo de vida historiográfica, fará parte do

---

269. O acervo de processos criminais do Arquivo Nacional, no Rio de Janeiro, foi formado a partir da incorporação da documentação oriunda do Ministério da Justiça. Documentações policiais que já esgotaram sua utilidade investigativa, do mesmo modo, são em via de regra deslocadas para arquivos públicos locais. Instituições privadas, por outro lado, também podem se responsabilizar pela guarda de documentação pública como aquela oriunda dos meios judiciais. Em última instância, porém, certos cartórios de menor movimento e de localidades pequenas podem conservar, em seus arquivos mortos, documentação que já deveria ter sido há muito deslocada para os arquivos permanentes.

"passado-presente", para utilizar esta expressão já celebrizada por Reinhart Koselleck (1923-2006). Refletir sobre o tempo, ou sobre os dois tempos que recobrem cada uma delas, é um procedimento preliminar próprio do historiador. Com isso tomamos consciência de que a existência plena de uma fonte – e podemos considerar esta como uma regra geral para todos os tipos – biparte-se em dois movimentos: o tempo em que ela fez parte do "presente-vivido" e o tempo em que fará parte do "passado-presente". Aqui está mais um denominador comum entre todas as fontes.

Em relação ao tempo, resta ainda considerar um aspecto final que pode ser pensado para todos os tipos de fontes: o tempo de sua produção – aqui compreendido como o tempo que foi necessário para produzir o texto ou objeto. A reflexão sobre esse aspecto é importante, pois pode trazer elementos de análise fundamentais para a fonte que temos diante de nós. Uma carta, por exemplo, leva uma boa parte de hora para ser pensada e manuscrita; um e-mail, apenas alguns segundos para ser digitado. A escrita deste último é automática, ao mesmo tempo em que seu envio é imediato; isso tem de ser considerado pelo historiador que o analisa, ou aos seus efeitos. Há fontes que podem levar horas, dias ou meses para serem constituídas. Neste último caso, temos parte da documentação jurídica.

Um testamento, pelas decisões que encerra, é pensado pelo seu autor durante alguns dias, até semanas. Quando ele se senta para rascunhar e passar a limpo seu texto (ou digitá-lo, nos tempos modernos), leva o tempo de escrita de uma carta, talvez uma boa hora. Mas então, ele precisa levá-lo ao seu advogado, e depois ao cartório. Seu registro consumirá outra hora estendida. No entanto, temos os testamentos que são decididos e elaborados em apenas algumas horas no derradeiro momento de vida de quem está à morte. Dependendo do tipo de análise que está sendo empreendida pelo historiador – a abordagem serial de muitos testamentos dispostos em comparação, ou a análise qualitativa de um único testamento para compreender os seus efeitos –, essa temporalidade de produção do testamento como documento jurídico e social pode ser relevante.

Pensemos agora na fonte complementar do testamento: o inventário. Este tipo de fonte constitui um processo jurídico complexo, extenso e volumoso. Precisará ser construído pelo advogado ou testamenteiro agregando documentos, e depois registrado em cartório. A partir daí tramitará na justiça e possivelmente levará muitos meses. Há inventários que levam anos para serem concluídos em seu processo de tramitação até começarem a fazer seus efeitos, dos quais o principal é a liberação de cada bem imóvel ou de outro tipo para o herdeiro que foi designado como seu futuro possuidor por direito de herança.

Os processos tendem a apresentar um tempo de produção ao menos de média extensão, quando não de extensão mais longa, estendendo-se por meses ou muitos anos. Pensemos no processo criminal, cuja duração de composição se inicia, de certo modo, no primeiro instante em que se institui uma *queixa* – sendo este o primeiro documento que será depois agregado ao processo, ainda no âmbito policial. Esse aspecto nos leva a refletir, de passagem, sobre uma condição comum aos processos de natureza jurídica. Frequentemente, eles conformam conjuntos documentais compostos por muitos documentos, alguns dos quais tiveram uma existência autônoma antes de serem incluídos no processo.

Depois da queixa, virá uma investigação, um inquérito, a recolha de depoimentos de testemunhas e suspeitos, ou mesmo da vítima (quando não for um crime de assassinato). Os advogados de defesa e acusação juntarão provas para apoiar sua argumentação; haverá um registro jurídico daquilo que se desenrolará no tribunal. Mais tarde, após ser proferida uma sentença, talvez advenham recursos. O processo, enfim, é constituído por um conjunto complexo de documentos e textos que precisou de um tempo jurídico considerável para ser produzido e chegar ao seu estado documental finalizado. Depois disso, como já dissemos, terá seu "tempo vivido" como documento jurídico, ainda potencialmente apto para produzir efeitos sobre as vidas que o cercam. Finalmente, convertido em "passado--presente", será transferido para os arquivos públicos à espera dos historiadores e demais pesquisadores que por ele se interessarem.

Um poema talvez seja escrito em alguns minutos, sob o impulso da inspiração. Já um bom romance leva um ou dois anos para ser concebido, escrito e reescrito pelo seu autor. Mais tarde, terá seu tempo próprio enquanto se procura a possibilidade de sua edição, que talvez não se realize nunca. Como produto editorial disponibilizado ao público, o romance – expresso em uma tiragem de tantos mil exemplares – terá seu próprio tempo. Poderá se esgotar rapidamente pelo interesse que despertou nos leitores ou poderá durar anos nas prateleiras das livrarias, encontrando cada um de seus leitores no decorrer de um tempo mais longo. Talvez "encalhe", como dizem os editores. Talvez encontre uma boa recepção entre os leitores e, depois de lido, seja incorporado às suas bibliotecas particulares. Ou poderá ser emprestado, passar de mão em mão. Talvez vá parar em um sebo, para mais tarde iniciar uma nova vida como objeto de leitura. Talvez seja arquivado em uma biblioteca, à espera de outros tipos de leitores que virão consultá-lo ou tomá-lo emprestado. Tudo isso, enfim, constitui o tempo de produção e circulação do romance.

Os tempos de gestação e produção de uma fonte, seu tempo de circulação e cumprimento da finalidade-fim à qual a princípio se destinava, sua transformação em documento de arquivo, quando isso ocorre – cada um desses tempos pode ser importante como aspecto a ser considerado na análise empreendida pelos historiadores. Uma fonte histórica, seja ela qual for e a que tipo de escrito ou documentação pertencer, está, por via de regra, inserida em uma teia de temporalidades.

15.4 Alcance temático da fonte

Toda fonte apresenta, ao historiador, um alcance temático em potencial. Que tipo de temáticas estão inclusas nesse alcance potencial é o que irá nos indicar cada tipo de fonte – e, em certos casos, cada fonte específica no interior desse tipo. O alcance temático potencial varia, obviamente, em função do tipo de fonte, mas não há de fato nenhuma categoria de fontes históricas que não permita alcançar produtivamente um certo número de âmbitos relacionados a problemas e temas típicos da historiografia, assim como não há nenhuma fonte que favoreça a investigação de todos os temas ou problemas possíveis. As fontes, de todos os tipos, estão aptas a mostrar certas coisas, e não outras; ou a serem exploradas por certos vieses, e não por outros. Tal como diz o provérbio, "podem vestir um santo e despir o outro". Por isso, escolher fontes em função de determinado problema histórico é levar em conta seu alcance temático em potencial.

Por exemplo, as correspondências podem favorecer aos historiadores o acesso a inúmeros temas de estudo. Alguns âmbitos, no entanto, são especialmente apropriados. Trata-se de um tipo de documentação que permite acessar com eficácia as "redes de sociabilidade". Uma carta escrita pelo escritor Lima Barreto a um correspondente qualquer revela – já de imediato em seu destinatário, e talvez em seu conteúdo – algo da rede de sociabilidades na qual se inseria esse autor em sua época. Um romance escrito pelo mesmo autor, no entanto, pode nada dizer sobre isso[270]. Tanto o romance como a carta, por outro lado, podem permitir acesso historiográfico a temas como a vida cotidiana, a formas de sensibilidade, os modelos de afeto, os sistemas de preconceitos ou as hierarquias sociais que se estendem sobre a sociedade que abriga seu momento de produção. Dá-se a perceber, aqui, que diferentes tipos de fontes podem partilhar potenciais de alcance temático em comum. Um processo criminal, da mesma forma, pode oferecer aos historiadores densos mergulhos na vida cotidiana, na materialidade, no universo de relações sociais vividas por diferentes grupos sociais que, no processo, podem estar representados através das variadas falas de indivíduos que se tornaram réus, vítimas, testemunhas, acusadores, peritos e juízes.

As fontes de diversos tipos também oferecem distintas possibilidades de acesso historiográfico aos vários grupos sociais que se confrontam ou interagem em seus momentos históricos. Os escravos, nas décadas que precederam a abolição da escravidão, não escreviam cartas nem romances; mas cometiam crimes. Assim, através das fontes epistolares, não chegaremos a eles, a não ser como comentários passageiros, nos casos em que a troca de correspondência se der entre dois membros da classe senhorial que decidiram conversar sobre a escravaria que possuem ao seu serviço. Já um romance poderá tematizar a vida dos escravos, ou não. Enquanto isso, os processos referentes a crimes cometidos por escravos, ou contra escravos, situam-nos diretamente na vida cotidiana desse grupo social, em sua rede de sociabilidades, em seu universo de rivalidades e solidariedades, em sua vida material, em sua cultura e relações de parentesco.

Um inventário, por outro lado, também oferece acesso historiográfico ao mesmo grupo, mas não necessariamente para todas essas questões. Através dos inventários das fazendas e de outros registros de propriedades escravistas – analisados serialmente –, podemos chegar a uma visão panorâmica sobre um setor da escravaria local ao examinar dados específicos contidos nos inventários, como a origem tribal de cada escravo, as faixas etárias mais recorrentes no interior do perfil populacional, a proporção de gêneros, os padrões de parentesco, os trabalhos que

---

270. Ou isso pode ocorrer excepcionalmente, a exemplo de algum romance mais específico. A obra *Recordações do escrivão Isaías Caminha* (1909) satiriza pessoas reais com as quais Lima Barreto conviveu na redação do jornal *Correio da Manhã*, que aparece em seu livro disfarçado sob o nome de *O Globo*.

tinham a seu cargo, seu conhecimento ou não da língua do colonizador ou do dominador senhorial, as idades em que morriam e, talvez, os males de que padeciam e que os levavam à morte. Nesses inventários, por outro lado, pouco saberemos de sua cultura, de sua vida cotidiana, de seus prazeres e lazeres. Mas os processos criminais já nos mostram isso. Diferentes fontes, portanto, oferecem distintos alcances temáticos, mas todas permitem algum tipo de alcance temático que pode ser bem aproveitado pelos historiadores.

***

Os aspectos dos quais tratamos neste capítulo precisam ser de fato pensados para qualquer tipo fonte, e o primeiro desses fatores – o "lugar de produção" – será analisado em maior profundidade no livro seguinte desta série. No próximo e último capítulo, completaremos a presente obra com um segundo grande grupo de exemplares que pode ajudar a ampliar ainda mais o conjunto de questões colocadas às fontes históricas, como um todo.

Categorizaremos as fontes que iremos abordar, em seguida, como "fontes dialógicas". Se a reflexão sobre a ordem das fontes periódicas nos permitiu compreender uma forma de "polifonia planar" que disponibiliza espacialmente as várias vozes que falam através das matérias de um mesmo jornal, já a ordem das fontes dialógicas nos permitirá compreender outro tipo de polifonia, agora por camadas, através das quais algumas vozes parecem estar escondidas sob outras.

16

Fontes dialógicas
Sobre processos criminais, relatos de viagem e outros tipos de fontes polifônicas

16.1 As camadas de alteridade

Três índios muito inteligentes adormeceram sobre a relva. Enquanto dormiam, um menino travesso desenhou na testa de cada um deles uma pequena imagem vexatória que, naquela cultura, era bastante depreciativa e levava ao ridículo, inspirando um irresistível efeito jocoso. Um pouco depois, os três índios acordaram praticamente ao mesmo tempo. Agora, ao verem o desenho grotesco na testa dos companheiros, estão todos a rir, sem saber que eles mesmos – cada um deles – também têm o sinal cômico desenhado à testa.

De repente, um deles – para simplificar, vamos chamá-lo a partir daqui de "terceiro índio" – para de rir. Ele consegue finalmente perceber, através de uma inspirada análise da reação dos outros dois índios, que também a sua própria testa deve estar pintada. Que raciocínio o leva a chegar a tal conclusão? Esse é um problema de lógica bastante interessante, pois aborda a possibilidade de enxergar o "outro", e a si mesmo, através de um terceiro "outro". O que ocorre na narrativa lógica aqui exposta é que, a certa altura, o terceiro índio começou a raciocinar de maneira não mais meramente linear. Conseguiu se alçar a uma perspectiva polifônica, por assim dizer. Acompanhemos sua linha de raciocínio.

Tudo começa com uma pergunta, matizada por aquele clássico gênero de desconfiança que precede todo raciocínio investigativo: "Sim... todos estamos rindo, mas... Por Tupã! Não será possível que também a minha própria testa esteja pintada? O que me assegura que não? Bem... se de fato minha testa não estiver pintada, como a princípio penso que seja o caso (pois, em situação contrária, não haveria mais nenhum motivo para eu rir), cada um dos meus companheiros estará vendo a imagem vexatória estampada na testa um do outro, mas enquanto vislumbram a minha própria testa limpa. É porque eles dois percebem a marca na testa um do outro que está à sua frente, sem saberem que sua própria testa também está na verdade desenhada, que riem tão abertamente, sem se darem conta do seu próprio ridículo. No entanto, se esse é mesmo o caso – e a minha testa estiver realmente limpa – um dos dois índios observados poderia logo pensar do outro: 'E por que este segundo índio ri? Se minha testa está de fato limpa, assim como também está a testa do terceiro índio que agora me observa, não haveria qualquer motivo para o segundo índio estar rindo também. Ele estaria, nessa hipótese, olhando para dois índios de testa limpa. Raios! Se este segundo índio ri, é porque também enxerga o sinal depreciativo na minha própria testa'. No entanto, nenhum dos dois índios parou de rir (pensa, finalmente, o terceiro índio). Isso significa que minha própria testa também deve estar pintada, como a dos outros dois. [Dito isto, o terceiro índio parou de rir, levou a mão à testa e limpou o desenho; logo depois, os outros dois fizeram o mesmo, compreendendo o ridículo de sua situação]".

Esse pequeno problema de lógica, à maneira de outros análogos que poderiam ser lembrados, coloca-nos diante da possibilidade extraordinária de enxergar o "outro" a partir de um "outro"; e de, em última instância, iluminar-se também a si mesmo nessa operação. Em tal movimento da inteligência conseguimos enxergar cada camada de alteridade a partir de uma outra camada que se estende a seguir ou que a recobre. É preciso ter certo talento, nesse modelo de raciocínio, para nos tornarmos capazes de abandonar a cada instante um ponto de vista de modo a se apropriar de outro, e de lá saber voltar o olhar para a própria camada que acabamos de deixar[271].

---

271. Outro problema lógico que também explora essa perspectiva dialógica é o famoso enigma dos dois portais guardados pelos dois informantes, um que diz sempre a verdade e outro que mente sempre. Autorizado a fazer uma só pergunta para saber por qual portal deverá entrar, já que um conduz à morte e outro à liberdade, o caminhante precisa encontrar uma única pergunta que una dentro de si as duas perspectivas: a do mentiroso e a do informante sincero. A solução é fazer uma pergunta que force um dos informantes a dar uma resposta acerca do que diria o outro.

Existem vários tipos de fontes históricas que convidam ou obrigam o historiador – caso ele deseje apreendê-las efetivamente em sua maior riqueza de possibilidades – a saltar de um ponto de vista a outro no interior das fontes, a ouvir suas vozes internas, a perceber as camadas de alteridade que ali são postas a dialogar, ou que se recobrem umas às outras. Como na parábola filosófica dos três índios, o historiador deve se colocar diante desses tipos de fontes como alguém que enxerga o outro a partir de um outro. Às fontes que permitem esse modo de abordagem, conforme veremos no presente capítulo – independente de serem elas fontes de espécies diversas no que concerne ao seu gênero textual ou a outros aspectos como o tipo de linguagem ou suporte – chamaremos aqui de "fontes dialógicas".

16.2 O que são as fontes dialógicas

A historiografia, tal como nos foi possível ver nos vários capítulos deste livro, tem prosseguido nas últimas décadas com o grande movimento de expansão documental e metodológica que se iniciou no princípio do século retrasado, e que teve sua segunda revolução documental importante a partir dos anos de 1930, daí chegando às últimas décadas do século XX com a incorporação adicional de uma grande diversidade de fontes possíveis para os historiadores. Cada vez mais, fontes escritas de diversos tipos, mas também fontes relacionadas a outras espécies de linguagem ou de suporte – como a imagem, o som, a cultura material, o cinema –, têm sido trabalhadas pelos historiadores ligados às mais diversas modalidades historiográficas, da História Econômica à História Cultural e à História Política. Metodologias as mais singulares, concomitantemente, têm sido inventadas pelos historiadores para enfrentar o desafio de lidar com tal variedade de fontes, e outros tantos métodos vão sendo apropriados, interdisciplinarmente, a partir da inspiração em outros campos de saber.

Nesse último capítulo procuraremos tecer algumas considerações sobre essa categoria específica de fontes que aqui chamarei de "fontes dialógicas", e cujas características ficarão mais claras no decorrer deste texto a partir de alguns exemplos mais concretos. Trata-se, agora, de uma megacategoria que agrega outras, e que apenas estabelecemos para favorecer o pleno entendimento de um aspecto peculiar que pode estar presente em alguns dos tipos de fontes que já vimos até aqui.

Entenderemos como "fontes dialógicas" aquelas que envolvem, ou circunscrevem dentro de si, vozes sociais diversas capazes de dialogar e de se confrontar na própria trama discursiva da fonte. Podemos chamá-las também de "fontes polifônicas", considerando que sua principal característica é a presença marcante dessas vozes internas que encontram expressão na trama textual e terminam por dialogar, confrontar-se ou interagir umas com as outras de várias maneiras. As "vozes" podem ser falas de indivíduos, presenças no texto de distintos representantes culturais, confrontos de forças políticas que encontram um espaço de disputa através do discurso (ainda que de maneira encoberta), culturas ou civilizações que se contrapõem, classes sociais que se embatem por conta de contradições interindividuais ou outras, gerações que se contrastam, narrativas que se entrelaçam, e assim por diante.

O primeiro passo é compreendermos mais claramente o que é "polifonia", um conceito que já mencionamos algumas vezes nos capítulos anteriores deste livro. Busquemos o sentido para tal conceito no ambiente original ao qual ele pertence, antes de se ter espraiado para outros campos de saber. Na Música, campo de expressão artística e de saber de onde a expressão "polifonia" foi importada – primeiro para a Linguística, depois para a História –, a textura polifônica corresponde àquela modalidade de música na qual podemos ouvir claramente, com protagonismo musical próprio em cada uma delas, distintas vozes melódicas que interagem umas com as outras.

Pensemos, por exemplo, na música de Johann Sebastian Bach (1685-1750), ou nos quartetos de jazz nos quais cada instrumento conduz sua voz com uma mesma importância na trama melódica. Essa modalidade de música desenvolve-se de maneira distinta em relação ao que ocorre naquelas canções mais singelas – para as quais podemos encontrar uma infinidade de exemplos na música popular –, em que existe apenas uma melodia principal que recebe o apoio harmônico de outros instrumentos, mas sem que estes tenham uma importância maior no que concerne à condução mais propriamente melódica do discurso musical. Esse segundo padrão, baseado em uma melodia única que é apoiada por uma harmonia de acordes que fornecem o clima e o jogo de tensões e relaxamentos da música, é chamado de "homofonia", constituindo um modo de expressão musical bem diferente da polifonia[272].

---

272. Há ainda, na Música, um terceiro modo de apresentação musical que é chamado de "monodia", e que, em sua forma histórica mais pura, corresponde a uma melodia única, sem acompanhamento harmônico ou de qualquer outro tipo, tal como ocorria nos antigos cantos gregorianos da Igreja cristã medieval. Sobre o conceito de polifonia e sua reapropriação em ciências humanas como a Linguística, podemos acompanhar ainda os seguintes comentários de Cristóvão Tezza: "[a polifonia] é o efeito obtido pela sobreposição de várias linhas melódicas independentes, mas harmonicamente relacionadas; Bakhtin emprega-a ao analisar a obra de Dostoiévski, considerada por ele como um novo gênero romanesco – o romance polifônico" (TEZZA, 2002, p. 90).

Quero ainda acrescentar, de passagem, que frequentemente a polifonia é bem explícita em uma boa parte de músicas de natureza polifônica. Podemos identificar claramente onde cada voz está, pois cada uma delas se situa em um território bem definido, tanto no que concerne ao espaço sonoro, como em função da distinção de timbres entre os vários instrumentos envolvidos. É verdade que o ouvinte pouco acostumado com esse tipo de música costuma apresentar uma tendência quase automática a concentrar sua atenção auditiva apenas na voz mais aguda do conjunto, o que constitui uma escuta incompleta. Entrementes, ouvintes habituados com música polifônica – a exemplo das fugas de Bach, de algumas composições para quartetos de Jazz, ou de conjuntos especializados no Choro e outros gêneros instrumentais – não têm quaisquer dificuldades de seguir conscientemente as diversas vozes que ocorrem simultaneamente na mesma música. Contudo – e é esse o ponto que quero mencionar, dada sua importância para a discussão historiográfica que teremos a seguir –, existe ainda uma outra possibilidade, que é uma espécie de "polifonia implícita". Esta requer uma escuta mais sofisticada e desafiadora, pois as vozes estão frequentemente ocultas por outras.

Quero sugerir a audição da *Suíte n.1 para violoncelo* (1717) de Johann Sebastian Bach. Embora tenhamos nessa magnífica obra apenas um único instrumento musical, o violoncelo – um instrumento de cordas e arco que habitualmente só pode tocar uma única nota de cada vez[273] –, uma escuta mais refinada dessa composição musical pode revelar uma "polifonia implícita" entretecida com extrema habilidade. Envoltas por um único movimento melódico que se impulsiona para frente, diversas vozes musicais estão lá, mas encobertas, e esperando para serem decifradas pelo ouvinte mais atento. Chamo a isso de uma "polifonia implícita", que é aquela onde a outra voz conquista seu território sonoro mesmo que recoberta por uma outra. Aqui, as vozes musicais encobertas emergem impetuosamente por dentro da escuta, ao invés de terem seu espaço de expressão já previamente consentido e bem delimitado na textura musical, à maneira de

---

273. Tocar duas, ou mesmo três notas de uma só vez, abarcando mais de uma corda com um mesmo movimento de arco, não é impossível para o violoncelista. Mas é um efeito que só ocorre mais eventualmente. Por isso, o violoncelo é tido como um "instrumento melódico", ao contrário do piano ou do violão, que são "instrumentos harmônicos" habituados à possibilidade de várias notas soarem ao mesmo tempo.

um coral ou conjunto de câmara com seus naipes bem organizados e definidos. Guardemos estas imagens, pois elas serão necessárias mais adiante[274].

Voltemos agora às nossas fontes históricas. Com as fontes dialógicas (e, mais especificamente, com as fontes polifônicas), podemos ter dois tipos de situações através das quais as diferentes vozes se bifurcam ou se multiplicam no interior de um discurso ou de uma trama textual. Pode ocorrer que, em um determinado tipo de texto ou de documentação, as vozes internas encontrem sua expressão em um mesmo plano – tal como uma primeira página de jornal que apresente seis ou sete matérias jornalísticas diferenciadas, escritas por distintos autores –; ou pode acontecer que as várias vozes estejam dispostas em camadas, por assim dizer, ocultas sob a aparência de um discurso unificado. As duas situações também podem ocorrer simultaneamente, com a coexistência de "polifonias de primeiro plano" e de "polifonias em camadas". Vamos tomar como exemplares de uma e de outra situação os processos criminais e os relatos de viagens.

Os processos criminais constituem grandes conjuntos de documentos divididos em muitas sessões, no interior das quais são frequentemente transcritos depoimentos de testemunhas, vítimas e suspeitos, para além das *performances* de advogados, falas de juízes e pronunciamentos de júris, sem esquecer ainda as análises de peritos e as narrativas conduzidas pelo escrivão que retrata a tomada de depoimentos, entre tantas outras situações. Os processos criminais ilustram bem essa primeira ordem de fontes dialógicas que são realçadas por esse padrão que chamaremos de "dialogismo explícito", além de constituírem predominantemente uma "polifonia no mesmo plano", embora neles também ocorram frequentemente as polifonias transversais e encobertas, nas quais algumas vozes podem se superpor umas às outras.

Um belo vislumbre da impressionante sensação de diversidade social, cultural e discursiva que pode ser trazida ao analista através da trama polifônica típica dos processos jurídicos – embora nesse caso se trate de um dossiê que mistura a documentação jurídica à ensaística médica – mostra-se nas palavras de Michel

---

274. A polifonia explícita pode ser percebida de imediato em uma partitura musical para vários instrumentos, ou mesmo para um instrumento harmônico como o piano ou o órgão. Já a polifonia implícita requer não apenas uma escuta experiente, como também um olhar experimentado, capaz de enxergar na partitura musical as vozes ocultas ou encobertas.

Foucault sobre o dossiê relativo ao crime do matricida Pierre Rivière, ocorrido em 3 de junho de 1835:

> Tratava-se de um "dossiê", isto é, um caso, um acontecimento em torno do qual e a propósito do qual vieram se cruzar discursos de origem, forma, organização e função diferentes: o do juiz de paz, do procurador, do presidente do tribunal do júri, do ministro da Justiça; do médico de província e o de Esquirol; o de aldeões com seu prefeito e seu cura. Por fim o do assassino. Todos falam ou parecem falar da mesma coisa: pelo menos é ao acontecimento do dia 3 de junho que se referem todos esses discursos. Mas todos eles, e em sua heterogeneidade, não formam nem uma obra nem um texto, mas uma luta singular, um confronto, uma relação de poder, uma batalha de discursos e através de discursos[275].

O dossiê recuperado por Foucault é apenas um exemplo a mais da típica estrutura polifônica que costuma se repetir nos inúmeros processos jurídicos que hoje podem ser tomados como fontes históricas. Em um processo, as vozes estão todas ali. Por vezes, mas não obrigatoriamente, elas são nomeadas, tal como ocorre amiúde nos processos criminais. Dessas vozes podemos sentir seu estilo, perceber suas consciências independentes, vislumbrar as ideologias, patologias ou idiossincrasias de que são portadoras, entrever o caldo cultural no qual se inscrevem, ler suas palavras – frequentemente em modo direto, mas também em discurso indireto. Ocorrem ocasionalmente recursos como os travessões e aspeamentos para separar os territórios verbais uns dos outros. Todas as vozes disputam explicitamente o mesmo espaço discursivo. Por vezes, elas podem ser percebidas de maneira direta ou quase direta, com poucas mediações.

Isso não quer dizer que os territórios discursivos franqueados às diversas vozes presentes em um processo sejam "janelas escancaradas" que expõem seus autores em toda a sua nudez. Para retomar uma expressão evocada por Carlo Ginzburg em *Relações de força* (2000), essas e outras fontes nos oferecem muito mais "espelhos deformantes" do que qualquer outra coisa[276]. Para os processos,

---

275. FOUCAULT, 2018, p. 12. Nesta inusitada publicação, na qual quis dar voz às vozes que apareciam em um antigo processo e em seu entorno, Michel Foucault se propôs a republicar um dossiê médico-legal que havia sido reunido por uma revista francesa de medicina em 1836. Tratava-se de um conjunto formado pelo processo jurídico de Pierre Rivière – incluindo depoimentos, testemunhos e interrogatórios – e ainda acrescido por textos de jornais, por três distintos relatórios médicos e, principalmente, pelo "memorial" escrito pelo próprio matricida a pedido dos juízes. Com essa peculiar documentação se tem uma trama polifônica diretamente exposta ao leitor.

276. GINZBURG, 2002, p. 44-45 [original: 2000]. A análise da distorção, por outro lado, tal como acrescenta Ginzburg logo a seguir, é ela mesma construtiva (ibid.), oferecendo-se ao historiador antes como uma riqueza do que como um obstáculo.

há filtros diversos a serem considerados, a começar pelas pressões várias que afligem os depoentes, pela recolha padronizada de depoimentos realizada pelo próprio escrivão e pelas fórmulas judiciais que costumam enquadrar todos os discursos em um único formato de inquérito – intermediando-os, ao mesmo tempo, através de um certo vocabulário jurídico (ou inquisitorial) muito específico. De todo modo, os processos são exemplares claros dessa primeira ordem de fontes dialógicas que costumam apresentar um padrão de organização multifacetado que lhe é muito próprio[277].

Já os "relatos de viagem", conforme veremos mais adiante, são bons exemplares para o que chamaremos de "dialogismo implícito". Esse padrão tem mais afinidade com a anedota lógico-filosófica dos três índios, com a qual epigrafamos mais atrás o presente capítulo, ou com a *Suíte n. 1 para violoncelo* de Bach. As vozes também estão presentes, mas pode ocorrer que haja uma voz mais ressonante que as recubra. Em um relato de viagem, por exemplo – como aqueles que foram produzidos desde o início da Modernidade por viajantes europeus que estiveram na América, Ásia e África e que, assim, registraram suas impressões – existem claramente duas ou mais culturas em confronto. Há o olhar cultural trazido pelo viajante que registra o relato, mas há também a cultura que é percebida e registrada, e que termina por encontrar sua própria voz através do discurso do viajante, embora nem sempre sendo compreendida pelo mesmo e, em via de regra, gerando contradições e interações, estranhamentos e deslumbramentos.

Retenhamos em mente o exemplo do explorador europeu do século XIX que visita tribos indígenas com padrões culturais bem distintos dos seus e procura registrá-los, às vezes utilizando seus próprios filtros e adaptações, empenhando-se sempre em encontrar em sua própria língua palavras que possam expressar de maneira adequada ou aproximada aquelas realidades para ele tão desconhecidas. Posto isso, apesar das dificuldades e estranhamentos que podem ocorrer ao se falar sobre um "outro", há uma cultura que consegue se expressar através da outra na dialética estabelecida pelo viajante que relata e pela cultura e população que é retratada. A polifonia, nesse caso, dá-se de alguma maneira por camadas, pois o

---

277. No capítulo anterior, vimos que os jornais e outros tipos de fontes periódicas também desenvolvem esse tipo de polifonia, uma vez que são organizados em diferentes sessões que apresentam diferentes discursos, autorias e linguagens. A espacialização de discursos e informações, típica dos jornais, é concomitantemente uma espacialização de vozes.

relato cultural produzido por um certo sujeito histórico-social recobre uma outra cultura, para a qual ele abre espaço através de seu próprio relato[278].

Nesse último caso, as várias vozes – sociais, culturais, políticas – parecem encontrar seu lugar em distintas camadas, no sentido arqueológico dessa expressão, de modo que precisamos encaminhar uma metodologia adequada de análise que seja bem-sucedida em desvelar passo a passo as diversas vozes que se recobrem umas às outras. Vale observar que – mesmo nesses casos em que precisamos nos esmerar para desvelar adequadamente a fala de "um" sob a fala de um "outro" – o *dialogismo* de uma fonte pode ser a um só tempo considerado como uma complicação e como uma riqueza. Para o analista pouco experiente, a trama dialógica que se oculta em uma fonte pode se transformar em uma armadilha. Para aquele que é capaz de decifrá-la, torna-se um campo de inesgotáveis possibilidades. Ocorre, aqui, o mesmo que se passa com o ouvinte de músicas polifônicas: sua escuta desatenta pode conduzi-lo a se concentrar superficialmente na voz musical mais aguda, deixando passar ao largo todo um oceano de incomensuráveis riquezas; mas a escuta adequada pode levá-lo muito longe, ao nível de compreensão estética do próprio compositor, permitindo que se desfrute de um indescritível mundo de diálogos sonoros. Por ora, antes de prosseguir, vamos entender, em um nível mais amplo de possibilidades, o conceito de *dialogismo*.

16.3 O conceito de dialogismo

A forma mais simples de dialogismo – um conceito já bem conhecido nas áreas da Linguística e da Comunicação – refere-se aos diálogos intertextuais implicados em um texto, seja de forma explícita ou implícita. Nesse sentido mais usual, podemos considerar que, no limite, toda fonte – assim como todo texto –

---

278. Relatos de viagens produzidos por europeus que, em algum momento, estiveram entre os indígenas brasileiros (ou que declaram ter feito tais viagens) estão registrados desde o século XVI até chegar, ainda com maior frequência, ao século XIX. Entre eles, podemos citar os de Hans Staden (1557) e Jean de Lery (1578). Obras historiográficas ou cronísticas foram ainda produzidas por outros autores que também estiveram no Brasil, como Pero de Magalhães Gândavo (1576). No século XIX, ficaram célebres as anotações textuais imagéticas de Debret registradas na *Viagem pitoresca e histórica ao Brasil* (1834-1839), bem como os diversos *Cadernos de viagens* de Saint-Hilaire (1816-1822) e as *Viagens ao Brasil* de Spix e Martius (1817-1820). Há ainda outros relatos de viagens importantes, como o de Henry Koster – que publicou suas *Viagens ao Nordeste do Brasil*, em Londres, em 1816 –, as *Viagens aos Planaltos do Brasil* de Richard Francis Burton (1869), ou, por fim, os *Diários* de Maria Graham, relativos às suas estadias no Brasil em 1821, 1822 e 1823.

comporta sempre uma margem, ainda que discreta, de dialogismo. Afinal, se quisermos acompanhar as já bem conhecidas reflexões propostas por Mikhail Bakhtin (1895-1975) em ensaios como *Estética e criação verbal* (1979), não há rigorosamente falando textos que não estejam mergulhados em uma rede de intertextualidades, isto é, em um diálogo com outros textos.

Quando um escritor se dispõe a escrever um romance, um poema ou um ensaio científico, ele o faz já tendo lido inúmeros outros romances, poemas e ensaios. Pode ser que cite alguns diretamente, através de notas ou de referências explícitas. Mas pode ser que, mesmo sem citá-los diretamente, ele dialogue intertextualmente com outros textos, com ou sem consciência da ocorrência desse diálogo. Quando pronunciamos a frase "a sorte está lançada", mesmo que não tenhamos consciência clara disso, estamos dialogando de alguma forma com um famoso dito de Júlio César, que pronunciou pela primeira vez, no seio de um acontecimento político-militar importante, esta famosa frase[279]. Utilizamos também conceitos e expressões que já foram usados por muitos outros antes de nós. Além disso, para voltar ao exemplo do romance, poema ou ensaio, ao escrevermos uma obra em um ou outro desses gêneros já estamos dialogando necessariamente com o padrão formal que caracteriza o gênero, que já foi percorrido por muitos escritores antes de nós. O poeta que escreve poemas organizados em estrofes e

---

279. A frase foi pronunciada durante o momento histórico em que Júlio César atravessou o Rio Rubicão – episódio que gerou ainda outras entradas intertextuais que vale a pena lembrar. O Rubicão era um riacho italiano que hoje coincide com o Rio Pisciatello. Tinha posição estratégica e administrativa privilegiada, já que seu curso d'água assinalava a divisa entre a província romana da Gália Cisalpina e o território que se ligava à jurisdição de Roma. O Direito Romano, no período da República, proibia qualquer general romano de atravessá-lo com tropas ao retornar de campanhas ao norte de Roma, pois dada a posição estratégica da região isso possibilitaria manobrar grandes contingentes de tropas militares no núcleo espacial do Império Romano, o que poderia ensejar ameaças ao poder central. Na época do Triunvirato, o poder romano estava partilhado por César, Pompeu e Crasso. A certa altura, Crasso morreu em uma manobra militar desajeitada, ao atravessar um vale estreito em uma batalha contra os sírios que terminou por permitir que estes massacrassem seu exército (data daí a expressão "erro crasso", conforme já pôde ser visto na *Vida de Crasso* de Plutarco). "Cometer um erro crasso", aliás, tornou-se outra frase muito pronunciada nos dias de hoje, frequentemente com desconhecimento de sua antiga origem intertextual. O fato é que, desfeito pela morte de Crasso o Triunvirato – que permitia um certo equilíbrio entre os três generais romanos –, o confronto entre César e Pompeu tornou-se inevitável. Nesse contexto, Júlio César terminou por atravessar o Rubicão em 49 a.C., o que correspondia simultaneamente a uma violação da lei e a uma declaração de guerra que anunciava a determinação de controlar o poder total sobre o Império. Ao atravessar o riacho, César teria proferido a célebre frase *Alea jacta est* ("A sorte está lançada"). Além desta frase ter passado ao cotidiano intertextual, também a frase "Atravessar o Rubicão" passou a ser utilizada sempre que alguém decide empreender uma ação arriscada e irrevogável.

versos está dialogando com inúmeros outros que o precederam e consolidaram esse modo de escrever tão característico do gênero poético.

Em uma linha análoga de reflexões, o ato mesmo de analisar um texto, tal como nos assevera Eliseo Verón (1935-2014) em seu livro *A produção do sentido* (1980)[280], já nos introduz necessariamente em algum tipo de dialogismo. De fato, não é possível analisar um texto em si mesmo, isoladamente e de forma incomunicável. Ainda que disso não se aperceba, o analista está sempre comparando o texto de sua análise com outro texto, o que também o coloca em uma posição dialógica. Falar de um texto é falar de outros textos, com ou sem consciência desse gesto.

Por fim, há um dialogismo fulcral, basilar à própria linguagem, que ilustraremos com um exemplo específico. Consideremos a seguinte frase:

> Todos os seres humanos são iguais; sejam brancos, negros, mulheres, homens, cristãos, muçulmanos ou judeus.

No momento em que alguém formula uma frase como essa, a uma só voz, involuntariamente revela a existência de muitas outras vozes, algumas inclusive antagônicas em relação à concepção do autor/enunciador da frase proposta. Assim, quando dizemos que "todos os seres humanos são iguais, sejam brancos ou negros", estamos automaticamente prestando contas da existência de um modo antagônico de pensar, existente na sociedade na qual nos inserimos, e que considera uma distinção desigualadora ou pretensamente hierarquizante entre brancos e negros. Em uma sociedade onde não existisse racismo, a frase "todos os seres humanos são iguais, sejam brancos ou negros" não poderia nem mesmo ser pronunciada, pois não faria qualquer sentido. Tal frase só faz sentido em uma sociedade na qual seja possível pensar o ponto de vista contrário.

De igual maneira, quando ampliamos a frase e agregamos também a afirmação de que "todos os seres humanos são iguais, sejam mulheres ou homens", isto só foi possível porque vivemos em um mundo onde está colocada a luta pela igualdade social entre ambos os sexos. Ao pronunciarmos esse postulado a favor da igualdade entre os gêneros, revelamos a existência, em nossa sociedade, de uma contravoz que postula precisamente sua desigualdade, e contra a qual lutamos. Talvez haja mais. O fato de o locutor não ter mencionado os transgêneros em sua

---

280. VERÓN, 1980, p. 205.

prédica pela igualdade pode significar algo para muitos, e seja sentido como um silêncio que grita, que se transforma também em uma voz, ainda que invisível na superfície desse discurso.

Por fim, quando agregamos à frase a ideia de igualdade religiosa, estamos admitindo a existência de um setor de intolerância religiosa na sociedade, pois em caso contrário não haveria nenhuma necessidade de uma frase como esta ter sido pronunciada. Ela seria demasiado óbvia e desnecessária. Seria como dizer "todos os seres humanos respiram". A propósito: se pronunciamos esta última frase, com toda a sua obviedade, talvez ela termine por puxar para cima, do fundo do seu oceano, sua contraparte encoberta: "Por isso, precisamos cuidar muito bem do ar de nosso planeta, pois ele é a base de nossa existência".

Ainda sobre o fragmento "todos os seres humanos são iguais, sejam católicos, muçulmanos ou judeus", talvez o fato de termos omitido os budistas e os umbandistas signifique algo para muitos, e atraia novos sentidos ou vozes silenciadas. Talvez o locutor tivesse preferido, para evitar essa polifonia inesperada, dizer que "todos os seres humanos são iguais, independente de suas convicções religiosas". E, pensando bem, teria sido mais preventivo contra outras polifonias inesperadas dizer, desde o início, que "todos os seres humanos são iguais, independente de cor, gênero ou convicção religiosa". Mas isso, enfim, ainda nos deixaria a sós com a contravoz primordial. Dizer isso pressupõe um mundo onde nem todos pensam assim[281].

O dialogismo, conforme podemos ver, está mais presente na linguagem do que costumamos nos dar conta em nossos procedimentos mais habituais de comunicação. Está presente nos diálogos explícitos ou implícitos entre os textos (intertextualidades); está presente na possibilidade de falarmos sobre um texto (comparativismo intrínseco); está presente nos gêneros prévios de textos aos quais precisamos acomodar nossos discursos, e está presente nos próprios fragmentos discursivos com os quais nos expressamos em um processo de comunicação. Entrementes, não é desses tipos de dialogismos, mais generalizantes, que quero falar

---

281. De fato, suponhamos que historiadores ou antropólogos de outro planeta – no qual já tivessem sido abolidas todas as formas de desigualdade social – aportassem na Terra e se deparassem com uma inscrição com tais dizeres: "Todos os seres humanos são iguais, independente de cor, gênero ou convicção religiosa". Para eles, pertencentes a uma sociedade na qual tal frase não precisa ou não pode ser dita, dada a sua obviedade, a inscrição revelaria luminosamente uma voz oculta: a de que temos, neste mundo, desigualdades de todos esses tipos; e de que, por isso mesmo, há uma luta contra elas.

neste momento – embora eles também sejam importantes para compreendermos algumas das questões que mais adiante serão colocadas –, mas sim das fontes históricas que apresentam uma forma mais intensa de dialogismo em decorrência da própria maneira como estão estruturadas, ou em função dos próprios objetivos que as materializaram.

16.4 O "dialogismo explícito" dos processos, devassas e inquisições

Para favorecer uma compreensão mais imediata do sentido que estaremos atribuindo à expressão "fontes dialógicas", vamos partir de alguns exemplos concretos. *Fontes dialógicas* por excelência, entre várias outras que poderiam servir igualmente de exemplificação, são os processos criminais e os processos inquisitoriais, como já mencionamos. É imediato considerar que esses documentos de investigação e inquérito sempre envolvem depoimentos de réus, testemunhas e acusadores, mas também a figura desses mediadores que são os delegados de polícia e os juízes ou inquisidores, sem contar os advogados e as estruturas de júri para o caso dos processos jurídicos modernos. Nos processos, essas várias vozes – essa polifonia interna – encontram um espaço compartilhado, às vezes ocupando seções distintas e bem definidas do dossiê ou da documentação, às vezes disputando o mesmo território discursivo no interior de uma única seção.

Os processos também são fontes, além de dialógicas, "intensivas" – fontes que permitem apreender e dar a perceber muitos detalhes, particularmente aqueles que normalmente nos passariam despercebidos ou aos quais, em outra situação, não se costuma atribuir qualquer importância. Lembremos os investigadores criminais vasculhando as latas de lixo e empreendendo uma análise densa da cena do crime, para a qual tudo pode ser extremamente revelador. Lembremos ainda, em etapa posterior, o trabalho de escavação de provas e de discursos que é empreendido pelos advogados de acusação e de defesa, sob a mediação última do juiz. Cada um desses atores processuais, para o correto e adequado desempenho de suas funções, precisa desenvolver um olhar apurado e uma capacidade de empreender uma análise densa, e é por isso que, embora em outro nível ou campo de possibilidades, eles também se aparentam aos historiadores.

Os processos também costumam concretizar um esforço sincero de entender a fala do outro, de dar a compreender essa fala, embora também envolvam a possibilidade da manipulação da fala e a ocorrência circunstancial de pressões as mais diversas, algumas das quais podendo inclusive chegar a diversificadas formas de violência. Por causa do expressivo potencial desses tipos de fontes para revelar a alteridade em diversos níveis, através das características que lhes são inerentes – o dialogismo nelas envolvido, a intensividade das informações e detalhes e o papel dos mediadores que se empenham em compreender de alguma maneira o outro –, não tardaria para que historiadores, sociólogos e antropólogos se aperccebessem da oportunidade ímpar que lhes poderia ser oferecida pela análise dos processos criminais ou inquisitoriais[282].

Pensemos nas possibilidades historiográficas. Para o Brasil do período colonial, constituem fontes dialógicas de grande porte os *Livros de Devassas*, processos repressivos que objetivavam investigar e punir os participantes de conspirações e movimentos políticos como o da Conjuração Baiana ou o da célebre Inconfidência Mineira[283]. Também são fontes dialógicas análogas os inquéritos produzidos pelas Visitações do Santo Ofício da Inquisição. Alguns historiadores brasileiros os utilizaram amplamente, tal como Laura de Melo e Souza, em sua obra *O diabo e a Terra de Santa Cruz* (1994), e diversos outros que poderiam ser citados nas últimas décadas. Conforme veremos oportunamente, fontes como os processos criminais e inquisitoriais se destacam por sua *intensividade*, por sua potencialidade para a apreensão e exposição de um grande número de detalhes e por sua tendência a expor as relações dialógicas interindividuais em um contexto intensificado. Por isso, os processos e inquisições proporcionam a rara

---

282. No Brasil, o trabalho sociológico e historiográfico com processos-crime começa a ser realizado nas últimas décadas do século XX por autores como Maria Sílvia de Carvalho Franco em *Homens livres na ordem escravocrata* (1974); Sidney Chalhoub em *Trabalho, lar e botequim* (1984) e José de Souza Martins em *Subúrbio* (1992). Ao mesmo tempo, o uso de processos para examinar a própria história do crime ou da repressão ao crime foi percorrido, no mesmo período, por autores como Boris Fausto (1984). Mais tarde, esse mesmo autor retoma os processos de um antigo crime para examinar o cotidiano e a sociedade à maneira micro-historiográfica (FAUSTO, 2009). Para outras referências dos anos de 1980 sobre estudos de fontes processuais, ver ainda *Morte em família*, de Marisa Correa (1983), *Crime e escravidão*, de Maria Helena Machado (1987), e, sobretudo, o artigo "As práticas da justiça no cotidiano da pobreza", de Celeste Zenha, autora que, a partir de um estudo histórico-local, expõe com maestria a passagem dos procedimentos policiais ao processo jurídico propriamente dito (ZENHA, 1985, p. 128). Mais recente, cf. o excelente artigo de ROSEMBERG & SOUZA (2009).

283. Um Auto de Devassa constitui uma peça derivada de um processo judicial. Os autos do processo judicial movidos pela Corte portuguesa contra os participantes da Inconfidência Mineira foram publicados entre 1976 e 1984 pela Câmara dos Deputados em parceria com o Governo do Estado de Minas Gerais, e mais recentemente disponibilizados *on-line* através de arquivos digitais que correspondem a cerca de 5.500 páginas.

possibilidade de se empreender um rastreamento do cotidiano imaginário e de ambientes de sociabilidade.

Da mais recôndita intimidade do lar e das secretas conversas das alcovas à exposição da agitada vida humana que transita nas ruas, a leitura de processos como esses pode ir aos poucos descortinando os ambientes de sociabilidade, e ir revelando não apenas a vida concreta e cotidiana – com seus modos de alimentação, indumentária, cultura material, hábitos e fórmulas de comunicação –, mas também a vida imaginária e as formas de sensibilidade: medos, crenças, esperanças, invejas, desalentos e desesperos[284].

O mesmo ocorre para os processos criminais do período moderno. Importante se ter em vista que, nesses casos, é de menor ou mesmo de nenhuma importância – conforme a questão historiográfica que esteja orientando a pesquisa – chegar a conclusões sobre as razões de um crime ou a culpabilidade do réu. A função do historiador não é a de desvendar crimes – tarefa do delegado de polícia –, nem tampouco a de emitir julgamentos sobre o mesmo: função do júri e do juiz. Um processo, assim como uma devassa ou uma inquirição inquisitorial, permite rastrear a vida de testemunhas, vítimas e réus. Através do registro intensivo proporcionado por esse tipo de fontes, o historiador pode recuperar o dia a dia de anônimos do passado aos quais não teria acesso por outros meios. Também se torna apto a apreender as forças em disputa que se expressam na polifonia de vozes convocada para compor o processo, os choques de alteridade, as hierarquias e formas de associação que se entrelaçam na trama processual.

Em seu texto "O dia da caça", um dos capítulos do livro *Subúrbio* (1992) – uma obra que se apresenta como uma das pioneiras da historiografia brasileira no que se refere a essa abordagem –, o sociólogo José de Souza Martins (n. 1938) põe-se a acompanhar os passos de um réu comum no seu dia a dia, seguindo ele mesmo os passos investigativos do delegado que tenta recuperar "o percurso trágico do

---

284. Os processos criminais e inquisitoriais, apesar de se prestarem particularmente bem à análise qualitativa em vista de sua textura intensiva – disponibilizadora de uma grande concentração de detalhes –, também podem ser utilizados em séries, desde que o problema e a temática examinada assim o permitam. Um exemplo dessa abordagem é trazido por Carlos Antônio Costa Ribeiro ao examinar o problema dos preconceitos de cor em uma série de processos relativa a um recorte de trinta anos no Rio de Janeiro da Primeira República (RIBEIRO, 1995). Já para um exemplo de análise qualitativa de um processo-crime, entrecruzando-o com a documentação jornalística que a ele se refere, cf. o capítulo inicial de *Trabalho, lar e botequim* (1984), de Sidney Chalhoub.

criminoso, nos dias e horas que antecederam o crime"[285]. De nossa parte, podemos acompanhá-lo, como leitores, em sua paciente montagem sociológica de um mapa que revela os vários trajetos diários do operário que é acusado do crime. É essa instigante interposição de mediadores – leitor, autor, delegado, depoentes, personagens da cena-crime –, cada um seguindo os passos do outro em uma autêntica arqueologia de textos que se recobrem uns aos outros, o que traz a tais fontes uma espécie de "dialogismo transversal". Ademais, é também na multiplicação das vozes no plano sincrônico – correspondente, no contexto mais imediato do próprio crime e de seu julgamento, à contraposição das vozes do réu, testemunhas, e vítimas – que iremos encontrar o dialogismo final, constituinte da trama nuclear que se confina à última camada arqueológica que o processo criminal nos oferece.

O dialogismo presente nas fontes processuais, as diferentes versões da realidade e dos acontecimentos que através delas se conflitam, as visões de mundo que os distintos atores sociais encaminham uns contra os outros, as redes de rivalidades e solidariedades que daí emergem, as identidades e preconceitos, é todo esse vasto e dialógico universo – não apenas capaz de elucidar as relações interindividuais, como também de esclarecer a respeito das relações de classe, gênero e outras – o que se mostra como principal objeto de investigação para a análise micro-historiográfica que se torna possível a partir desse tipo de fontes[286]. O historiador brasileiro Sydney Chalhoub (n. 1957), nas análises de crime que aparecem na primeira parte de seu livro *Trabalho, lar e botequim* (1984), é particularmente elucidativo em relação a isso:

> O fundamental em cada história abordada não é descobrir "o que realmente se passou" – apesar disso ser possível em alguma medida –, e sim tentar compreender como se produzem e se explicam as diferentes versões que os diversos agentes sociais envolvidos apresentam para cada caso. As diferentes versões produzidas são vistas neste contexto como símbolos de interpretações cujos significados cabe desvendar[287].

---

285. MARTINS, 1992, p. 301.

286. Assim nos diz o sociólogo José Carlos Martins em seu texto "O dia da caça", ao colocar em relevo as potencialidades da fonte-crime examinada para uma compreensão das relações sociais: "[...] através das relações entre o réu, as testemunhas e a vítima, o caso nos mostra o que eram as relações sociais de todo dia na vida local. E como essas relações interferiam nas relações de classe" (MARTINS, 1992, p. 299).

287. CHALHOUB, 1986, p. 22-23.

16.5 O dialogismo implícito

Os processos, devido às suas estruturas dialógicas explícitas e à própria maneira como são constituídos, encaixam-se perfeitamente nessa megacategoria que denominei de "fontes dialógicas". Por outro lado, para além dos processos criminais, jurídicos e inquisitoriais, há vários outros tipos de fontes dialógicas. Conforme já indicamos, existem inclusive as fontes de "dialogismo implícito", aquelas que dão voz a indivíduos ou grupos sociais pelas suas margens, pelos seus contracantos, ou mesmo através de seus silêncios e exclusões. Assim, por exemplo, o período do escravismo colonial no Brasil conhece a prática do estabelecimento de irmandades, sejam estas formadas por homens negros, pardos, brancos, escravos ou libertos, por portugueses ou brasileiros. Análogas às confrarias medievais no que se refere à acomodação de indivíduos e grupos de indivíduos em quadros auxiliares de sociabilidade e solidariedade, as irmandades cortavam a sociedade a partir de um novo padrão.

O que delas nos interessa para falar do "dialogismo implícito" são as suas cartas de compromisso, as suas atas, os documentos que revelam seus procedimentos de inclusão e de exclusão. No interior da população africana ou afrodescendente que havia sido escravizada, as documentações das irmandades deixam entrever os diversos grupos identitários que se escondiam sob o rótulo do "negro". João José Reis (n. 1952), que as estudou em detalhe, observa o estabelecimento de uma discreta arena de disputas interétnicas na Irmandade do Rosário dos Pretos da Igreja da Conceição da Praia, na Bahia de 1686. Dela participavam irmãos e irmãs angolanos e crioulos (negros nascidos no Brasil) na época de seu primeiro compromisso. "Embora sem explicitar isto, previa-se a entrada de gente de outras origens, inclusive os brancos e mulatos, mas só crioulos e angolas eram elegíveis, em números iguais, a cargos de direção"[288]. Já na Irmandade do Rosário da Rua de João Pereira, a associação se estabelecia entre benguelas e jejes.

O que nos revelam essas fontes no que concerne às vozes sociais? Através delas, de seus termos de compromisso e de sua documentação corrente, os grupos sociais e as identidades são postas a falar, mesmo os que são silenciados por conta da exclusão. O poder propriamente dito é partilhado por grupos específicos dentro da

---

288. REIS, 1996, p. 14.

escravaria mais ampla. Algumas outras identidades são aceitas, mas em um segundo plano; outras são excluídas. As redes de solidariedade e as rivalidades terminam por falar. Mesmo quando silenciados pela exclusão, alguns grupos deixam soar a sua voz, nem que seja para dar a entender que são odiados, temidos, desprezados, ou que, de sua parte, também odeiam e desprezam. O grupo social aparentemente unificado pela cor, como queria o branco colonizador, revela através do dialogismo implícito sua pluralidade de vozes internas.

16.6 Camadas de alteridade – Textos sobre textos

Passando a outro ângulo do dialogismo documental, há também imbricamentos entre o caráter implícito e explícito do dialogismo. Só para dar um exemplo curto e simples antes de prosseguir, um autor pode utilizar em seu texto o discurso direto que expõe entre aspas ou travessões a fala literal ou pretensamente literal de um personagem que faz parte da minha narrativa, ou pode arrumar essa fala com suas próprias palavras de modo a construir um discurso indireto, mas que não deixa de ter uma referência explícita ("João disse que visitaria Pedro").

Entrementes, avancemos por novos complicadores. Vamos nos referir em seguida às fontes dialógicas que se expressam através das camadas de alteridade, como é o caso daquelas nas quais um determinado agente histórico ocupou-se de pôr por escrito as falas, as ações e os comportamentos de outros. Elas são dialógicas não apenas porque são várias essas "falas de outros", mas também porque o mediador, o compilador da fonte ou o agente discursivo que elabora um texto sobre o texto representa ele mesmo também uma voz – quando não um complexo de várias vozes, uma vez que através do mediador pode estar falando também uma instituição, uma prática estabelecida, uma comunidade profissional, para além de sua própria fala pessoal.

Os relatos de viagem, que atrás indiquei como um bom exemplar do dialogismo implícito, podem constituir um exemplo mais do que oportuno. Pensemos naqueles viajantes europeus que estiveram percorrendo a África, a América do Sul e particularmente o Brasil – considerando que isso atendia a uma nova moda romântica bastante em voga no século XIX. Esses viajantes entram em contato com culturas que lhes são totalmente estranhas, e fazem um esforço sincero de compreender e transmitir a um leitor – que eles idealizam sentado confortavelmente em uma residência europeia – as estranhezas que presenciaram, as aventuras e desafios que tiveram de enfrentar por serem europeus aventureiros em terras tropicais que consideravam exóticas e selvagens, bem como os desconfortos e inadequações que tiveram de enfrentar nas cidades rústicas, habitadas por novos tipos sociais tão desconhecidos para eles como para seus leitores.

Marco Polo (1254-1324), com seu célebre *Livro das maravilhas*, ditado e publicado nos últimos anos do século XIII quando esteve encarcerado em uma prisão genovesa, já trazia à literatura medieval um protótipo para os relatos de viagens que seriam tão comuns no período moderno. Seu livro apresentava uma narrativa na qual era descortinada, aos seus leitores dos vários países europeus, um mundo completamente distinto de tudo o que eles até então haviam visto. A China e outras terras do Oriente surgem em seus relatos com toda a sua imponência dialógica, beneficiando os europeus de sua época de um choque de alteridade que mais tarde lhes seria útil, quando quiseram submeter as populações incas e astecas nas Américas do século XVI.

Por outro lado, mais uma vez surgem os dialogismos na própria constituição primordial do *Livro das maravilhas*, uma vez que Marco Polo ditou seus relatos para seu colega de cela, o romancista Rustichello da Pisa. Este não hesitou em acrescentar ao manuscrito os relatos oriundos de suas próprias viagens e casos que ouvira de outros viajantes, de maneira que no próprio polo autoral já surgem vozes que não apenas a de seu autor central. O dialogismo, por outro lado, dá-se não somente por causa dessa peculiaridade, mas principalmente em decorrência do confronto que se estabelece entre duas grandes civilizações. Falar sobre o outro pode, de algum modo, dar voz ao outro.

16.7 Filtros e mediações culturais

Outro exemplo particularmente interessante de fonte dialógica, da qual não trataremos mais detidamente neste momento, são as fontes mediadas por missionários e outros tipos de intermediários. Podemos lembrar os depoimentos de astecas que sofreram impactos da Conquista da América, no século XVI, e que foram elaborados pelos próprios astecas sob a orientação do frade franciscano Bernardino de Sahagún (1499-1590). Essas fontes, que ficaram conhecidas como "os informantes de Sahagún", pretenderam dar voz aos astecas que foram vencidos e massacrados pelos conquistadores espanhóis liderados por Hernán Cortez

(1485-1547) no século XVI[289]. Ao serem elaboradas tanto no idioma nativo como em espanhol, esses códices não apenas procuram dar voz a uma cultura, mas também lhe superpõem um outro texto, uma outra cultura e uma outra visão de mundo: a do frade franciscano que, por mais bem-intencionado que estivesse em dar alguma voz aos vencidos, não tinha como extrair-se, a si mesmo, do discurso dos astecas a cujas falas ele trouxe uma organização[290].

As fontes produzidas por missionários, como os relatos astecas coordenados pelo frade franciscano Bernardino de Sahagún, sempre colocam em pauta o dialogismo, e esse também será o caso das fontes que foram analisadas pelo etno-historiador Richard Price (n. 1941) em seu livro *Alabi's World* (1990), um texto que recebeu do historiador britânico Eric Hobsbawm (1915-2012) alguns interessantes comentários críticos acerca do seu uso de fontes históricas no artigo intitulado "Pós-modernismo na floresta"[291]. Vale a pena refletir sobre o texto de Richard Price, e também sobre os comentários de Hobsbawm, pois eles nos permitem tomá-los como ponto de partida para elucidar alguns cuidados e potencialidades metodológicas envolvidos no trabalho com as fontes dialógicas.

O estudo de Richard Price, no ensaio em questão (1990), aborda as sociedades saramakas que foram constituídas no Suriname nos séculos XVIII e XIX, a partir da ação de quilombolas que conseguiram se apartar do sistema escravista e construir uma sociedade em novas bases no interior daquela região sul-americana. Os saramakas, apodados de "negros da mata" pelas elites escravistas do Suriname, não eram cristãos em sua maioria; mas com eles tiveram de interagir os missionários morávios em suas tentativas de evangelização. Estes últimos produziram

---

289. Parte dessa documentação está incluída na coletânea de fontes do período da Conquista da América, organizada por León-Portilla sob o título *A visão dos vencidos* (1987).

290. Bernardino de Sahagún (1499-1590) ordenou-se na ordem franciscana em 1527, e chegou à Nova Espanha (México) em 1529. Sua obra mais importante foi a *História geral das coisas da Nova Espanha* (1545), escrita em espanhol e nauátle – idioma nativo de populações indígenas mexicanas. Para elaborar essa obra, Sahagún se baseou nos relatos colhidos de seus informantes, que depois adquiriram uma autonomia em edições modernas de fontes da América Antiga. Os informantes de Sahagún eram oriundos da elite asteca, e foram estudantes indígenas do Colégio de Santa Cruz de Tlatelolco, dirigido por Bernardino de Sahagún. Desse modo seus relatos, além de serem mediados pelo frei franciscano Sahagún, trazem como marca de origem essa referência nativo-aristocrata. Ainda sobre Bernardino de Sahagún, é importante destacar sua própria postura como franciscano missionário: uma postura que prenuncia, ainda que vagamente, o modo antropológico de se preocupar com a preservação da cultura local, ao contrário de outros franciscanos como Pedro de Gante (1480-1572), que chegaram a participar da destruição de monumentos nauátles.

291. HOBSBAWM, 2005, p. 46-48.

extensa documentação a respeito da sociedade saramaka, da qual se utilizou Richard Price com vistas à elaboração de sua pesquisa e análise.

Dois problemas surgem, e aqui os tomaremos como exemplificação acerca de desafios a serem enfrentados pelos historiadores de hoje no trato com suas fontes dialógicas. Os irmãos morávios, conservadores e ultrarreligiosos, deixam inevitavelmente transparecer nas fontes seu fracasso em compreender aquela estranha sociedade saramaka que pretendiam catequizar. Eles enxergam o mundo saramaka a partir de seu próprio filtro, de sua própria visão de mundo e, ainda que sinceros em seu esforço de compreender a alteridade com a qual se defrontam, enfrentam a óbvia dificuldade de estarem excessivamente presos a horizontes mentais que não lhes permitem compreender adequadamente certos aspectos da sociedade saramaka.

Por outro lado, outro filtro deve ser enfrentado pelo historiador que hoje toma as correspondências dos missionários morávios como fontes para compreender as sociedades saramakas do Suriname da segunda metade do século XVIII. Tal como Erik Hobsbawm assinala, e colocaremos suas palavras entre aspas, para os pesquisadores modernos "a visão de mundo de fanáticos carolas como os morávios, com seu culto sensual e quase erótico das chagas de Cristo, é certamente menos compreensível que a visão de mundo dos ex-escravos"[292]. Dessa maneira, o problema historiográfico de análise das fontes assim se coloca, em um dos aspectos para o qual mais devem estar atentos os historiadores de hoje: lidar com uma fonte (ou constituí-la) – particularmente com as fontes dialógicas – implica lidar com filtros, com mediações, inclusive as que fazem parte da própria subjetividade e das condições culturais do pesquisador que examina uma alteridade a partir de outra.

Considerações análogas são desenvolvidas por Carlo Ginzburg em seu famoso texto "O inquisidor como antropólogo" (1989). Toma-se como ponto de partida um problema metodológico análogo ao que foi enfrentado por Richard Price na obra citada anteriormente. Trata-se de dar um uso historiográfico a registros escritos de produções orais – no caso mais específico de Carlo Ginzburg, as fontes inquisitoriais da Itália do início da Idade Moderna. As fontes da Inquisição – que

---

292. HOBSBAWM, 1990, p. 47-48.

nas pesquisas de Ginzburg adquirem um novo sentido ao se ultrapassar o antigo enfoque voltado para as "perseguições" em favor de um enfoque no discurso – apresentam precisamente a especificidade de serem mediadas pelos inquisidores. Ou seja, para se chegar ao mundo dos acusados, é preciso atravessar esse filtro que é ponto de vista do inquisidor do século XVI; é necessário se dedicar ao esforço de compreender um mundo através de outro, de modo que temos aqui três vértices dialógicos a serem considerados: o historiador, o "inquisidor-antropólogo"[293] e o réu acusado de práticas de feitiçaria.

O limite da fonte – o desafio a ser enfrentado com engenho e atenção redobrada – é o fato de que o historiador deverá lidar com a "contaminação de estereótipos". Enquanto isso, uma riqueza da mesma documentação é a forma de registro intensivo trazida pelas fontes inquisitoriais – uma documentação atenta aos detalhes, às margens do discurso, aos silêncios e lapsos daqueles que são inquiridos, às pequenas revelações que deles escapam. Uma documentação fundada, desde sua origem, sobre um olhar microaproximativo – isto para além do forte dialogismo presente, seja de forma explícita ou implícita. Quanto à estratégia metodológica que aproxima inquisidores do século XVI e antropólogos modernos, a mesma que dá o título ao artigo, é exatamente a de traduzir uma cultura diferente por um código mais claro ou familiar[294].

O que nos mostra Ginzburg com sua prática historiográfica sobre essas fontes, e com as reflexões teórico-metodológicas encaminhadas nesse célebre ensaio? Antes do mais, deixa-nos claro que o historiador deve formular indagações sobre seus mediadores, tanto para compreender seus "filtros" como para fazer a crítica de autenticidade e veracidade relacionada à sua mediação em relação aos depoimentos dos réus. Fica claro para o autor, e esta é já uma resposta à indagação inicial, que existe no inquisidor uma vontade real de compreender, o que o leva a inquirir o detalhe e a dar efetiva voz ao acusado. Ao mesmo tempo, a esse inquisidor – em que pese seu desejo de apreender o ponto de vista do réu – nada resta senão tentar entender os depoimentos ou a cultura investigada adaptando-os às suas próprias chaves de leitura e estereótipos. A fonte inquisitorial, por esses dois

---

293. A imagem do "inquisidor-antropólogo" é proposta por Ginzburg como uma maneira de iluminar a analogia dos procedimentos envolvidos tanto no trabalho inquisitorial das autoridades religiosas como na pesquisa antropológica contemporânea.

294. GINZBURG, 1991b, p. 212.

fatores, torna-se intensamente dialógica: ela envolve diálogo, confronto e interação entre muitas vozes sociais[295].

16.8 Camadas de tempo em uma fonte textual

Antes de prosseguir com os exemplos dialógicos dos processos e dos relatos de viagens, quero mencionar mais rapidamente outra possibilidade de "fonte polifônica em camadas". Trata-se da situação na qual temos, embora amalgamada em um único texto aparente, uma espécie de "polifonia de temporalidades". Apresenta-se aqui o singular caso dos textos finais formados por partes textuais produzidas por autores diversos em distintos momentos no tempo, mas que terminam por se combinar em um único texto através de justaposições e interpolações. Uma "interpolação" pode ser definida como um texto ou fragmento de texto que é inserido em outro texto (ou junto a outro texto), *a posteriori*, completando o texto inicial (ou a série textual que já continha outras interpolações) tempos depois que a primeira redação ou o primeiro texto já havia sido concluído. O resultado é um texto aparentemente único, mas na verdade formado ou costurado por textos de muitos autores, cada qual proveniente de uma temporalidade distinta. Um grande número de construções textuais desse tipo nos é oferecido pela *Bíblia*, particularmente com o conjunto de textos que ficou conhecido como *Antigo Testamento*.

Embora a *Bíblia* seja tratada religiosamente como um texto único, muitos dos antigos textos da tradição hebraica constituem fontes polifônicas em alguns dos sentidos que têm sido abordados neste capítulo. De fato, algumas das grandes narrativas que vieram a ser registradas de forma aparentemente contínua na *Bíblia* foram construídas recopiando ou apoiando-se em fontes diversas, escritas por au-

---

295. Podemos confrontar essas fontes inquisitoriais – nas quais, apesar de toda a violenta repressão envolvida, existia um empenho efetivo em compreender a alteridade – com outros inquéritos igualmente violentos, mas inteiramente surdos às vozes do "outro". Um exemplo deste último caso são os inquéritos realizados pelos militares que torturavam guerrilheiros e opositores nas ditaduras latino-americanas dos anos de 1960 e 1970, em busca de informações pretensamente "objetivas". Devemos compreender bem este ponto: alguns dos inquisidores da Idade Média e do início da Idade Moderna queriam destruir os "outros" – por eles vistos como hereges, bruxos ou satanistas –, mas também queriam compreendê-los. Há mesmo um esforço minucioso de muitos dos teólogos católicos daquelas épocas em catalogar todas as heresias, em decifrar os traços que as caracterizavam e que as faziam diferentes umas das outras. Os manuais de inquisição costumam revelar essa minuciosa busca do outro em suas seções iniciais. Também as análises de certos processos inquisitoriais, como a de Ginzburg em *O queijo e os vermes* (1976), ou de Plínio Gomes em *Um herege vai ao Paraíso* (1997) oferecem exemplos importantes.

tores distintos. A análise mais rigorosa dos cinco primeiros livros do *Antigo Testamento*, a *Torah*, revela autores – de modo geral entremeados no mesmo movimento narrativo – que escreveram em momentos diferenciados. Os estudiosos costumam identificar, para os textos constituintes do *Pentateuco*, pelo menos quatro autores diferentes, que teriam vivido em momentos distanciados e que foram batizados pelos analistas de "javista" (J), "eloísta" (E), "deuteronomista" (D) e "sacerdotal" (P).

De acordo com uma das linhas interpretativas aceitas, esses autores – cujos textos e narrativas surgem entremeados, embaralhados e costurados nos livros do *Pentateuco* – teriam vivido, respectivamente, nos séculos X a.C., VIII a.C., VII a.C. e VI a.C. Há indícios que sugerem a possibilidade de que o autor "javista", por exemplo, tenha sido uma mulher da época de Salomão. Além disso os quatro autores também teriam vivido em espaços distintos do mundo hebraico. Por fim, podem ser identificadas interpolações menores oriundas de outras autorias e produzidas em outros momentos, as quais serviram muito bem para ajudar a costurar os quatro autores principais. Mas o que importa, para nossa discussão, é que alguns dos livros do *Antigo Testamento* abrigam autênticas polifonias nas quais as vozes que as constituem encontram-se separadas em camadas de tempo. Além disso, como algumas dessas vozes correspondem a livros integrais originais e perdidos que terminaram por servir como fontes para a construção de diversos dos livros da *Bíblia*, até que foram reunidos em um único conjunto, os autores implícitos do *Antigo Testamento* costumam reaparecer em vários de seus livros. A "javista", por exemplo, está presente no *Gênesis*, no *Êxodo* e em *Números*[296].

---

296. Entre as hipóteses de formação do *Pentateuco*, a "hipótese complementar" – que postula o entrelaçamento de quatro autores principais, admitindo outras interpolações – predominou até o último quarto do século XX, e ainda hoje é sustentável. Entrementes, a partir do final do último século têm se renovado as chamadas "hipóteses fragmentárias", que compreendem o *Pentateuco* como um grande e gradual acúmulo de blocos formados de materiais textuais autônomos, até que esses conjuntos foram beneficiados por duas redações unificadoras e organizadoras em momentos distintos: a do "deuteronomista" (D), no século VII, e a do redator "sacerdotal" (P), no século VI – sendo que esses organizadores também acrescentaram seus próprios materiais (cf. Rendtorff, Blum e outros autores). Há ainda a "hipótese suplementar", que postula que os sucessivos autores foram assimilando e modificando as composições anteriores, com um contínuo deslocamento no foco das narrativas de acordo com as novas demandas de sua época. Em relação à sub-hipótese de que o autor "javista" (J) seria uma mulher do século X a.C. (BLOOM & ROSENBERG, 1992), essa proposição não é consensual, e postula-se também o século VI como possível época de atuação do autor javista, tal como propõe a "hipótese suplementar" de John Van Seters (1998). É preciso ainda considerar a possibilidade de que cada um dos quatro autores não tenha sido necessariamente um único indivíduo, mas sim uma tradição redacional que adquiriu uma característica própria (um autor coletivo, portanto). Postula-se que o deuteronomista (D), por exemplo, não teria sido um só indivíduo, mas talvez uma escola que replicou certa escrita autoral – uma "escola deuteronomista", por assim di-

Se pudermos investir mais uma vez na metáfora da música, e minimizar as discussões de maior detalhe sobre as autorias do *Pentateuco*, quase poderemos ouvir, a certos intervalos do *Gênesis*, a voz feminina e irônica da "javista" que escreveu seus textos no século X a.C., na parte sul de Judá – priorizando relatos sobre mulheres –, alternando-se ou contraponteando na composição final com as vozes masculinas do "eloísta" nortista do século VIII a.C., e do "sacerdote" que já começa a escrever suas narrativas nos tempos do exílio judaico na Babilônia (550 a.C.)[297]. Ao lado deles, na trama polifônica do *Pentateuco*, logo surge o meticuloso trabalho textual do deuteronomista, acrescentando-lhe sua própria voz e orquestração. E entre eles muitas outras vozes, sob a forma de fragmentos narrativos que colaboram para a admirável costura que transforma essa rica polifonia em uma melodia contínua. Não é de estranhar que o leitor desavisado possa ler sem maior dificuldade o texto bíblico, em um só fôlego, como se fosse uma narrativa única, quase ditada pelos anjos, sem perceber a heterogeneidade que a constitui, ou sem escutar as tramas polifônicas que a recobrem.

Já para os analistas que se especializaram na escuta dos vocábulos historicamente localizados, na percepção de informações que denunciam o tempo e o espaço da escrita, ou na apreensão das referências e estilos que demarcam cada autor, são incontestáveis e ressonantes as marcas diversas – como o uso de certas palavras, os interesses temáticos, a menção a determinadas práticas que só passaram a existir em épocas bem definidas, ou a presença de detalhes reveladores. Um dos detalhes mais luminosos que separa a autora chamada de "javista" do autor denominado de "eloísta" – os quais compartilham, por vezes de maneira entremeada, o mesmo espaço narrativo em certos trechos do *Pentateuco* – é o modo como se referem distintamente a Deus: em um caso "Javé"; em outro, "Elohim". Foram detalhes como estes, e outros indícios mais, que levaram os especialistas a identificarem diferentes camadas de tempo e de autoria nessas admiráveis fontes

---

zer (NOTH, 1984). Para nosso exemplo de escrita polifônica em distintas temporalidades, de todo modo, essas diversas polêmicas não afetam seu caráter exemplificativo, já que apenas procuramos mostrar aqui a presença de várias vozes nos textos bíblicos.

297. Sobre o contraponto entre a "javista" e o "eloísta", é oportuno lembrar que este inclui ainda o contraste entre algumas narrativas originárias do Sul (Judá) e outras do Norte (Samaria), embora também haja o confronto entre versões de algumas narrativas em comum (a da Criação, por exemplo).

históricas[298]. Relativas a distintos tempos-espaços, essas diversificadas camadas terminaram por serem gradualmente postas a dialogar, culminando no século IV a.C. com a versão final elaborada pelos compiladores para esse conjunto textual que passamos a conhecer como *Pentateuco* ou *Torah*[299].

É oportuno ressaltar que, na polifonia do *Pentateuco*, não há apenas a sucessão de vozes em distintas seções, ou o entremeamento em outras. Por vezes, há mesmo vozes que recobrem outras, que as assimilam modificando-as, ou que constroem seu discurso sobre a base das outras. O autor "sacerdotal", referido pelos especialistas com a letra "P" (*The Priestly Source*), possui um estilo literário, uma perspectiva teológica e um vocabulário que lhe são muito próprios, mas constrói suas seções narrativas sempre a partir das narrativas que à sua época já existiam consolidadamente, em geral decalcando-as da autora "javista" (que, por sinal, já havia recolhido seus enredos de uma tradição oral pré-existente) e reorientando--as conforme seus propósitos sacerdotais. Dessa forma, nesses momentos temos o "sacerdotal" e a "javista" ressoando juntos, à maneira do já discutido modo polifônico no qual uma voz literalmente recobre a outra[300].

Como última observação devemos lembrar ainda que, caso pudéssemos levar a arqueologia mais além no passado – ou afinar a escuta da polifonia para alcançar os harmônicos que se ocultam no interior de cada voz –, chegaríamos então aos materiais da tradição oral que já há muito circulavam e que haviam sido postos por escrito ainda em meados do século X a.C., para depois serem recoletados e reelaborados pela "javista" em 926 a.C. Desse modo, pode-se dizer que a escuta polifônica poderia prosseguir ainda na direção de tempos anteriores, para

---

298. Para citar outros traços distintivos, também as representações de Deus são peculiares em cada autor. Emergem eventualmente, nos textos da escritora javista, as imagens antropomórficas de Javé – um deus que conversa face a face com seus eleitos. Já no eloísta fortalece-se a imagem de um deus que prefere enviar anjos mensageiros, além de se comunicar através de sonhos e revelações. No que se refere à relação dos homens com Deus, a intimidade javista contrasta com o "medo pedagógico" evocado pelo eloísta.

299. É oportuno ressaltar ainda que, do ponto de vista da trama polifônica, a voz da javista ocupa, metaforicamente falando, o lugar do "baixo", pois a partir dela os escritos referentes aos demais autores e fragmentos foram costurados.

300. Por outro lado, temos também os momentos em que o autor "sacerdotal" faz o seu solo, em seções bem definidas. A inserção das genealogias no *Pentateuco*, por exemplo, é uma contribuição específica sua.

a revelação de novas camadas, com o meticuloso trabalho dos especialistas que têm abordado o dialogismo das fontes bíblicas[301].

A polifonia dos textos bíblicos daria certamente assunto para obras inteiras dedicadas a esse tema, e só a mencionamos neste capítulo a modo de exemplo, especialmente com vistas a ilustrar a possibilidade dos textos polifônicos formados por camadas de autorias inseridas em temporalidades diferenciadas. Por ora, voltaremos aos exemplos anteriores: as fontes dialógicas que podem ser representadas pelos processos, relatos de viagens e relatórios de missionários[302].

16.9 Um roteiro de preparação para o uso das fontes dialógicas

Uma vez que introduzimos anteriormente alguns comentários mais específicos sobre o célebre ensaio historiográfico "O inquisidor como antropólogo" (1989), de autoria do micro-historiador italiano Carlo Ginzburg, vamos prosseguir com algumas considerações oportunas sobre aquele texto que é quase um pequeno manual para o uso historiográfico-antropológico de fontes dialógicas. Com base nas reflexões de Ginzburg, o quadro 10, exposto na página seguinte, foi elaborado com vistas a sugerir um pequeno roteiro experimental para o tratamento de fontes dialógicas[303].

---

301. A busca de "fontes primárias" do *Pentateuco* – no caso: versões textuais anteriores que teriam sido empregadas pela escritora javista – remonta a historiadores já antigos, como Otto Eissfeldt (1934), e segue até hoje. Em relação ao extenso caldo de tradições orais que repercutem nas narrativas bíblicas, pode-se chegar mesmo aos diálogos entre civilizações, através dos estudos de mitologia comparada. A narrativa sobre o dilúvio e a arca de Noé, por exemplo, tem paralelos em outros circuitos míticos, a começar pela *Epopeia de Gilgamesh*, produzida pelos antigos sumérios. Por fim, ainda sobre a polifonia do *Antigo Testamento*, poderíamos considerar outra voz oculta, esotérica, que se expressa através de correspondências simbólicas e numéricas que mais tarde foram apreendidas pelas perspectivas cabalísticas sobre a *Torah* (por exemplo, a referência aos 72 nomes de Deus que estaria oculta no trecho de narrativa sobre a abertura do Mar Vermelho).

302. Para outros exemplos de tipos de fontes textuais que admitem interpolações, formando também suas camadas de tempo, podemos citar os gêneros genealógicos, como os "livros de linhagens" da Idade Média ibérica (BARROS, 2013). Por fim, com um gesto mais ousado, não é despropositado comparar a "polifonia de tempos" das fontes textuais com as camadas de tempo presentes nos conjuntos de "fixos" que constituem as paisagens urbanas (cf. BARROS, 2017).

303. O quadro 10 foi elaborado a partir de algumas considerações de Carlo Ginzburg, expostas no artigo "O inquisidor como antropólogo", acerca das fontes dialógicas com as quais trabalhou (processos da inquisição italiana no início da Modernidade). Estenderemos os fatores propostos a todos os tipos de fontes dialógicas, que não apenas estas. Ressalto que os itens indicados não necessariamente precisam ser percorridos como etapas, e tampouco apresentam ordem fixa. Alguns são mesmo opcionais, como veremos logo a seguir. Além disso, uma pesquisa realizada e exposta em um texto final – em formato de livro, tese, artigo ou qualquer outro – não precisa apresentar, em absoluto, esse roteiro percorrido. O esquema propõe um simples instrumento de trabalho para o pesquisador. Não deve ser exposto como produto final. É algo como um fichamento que o historiador pode conservar em sua oficina historiográfica, ou que não precisa sequer realizar. Pensar sobre essas questões, em algum momento da pesquisa, é que seria importante.

O artigo de Ginzburg inicia-se com um pequeno e pertinente balanço a respeito da apropriação historiográfica das fontes da Inquisição (suas fontes específicas de trabalho)[304]. Um historiador, ao aproximar-se de seu *corpus* documental, não se obriga necessariamente a historiar o uso historiográfico que até aquele momento foi aplicado a suas fontes, mas em todo o caso essa não deixa de ser uma boa recomendação metodológica. Estender um olhar sobre a historiografia que precede o próprio historiador, em relação ao seu tema e à história do uso e abordagem de suas fontes pela historiografia, pode permitir que o pesquisador aprofunde a consciência histórica sobre si mesmo: saber em que ponto se situa seu trabalho, ao lado de quem e

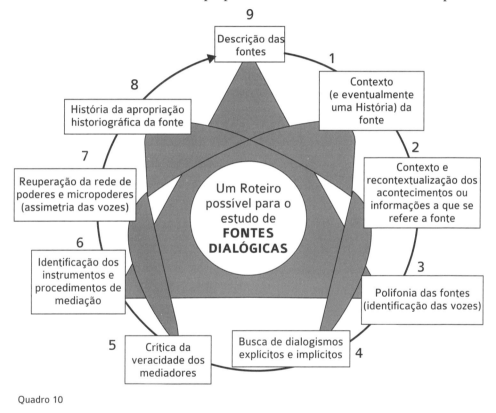

Quadro 10

---

304. Nesse pequeno balanço Carlo Ginzburg procura mostrar que, na história da apropriação historiográfica das fontes inquisitoriais, o relativo desinteresse por tais fontes nos primeiros tempos só pôde ser efetivamente superado com o deslocamento do antigo enfoque voltado para a "perseguição eclesiástica" – principalmente a cargo de historiadores protestantes que queriam criticar a instituição católica – para um novo enfoque no discurso, no cotidiano, nas práticas culturais, nos novos agentes históricos (os que entretecem uma história vista de baixo) – enfim, em toda uma série de novas perspectivas que motivavam a fazer com que o olhar historiográfico fosse deslocado da perseguição para o depoimento dos acusados. Nessa virada para um novo enfoque se insere seu próprio trabalho, do historiador Carlo Ginzburg.

contra que campos de possibilidades, e diante de que redes intertextuais e inter-historiográficas. Nessa linha de reflexões, são lançadas algumas perguntas. Os modos conforme os quais o historiador pretende se aproximar de suas fontes repete experiências anteriores, aprimora-as, inverte-as, recusa-as em favor de novas direções?

Indicamos o item acima proposto com o algarismo "8", e podemos entendê-lo como um pequeno traçado histórico do tratamento historiográfico que foi ou tem sido até então dispensado às fontes históricas que agora tomamos como nosso *corpus* documental. As perguntas aqui colocadas são dirigidas à historiografia, e não propriamente direcionadas para as próprias fontes ou para a realidade vivida à qual se referem – o que já ocorrerá com os demais itens. O benefício do procedimento é evidente. Ao nos perguntarmos sobre o uso que foi feito de nossas fontes por outros historiadores, antes de nós, podemos nos beneficiar de um patrimônio historiográfico já disponível, seja para adaptá-lo a nossos próprios propósitos, seja para confrontá-lo.

Outro item de destaque em nosso roteiro – o qual acomodamos bem no topo do esquema proposto – é simultaneamente um ponto de chegada e um impulso de partida (9). Trata-se da "descrição das fontes". Das suas fontes, um historiador pode dizer que precisa conhecê-las bem antes de iniciar seu trabalho. Não obstante, também pode ser dito que ele só passará a conhecê-las efetivamente depois de terminar o trabalho. Essa ambiguidade não é senão gerada pela própria relação circular das fontes com a História, tantas vezes comentada no presente livro. Transitamos entre as possibilidades de conhecer a história (campo de acontecimentos) a partir das fontes, e de conhecer as fontes a partir da história. Concomitantemente, construímos a História – agora compreendida como campo de saber – a partir das fontes; mas talvez só compreendamos efetivamente nossas fontes depois de escrever a História, de inseri-las dentro de um discurso historiográfico específico, de testar e experimentar seus limites.

A descrição compreensiva das fontes, simbolicamente à partida e à chegada, envolve uma grande combinação de fatores, conforme vimos nos capítulos anteriores deste livro. Sua forma textual, seu suporte material, o idioma, o tipo de vocabulário, o padrão de conteúdo – trata-se aqui de se aproximar de uma compreensão o mais abrangente e complexa, tanto quanto possível, acerca das próprias fontes, o que de resto prosseguirá com os itens seguintes, uma vez que todos eles constituem novos mergulhos em outros aspectos relacionados às fontes que aqui chamamos de dialógicas.

Ainda sobre a descrição das fontes, já ressaltamos antes como é especialmente importante entender cada tipo de fonte em sua singularidade, e isso não é diferente para os diversos tipos de fontes dialógicas. Se pretendemos trabalhar com processos inquisitoriais do século XVI, teremos que nos familiarizar com a estrutura do processo inquisitorial, compreender seu dialogismo, sua dinâmica interna, os atores ou sujeitos obrigatórios que o articulam (acusadores, investigadores, réus, testemunhas) e ainda as práticas que o estabelecem (modos de investigação, modelos de inquérito, a prática da tortura). De sua parte, os processos criminais modernos já têm suas próprias especificidades, inclusive uma outra estrutura ou modelo formal, este partilhado em diversas seções seja na fase policial, seja na fase judicial.

Para dar outro exemplo, se o que utilizamos como fontes históricas são os relatos de viagem, será preciso compreender o que são os "relatos de viagem" como gênero literário realista, ou como um gênero que se propõe a um realismo, do ponto de vista dos produtores desse tipo de discurso. Trata-se ainda de compreender especificamente esses relatos de viagem singulares que tomamos agora para nossas fontes. Quem é o emissor dessa fonte, ou o produtor desse discurso? Genericamente, quem é um "viajante" e, mais especificamente, quem é *este* viajante? A que público se destina um relato como esse? A que práticas culturais esse gênero de texto atende? Se é um processo – embora isso pareça ser óbvio – que finalidades ele cumpre?

Questões como as envolvidas na "descrição das fontes" – às quais, já próximos do final, retornamos mais uma vez – remetem ao que já discutimos sobre a necessidade ou possibilidade de alguns textos serem examinados como "processos comunicativos", o que envolve as figuras do emissor e do receptor, a existência de uma mensagem, os objetivos desta (comover, divertir, manipular, seduzir, persuadir, impor, esclarecer, mover, paralisar). Em se tratando de processos criminais ou inquisitoriais, documentação complexa que combina e se articula em diversos tipos de texto e em vários níveis, não se trata tanto de compreender as instâncias de um processo comunicativo, mas sim de compreender o papel de cada um dos seus agentes discursivos e de perceber não propriamente uma mensagem, mas a finalidade do processo como um todo para depois, talvez por dentro, retornarmos às mensagens através dos depoimentos que instauram discursos específicos.

Faz ainda parte da "descrição das fontes" não apenas o esclarecimento sobre o tipo de fonte que temos diante de nós (um processo, um relato de viagem etc.), mas também a descrição específica daquele processo ou relato de viagem em particular. Que temas a fonte – esta fonte específica – permite acessar? Que tipos de informações e discursos ela nos apresenta? Se é um processo, nossa fonte recupera hábitos e trajetos cotidianos de vítimas, testemunhas e réus – e, consequentemente, esclarece-nos sobre os hábitos e os trajetos diários específicos de um indivíduo pertencente a essa ou àquela classe social, gênero, geração, categoria profissional? Permite-nos recuperar o espaço e a vizinhança que se ofereceram como cenário para um crime ou para a prática social investigada? Se é um relato de viagem ou um relatório de missionário ou conquistador, o que esse texto nos descreve das outras culturas e civilizações com as quais se deparou o autor da narrativa? O relato nos fala da cultura material, da espacialidade, das hierarquias sociais, sistemas políticos, mitos e religiosidades? Descrever a fonte é também falar de seu potencial historiográfico como fonte, como caminho para compreender uma certa realidade histórica.

O próximo item recomendado no roteiro, na sequência circular deste (nós o indicamos com o número "1"), refere-se ao "contexto das fontes". Para o caso das fontes de Richard Price sobre os saramakas, por exemplo, seria o caso de se dar a si mesmo as adequadas possibilidades de entender as "condições de produção" daquelas correspondências pessoais elaboradas pelos missionários morávios que, mais tarde, seriam tomadas pelo historiador estadunidense como documentação central em seu trabalho. Em que sociedade foram produzidas, e quando? Sob que circunstâncias?

Se possível, é interessante levantar não apenas o contexto mais imediato das fontes, mas também sua história como texto. Assim, ainda prosseguindo com o exemplo das fontes saramakas, mas também já tendo em vista tantos outros casos, há um contexto que simultaneamente precede e se depreende dos textos-fontes, a começar por uma prática dos missionários morávios de registrar relatos de suas atividades missionárias e de se comunicar com suas bases através de correspondências desse tipo. Há também a história posterior, à qual se pergunta como essas fontes chegaram até nós, que caminhos percorreram até encontrarem seu pouso mais estável em algum arquivo ou se configurarem de alguma outra maneira em passado-presente. Para o caso dos "informantes do Sahagún", para trazermos outro de nossos exemplos, seria o caso de nos aproximarmos da história de uma prática franciscana, de verificar casos que precederam a experiência do Frade Bernardino Sahagún junto aos astecas submetidos pelos conquistadores espanhóis.

Se isso for possível, claro. Depois, verificar como essas fontes chegam até nós, historiadores atuais.

Há ainda o "contexto" não da produção da fonte, mas dos fatos ou processos aos quais ela remete ou se refere (2). Caso se trate de um processo, teremos de esclarecer os aspectos que envolvem o crime ou a acusação de heresia: especificamente *este* crime ou esta acusação de heresia com a qual estamos lidando. Quem são os personagens envolvidos na trama? Que posição ocupam uns em sua relação com os outros? Que relações de solidariedade e rivalidade – que "relações de poder" – emergem dessas interações? Algumas dessas perguntas deverão ser preenchidas aos poucos, no decorrer da própria investigação historiográfica e da análise das fontes, mas apenas as situamos aqui como possibilidades iniciais para a constituição do contexto.

Mais ainda, devemos nos perguntar sobre qual é o grande contexto. O que embasa essa sociedade e o que define seus grandes horizontes, dos quais nenhum dos atores envolvidos pode escapar por serem esses os horizontes intransponíveis de sua sociedade e de sua época? Começamos a lançar aqui as bases para entretecer uma história múltipla e complexa. Se há vários personagens envolvidos, talvez seja mesmo útil construir o contexto de cada um deles, se não aqui, ao menos no momento da investigação em que isso se fizer necessário. De igual maneira, quando o que investigamos são as práticas ou as repercussões de uma prática, é preciso delinear também o contexto dessa prática específica, e não apenas o dos atores sociais que estão nela envolvidos, assim como é preciso nos conscientizarmos acerca do contexto dos acontecimentos que tomaram forma através dessas relações. Estas são questões sempre complexas, pois texto e contexto se fazem um ao outro.

A própria prática herdada de outras culturas, quando deslocada para uma nova sociedade, torna-se já uma outra coisa, e precisa ser recontextualizada. Pensemos nas heranças medievais e modernas de práticas pagãs, nas sobrevivências das práticas mágicas e da alquimia no século XVIII. Ser um alquimista na era de Isaac Newton (1643-1727) – e o próprio Newton tinha seu lado alquimista – é algo bem distinto de ser um alquimista nos tempos medievais de Nicolas Flamel (1330-1418). Uma prática deslocada precisa ser recontextualizada, reinserida em seu "contexto total", recompreendida no novo universo no qual agora se encontra.

A construção do "contexto" – e eventualmente daquilo que poderá ser entendido como uma "recontextualização" – constitui etapa importante para qualquer tipo de fontes (e não apenas para as fontes dialógicas). Em um artigo oportuno sobre a questão, o historiador inglês Edward Palmer Thompson (1924-1993) chama enfaticamente atenção para a necessidade de reinserir as evidências, discursos, práticas ou processos examinados em seu "contexto total". Seu mote para a discussão dessa questão, do qual mais adiante nos aproximaremos em maior nível de profundidade, é a crítica em relação à frequentemente incorreta análise descontextualizada empreendida pelos folcloristas que examinam rituais e práticas culturais como meras permanências de tradições anteriores, ao lado da necessidade que deve ser perseguida pelos historiadores culturais de compreender esses mesmos rituais e práticas à luz das novas funções e usos correntes que tais práticas assumem em outras sociedades[305]. Um antigo ritual pagão deslocado para uma sociedade cristã industrial e para um ambiente urbano é já uma outra coisa que não mais o que era em seus tempos romanos. Em relação a essa preocupação historiográfica fundamental a que chamaremos de "recontextualização", mais do que de uma "contextualização" – pois neste caso específico tratam-se de práticas que foram produzidas em uma configuração social, mas, depois, deslocadas para outra –, poderemos tomar emprestadas as irretocáveis palavras de Edward Thompson:

> O significado de um ritual só pode ser interpretado quando as fontes (algumas delas coletadas por folcloristas) deixam de ser olhadas como fragmento folclórico, uma "sobrevivência", e são reinseridas em seu contexto total[306].

Retomando nosso roteiro para uma crítica documental das fontes dialógicas, os próximos procedimentos referem-se já especificamente a essa modalidade de fontes. Enquanto os quatro procedimentos até aqui propostos referem-se a todos os tipos de fontes (e não apenas às fontes narrativas, como também às seriais e informativas) – isso no sentido de que para toda fonte será útil recuperar a rede historiográfica que já a abordou, empreender sua descrição tão complexa quanto possível, e adentrar os contextos tanto da própria produção da fonte como dos processos históricos que a ela se referem –, já os procedimentos que serão expostos a seguir são especificamente voltados para o trabalho sobre as fontes

---

305. THOMPSON, 2001, p. 231.

306. Ibid., p. 238. Em outro ponto do artigo, Thompson acrescenta: "Entretanto, a história é uma disciplina do contexto e do processo: todo significado é um significado-dentro-de-um-contexto e, enquanto as estruturas mudam, velhas formas podem expressar funções novas, e funções velhas podem achar sua expressão em novas formas" (THOMPSON, 2001, p. 243).

dialógicas. Vamos abordá-los em seguida, discutindo a questão da textura polifônica que pode ser entrevista nesses tipos de fontes que enquadramos dentro da rubrica maior das fontes dialógicas.

16.10 Prosseguindo o roteiro – Sobre a polifonia interna das fontes

O próximo procedimento que indicamos no quadro 10 (3) refere-se à identificação e descrição da "polifonia interna das fontes". Trata-se de delinear as várias vozes que compõem a trama polifônica, situá-las em seus níveis arqueológicos (suas distintas camadas, no caso de vozes que recobrem outras) ou em seus diferentes territórios discursivos (no caso das vozes que são explicitamente acomodadas em diferentes seções, a exemplo dos processos que destacam lugares textuais para a fala dos réus, testemunhas, peritos e juízes). Os processos são complexos tanto na forma seccionada e funcional na qual se subdividem e se desenvolvem no tempo, como no entrecruzamento de vozes que proporcionam. Podemos incorporar as observações exemplares de Rosemberg e Souza (2009) a respeito dessa intrincada polifonia que encontra seu registro nos processos criminais do período contemporâneo:

> Torna-se necessário compreender esse sistema (os autos do processo-crime), muitas vezes incompleto e fragmentado, como um feixe de vários documentos autônomos e, outras vezes, independentes. No processo-crime, existe uma pluralidade de vozes que se cruzam, se esbarram e se complementam num mesmo processo. Acondicionadas na justeza dos discursos, as falas são expressas de maneira díspar. Não se pode atribuir o mesmo estatuto a uma sentença, a um bilhete anônimo juntado aos autos, a um recorte de jornal, a um depoimento de um analfabeto, ao inquérito do delegado (e, portanto, de origem policial), ao parecer do promotor (de origem judiciária). Claro que a manipulação por parte dos responsáveis pela confecção dos autos deturpa e limita os discursos, mas o processo-crime não pode ser encarado como uma peça monolítica. Assim, cada um dos elementos presentes deve ser abordado com um cuidado singular e essencial[307].

No caso das vozes dispostas em camadas – a exemplo dos discursos de viajantes que recobrem as alteridades relatadas – é preciso compreender cada uma das diversas vozes como situada em um distinto nível que se aproxima ou se afasta mais

---

307. ROSEMBERG & SOUZA, 2009, p. 169.

do historiador, ao mesmo tempo em que tomamos consciência sobre as mediações que lhes são interpostas. Analisar a polifonia interna das fontes é também entrever os diálogos entre as diversas vozes, perceber como se situam umas em relação às outras não apenas nos termos da espacialidade arqueológica do discurso (os níveis de mediação), mas também como as diversas vozes interagem na polifonia textual.

Apreender polifonias em um discurso requer sensibilidade, e mais ainda do historiador, visto que ele lida tanto com as várias vozes que constituem uma mesma trama, sincronicamente, como frequentemente lida com planos polifônicos envolvendo várias épocas. Em relação a este último aspecto, entre as várias vozes com as quais irá lidar está a sua mesma. É preciso não deixar que esta sufoque as vozes históricas, sobre as quais repousa a responsabilidade de trazê-las de algum modo à vida, de recuperar a dimensão aproximada da sua música. Deve-se evitar que sua voz historiográfica, com sua especificidade e seus limites, contamine as demais. Isso seria o "anacronismo" – o "pecado capital do historiador", segundo Lucien Febvre (1878-1956) –, que corresponde a deixar inadvertidamente que a melodia específica da temporalidade presente tome o lugar das demais, que deveriam se apresentar com seus ritmos e soluções melódicas específicas. Temos aqui a historiadora feminista que enxerga em Safo[308] reivindicações que são apenas suas, ou o historiador revolucionário que quer enxergar a genealogia de sua própria revolução pessoal em John Ball[309], ou ainda o historiador protestante que convoca para sua causa reformista todos os hereges queimados pela Inquisição. Mas a voz do historiador existe; é preciso lidar com ela, deixar que também se expresse, para que não se recaia na antiga ilusão positivista que costumava deslocar a melodia do historiador para a austera posição de um impossível maestro protegido pela bolha da neutralidade científica. A História, qualquer História, também se faz ancorada no presente do historiador que a produz, e é só isso o que lhe dá sentido.

Depois de apreender as várias vozes que adquirem vida através da investigação, convém agrupá-las operacionalmente segundo as afinidades, consoante critérios que só poderão ser definidos pelo problema histórico que está orientando a reflexão historiográfica. Nas fontes processuais, há a divisão mais imediata das vozes por sua funcionalidade na trama jurídica (réu, vítima, testemunhas, inves-

---

308. Poetiza da Grécia Antiga que viveu entre 630 e 612 a.C. na Ilha de Lesbos.
309. Líder da revolta camponesa na Inglaterra de 1381.

tigadores de polícia, o juiz, o promotor, o corpo de júri, os advogados com suas teses distintas, os peritos com suas ciências várias, os personagens não presentes que são mencionados nos depoimentos). Não obstante, do ponto de vista do historiador podemos agrupar as vozes por classes sociais, bem como por relações de solidariedade, rivalidade ou preconceito que são devotadas ao acusado que se senta no banco dos réus. Poderemos partilhar as vozes por gerações ou por gêneros, se o problema da pesquisa apontar para uma coisa ou outra, ou criar critérios sofisticados que combinem gênero e categorias profissionais, de modo a distinguir as mulheres operárias das que trabalham no comércio a varejo, e todas elas por oposição aos trabalhadores do sexo masculino. Já no que concerne aos recursos expressivos a serem utilizados no texto historiográfico final – e considerando as fontes dialógicas de vários tipos –, talvez seja possível empregar procedimentos gráficos que visem clarear o timbre de cada uma das vozes envolvidas, como fez Richard Price ao escolher um padrão tipográfico para cada um dos atores sociais postos a falar em seu livro *Alibi's Word* (1990).

Tarefa menos imediata para o historiador dialógico é a busca de dialogismos implícitos (item n. 4). Pela sua própria estrutura, conforme vimos até aqui, alguns gêneros de texto podem registrar explicitamente a voz do outro, como é o caso dos processos criminais e inquisitoriais. À parte o seccionamento evidente em seções nas quais são acomodados os diversos emissores de discursos – os depoentes, inquiridos, juízes e outros atores discursivos –, a própria estrutura de inquérito, típica de algumas seções processuais, fixa de antemão um território dialógico bem definido. O padrão de pergunta e resposta típico das seções de inquérito dos processos ou da reprodução de diálogos em discurso direto, em quaisquer outros tipos de textos, não deixa dúvidas em relação à estrutura dialógica de uma situação, embora também tenhamos os clássicos exemplos dos *Diálogos* de Platão (428-348 a.C.), mais monólogos disfarçados em estrutura dialógica do que qualquer outra coisa. Exceção feita ao *Banquete* (380 a.C.) – obra de dialogismo explícito efetivo –, a maior parte dos diálogos platônicos apenas forja uma estrutura de oposição interativa. Isto também podia ocorrer mesmo no dialogismo inquisitorial, nas ocasiões em que "as respostas dos réus não eram mais do que o eco das perguntas dos inquisidores"[310].

---

310. GINZBURG, 1990, p. 208.

Esse ponto é particularmente importante na análise de processos criminais, político-repressivos e inquisitoriais. Conforme veremos logo adiante, além de identificar a polifonia interna das fontes, é preciso verificar até que ponto existe mesmo um interesse efetivo daqueles que conduzem o processo (os investigadores, inquisidores e juízes) em proceder a uma investigação sincera e em assegurar um espaço para o discurso do outro – ou, ao contrário, se o processo apenas visa encaminhar uma condenação que já foi decidida de antemão. Neste último caso, é claro, não temos mais do que o já mencionado caso do monólogo travestido de estrutura dialógica. É preciso distinguir bem as polifonias reais das falsas polifonias. Marc Bloch (1949), embora sem utilizar esses termos, lembra o caso dos julgamentos dos templários na Idade Média, já condenados de antemão:

> Acontece de, por trás da suposta testemunha, estar oculto um "soprador", que por nada quer se dar a ver. Estudando os processos dos Templários, Robert Lea observou que, quando dois acusados pertencentes a duas casas diferentes eram interrogados pelo mesmo inquisidor, vemo-lo, invariavelmente, confessar as mesmas atrocidades e blasfêmias. Vindos da mesma casa, eram, ao contrário, interrogados por inquisidores diferentes, e as confissões deixavam de concordar. A conclusão óbvia é que o juiz ditava as respostas. Eis uma característica de que os anais judiciais forneceriam, imagino, outros exemplos[311].

Tanto com a percepção do "monódico" que se esconde enganosamente sob a aparência polifônica (ou do monólogo que se oculta na estrutura de diálogo), como com a percepção do "dialogismo implícito" (item 7), temos aqui aspectos cuja apreensão requer um nível maior de sensibilidade do historiador. De um modo ou de outro, a apreensão dos dialogismos implícitos – ou das polifonias ocultas, para retomarmos a metáfora musical – é mesmo a grande habilidade requerida para a análise mais efetiva das fontes dialógicas. Além disso, temos de considerar o aspecto ao qual nos referimos no quinto item de nosso quadro: a "crítica de veracidade dos mediadores". Este fator nos coloca diretamente diante do problema da polifonia em camadas, ou da necessidade de descobrir o outro a partir do olhar de um segundo "outro".

Quando lidamos com fontes dialógicas, e particularmente com fontes processuais, devemos tentar entender em um primeiro momento os nossos "filtros": aqueles mediadores que se interpõem entre nós e os acusados, testemunhas, e

---

311. BLOCH, 2001, p. 113 [original: 1942-1944, publicado postumamente em 1949].

outros agentes emissores dos discursos que nos interessam em última instância. Isto, é claro, quando não estamos mais diretamente interessados no próprio discurso desses mediadores, conforme ocorreria se o projeto inicial da investigação historiográfica fosse o de compreender o discurso emitido pelo próprio juiz, inquisidor ou delegado que conduz a investigação criminal. Admitindo que nosso objetivo é atingir a outra camada arqueológica – a dos acusados da Inquisição, a dos astecas resgatados pelo Frade Bernardino Sahagún, a dos saramakas catequizados pelos missionários morávios, a dos chineses relatados por Marco Polo, a dos nativos redesenhados por Debret –, teremos de passar obrigatoriamente pela camada mais próxima de nós. Nas fontes dialógicas, como é evidente, as mediações são inevitáveis; e são, aliás, o que as constitui como fontes dialógicas.

Esses mediadores é que nos entregam os discursos dos outros, dos vários atores sociais cujas falas constituirão a base de nossa investigação. É preciso indagar, antes de mais nada, pelo seu interesse – desses mediadores – em relatar com veracidade o que viram, em registrar com maior ou menor rigor os depoimentos que recolheram, em dar voz aos seus protegidos, aos seus reprimidos, aos seus vencidos – ou mesmo aos seus condenados. Mais do que isso, será preciso indagar não apenas se eles possuem interesse em agir no plano da veracidade, mas também se eles são capazes de agir neste plano – se estão dotados, para tal, da necessária "utensilhagem mental", para retomar aqui a antiga expressão de Lucien Febvre[312].

Vimos com o exemplo proporcionado pela obra de Richard Price sobre os quilombolas do Suriname – principalmente se levarmos em consideração as críticas que Eric Hobsbawm dirige ao seu livro – que os missionários morávios não estavam em grandes condições de compreender o estranho mundo dos saramakas que pretendiam evangelizar. Compreender a capacidade do "mediador" em se aproximar compreensivamente ou não de uma cultura ou prática cultural que lhe é estranha, ou ao menos lançar uma indagação sobre os níveis possíveis ou os limites dessa compreensão, é fundamental para não naufragarmos em nossa viagem de exploração. Tal como vimos nos comentários de Hobsbawm sobre o ensaio de Price, trata-se aqui de uma dupla compreensão a ser atingida: é preciso que nós compreendamos nossos mediadores e que, em seguida, tenhamos uma dimensão tão exata quanto possível sobre a compreensão que lhes foi possível

---

312. FEBVRE, 2009, p. 181. • Cf. ainda DOSSE, 1992, p. 84-93.

alcançar acerca de seus inquiridos, de seus nativos protegidos, de seus saramakas, dos seus "outros" de vários tipos.

No caso das fontes processuais investigativas e judiciais, é preciso considerar algumas alternativas. Há *interesse* em dar voz ao outro? Há *possibilidade* de dar voz ao outro? O caso dos processos de Inquisição – nos quais a figura-chave do "inquisidor" incorpora simultaneamente as funções de "investigador" e "juiz" – é demarcado por suas próprias singularidades. Podemos encontrar tanto os processos nos quais a condução da investigação já traz a condenação prévia do réu, sem qualquer interesse de ouvir sua voz real, como aqueles onde esse interesse em ouvir o outro é sincero, mesmo que para condená-lo. Sobre seus próprios mediadores – os inquisidores italianos do século XVI –, Carlo Ginzburg tem algo a dizer:

> Foi a ânsia de verdade por parte do inquisidor (a sua verdade, claro) que permitiu que chegasse até nós essa documentação, extraordinariamente rica, embora profundamente deturpada pela pressão psicológica e física a que os acusados estavam sujeitos. Há, nas perguntas dos juízes, alusões mais que evidentes ao *sabat* das bruxas – que era, segundo os demonologistas, o verdadeiro cerne da feitiçaria: quando assim acontecia, os réus repetiam mais ou menos espontaneamente os estereótipos inquisitoriais então divulgados na Europa pela boca dos pregadores, teólogos, juristas etc.[313]

Carlo Ginzburg expõe-nos alguns problemas a serem enfrentados, nesta interessante passagem. Fala-nos, por exemplo, da "contaminação". Ainda que reconheça a "veracidade" (ou a intenção de veracidade) de seus mediadores – aspectos que já comentaremos –, observa um limite a ser considerado pelo analista-historiador. As perguntas dos mediadores por vezes já comportam respostas, ou se abrem a certos padrões de respostas e não a outros. Certo vocabulário que se utiliza na pergunta já pode contaminar de alguma maneira a resposta; determinado imaginário pode passar, sem grandes dificuldades, daquele que indaga àquele que responde. Esse aspecto é um limite, mas também é uma riqueza. Em relação ao inquisidor que indaga, talvez ele mesmo já tenha sido contaminado pelos discursos e perspectivas dos demonologistas, teólogos e pregadores de sua época. Mesmo que não fosse, ainda assim o próprio réu pode já ter sentado no banco da inquisição com conhecimento de certas imagens que fazem parte do outro campo cultural.

---

313. GINZBURG, 1991b, p. 206.

Quando se estabelece o espaço da não comunicação, quando esse "outro" diante do "outro" – que no caso é o réu diante do seu mediador-inquisidor – vê-se incapaz de transmitir uma imagem ou sensibilidade que é só sua, e que não existe ou não encontra um autêntico correlato no sistema cultural ou vocabular de seus inquisidores, impõe-se a tentativa de romper o espaço de não comunicação. Ainda que isso não deixe de ser perigoso para quem está sob a ameaça de tortura, talvez o réu tente encontrar junto aos seus inquiridores uma linguagem ou repertório de sensibilidades em comum, algo que deles percebeu em seu limiar de expectativas ou, de modo diverso, algo que escutou no mundo externo, e que supõe ser compreensível ao inquisidor. No caso do réu, por vezes ele quer escapar dali, nem que seja para a fogueira. Seu desejo é restabelecer um espaço de comunicação. O silêncio é perigoso; pode ser mesmo doloroso.

Não obstante os exemplos dramáticos que nos são oferecidos pelos inquéritos, não é apenas sob pressão que a contaminação pode ocorrer. Quantas concessões culturais tiveram de ser feitas pelos astecas a quem o frade franciscano Sahagún pretendeu dar alguma voz quando percebiam que seu protetor não conseguia penetrar em seu mundo? As palavras também são mediadores, como as imagens. Quantas aproximações não deverão ter sido experimentadas para se estabelecer uma ligação entre dois mundos tão distintos como o dos europeus e o dos astecas no século XVI? Alguns desses tateamentos para preencher um espaço de não comunicação, com vistas a restabelecer a comunicação solidária entre o franciscano e os nativos oprimidos, devem certamente ter ficado registrados nos depoimentos que hoje constituem a chamada documentação dos "informantes de Sahagún".

Da mesma forma, quantas e quais manobras discursivas, torcendo e retorcendo padrões de sensibilidade, não terão sido feitas pelos quilombolas saramakas visando confrontar os missionários morávios que tentavam catequizá-los, mas que se mostravam tão ineptos para a função de mediação que neles deveria ser perseguida como a principal virtude, uma vez que queriam mesmo trazer os saramakas para seu mundo religioso. Como e até que ponto um historiador moderno poderá confiar diretamente nos relatos de um missionário morávio, tomando por base a correspondência que este trocava com outro indivíduo de sua mesma espécie? Para seu universo dialógico – inquisição na Península Itálica do século XVI –, Carlo Ginzburg reconhece a "ânsia de verdade" de seus inquisidores. Existe outra passagem em seu artigo que é uma das mais brilhantes formas de descrever um dialogismo que também atinge o próprio historiador:

> O que os juízes da inquisição tentavam extorquir às suas vítimas não é, afinal, tão diferente daquilo que nós mesmos procuramos – diferentes sim eram os meios que usavam e os fins que tinham em vista. Quando eu estava a ler processos dos tribunais da Inquisição, muitas vezes dava por mim a espreitar por cima do ombro do inquisidor, seguindo seus passos, na esperança que também ele teria de que o réu confessasse suas crenças – por sua conta e risco, claro. Essa contiguidade com a posição dos inquisidores não deixa de entrar em contradição com minha identificação com os réus. Mas não gostaria de insistir neste ponto[314].

Essa passagem é sintomática. Ginzburg também está dialogando com o padrão politicamente correto de nosso ponto de vista nas modernas democracias ocidentais. Não fica bem espreitar por cima dos ombros do inquisidor para escutar a sofrida voz do réu, embora seja exatamente isso que o historiador acaba tendo de fazer. Mas, de todo modo, ao confessar a identificação com a ânsia de verdade do inquisidor, com seu desejo de dar voz ao outro mesmo que para finalidades que o historiador reprovaria, é preciso também contrabalançar isso com a declaração de identificação com o réu. Não é possível aprovar nem os meios inquisitoriais nem os fins que se tinha em vista. Com essa frase, Carlo Ginzburg dialoga com os leitores de seus livros. O exemplo não é incomum, particularmente na historiografia mais recente. Não deixa de ser igualmente dialógica essa relação entre um autor e seus leitores. Mas, enfim, já não há muito que insistir sobre este ponto.

Retomemos nosso conjunto de procedimentos relativos à análise das fontes dialógicas. Um sexto item a ser considerado na abordagem dessa categoria de fontes é a identificação e análise dos "instrumentos e procedimentos de mediação". A "tortura", em contextos como o da Inquisição ou mesmo das Ditaduras Militares contemporâneas, apresenta-se como um procedimento recorrente nos modelos de interrogatório violentos, e está relacionada à "assimetria entre as vozes", da qual falaremos mais adiante. Também as dissimulações diversas, as simulações de solidariedade (o "guarda bonzinho" da dupla de policiais) e as opressões psicológicas de todos os tipos contam-se entre os procedimentos utilizados para

---

314. Ibid.

colher informações e obter confissões[315]. Por fim, procedimentos relacionados à negociação de redução de penas em troca de delações premiadas são aspectos que precisam ser considerados e identificados com muito cuidado pelos historiadores que examinam as seções investigativas dos processos. Já no que concerne aos aspectos legais relativos aos processos criminais típicos do período moderno, é preciso compreender também os instrumentos de mediação que são característicos do aparato jurídico mais recente. Há uma polifonia a ser decifrada, nesse sentido, em referência aos agentes da justiça e aos instrumentos de mediação relativos aos aspectos que pautam as práticas judiciais[316].

Voltemos, por ora, aos processos mais explicitamente repressivos. A análise dos instrumentos de mediação, e de como eles são utilizados, é aqui capital para a percepção de uma polifonia autêntica, ou, ao contrário, para a identificação da falsa polifonia que se estabelece ao final, com uma voz forçando a outra a dizer apenas aquilo que ela já pretendia ouvir. Tal situação não é incomum nos processos de inquisição ou de investigação de opositores políticos. Quando estamos diante da imposição monódica de uma só voz – isto é, a da voz que quer obrigar a outra a dizer somente o que ela já queria ouvir de antemão –, a fonte dialógica em análise apenas servirá para enxergarmos, a partir do "outro que é interrogado", o perfil, visão de mundo e posições ideológicas do "outro que interroga". Nesse caso o réu, ao dizer o que seu inquisidor exige ouvir, termina por retratá-lo.

---

315. Os manuais de inquisidores – tanto os do período medieval como os da primeira Modernidade – oferecem registros importantes sobre os procedimentos de interrogatório utilizados na prática da Inquisição. Assim, o *Directorium Inquisitorum* – manual de inquisidores escrito em 1376 por um teólogo dominicano da Catalunha chamado Nicolau Eymerich (1320-1399) – traz passagens como esta: "[O inquisidor] deve fazer uma adaptação de suas perguntas ao grau de instrução, à seita, à posição do acusado. A malícia é a maior arma do inquisidor; deve utilizar a parte doutrinária deste Manual para convencer o acusado de que aderiu a uma heresia" (EYMERICH, 1993, p. 118).

316. "[O historiador] deve entender cada momento e cada ato contidos no processo, tentando esclarecer, com base na legislação e jurisprudência, suas particularidades, propósitos e contradições. Tudo isso para que se possa ter uma visão a mais ampla possível da variedade de pontos de vista e de estratégias envolvidas no embate jurídico e social que subjaz ao processo, de acordo com as ações dos diferentes agentes envolvidos (delegado, perito, vítima, acusado, testemunha, promotor e juiz). Evidentemente, cada ato administrativo ou legal, cujo registro formal deve constar dos autos do processo, corresponde, no limite, a ações isoladas cujo fio condutor se perdeu irremediavelmente. De qualquer maneira, é possível enxergar, para além da opacidade característica do documento e do efeito do distanciamento temporal, as teses e posturas assumidas por personagens que não só representam a justiça, mas também são a justiça: o delegado, o promotor público e o juiz" (ROSEMBERG & SOUZA, 2009, p. 168).

Podemos ter como exemplo para esse último caso algumas situações nas quais o investigador, na suposição de que tenha seu acusado ou investigado submetido a tortura, já deseje irredutivelmente ouvir algo muito específico. Pode se dar o caso em que ele deseje realmente dar voz ao outro no intuito de compreendê-lo (mesmo que para depois martirizá-lo); mas pode se dar também que ele obrigue seu réu ou investigado a confessar o que já estava pré-definido. A obsessão em obter informações objetivas (paradeiros de outros implicados na heresia ou na ação de resistência política) pode levar àquele ponto em que a voz do outro será simplesmente destruída. Ou a obsessão de um juiz em condenar um indivíduo aos crimes aos quais já se quer imputar-lhe, de antemão, pode fazer o mesmo.

Não obstante, as fontes dialógicas podem nos colocar diante de situações em que efetivamente o autor de um relato, de uma correspondência, de um depoimento ou de um inquérito precisou fazer o exercício efetivo de se colocar no lugar do outro. Mais do que isso, as circunstâncias podem tê-lo obrigado a fazer a pergunta polifônica à qual nos referimos na parábola inicial dos três índios de cara pintada: "Como este outro vê a mim mesmo?" Os missionários que desejam catequizar seus nativos, ou os conquistadores que desejam submetê-los, podem perceber a importância de compreender como os "outros" os veem, de modo a definir a melhor estratégia para atingir seus objetivos. Os conquistadores espanhóis que invadiram as Américas no século XVI, por exemplo, foram bem-sucedidos na mesma medida em que fizeram estas perguntas: "Como esses povos nos veem? Como deuses? Demônios? Como flagelos enviados pelos seus próprios deuses, na intenção de puni-los? Como simples invasores? Eles nos enxergam como homens ávidos de ouro, terras... ou almas?" Era preciso ainda compreender como os nativos se viam uns aos outros, e que conflitos internos os opunham. Compreender o outro foi a agenda que permitiu que os conquistadores espanhóis submetessem os povos da América Antiga no decorrer de um tempo relativamente tão curto. Compreender o outro, de igual maneira, foi necessário aos missionários que queriam catequizá-los, a exemplo do já citado Bernardino de Sahagún.

O esforço do historiador em perceber as vozes de sua fonte – as mesmas que, antes dele, foram talvez percebidas pelos seus mediadores do passado – deve vir acompanhado pelo empenho em avaliar os instrumentos de mediação que as liberam ou as constrangem. Ainda em relação à polifonia presente em um processo, há diversos instrumentos de mediação ou intervenção que podem contribuir para alterar o conteúdo ou o registro das vozes. Para a documentação policial do período contemporâneo, a exemplo das "ocorrências", deve-se considerar a própria intervenção do escrivão que anota os depoimentos, mas que nessa operação já os altera eventualmente; e há até mesmo um padrão prévio de maneiras de redigir que pode se achar entre os elementos capazes de distorcer as vozes, menos ou mais levemente[317].

Quero acrescentar que, embora tenhamos priorizado nesses exemplos as fontes nas quais as vozes internas de um texto conviveram diretamente umas com as outras (os processos criminais, relatos de viagem, relatórios de conquistadores ou missionários), o cuidado em identificar os instrumentos de mediação é igualmente válido para outros tipos de fontes dialógicas. Em uma seção à parte, havíamos trazido o exemplo dos textos formados por diferentes camadas de discursos, autorias ou textos-fontes, a exemplo dos textos bíblicos do *Antigo Testamento*. Para aqueles textos, vimos que os redatores de certas épocas – os quais também configuram eles mesmos novas vozes no resultado textual final – concretizam habilmente a assimilação de outros textos-fontes (outras vozes, portanto), às quais modificam, costuram uma às outras, ocultam sob um novo vocabulário, deslocam de lugar, ressignificam a partir de pequenas interpolações operadas por eles mesmos, entre inúmeras outras operações. Cada um desses procedimentos, e muitos outros, é também um "instrumento de mediação", como os que discutimos antes para o caso dos processos. Se os modos de interrogar são procedimentos e instrumentos de mediação, também o são os modos de retextualizar as antigas vozes que fazem parte de um texto que está sendo submetido a uma nova redação ou versão.

É oportuno ressaltar que, no eneagrama que elaboramos para servir de base a um "Roteiro para as fontes dialógicas" (quadro 10), os vértices do triângulo de fundo apresentam os pontos fundamentais de ancoragem dos procedimentos de análise para esses tipos de fontes. A "descrição das fontes" (item n. 9),

---

317. Marc Bloch, em *Apologia da História* (1949), já observava: "Todos sabem: é raro que o auto de um interrogatório judicial reproduza literalmente as declarações pronunciadas; o escrivão, quase espontaneamente, organiza, esclarece, restabelece a sintaxe, poda as palavras julgadas demasiado vulgares" (BLOCH, 2001, p. 141). Mas há também os casos em que a voz interrogada mostra-se com suas idiossincrasias, com seu estilo próprio, com um dialeto social próprio que se deixa registrar, mesmo que logo em seguida venha a pergunta do inquiridor sobre o que se quis dizer com tal ou qual expressão. Ao historiador cabe examinar as fontes processuais identificando os momentos em que as vozes se pronunciam em seu próprio tom, vocabulário e estilo de fala, e aqueles momentos em que surge uma nova voz – a do escrivão ou do auxiliar de inquisição que anota o depoimento.

a "identificação das vozes" (item n. 3) e a "identificação dos instrumentos e procedimentos de mediação" (item n. 6) constituem de fato a base sobre a qual também se estabelecem os demais itens. Em outros termos, podemos dizer que esses três vértices do triângulo de fundo equivalem à descrição da "totalidade" (9), identificação das "partes" (6), e identificação das "relações entre as partes" (3), de modo que o triângulo também representa os pontos-chave de uma dialética que precisa ser considerada pelos historiadores que trabalham com fontes dialógicas.

De volta aos exemplos dos processos criminais e inquisitoriais, uma recomendação final é a de recuperar a rede de poderes, e eventualmente de micropoderes, que se integra ao dialogismo das fontes (item n. 7). Tal como nos mostra Ginzburg para seus estudos sobre a Inquisição[318], o inquisidor e seu réu – embora se situem no plano do discurso como duas vozes de igual ressonância para o historiador – estão em situação de desigualdade, o mesmo ocorrendo com o antropólogo e seus nativos ou outros informadores. Aqui aparecem situações que envolvem poderes reais e poderes simbólicos, mas que em todo o caso expõem uma assimetria entre as vozes examinadas.

Há também uma assimetria entre os quilombolas saramakas e os missionários morávios estudados por Richard Price, embora seja difícil dizer quem está em posição mais confortável perante o outro. Neste caso, temos o exemplo de assimetrias em que um poder não se impõe sobre a voz oprimida, contrastando com a situação mais óbvia da Inquisição ou do poder simbólico que exerce o frade franciscano Sahagún sobre os astecas já sobreviventes de uma sociedade destroçada pelos espanhóis. Entre os saramakas e os missionários morávios, ao contrário, temos poderes e micropoderes que se confrontam. O primeiro grupo se esquiva do segundo; este, por sua vez, acredita ter exercido algum poder simbólico, quando na verdade apenas foi empurrado para o mundo da não comunicação. Não há poder mais sutil que o de enganar o antropólogo ou o missionário.

Um último comentário sobre as fontes que trouxemos para exemplo. Os modernos processos criminais e inquisitoriais são bastante similares tanto no que se refere ao dialogismo que os caracteriza como no fato de serem fontes intensivas, particularmente atentas aos detalhes, àquilo que pode ser revelado subitamente através de um gesto, de um ato falho, daquilo que escapa pelas margens. Nessa

---

318. GINZBURG, 1991b, p. 208.

passagem de "O inquisidor como antropólogo", Ginzburg discorre sobre esse aspecto, a intensividade das fontes, com particular clareza:

> É verdadeiramente espantosa a riqueza etnográfica dos julgamentos do Friuli. As palavras, gestos, o corar súbito do rosto, até os silêncios – tudo era registrado com meticulosa precisão pelos escrivães do Santo Ofício. De fato, para os inquisidores, sempre tão desconfiados, qualquer pequena pista poderia constituir um avanço considerável no sentido da verdade[319].

16.11 Lendo as fontes pelas margens – Os silêncios e estranhamentos

Desenvolveremos a seguir um último conjunto importante de considerações, igualmente útil para o tratamento historiográfico de fontes dialógicas. O historiador contemporâneo aprendeu a ler as fontes históricas também pelas suas margens, pelos seus silêncios, pelos seus desvios inesperados, ou, ao contrário, pelos detalhes recorrentes, mas que passam habitualmente despercebidos. No primeiro caso, o que seria extremamente familiar para uma certa época, ou para determinado grupo social, pode acabar não sendo por eles registrado ou expresso na documentação que futuramente se converterá em fonte histórica. Ninguém anota em um diário ou em livro de memórias o que é óbvio, comum e mais do que esperado. Tampouco um jornal costuma noticiar senão o que é raro, espetacular, singular, único. Do mesmo modo, a um viajante não ocorrerá registrar em seu relato de viagens senão o que lhe parecer exótico, estranho, curioso por confronto com a sua própria cultura.

O corriqueiro habitualmente desaparece da história, a não ser em fontes como as que discutimos acima – a exemplo das instâncias dialógicas e intensivas de um processo criminal ou de uma devassa de inquisição, que se mostram particularmente ávidas em apreender o cotidiano dos réus e das vítimas com a esperança de que dali surja a estrutura de uma vida exposta em seus mínimos detalhes (mesmo os insignificantes) ou, inversamente, com a expectativa de que subitamente sejam surpreendidas pelo inesperado, pela descoberta de um desvio em relação a um percurso habitual na noite de um crime, pela menção de um talismã perdido em uma gaveta e inocentemente percebido por uma criada que presta um depoimento. Os processos criminais ou inquisitoriais, como vimos até aqui, são tanto

---

319. Ibid., p. 209.

reveladores pela sua ânsia ou necessidade de compreender o outro (a alteridade), como pela investigação detalhista que promovem sobre as vidas de pessoas comuns, sobre seu cotidiano, suas relações sociais e formas de sociabilidade – suas estratégias para viver e sobreviver em um mundo que a cada dia se coloca a elas como um desafio.

Tal como observa a historiadora francesa Arlette Farge (1989), os arquivos policiais e jurídicos podem nos trazer "o vestígio bruto de vidas que não pediam em absoluto para serem contadas dessa maneira, e que foram coagidas a isso porque um dia se confrontaram com as realidades da polícia e da repressão. Eles revelam o que jamais teria sido exposto não fosse a ocorrência de um fato social perturbador; de certo modo, revelam um não dito"[320].

Os processos criminais modernos e contemporâneos, e também as inquisições na Idade Média e primeira Modernidade, não interessam aos historiadores, *não principalmente*, pelas respostas que seus inquiridos – sejam acusados ou testemunhas – deram às perguntas que lhes foram feitas sobre os crimes e fatos que geraram o tortuoso caminho que vai do inquérito policial à apuração e depuração judicial. As fontes processuais interessam aos historiadores porque falam de outras coisas que não estavam previstas, porque expõem uma sociedade pelas suas margens, porque colocam em contraste e em confronto os habitantes de um mundo social que muitas vezes é dissimulado no que concerne a algumas de suas relações mais constitutivas. Também não importa, em absoluto, se os depoimentos de réus e testemunhas são verdadeiros no que se refere ao crime cometido ou aos fatos que abalaram a ordem e os levaram às barras do tribunal como acusados, testemunhas ou vítimas. O que importa para o historiador, nos processos, é a verdade social e imaginária que neles transparece: os limites e enquadramentos de uma sociedade que se vê desnudada através dos seus inquiridos, bem como as estratégias e negociações de que estes últimos se valem para tolerar esses limites ou transgredi-los. Interessam-nos também a verdade material exposta nos depoimentos – as roupas, hábitos e modos de falar –, as concepções que são entrevistas,

---

320. FARGE, 2009, p. 13-14. Entre essas duas observações, a historiadora ainda acrescenta: "Fossem vítimas, querelantes, suspeitos ou delinquentes, nenhum deles se imaginava nessa situação de se ter de explicar, reclamar, justificar-se diante de uma polícia pouco afável. Suas palavras são consignadas uma vez ocorrido o fato e ainda que, no momento, eles tenham uma estratégia, não obedecem à mesma operação intelectual do impresso" (FARGE, 2009, p. 14).

as angústias, desesperos e acomodações dos homens e mulheres comuns. Interessam aos historiadores, nos processos, as verdades que os depoentes dizem no momento mesmo em que estão mentindo[321].

Fora as fontes processuais e outras que primam pelo detalhamento exaustivo, contudo, o silêncio costuma imperar em muitas das fontes históricas de diversos tipos no que tange ao corriqueiro, embora este, às vezes, seja rompido com o "excepcional normal"[322]. Em virtude da tendência dos indivíduos e instituições em não registrarem o já esperado e a obviedade, ocorre que, por isso mesmo, podem se perder para a documentação histórica certas informações e costumes do passado – costumes que hoje, para o nosso presente, já não teriam nada de familiar e óbvio e que, portanto, poderiam ter algum interesse historiográfico.

Vamos imaginar uma situação estranha para a sociedade em que vivemos. Digamos que em certa região da China era recorrente o costume de um filho presentear ao pai, ainda com plena saúde, com um caixão – constituindo tal gesto em grande prova de amor e respeito[323]. Para nós, homens e mulheres ocidentais do século XXI, um filho presentear um pai com um caixão seria talvez absurdo ou de mau gosto. Por isso mesmo, uma informação como essa desperta curiosidade: é uma singularidade de outra sociedade em relação à nossa – uma alteridade.

Suponhamos que esse costume era tão generalizado e natural naquela sociedade historicamente localizada que ninguém o anotou. Saberemos talvez de *tsunamis* que se abateram implacavelmente sobre o povo daquela região, entraremos em contato com referências sobre bandoleiros que invadiram a aldeia e impiedosamente trucidaram homens e mulheres em certo dia fatídico, ou quem sabe saberemos sobre a breve e memorável passagem do governador pela aldeia em determinada ocasião, ou mesmo sobre uma criança que nasceu com duas cabeças.

---

321. "É possível encontrar, nas entrelinhas dos depoimentos, evidências de como vítimas, réus e testemunhas descrevem não somente os acontecimentos que os levaram à Justiça, mas também diversos relacionamentos sociais e condutas que eles consideravam corretos ou errados. Mesmo quando mentem ou inventam posturas morais, fazem-no de uma forma que acreditam ser verossímil e, portanto, ajudam a traçar os limites da moralidade comum" (CAULFIELD, 2000, p. 39-40).

322. Este último conceito foi empregado pela primeira vez pelo micro-historiador italiano Edoardo Grendi. Carlo Ginzburg o rediscute em um dos textos de *A Micro-História e outros ensaios* (1991), e observa "a importância decisiva daqueles traços, aquelas espias, aqueles erros que perturbam, desordenando-a, a superfície da documentação; para além dela é possível atingir aquele nível mais profundo, invisível, que é constituído pelas regras do jogo, 'a história que os homens não sabem que fazem'" (GINZBURG, 1991a, p. 176-177). Cf. ainda, GRENDI, 2009, p. 27-30.

323. Esse exemplo é evocado por Paul Veyne em *Como se escreve a História* (1982, p. 20).

Mas sobre esse costume que nos parece tão estranho, e que destarte caracterizaria tão bem a sociedade examinada (mais do que todos os outros exemplos que acabamos de evocar), nada saberemos.

Um aspecto muito familiar a uma sociedade, um costume já entranhado, ou um procedimento que a ninguém inserido cotidianamente em certa comunidade ocorreria questionar – exatamente por parecer muito natural a todos – corresponde àquilo que o historiador Edward Thompson (1924-1993) chama de "norma surda". "Tratam-se daqueles aspectos de uma sociedade que aparentam ser tão inteiramente 'naturais' aos seus contemporâneos que, usualmente, acabam deixando registros históricos imperfeitos". Thompson nos diz que, em algumas situações, uma boa maneira de descobrir normas surdas é examinar episódios ou situações atípicas – ou, em suas próprias palavras, levar em consideração que "um motim ilumina as normas dos anos de tranquilidade, assim como uma repentina quebra de deferência nos permite entender melhor os hábitos de consideração que foram quebrados"[324].

Evocaremos um exemplo particularmente interessante fornecido por Edward Thompson que poderá ilustrar perfeitamente bem esse aspecto. Na conferência--artigo intitulada "Folclore, Antropologia e História Social" (1977), o historiador inglês fala um pouco à sua plateia e aos seus leitores sobre como podem ser eloquentes, aos historiadores, as situações atípicas, excepcionais ou estranhas[325]. O insólito costume relatado no artigo de Thompson é o da "venda de esposas" que ocorria, amiúde, entre operários ingleses nos séculos XVIII e XIX. Há vários registros desses estranhos rituais em documentação (o historiador inglês contou trezentos casos), e isso ocorria precisamente porque, em sua época, eles teriam chocado certos setores da educada sociedade inglesa setecentista. Os casos foram divulgados em alguns jornais, para escândalo da classe média ilustrada inglesa, e também em cadernos de anotações e relatórios de folcloristas da época interessados em registrar costumes ingleses diversificados.

Thompson vale-se, como fontes históricas, tanto dessas anotações de folcloristas como das pequenas notas de jornais que, à época, mencionavam os casos.

---

324. THOMPSON, 2001, p. 235. Aqui há um paralelo possível entre a perspectiva apontada por Thompson e a atenção dos micro-historiadores direcionada ao "excepcional normal".

325. THOMPSON, 2001, p. 235.

O ritual dava-se como se segue: para um mercado público acorriam pessoas com vistas a assistir a um estranho leilão que tinha sido anunciado com bastante antecedência. No insólito cenário montado em praça pública adentra a esposa, usando uma coleira ao pescoço ou na cintura, e o marido começa a leiloá-la. Quem dá o maior lance torna-se seu novo proprietário. Recebe do ex-marido a coleira que traz na outra ponta a esposa, e a partir dali ela é sua. Em troca, o ex-marido leva em dinheiro o valor dado em leilão.

Um costume como esse faria, nos dias de hoje, os horrores do jornalismo feminista e as delícias do noticiário sensacionalista. Também indignaram, por motivos diversos, os folcloristas ingleses dos séculos XIX – contemporâneos de uma renitente militância britânica que se empenhava em uma intensa propaganda antiescravista. Os folcloristas tinham por trabalho registrar os costumes do povo, as festas e rituais sempre com uma curiosidade de antiquários, e anotavam tudo aquilo que lhes parecia insólito, bárbaro, demasiado rústico.

A esses registros, do ponto de vista dos historiadores de hoje, seria possível fazer novas perguntas. Não seriam indagações sobre o espetáculo deprimente de uma simulação teatral na qual as esposas eram representadas como se fossem escravas, como queriam os folcloristas avessos ao escravismo colonial, e tampouco seriam perguntas sobre a condição feminina nulificada em um ritual que delas fazia mercadorias, como poderia propor uma perspectiva crítica em relação à exploração da mulher. Mas seriam, sim, perguntas mais próprias à história cultural contemporânea. O que esses rituais e representações revelam das relações conjugais, das formas de sociabilidade, dos procedimentos inventados pelo povo para resolver seus conflitos? O que nos falam esses costumes acerca dos sistemas normativos e das maneiras criativas que se oferecem aos indivíduos para expressar sua liberdade de ação dentro do rigoroso quadro de normas sociais que lhes era impingido?

São magistrais as análises e conclusões de Edward Thompson a respeito desses casos que teriam sido vistos pelos jornalistas ingleses da época como estranhas e absurdas operações de venda, e que os folcloristas ingleses do mesmo período haviam condenado moralmente, no máximo concedendo-lhes o rótulo de resíduos exóticos do ancestral paganismo anglo-saxão. O extrato abaixo destacado, proveniente da brilhante análise desenvolvida por Edward Thompson, diz-nos tudo, e é o atestado da fina sensibilidade analítica de que deve dispor um historiador com vistas a atravessar tanto as camadas de filtros documentais como também alcançar os entreditos que revelam as verdadeiras razões de uma prática social ou seu papel com o objetivo de estabelecer e restabelecer o equilíbrio das tensões sociais:

> Entretanto, um exame mais detido das evidências tem propiciado enxergar a venda de esposas sob outro ângulo. Na verdade, o ritual era uma forma de divórcio, em uma época na qual o povo da Inglaterra não dispunha de nenhuma outra forma de desenlace matrimonial. Em quase todos os casos, a "venda" se deu com o consentimento da esposa. Na maioria das vezes, o casamento precedente já estava arruinado, e pode-se demonstrar que o pregão ao público era fictício. O comprador da esposa já havia sido combinado e, em muitos casos, era o amante dela. / Mais ainda: o marido que vendia a cônjuge – a qual, afetivamente, perdera – comportava-se com uma generosidade mais humana que a encontrada nos atuais processos de separação. A transação era desenrolada ante o olhar da audiência, e o marido cobria a vergonha de ter perdido a mulher, primeiro, com a encenação de tê-la posto à venda, depois, com um ou outro gesto de liberalidade ou boa vontade. Comumente, ele destinava toda ou quase toda a pequena soma angariada com a venda aos brindes à saúde do novo casal, que eram oferecidos na taberna da praça do mercado[326].

As recomendações historiográficas propostas por Edward Paul Thompson, com base nesse caso, são claras. Aponta-se para a necessidade de atravessar a "forma" mais externa da prática social examinada, aquela mesma em que ficaram atolados os folcloristas ingleses da própria época – os quais tenderam a ver o caso como mera manifestação da ordem masculina dominante –, ocasionalmente capaz de reduzir a esposa à estatura de propriedade ou de animal encoleirado – ou então como persistência distorcida de antigas práticas pagãs relacionadas ao "preço-da-noiva".

Estancar o olhar analítico na forma, na superfície do ritual, tal como fizeram os folcloristas contemporâneos dos casos examinados, seria uma irreparável falha para o olhar historiográfico, que deve ir além. Deve-se atravessar a forma, diz-nos Thompson, para se assegurar que uma abordagem adequadamente historiográfica focalize o que realmente importa, e que pode permitir que a pesquisa avance e não estanque no mesmo ponto, ou no mesmo atoleiro de incompreensões, onde se encontravam confinados os folcloristas ingleses e os jornalistas de curiosidades da época. E esse novo foco, portão imaginário que deve ser atravessado para

---

326. Ibid., p. 237.

que a pesquisa prossiga, refere-se às reveladoras relações expressas no conteúdo. Complementa Thompson:

> Qualquer que seja sua origem ou seu simbolismo manifesto, o ritual foi adaptado aos novos propósitos de regulação da troca de parceiros, mutuamente consensual[327].

O caso nos permite acrescentar que é particularmente importante para o historiador cultural perceber os novos usos de um antigo simbolismo ou prática social. A compreensão histórica não pode ficar estancada no ritual – no objeto ou na prática cultural em si mesma – e deve avançar para o estudo de suas reapropriações, modos de difusão, recepções. Um simbolismo recontextualizado e ajustado a uma nova prática social, bem como a novas formas de sociabilidade, é já um novo simbolismo – um objeto novo, que já expressa transformações definitivas em relação ao imaginário ou ao sistema de práticas e representações original. Tal como diz o próprio historiador Edward Thompson, "o significado de um ritual só pode ser interpretado quando as fontes (algumas delas coletadas por folcloristas) deixam de ser olhadas como fragmento folclórico, uma 'sobrevivência', e são reinscritas em seu contexto total". Por fim, o exemplo exposto mostra como "o atípico pode servir para sondar as normas"[328].

Quero terminar lembrando uma perspectiva similar proposta pelo historiador francês George Duby (1919-1996), em uma entrevista concedida a Guy Lardreau (1947-2008) em 1980[329]. Em suas reflexões dialogadas sobre a História, Duby sugere que a principal evidência pode estar por vezes no "não dito", naquilo que uma época não diz a respeito de si mesma. Exatamente o que é mais característico a uma época – como seria "a água para um peixe", conforme uma interessante metáfora evocada em outra oportunidade por Ankersmit – é aquilo que uma época não pode perceber sobre si mesma, de modo que o historiador deve buscar essa apreensão da essência de uma época através "do que não foi dito, do que foi apenas sussurrado, ou do que foi expresso em detalhes insignificantes"[330].

---

327. Ibid.

328. THOMPSON, 2001, p. 238.

329. DUBY & LARDREAU, 1989 [original: 1980].

330. ANKERSMIT, 1989, p. 125. A passagem está incluída em um polêmico artigo sobre a "História e o Pós-modernismo", publicado em 1989 na revista *History and Theory*, e republicado em 2001 na revista *Topoi* (2001a, p. 114-135). Nele, Ankersmit faz referência à citada entrevista de Georges Duby. O artigo foi criticado por Zagorin (2001, p. 137-152), e teve réplica de Ankersmit em um terceiro artigo (ANKERSMIT, 2001b, p. 153-173).

Quando pensamos em nossa própria época, dominada pelo dinheiro, pela ânsia de cada indivíduo ou empresa em multiplicá-lo, será mesmo esse seu fator dominante? Será a competição generalizada, ou outra coisa como a busca da permanente transformação, na qual "tudo o que é sólido se desmancha no ar"?[331] O que não dizemos sobre nós mesmos, mas que se tornará um silêncio eloquente aos olhos e ouvidos dos presentes-futuros? Como nos verão os seres humanos de tempos ainda por vir, ou seus historiadores? A propósito, estaremos vivendo, nas últimas três décadas, já em uma outra época, com novas águas, e outros silêncios?

Se os traços essenciais de uma época revelam-se, por vezes, apenas por contraste com outro período, o historiador estaria apto a apreender algo do passado-presente trazido pelas fontes precisamente no momento em que "projeta um padrão" sobre elas. Anuncia-se aqui a possibilidade de construir a História também através do não dito, do que foi suprimido (intencionalmente ou não), do detalhe, daquilo que teria parecido irrelevante para uma época mas que se torna revelador para outra. Extrair conclusões de um silêncio introduz o historiador diretamente em uma perspectiva de interação com as fontes, visto que, para tal, é necessário fazer incidir uma pergunta, um padrão sobre esse silêncio para que ele fale a uma outra época, revelando traços que a própria época histórica examinada não percebeu sobre si mesma, não quis perceber, ou, em última instância, buscou suprimir, seja a partir dos caminhos intencionais ou involuntários, conscientes ou inconscientes.

Para concluir, podemos deixar esta sugestão de complementaridade. Lidar com fontes dialógicas é lidar com diferentes vozes sociais, mas também com diferentes silêncios que "falam" ao historiador – este mesmo historiador que deverá se autoperceber como uma voz que, ao formular uma pergunta para seu conjunto de fontes, já coloca em movimento um outro tipo de dialogismo capaz de orquestrar as vozes do passado ao lado da sua mesma, e de extrair elementos importantes dos próprios silêncios reveladores das fontes, daquilo que escapa pelas margens da documentação, da rede de pequenos detalhes que possibilitam uma leitura intensiva. Lidar com "fontes dialógicas" talvez não seja possível sem que o próprio historiador, ele mesmo, também se torne um "historiador dialógico".

---

331. Célebre frase de Marx e Engels inserida no *Manifesto Comunista* (1948). Cf. MARX & ENGELS, 2010, p. 43.

Palavras finais

O livro que neste momento encerramos deve ser visto como um ponto de partida, e não ainda como um ponto de chegada. Tal como procuramos mostrar nesta obra, as fontes históricas abarcam um número indefinido e crescente de tipos, cada qual passível de ser abordado por certo número de metodologias alternativas. Processos criminais, periódicos de todos os tipos, relatos de viagem, diários, correspondências, certidões, testamentos, inventários, obras literárias, hagiografias, genealogias – por mais que tenhamos multiplicado nossos exemplos, aprofundando uns mais do que outros, não pudemos tocar senão em uma pequeníssima parte do vasto universo de fontes históricas que se oferece à historiografia contemporânea. Ademais, além de existirem inúmeras possibilidades de fontes históricas, não existe uma única metodologia aplicável a cada uma delas, de modo que as combinações se ampliam exponencialmente. Ultrapassando o textual escrito, novos infinitos ainda se abrem. Imagens, sons, cultura material, fontes virtuais, tradições imateriais que se apresentam como patrimônios de diversos tipos – as possibilidades continuam a se diversificar. Esse movimento de expansão das fontes históricas não termina nunca, mas, ao contrário de que isso se torne exaustivo, temos aqui um dos aspectos mais fascinantes do fazer historiográfico.

Como não pudemos senão trazer exemplos relevantes e significativos, a continuidade da tarefa aqui iniciada dá sinais de merecer uma série continuada de livros que abordem a temática das fontes históricas. O próximo volume desta série retornará ao ponto inicial, discutindo *As fontes históricas e seu lugar de produção*. Em seguida, é nossa intenção abordar, em livros mais específicos, discussões aprofundadas sobre cada tipo de fonte, tal como fizemos nos últimos capítulos deste livro. Eis um programa para ser realizado nos próximos anos.

Referências

ALBERT, P. (1976). "Comment étudier un journal?" In: *Cahier Français*, n. 178, p. 48-52.

ALBERT, P. & TERROU, F. (1990). *História da imprensa*. São Paulo: Martins Fontes [original: 1970].

ALBERTI, V. (1996). "O que documenta a fonte oral? – Possibilidades para além da construção do passado". In: *Ouvir e narrar*: Métodos e práticas de trabalho com História Oral. Belo Horizonte: UFMG, p. 1-12.

ANDRADE, D. El-J. (2006). "Escrita da história e política no século XIX: Thomas Carlyle e o culto aos heróis". In: *História e Perspectivas*, vol. I, n. 35, p. 211-246.

_____ (2000). *O paradoxo do pensamento de Thomas Carlyle* – a resistência à democracia e o culto ao grande homem. Niterói: UFF [Dissertação de Mestrado].

ANKERSMIT, F.R. (2001a). "Historiografia e Pós-modernismo". In: *Topoi – Revista de História*, vol. 2, p. 114-135 [original: 1989].

_____ (2001b). "Resposta a Zagorin". In: *Topoi – Revista de História*, vol. 2, p. 153-173 [original: 1989].

ANTIÉRES, P. (1998). "Arquivar a própria vida: Arquivos pessoais". In: *Revista de Estudos Históricos*, n. 21, p. 9-34.

AQUINO, M.A. (1999). *Censura, imprensa, Estado autoritário (1968-1978)*. Bauru: Edusc.

ARIÈS, P. (1981). *O homem diante da morte*. Rio de Janeiro: Francisco Alves [original: 1977].

ARÓSTEGUI, J. (2006). *A pesquisa histórica* – Teoria e método. Bauru: Edusc [original: 1995).

BACELLAR, C. (2005). "Uso e mau uso dos arquivos". In: PINSKY, J. (org.). *Fontes históricas*. São Paulo: Contexto, p. 23-79.

BACHELARD, G. (1943). *L'Air et les songes*. Paris: Corti.

BAEHREL, R. (1961). *Une croissance*: La Basse Provence depuis la fin du XV siècle jusqua' à la veille de la Révolution. Paris: Sevpen.

BAKHTIN, M. (2010). *Problemas da poética de Dostoievski*. Rio de Janeiro: Forense Universitária [original: 1929].

_____ (1992). *Estética e criação verbal*. São Paulo: Martins Fontes [original post: 1979].

_____ (1985). *Marxismo e Filosofia da Linguagem*. São Paulo: Hucitec [original: 1929].

BALZAK, H. (2012). *A comédia humana*. Rio de Janeiro: Le Livros [original: 1829-1869].

BARBOSA, M. (2010). *História cultural da imprensa – Brasil (1800-1900)*. Rio de Janeiro: Mauad.

BARDIN, L. (1991). *Análise de conteúdo*. Lisboa: Ed. 70 [original: 1977].

BARRETO, L. (2012). *Triste fim de Policarpo Quaresma*. São Paulo: Ática [original: 1915].

_____ (1995). *Recordações do escrivão Isaías Caminha*. São Paulo: Ática [original: 1909].

BARROS, J.D'A. (2018). "História e música". In: MOTTA, M. & MARTINS, M. (orgs.). *História e parceria*. Seropédica: Edur, p. 152-372.

_____ (2017). *História, Espaço, Geografia*. Petrópolis: Vozes.

_____ (2016). *Os conceitos – Seus usos nas ciências humanas*. Petrópolis: Vozes.

_____ (2013). "A operação genealógica – Considerações sobre as implicações histórico-sociais das genealogias, a partir do exame dos livros de linhagens (séc. XIII-XIV)". In: *Revista da FLUP*, série IV, vol. 3, p. 145-166.

_____ (2012). *Teoria da História – Vol. V: A Escola dos Annales e a Nova História*. Petrópolis: Vozes.

_____ (2011a). *Teoria da História – Vol. I: Princípios e conceitos fundamentais*. Petrópolis: Vozes.

_____ (2011b). *Teoria da História – Vol. II: Os primeiros paradigmas – Positivismo e historicismo*. Petrópolis: Vozes.

_____ (2011c). *Teoria da História – Vol. III: Os paradigmas revolucionários*. Petrópolis: Vozes.

_____ (2011d). *Teoria da História – Vol. IV: Acordes historiográficos*. Petrópolis: Vozes.

_____ (2004). *O campo da História*. Petrópolis: Vozes.

BARTHES, R. (1984). *A câmara clara*. Rio de Janeiro: Nova Fronteira [original: 1980].

BASSANEZI, M.S. (2015). "Registros paroquiais e civis – Os eventos vitais na reconstituição da história". In: PINSKY, J. (org.). *O historiador e suas fontes*. São Paulo: Contexto, p. 141-172.

BASSELAR, J.V.D. (1979). *Introdução aos estudos históricos*. São Paulo: EPU.

BECKER, J.-J. (1996). "O handicap do a posteriori". In: FERREIRA, M.M. & AMADO, J. (orgs.). *Usos e abusos da História Oral*. Rio de Janeiro: FGV, p. 27-31.

BELLOTTO, H.L. (2002). *Como fazer análise diplomática e análise tipológica de documentos de arquivo*. São Paulo: Arquivo do Estado.

BÉRLIÈRE, J.-M. (1998). "Archives de police: Du fantasme au mirage". In: PETIT, J.G. & CHAVAUD, F. (orgs.). *L'Histoire Contemporaine et les usages des archives judiciaires 1800-1939*. Paris: H. Champion [Col. Archives et Histoire].

BERNARDES, D. (2006). *O patriotismo constitucional* – Pernambuco, 1820-1822. Recife: Ed. UFPE.

BLOCH, M. (2001). *Apologia da História*. Rio de Janeiro: Jorge Zahar [original: 1949, póstumo] [original de produção do texto: 1942-1944].

_____ (1931). *Les caracteres originaux le l'Histoire Rurale Française*. Paris: A. Colin.

BLOOM, H. & ROSENBERG, D. (1992). *O livro de J*. Rio de Janeiro: Imago [original: 1990].

BOFF, L. (1993). "Inquisição: Um espírito que continua a existir". In: EYMERICH, N. *Manual dos Inquisidores (Directorium Inquisitorum)*. Brasília: Ed. UNB/Rosa dos Tempos, p. 9-28.

BOSCHI, C.C. (1986). *Os leigos e o poder*: Irmandades leigas e políticas colonizadoras em Minas Gerais. São Paulo: Ática.

BOURDIEU, P. (1997). *Sobre a televisão* – [seguido de] *A influência do jornalismo e Os jogos olímpicos*. Rio de Janeiro: Jorge Zahar [original: 1996].

BRANDÃO, B.C. (org.). (1981). *A polícia e a força policial no Rio de Janeiro*. Rio de Janeiro: PUC.

BRASIL (República Federativa). (1982). *Autos de Devassa da Inconfidência Mineira*. Brasília/Belo Horizonte: Câmara dos Deputados/Governo do Estado de Minas Gerais.

_____ (1931). *Estatística da Imprensa Periódica no Brasil (1929-1930)*. Rio de Janeiro: Typographia do Departamento Nacional de Estatística.

BRAUDEL, F. (1984). *O Mediterrâneo e o mundo mediterrânico*. São Paulo: Martins Fontes [original: 1949; edição ampliada: 1966].

_____ (1978a). *Escritos sobre a História*. São Paulo: Perspectiva [original: 1969].

_____ (1978b). "História e Ciências Sociais: A longa duração". In: *Escritos sobre a História*. São Paulo: Perspectiva, p. 41-78 [original: 1958].

BRAUDEL, F. & SPOONER, F. (1967). "Prices in Europe from 1450 to 1750". In: RICH, F. & WILSON, C.H. (orgs). *Cambridge Economic History of Europe*. Vol. 4. Cambridge: Cambridge University Press, p. 378-486.

BRETAS, M. (2013). "A história da polícia no Brasil – Balanço e perspectivas". In: *Topoi*, vol. 14, n. 26, p. 162-173.

BURKE, P. (1991). *A Escola dos Annales – 1929-1989*: A Revolução Francesa da historiografia. São Paulo: Ed. Unesp [original: 1990].

BURROUGHS, E.R. (2010). *Uma princesa de Marte*. São Paulo: Aleph [original: 1912/1917].

BURTON, R.F. (1941). *Viagens aos planaltos do Brasil*. São Paulo: Companhia Editora Nacional [original: 1869].

CARLYLE, T. (1897). *On Heroes* – Hero Worship and the Heroic in History. Nova York: MacMillan Company [original: 1841].

CAPELATO, M.H. (1988). *Imprensa e História do Brasil*. São Paulo: Contexto/Edusp.

CASTRO, C. (2008). *Pesquisando em arquivos*. Rio de Janeiro: Zahar.

CAULFIELD, S. (2000). *Em defesa da honra*: Moralidade, modernidade e nação no Rio de Janeiro (1918-1940). São Paulo: Ed. Unicamp.

CAVALCANTE, J. (2002). "O jornal como fonte privilegiada de pesquisa histórica no campo educacional". In: *Anais do II Congresso Brasileiro de História da Educação*. Natal, 3-6/nov./2002, p. 26-28.

CERTEAU, M. de (2012). "A operação historiográfica". In: *A escrita da História*. Rio de Janeiro: Forense Universitária, p. 65-119 [original: 1974].

CERVANTES, M. de (2016). *Dom Quixote de la Mancha*. São Paulo: Ed. 34 [original: 1605].

CHALHOUB, S. (1986). *Trabalho, lar e botequim*. São Paulo: Brasiliense [original: 1984].

CHARTIER, R. (1994). *A ordem dos livros* – Leitores, autores e bibliotecas na Europa entre os séculos XIV e XVIII. Brasília: Ed. UNB [original: 1992].

_____ (1990). "Textos, impressos, leituras". In: *A história cultural – Entre práticas e representações*. Lisboa: Difel [original: 1982].

CHAUNU, P. (1978). *La mort à Paris*: 16, 17 et 18 siècles. Paris: Fayar.

_____ (1976). "História e Ciências Humanas – A História Serial". In: *A História como Ciência Social*. Rio de Janeiro, p. 68-102.

CHAUNU, P. & CHAUNU, H. (1955-1960). *Seville et l'Atlantique (1504-1650)*. Paris: Sevpen. 12 vol.

CHAVAUD, J.-G. (org.) (1998). *Histoire contemporaine et usage dês archives judiciaires (1800-1939)*. Paris: H. Champion.

CHOMSKY, N. (2013). *Mídia* – Propaganda política e manipulação. São Paulo: Martins Fontes [original: 2002].

_____ (2003). *O controle da mídia* – Os espetaculares feitos da propaganda. Rio de Janeiro: Graphia [original: 1991].

COBEN, I.S. (2008). "Diversificação e segmentação dos impressos". In: LUCA, T. & MARTINS, A.L. (orgs.). *História da imprensa no Brasil*. São Paulo: Contexto, p. 103-130.

CORREA, M. (1983). *Morte em família* – Representação jurídica de papéis sexuais. Rio de Janeiro: Graal.

CORTEZ, H. (2007). *A conquista da América* [As cartas de Hernán Cortez]. Porto Alegre: L&PM [originais: 1519-1526].

COSTA, A.J. (1996). "A Chancelaria Real Portuguesa e seus registros, de 1217 a 1438". In: *Revista da Faculdade de Letras – História*, vol. 2ª série, n. 13, p. 71-101. Porto.

COSTA, H. (1993). "Da fotografia de imprensa ao fotojornalismo". In: *Acervo – Revista do Arquivo Nacional*, vol. 6, n. 1-2, p. 55-74.

CRUZ, H.F. (2000). *São Paulo em papel e tinta* – Periodismo e vida urbana (1890-1900). São Paulo: Educ.

CUNHA, M.T. (2005). "Diários pessoais – territórios abertos para a História". In: PINSKY, J. (org.). *Fontes históricas*. São Paulo: Contexto, p. 251-279.

DANRTON, R. (2010). *O beijo de Lamourette* – Mídia, cultura e revolução. São Paulo: Companhia das Letras [original: 1990].

DEBRET, J.B. (1981). *Viagem pitoresca e histórica ao Brasil*. Rio de Janeiro: Círculo do Livro [original: 1831].

DELORME, J. (1969). *Introduction à la Bible*. Paris: Desclé.

DE LUCA, T.R. (2008). "A grande imprensa na primeira metade do século XX". In: LUCA, T. & MARTINS, A.L. (orgs.). *História da imprensa no Brasil*. São Paulo: Contexto, p. 149-175.

_____ (2005). "História dos, nos e por meio dos periódicos". In: PINSKY, J. (org.). *Fontes históricas*. São Paulo: Contexto, p. 111-153.

DOSSE, F. (1992). *A História em migalhas* – Dos *Annales* à Nova História. São Paulo: Ensaio [original: 1987].

DUARTE, P. (1972). *História da imprensa em São Paulo*. São Paulo: Escola de Comunicação e Artes/USP.

DUBY, G. & LARDREAU, G. (1989). *Diálogos sobre a Nova História*. Lisboa: Dom Quixote [original: 1980].

EDMUNDO, L. (2003). *O Rio de Janeiro de meu tempo*. Brasília: Senado Federal [original: 1938].

EYMERICH, N. (1993). *Manual dos Inquisidores (Directorium Inquisitorum)*. Brasília: Ed. UNB/Rosa dos Tempos [original: 1376].

EINSTEIN, A. (2018). *The Travel Diaries of Albert Einstein* (ed. Rosenkranz). Princeton: Princeton University Press [original: 1922-1923].

EISFELDT, O. (1965). *The Old Testament*: An introduction. Nova York: Harper & Roll [original: 1934].

EISNER, W. (1999). *Quadrinhos e arte sequencial*. São Paulo: Martins Fontes [original: 1985].

ELEUTÉRIO, M.L. (2008). "Imprensa a serviço do progresso". In: LUCA, T.R. & MARTINS, A.L. (orgs.). *História da imprensa no Brasil*. São Paulo: Contexto.

ESPIG, M.J. (1998). "O uso da fonte jornalística no trabalho historiográfico: o caso do Contestado". In: *Estudos Ibero-americanos*, vol. 24, n. 2.

FARGE, A. (2009). *O sabor do arquivo*. São Paulo: Edusp [original: 1989].

FAUSTO, B. (2009). *O crime do restaurante chinês* – Carnaval, futebol e justiça na São Paulo dos anos 30. São Paulo: Companhia das Letras.

_____ (1984). *Crime e cotidiano* – A criminalidade em São Paulo (1880-1924). São Paulo: Brasiliense.

FEBVRE, L. (2012). *Martinho Lutero*: Um destino. São Paulo: Três Estrelas [original: 1928].

_____ (2009). *O problema da incredulidade no século XVI*: A religião de Rabelais. São Paulo: Companhia das Letras [original: 1942].

_____ (1989). *Combates pela História*. Lisboa: Editorial Presença [original: 1953].

_____ (1970). *Philippe II et la Franche-Conté*. Paris: Flammarion [original: 1912].

FERREIRA, M.N. (1978). *A imprensa operária no Brasil (1880-1920)*. Petrópolis: Vozes.

FEST, J. (2017). *Hitler*. Rio de Janeiro: Nova Fronteira [original: 1973].

FONTANA, J. (2004). *História dos homens*. Bauru: Edusc [original: 2000].

FOUCAULT, M. (org.). (2018). *Eu, Pierre Rivière, que degolei minha mãe, minha irmã e meu irmão... um caso de parricídio no século XIX*. Rio de Janeiro: Jorge Zahar [original: 1973].

_____ (1991). *Discipline and Punish* – The Birth of Prison. Londres: Pennguin Books [original: 1975].

FRANCO, M.S.C. (1974). *Homens livres na ordem escravocrata*. São Paulo: Ática [original: 1969].

FRANK, A. (2003). *O diário de Anne Frank*. Rio de Janeiro: Record [original: 1944].

FREUND, G. (1989). *Fotografia e sociedade*. Lisboa: Vega [original: 1976].

FREYRE, G. (2003). *Casa-grande e senzala*. São Paulo: Global [original: 1933].

_____ (1988). *O escravo nos anúncios de jornais brasileiros do século XIX*. São Paulo: Brasiliana [original: 1963].

FUNARI, P.P. (2009). *Grécia e Roma*. São Paulo: Contexto.

FURET, F. (1991). *A oficina da História*. Lisboa: Gradiva [original: 1982].

_____ (1974). "Le quantitatif en Histoire". In: LE GOFF, J. & NORA, P. (orgs.). *Faire de l'Histoire*. Paris: Gallimard, p. 46-61.

FURTADO. J.F. (2005). "Testamentos e inventários – a morte como testemunho da vida". In: PINSKY, J. (org.). *Fontes históricas*. São Paulo: Contexto, p. 93-118.

GANDAVO, F.M. (1980). *Tratado da Terra do Brasil/História da Província de Santa Cruz*. São Paulo: Edusp/Itatiaia [original: 1576].

GARAT, A.-M. (2011). *Photos de famille, un roman de l'album*. Arles: Actes Sud.

GERTZ, J.; LEVINSON, B.; ROM-SHILONI, D. & SCHMID (eds.). (2016). *The Formation of the Pentateuch*. Tübingen: Mohr Siebeck.

GINZBURG, C. (2002). *Relações de força*. São Paulo: Companhia das Letras [original: 2000].

_____ (1991a). "O nome e o como – Trocas desiguais e mercado historiográfico". In: *A Micro-História e outros ensaios*. São Paulo: Difel, p. 189ss. [original: 1979].

_____ (1991b). "O inquisidor como antropólogo – Uma analogia e suas implicações". In: *A Micro-História e outros ensaios*. São Paulo: Difel, p. 203-214 [original: 1989].

_____ (1989). *O queijo e os vermes*. São Paulo: Companhia das Letras [original: 1976].

_____ (1987). "Raízes de um paradigma indiciário". In: *Mitos, emblemas e sinais*. São Paulo: Companhia das Letras, p. 143-179 [original: 1986].

GOMES, P.F. (1997). *Um herege vai ao Paraíso*: Cosmologia de um ex-colono condenado pela Inquisição (1680-1744). São Paulo: Companhia das Letras.

GRAHAM, M. (1956). *Diário de uma viagem ao Brasil e uma estadia nesse país durante parte dos anos de 1821, 1822 e 1823*. São Paulo: Companhia Editora Nacional [original: 1824].

GRENDI, E. (2009). "Microanálise e História Social". In: OLIVEIRA, M.R. & ALMEIDA, C. (orgs.). *Exercícios de Micro-História*. Rio de Janeiro: Ed. FGV, p. 27-30.

GUELMAN, L. (2000). *Tempo de Gentileza*. Niterói: Eduff.

HALPHEN, L. (1946). *Introduction à l'Histoire*. Paris: PUF.

HARTOG, F. (2013). *Regimes de historicidade* – Presentismo e experiências do tempo. Belo Horizonte: Autêntica [original: 2003].

HIRSCH, J. (1981). *Family Photographs, Content, Meaning and Affect*. Oxford: Oxford University Press.

HOBSBAWM, E. (2005). "Pós-modernismo na floresta". In: *Sobre História*. São Paulo: Companhia das Letras, p. 201-206 [original: 1990].

_____ (1998). "O que os historiadores devem a Karl Marx". In: *Sobre História*. São Paulo: Companhia das Letras, p. 155-170 [original: 1968].

HOLANDA, S.B. (2011). "Sobre uma doença infantil da Historiografia". In: *Escritos coligidos – Livro II, 1950-1979*. São Paulo: Ed. Unesp, p. 419-434 [original: 1973].

HOLLOWAY, T.H. (1997). *Polícia no Rio de Janeiro* – Repressão e resistência em uma cidade do século XIX. Rio de Janeiro: Ed. FGV [original: 1993].

HÜTTENBERGER, P. (1992). "Überlegungen zur Theorie der Quelle". In: RUSINEK; ACKERMANN & ENGELBRECHT (orgs.). *Die Interpretation historischer Quellen*. Schwerpunkt: Neuzeit. Paderborn: Ferdinand Schöning, p. 253-265.

HUYSSEN, A. (2000). "Present Pasts: Media, Politics, Amnésia". In: *Public Culture*, vol. 12, n. 1, p. 21-38.

JAKOBSON, R. (1964). *Language in Operation* (Milanges Alexandre Koyr, II, Láventure de l'sprite). Paris: Hermann.

JAUSS, H.R. (1980). "Esthétique de la réception et communication littéraire". In: AILC (ed.). *Actes du IX Congrès de l'Association Internationale de Littérature Comparée (Innsbruck, 1979)*. Innsbruck: AMOE.

_____ (1978). *Pour une Esthetique de la Réception*. Paris: Gallimard [original: 1967].

KOSELLECK, R. (2006). *Futuro passado* – Contribuição à semântica dos tempos históricos. Rio de Janeiro: Contraponto [original: 1979].

_____ (1992). "Uma história dos conceitos: Problemas teóricos e práticos". In: *Estudos Históricos*, vol. 5, n. 10, p. 134-146.

KOSTER, H. (2003). *Viagens ao Nordeste do Brasil*. Fortaleza: Ed. ABC [original: 1816].

LABROUSSE, E. (1944). *La crise de l'économie française à la fin d'Ancient Régime et au début de la Revolution*. Paris: PUF.

_____ (1933). *Esquisse du mouvement de prix et de revenus en France au XVIII siècle*. Paris: Dalloz.

LADURIE, L.R. (1990). *Montaillou, uma aldeia occitânica*. Lisboa: Ed. 70 [original: 1975].

LE GOFF, J. (2017). *O nascimento do purgatório*. Petrópolis: Vozes [original: 1981].

_____ (2005). *Em busca da Idade Média*. Rio de Janeiro: Civilização Brasileira [original: 2003].

_____ (1990). *História e memória*. Campinas: Ed. Unicamp, p. 535-549 [original: 1984].

LE GOFF, J. & TOUBERT, P. (1975). "Une histoire totale du Moyen Age est-elle possible?" In: *Actes do 100º Congrès Nacional des Societés Savantes*. Paris: Secrétariat d'État aux Universités.

LEJEUNE, P. (2014). *O pacto autobiográfico* – De Rousseau à Internet. Belo Horizonte: Ed. UFMG [original: 1975].

_____ (1993). "Comment Anne Frank a réécrit le journal d'Anne Frank". In: LEJEUNE, P. (org.). *Le journal personnel*. Paris: Université Paris X [Collection Rit].

LEJEUNE, P. & BOGAERT, C. (2006). *Le journal intime* – Histoire et Anthologie. Paris: Textuel.

LEÓN-PORTILLA, M. (1987). *A visão dos vencidos*. Porto Alegre: L&PM [original: 1959].

LEROI-GOURHAN. (1943). *Evolution et technique*: L'Homme et la matière. Paris: Albin Michel.

LÉRY, J. (1972). *Viagem à terra do Brasil*. São Paulo: Livraria Martins/Edusp [original: 1578].

LEVI, G. (2000). *A herança imaterial*: Trajetória de um exorcista no Piemonte do século XVII. Rio de Janeiro: Civilização Brasileira [original: 1985].

LIMA, H.E.R. (2006). *A Micro-História italiana* – Escalas, indícios e singularidades. Rio de Janeiro: Civilização Brasileira.

LOPES, A.H. (2006). "Do monarquismo ao populismo: o *Jornal do Brasil* na virada para o século XX". In: NEVES, L.M.B.; MOREL, M. & FERREIRA, T.B. (orgs.). *História e imprensa* – Representações culturais e práticas de poder. Rio de Janeiro: DP&A.

LUCA, T. & MARTINS, A.L. (orgs.). (2008). *História da imprensa no Brasil*. São Paulo: Contexto.

MACHADO, M.H.P.T. (1987). *Crime e escravidão* – Trabalho, luta e resistência nas lavouras paulistas, 1830-1888. São Paulo: Brasiliense.

MAFFESOLI, M. (2006). *O tempo das tribos* – O declínio do individualismo nas sociedades de massa. Rio de Janeiro: Forense Universitária [original: 1988].

MAGNO, S.G. (1999). *Vida e milagres de São Bento*. São Paulo: Art Press [original: 593].

MALATIAN, T. (2015). "Narrador, registro e arquivo". In: PINSKY, C.B. & LUCA, T.R. (orgs.). *O historiador e suas fontes*. São Paulo: Contexto, p. 195-221.

MANGEL, A. (2004). *Uma história da leitura*. São Paulo: Companhia das Letras [original: 1996].

MAQUIAVEL, N. (2000). *O príncipe* (com comentários de Napoleão Bonaparte). Curitiba: Hemus [original: 1513].

MARCONI, B. (2018). *Os mestres de ofício da Lisboa Medieval* – Uma análise comparada de sua atividade política entre os séculos XIII e XIV. Rio de Janeiro: UFRJ [Tese de Doutorado].

MARCZEWSKI, J. (1965). *Introduction à l'Histoire Quantitative.* Genebra: Droz.

MÁRQUEZ, G.G. (2017). *Cem anos de solidão.* São Paulo: Companhia das Letras [original: 1967].

MARTINS, J.S. (1992). *Subúrbio.* São Paulo: Hucitec.

MARX, K. & ENGELS, F. (2010). *Manifesto comunista.* São Paulo: Boitempo [original: 1848].

MATTOSO, J. & PIEL, J. (orgs.). (1980b). *Livros velhos de linhagens* – Incluindo o "Livro Velho" e o "Livro do Deão". Lisboa: A.C.L. [Nova Série 2 – *Portugaliae Monumenta Historica*].

_____ (1980a). *Livro de linhagens do Conde Dom Pedro.* Lisboa: A.C.L. [Nova Série 2 – *Portugaliae Monumenta Historica*].

MELLO SOUZA, J.I. (2003). *O Estado contra os meios de comunicação.* São Paulo: Annablume.

MICHELET, J. (1989). *História da Revolução Francesa.* São Paulo: Companhia das Letras [original: 1847-1853].

MOREIRA, R.C. (1996). "Os diários pessoais e a (re)construção histórica". In: *Estudos Históricos*, n. 17, p. 177-184.

MOREL, M. (2009). "Da gazeta tradicional aos jornais de opinião: metamorfoses da imprensa periódica no Brasil". In: NEVES, L.M.B. (org.). *Livros e impressos* – Retratos do setecentos e do oitocentos. Rio de Janeiro: Eduerj, p. 154-184.

_____ (2005). "Cipriano Barata – símbolo do jornalismo panfletário". In: MELO, J.M. *Imprensa brasileira* – Personagens que fizeram nossa história. Vol. 1. São Paulo: Universidade Metodista de São Paulo/Imprensa Oficial do Estado de São Paulo.

MOREL, M. & BARROS, M.M. (2003). *Palavra, imagem e poder* – O surgimento da imprensa no Brasil do século XIX. Rio de Janeiro: DP&A.

MOUILLAUD, M. (1997). "Crítica do acontecimento ou o fato em questão". In: MOUILLAUD, M. & PORTO, S.D. (orgs.). *O jornal*: Da forma ao sentido. Brasília: Paralelo 15.

MOYA, A. (1986). *História das Histórias em Quadrinhos.* Porto Alegre: L&PM.

NEVES, L.M.B. (org.). (2009). *Livros e impressos* – Retratos do setecentos e do oitocentos. Rio de Janeiro: Eduerj.

NEVES, L.M.B.; MOREL, M. & FERREIRA, T.B. (orgs.). (2006). *História e imprensa* – Representações culturais e práticas de poder. Rio de Janeiro: DP&A.

NOTH, M. (1984). *Deuteronomistic History.* Sheffield: Jsot [original: 1981].

ORTIZ, R. (1999). *A moderna tradição brasileira*. São Paulo: Brasiliense [original: 1988].

PLUTARCO. (1991). *Vidas paralelas*. São Paulo: Paumape [original: 96-98 a.C.].

POLO, M. (1985). *Livro das maravilhas*. Porto Alegre: L&PM [original: 1299].

PONTE, C. (2005). *Para entender as notícias* – Linhas de análise do discurso jornalístico. Florianópolis: Insular.

PONSONBY, A. (1923). *English Diaries*: A review of English Diaries from the Sixteenth to the Twentieth Century with an Introduction on Diary Writing. Londres: Methuen & Co.

PRICE, R. (1990). *Alabi's World*. Baltimore: John Hopkins University Press [original: 1968].

QUINTÃO, A.A. (2000). *As irmandades de pretos e pardos em Pernambuco e no Rio de Janeiro na época de D. José I*: Um estudo comparativo. Rio de Janeiro: Nova Fronteira.

REIS, J.J. (1996). "Identidade e diversidade étnicas nas irmandades negras nos tempos da escravidão". In: *Tempo*, vol. 2, n. 3, p. 7-33. Rio de Janeiro.

RENDTORFF, R. (2009). *The Problem of the Transmission of the Pentateuch*. Sheffield: Sheffield Academic Press.

REVEL, J. (org.). (1998). *Jogos de escalas*: A experiência da microanálise. Rio de Janeiro: Ed. FGV [original: 1996].

RIBEIRO, C.A.C. (1995). *Cor e criminalidade* – Estudo e análise da justiça no Rio de Janeiro (1900-1930). Rio de Janeiro: Ed. UFRJ.

RICOEUR, P. (2010). *Tempo e narrativa*. São Paulo: Martins Fontes [original: 1983-1985].

RIOUX, J.-P. (1999). "Entre história e jornalismo". In: CHAVEAU, A. (org.). *Questões para a história do presente*. São Paulo: Edusc.

ROSEMBERG, A. & SOUZA, L.A.F. (2009). "Notas sobre o uso de documentos judiciais e policiais como fonte histórica". In: *Patrimônio e Memória*, vol. 5, n. 2, p. 1-15.

SAHAGÚN, F.B. (1988). *Historia general de las cosas de Nueva España*. Madri: Allianza [original: 1545-1565].

SAINT-HILAIRE, A. (1938). *Viagem pelas províncias do Rio de Janeiro e Minas Gerais*. São Paulo: Companhia Editora Nacional [original: 1816].

SALLES, F.T. (2007). *Associações religiosas no ciclo do ouro*. São Paulo: Perspectiva.

SAMARA, E.M. & TUPY, I.S. (2007). *História e documento e metodologia de pesquisa*. Belo Horizonte: Autêntica.

SANTOS, M. (2002). *Por uma Geografia Nova*. São Paulo: Edusp [original: 1978].

SEIGNOBOS, C. & LANGLOIS, C. (1946). *Introdução aos estudos históricos*. São Paulo: Renascença [original: 1897].

SETERS, J.V. (1998). *The Pentateuch*: A Social-Science Commentary. Nova York: Bloomsbury T & T Clark.

SILVA, E. (1988). *As queixas do povo*. Rio de Janeiro: Paz e Terra.

SILVA, M.B.N. (2009). "A imprensa periódica na época joanina". In: NEVES, L.M.B. (org.). *Livros e impressos* – Retratos do setecentos e do oitocentos. Rio de Janeiro: Eduerj, p. 15-29.

_____ (2007). *A Gazeta do Rio de Janeiro (1808-1822)* – Cultura e sociedade. Rio de Janeiro: Eduerj.

SOARES, M.C. (2000). *Devotos da cor*: Identidade étnica, religiosidade e escravidão no Rio de Janeiro. Rio de Janeiro: Civilização Brasileira.

SODRÉ, N.W. (1999). *História da imprensa no Brasil*. Rio de Janeiro: Mauad X [original: 1977].

SOUZA, L.M. (1994). *O diabo e a Terra de Santa Cruz*: Feitiçaria e religiosidade popular no Brasil colonial. São Paulo: Companhia das Letras.

SPIX, J.B. von & MARTIUS, C.F.P. von. (1938). *Viagem pelo Brasil*. Rio de Janeiro: Imprensa Nacional. 4 vol. [original: 1817-1820].

STADEN, H. (2008). *Duas viagens ao Brasil*. Belo Horizonte: Itatiaia [original: 1557].

TEZZA, C. (2002). "Polifonia e ética". In: *Revista Cult*, n. 59, ano VI, p. 60-63.

TITO LÍVIO. (2008). *História de Roma* – Desde a fundação da cidade. Belo Horizonte: Crisálida [original: 27-25 a.C.].

THOMPSON, E.P. (2001). "Folclore, antropologia e história social". In: *As peculiaridades dos ingleses e outros artigos*. São Paulo: Ed. Unicamp, p. 227-267 [original: 1977].

TRAUDL, J. (2003). *Até o fim* – Um relato verídico da secretária de Hitler. Rio de Janeiro: Ediouro [original: 1947; publicado em 2002].

VERÓN, E. (1980). *A produção do sentido*. São Paulo: Cultrix.

VEYNE, P. (2014). *Acreditavam os gregos em seus mitos?* São Paulo: Ed. Unesp [original: 1983].

_____ (1982). *Como se escreve a História*. Brasília: Ed. UNB [original: 1971].

VIEIRA JR., A.O. (2004). *Entre paredes e bacamartes* – História da família no Sertão (1780-1850). São Paulo: Hucitec.

VILAR, P. (1982). "Pour une meilleure compréhension entre économistes et historiens. Histoire Quantitativé ou économie rétrospective?" In: *Une histoire en construction*. Paris: Gallimard, p. 295-313.

VON LAUE, T. (1950). *Leopold Ranke*: The Formative Years. Princeton: Princeton University Press.

VOVELLE, M. (2011). "História e longa duração". In: NOVAIS & SILVA (orgs.). *Nova História em perspectiva*. São Paulo: Cosac & Naify, p. 371-407 [original: 1978].

_____ (1987). "A história das mentalidades na encruzilhada de fontes". In: *Ideologias e mentalidades*. São Paulo: Brasiliense, p. 27-102.

_____ (1978). *Piétè baroque et déchristianisation, les atitudes devant la mort en Provence au XVIII siècle*. Paris: Seuil.

ZAGORIN, P. (2001). "Historiografia e Pós-modernismo: Reconsiderações". In: *Topoi*, vol. 2, p. 137-152 [original: 1989].

ZANIRATO, S.H. (2005). "A fotografia de imprensa: Modos de ler". In: PELEGRINI, S.C.A. & ZANIRATO, S.H. (orgs.). *As dimensões da imagem*: Interfaces teóricas e metodológicas. Maringá: Ed. UEM.

_____ (2003). "A documentação fotojornalística na pesquisa histórica". In: *Trajetos – Revista de História da UFC*, vol. 2, n. 4, p. 205-218.

ZENHA, C. (1985). "As práticas da justiça no cotidiano da pobreza". In: *Revista Brasileira de História*, vol. 5, n. 10, p. 123-146.

ZICMAN, R.B. (1985). "História através da imprensa – Algumas considerações metodológicas". In: *Projeto-História*, n. 4, p. 89-102.

Índice onomástico

Agostinho (Santo) 261
Ariès, P. 128-130
Aróstegui, J. 27, 29, 33, 40, 50s., 66

Bach, J.S. 281s., 285
Bachelard, G. 51
Baehrel, R. 138
Bakhtin, M. 281, 287
Balzac, H. 98
Barata, C. 200, 215, 251s.
Barreto, L. 97s., 208
Barthes, R. 169
Becker, J.-J. 42
Bento (São) 36
Bloch, M. 41, 54, 314
Bolívar, S. 247
Braudel, F. 53s., 128, 141
Bonaparte, N. 84
Burroughs, E.R. 99

Cairu (Visc.) 216, 247-249
Caneca, F. 218, 252
Carlyle, T. 125, 196
Cervantes, M. 51, 99s.
Certeau, M. 22, 41
Chartier, R. 64, 82
Chaunu, P. 46, 58
Chomsky, N. 197
Constantino 87

Cortez, H. 104, 296
Costa, H. 214s., 246s., 249

Da Vinci, L. 65, 72
Darnton, R. 195, 222, 224

Einstein, A. 168
Eymerich, N. 319

Febvre, L. 15, 22, 26, 45, 312
Foucault, M. 131, 284
Freyre, G. 150, 167
Furet, F. 20

Ginzburg, C. 284, 298-300, 313, 316-318, 322
Goubert, P. 46
Gregório Magno 36s.
Grondona, E. 200
Gutenberg, J. 81

Halphen, L. 22
Heródoto 32
Hobsbawm, E. 297s., 315
Holanda, S.B. 91
Hüttenberger 41
Huyssen, A. 131

Júlio César 109, 287

Koselleck, R. 23, 91, 273
Kuznets, S. 137

La Blache, V. 53
Labrousse, E. 46, 126, 136
Langlois, C. 22
Le Goff, J. 20, 56, 90
Leroi-Gourhan 51
Leuenroth, E. 202
Lorant, S. 254

Magritte, R. 85
Manguel, A. 64
Maquiavel, N. 84, 269
Marat, J.-P. 199
Marczewski, J. 137
Marx, K. 199s., 330
Michelet, J. 24, 113

Nabuco, J. 207
Niebuhr, B.-G. 108
North, D. 126

Parker, W. 126
Polo, M. 296, 315
Price, R. 297s., 308, 313, 322

Ranke, L.V. 117
Rousseau, J.-J. 261
Sahagún, B. 296s., 308, 315
Saint-Hilaire 104
San Martin, J. 247
Schliemann, H. 107
Seignobos 21s.
Staden, H. 286

Thompson, E.P. 310, 326-329

Vargas, G. 168
Verón, E. 288
Veyne, P. 107, 325
Vilar, P. 46
Vovelle, M. 58, 128-130, 136-138

Zurara, G.E. 81

Índice remissivo

Álbum de família 169
Alforria 130, 143-145
Análise
  de discurso 48
  densa 290
Anedotas 53
Annales (Escola dos) 45, 56s., 124-126, 128
Apadrinhamentos 143, 154s.
Arqueologia 46, 53, 79
Arquivísticos (fundos) 130s.
Arquivo 29, 113-117, 130
  fontes de 20, 117
  permanente 133-135, 272
Autenticidade 84, 86s.
Autoria 36, 86s., 97
Autos de
  Devassas 159
  Querelas 159

Batismo (certidões) 57, 132s., 152s., 272
Bíblia 300s.
Biblioteca 82, 114, 147
Blogs 166, 169, 177, 262

Canções 54, 68
Carta de Doação de Constantino 87s.
Cartas de compromisso 294
Cartorial (documentação) 150
Cartulários 121
Casamento (certidões) 151-154

Censo 118-120
Certidões 151-154
Chancelaria 81, 114
Cinema 48
Complexas (fontes) 49, 55, 62
Confissões 166, 261
Confrarias 294
Correios 263s.
Correspondência 171, 263-265, 271s., 298
Crime 132s.

Data 86
Definição (de fonte histórica) 14s., 26
Demográfica (história) 120, 125, 155
Demonstração 87
Desigualdade social 289
Devassas (livros de) 161s., 291
Dialógicas (fontes) 294s., 318
Dialogismo 177
Diário 37s., 42, 63, 164-169, 286, 293
Digital (registro) 67
Discurso direto/indireto 295
Dispensas matrimoniais 160
Documento 18

Escravos 117, 119s., 276
Escrita de Si 164-167, 236, 260-263
Excepcional normal 325s.

Factual (história) 139
Fala do Trono 116
Falsificação 86s.
Fiabilidade 33
Fichas policiais 158
Filipinas (Ordenações) 141s., 260
Fontes
  dialógicas 278, 280, 283, 290s.
  polifônicas 278
  primárias/secundárias 31
Forais 121
Fórum 132
Fotografia 18, 254
Fotojornalismo 221, 254

Gazetas 198, 214s.
Genealogia 163s., 331
Gêneros textuais 63
Genoma 16
Geografia 16, 53
Gestos 17, 52
Grafite 171-173
História
  Conceitual 91
  Política 18, 116
  Urbana 121
Historiografia 21, 91, 96

Iconografia 48
Ideologia 38
Imateriais (fontes) 17, 52s., 55
Imóveis 140, 146-148
Imprensa (história da) 232, 234
Impressas (fontes) 80
Informação 202s.
Inquisição 161, 318
Inquisidor 161, 313, 322
Inscrições 69, 85, 89, 171
Institucional (documentação) 104

Intencionalidade 29
Intensiva (fontes) 157, 290
Inventários 141, 143, 277
Investigação criminal 19, 58, 315
Involuntárias (fontes) 42
Irmandades 145, 294
Interpolação 300
Intertextualidade 289

Jornais 179-252
Judicial (documentação) 123, 150, 157

Leis 117s.
Leitura 191, 244
Listas 119
Literárias (fontes) 96-102
Literatura 97
Livros de Devassa 161s., 291
Local (história) 151
Longa duração 128s.
Lugar de produção 41, 191s., 245s.

Maçonaria 215, 217, 246
Manuais de inquisidores 319
Manuscritas (fontes) 80
Materiais (fontes) 79
Material (cultura) 145
Mentalidades (história) 125, 127-129
Micro-História 48, 157
Mitologia 101, 106s.
Monumenta 115
Morte 128s., 141
Museu 135
Música 54

Não ditos 329
Nascimento (certidões) 152

Ocorrências 321
Opinião 198, 200
Oral
  história 16, 36, 54
  tradição 16

Panfleto 216, 223, 247-249
Papel de imprensa 187
Paroquial (documentação) 150, 272
Passado-presente 23, 270, 273
Patrimônio 67
  imaterial 52
Periodicidade (dos jornais) 179s.
Periódicos 179-181
Poesia 97, 101
Policial (documentação) 162
Polifonia 219-222, 281s.
  implícita 282
Posição (da fonte) 31
Privado 83, 169
Processo criminal 256s., 274, 276, 293
Público 83

Quadrinhos (HQ) 55, 181
Quantitativa (História) 124, 135

Realidade (efeito de) 185, 188
Recepção 191
Registro de terras 118

Relatório 104s.
Relato de viagem 285, 307s., 323
Repressão 163
Revistas 180s.
Rol dos Confessados 160
Romance 98, 101, 287

Saramakas 297s., 308, 316s.
Série 124, 126
Seriais (fontes) 57
Serial (História) 45, 57, 124, 135
Suporte 50, 61

Taxonomia 25
Teatro 55
Tempo (da fonte) 270-277
Testamentos 141, 145, 273
Textuais (fontes) 63-73
Tombo (livros de) 121
Torre do Tombo 81, 114s.
Triângulo circular da fonte 266

Veracidade 84
Viajantes 295s.
Virtuais (fontes) 55, 62, 72
Vocabulário 90-93
Voluntárias (fontes) 41s.

Índice geral

Sumário, 5

Introdução, 7

Primeira parte – O problema e as fontes, 11
Preâmbulo, 13

1 Fonte histórica/Documento histórico, 15

    1.1 Definição de fonte histórica, 15

    1.2 Um vocabulário em disputa – Fontes ou documentos?, 18

    1.3 Variados tipos de fontes – A conquista da diversidade, 20

    1.4 Onde começa a História – No problema ou na fonte?, 21

2 Tipologia e taxonomia das fontes, 25

    2.1 Da constatação da variedade de fontes possíveis à tentativa de compreendê-la, 25

    2.2 O que é uma taxonomia?, 26

    2.3 Quatro critérios para o ordenamento da variedade de fontes históricas, 28

3 Posição da fonte, 31

    3.1 Posição da fonte – Quatro aspectos considerados, 31

    3.2 Fonte direta e fonte indireta, 31

    3.3 Posição de época e posição presencial, 32

3.4 Posição ideológica e circunstancial, 34

3.5 A posição avaliada em relação ao problema, 35

3.6 Alguns exemplos, 36

4 Intencionalidade, 40

4.1 Produção voluntária ou involuntária de uma fonte, 40

4.2 As fontes involuntárias introduzidas pelas duas grandes revoluções documentais, 45

4.3 Aspectos involuntários presentes nas fontes voluntárias; aspectos voluntários presentes nas fontes involuntárias, 48

5 A qualidade da fonte – Suporte/mensagem, 50

5.1 Fontes materiais e fontes culturais, 50

5.2 Fontes de conteúdo, 51

5.3 Fontes verbais e fontes não verbais, 54

6 Fontes seriáveis e fontes singularizadas, 56

6.1 A possibilidade da serialização, 56

6.2 História Serial, 57

6.3 Alguns exemplos de fontes seriais, 58

7 As fontes de acordo com suas distintas linguagens e suportes, 61

7.1 Suportes e linguagens, 61

7.2 Fontes textuais, fontes iconográficas e fontes sonoras como subcategorias das "fontes de conteúdo", 63

Segunda parte – As fontes textuais, 75

Preâmbulo, 77

8 Fontes manuscritas e fontes impressas, 79

8.1 As fontes textuais no quadro da diversidade documental, 79

8.2 Fontes textuais – ou: as fontes verbais através da escrita, 80

8.3 Trânsitos entre o manuscrito e o impresso, 81

8.4 Os âmbitos "público" e "privado", 83

8.5 Autenticidade e veracidade, 84

8.6 O vocabulário e suas variações, 90

8.7 Gêneros textuais, 93

9 A Literatura no interior da variedade de fontes textuais, 96

9.1 Fontes literárias, 96

9.2 Os vários tipos de fontes literárias, 97

10 Fontes realistas – Das crônicas às historiografias, 103

10.1 A referência à realidade, 103

10.2 Quando o relato historiográfico de uma época torna-se fonte para uma outra historiografia, 107

10.3 O amplo uso das fontes realistas até o final do século XVIII, 109

11 Primeira revolução documental – As fontes políticas dos arquivos, 113

11.1 Século XIX – A montagem dos arquivos nacionais e dos grandes conjuntos documentais, 113

11.2 A documentação política, governamental e institucional, 116

12 Segunda revolução documental – A diversidade das séries, 124

12.1 O florescer da História Serial e da História Quantitativa, 124

12.2 A "série", 126

12.3 A serialização na História das Mentalidades, 127

12.4 Os novos setores da documentação de arquivo, 130

12.5 A transferência da documentação corrente para os arquivos, 131

12.6 Diferença entre História Quantitativa e História Serial, 135

12.7 Riscos e dilemas da História Serial e da História Quantitativa, 138

12.8 Testamentos e inventários, 141

12.9 Documentação cartorial e paroquial, 150

13 Das fontes intensivas às novas subjetividades, 157

13.1 As modalidades historiográficas das últimas décadas do século XX e a nova expansão documental, 157

13.2 Para além dos tradicionais registros textuais, 171

Terceira parte – A polifonia das fontes – Duas ordens de exemplares, 175

Preâmbulo, 177

14 O uso dos jornais como fontes históricas, 179

14.1 Periódicos – Forma impressa, periodicidade e disponibilização pública, 179

14.2 Jornais – Periodicidade e largo alcance, 182

14.3 Máquinas, papel e leitores – Os aspectos materiais e sua finalidade humana, 186

14.4 O efeito de realidade, 188

14.5 Produção, circulação e leitura, 191

14.6 O "polo editor" e o "polo leitor", 193

14.7 Duas ordens de discursos trazidas pelos jornais – A informação e a opinião, 198

14.8 Os jornais e seu circuito de concorrentes, 204

14.9 Exemplos de redes de jornais concorrentes em uma grande cidade – O Rio de Janeiro em dois momentos, 205

14.10 Polifonias e complexidades, 219

14.11 A relação entre conteúdo e forma na fonte jornalística, 222

14.12 O jogo do poder e as pressões políticas, 227

14.13 A compreensão da História da Imprensa como requisito para o trabalho com jornais-fontes, 232

14.14 Métodos, 235

14.15 Síntese final – Questões que se colocam à fonte periódica, 239

15 Interlúdio – Alguns aspectos pertinentes a todas as fontes históricas, 253

15.1 A fonte e sua relação circular com a História, 253

15.2 O circuito da produção e a recepção (ou finalidade), 265

15.3 Dois tempos da fonte – O presente-vivido e o passado-presente, 270

15.4 Alcance temático da fonte, 275

16 Fontes dialógicas – Sobre processos criminais, relatos de viagem e outros tipos de fontes polifônicas, 278

16.1 As camadas de alteridade, 278

16.2 O que são as fontes dialógicas, 280

16.3 O conceito de dialogismo, 286

16.4 O "dialogismo explícito" dos processos, devassas e inquisições, 290

16.5 O dialogismo implícito, 294

16.6 Camadas de alteridade – Textos sobre textos, 295

16.7 Filtros e mediações culturais, 296

16.8 Camadas de tempo em uma fonte textual, 300

16.9 Um roteiro de preparação para o uso das fontes dialógicas, 304

16.10 Prosseguindo o roteiro – Sobre a polifonia interna das fontes, 311

16.11 Lendo as fontes pelas margens – Os silêncios e estranhamentos, 323

Palavras finais, 331

Referências, 333

Índice onomástico, 347

Índice remissivo, 349

CULTURAL

Administração
Antropologia
Biografias
Comunicação
Dinâmicas e Jogos
Ecologia e Meio Ambiente
Educação e Pedagogia
Filosofia
História
Letras e Literatura
Obras de referência
Política
Psicologia
Saúde e Nutrição
Serviço Social e Trabalho
Sociologia

CATEQUÉTICO PASTORAL

Catequese
Geral
Crisma
Primeira Eucaristia

Pastoral
Geral
Sacramental
Familiar
Social
Ensino Religioso Escolar

TEOLÓGICO ESPIRITUAL

Biografias
Devocionários
Espiritualidade e Mística
Espiritualidade Mariana
Franciscanismo
Autoconhecimento
Liturgia
Obras de referência
Sagrada Escritura e Livros Apócrifos

Teologia
Bíblica
Histórica
Prática
Sistemática

REVISTAS

Concilium
Estudos Bíblicos
Grande Sinal
REB (Revista Eclesiástica Brasileira)

VOZES NOBILIS

Uma linha editorial especial, com importantes autores, alto valor agregado e qualidade superior.

PRODUTOS SAZONAIS

Folhinha do Sagrado Coração de Jesus
Calendário de mesa do Sagrado Coração de Jesus
Agenda do Sagrado Coração de Jesus
Almanaque Santo Antônio
Agendinha
Diário Vozes
Meditações para o dia a dia
Encontro diário com Deus
Guia Litúrgico

VOZES DE BOLSO

Obras clássicas de Ciências Humanas em formato de bolso.

CADASTRE-SE
www.vozes.com.br

EDITORA VOZES LTDA.
Rua Frei Luís, 100 – Centro – Cep 25689-900 – Petrópolis, RJ
Tel.: (24) 2233-9000 – Fax: (24) 2231-4676 – E-mail: vendas@vozes.com.br

UNIDADES NO BRASIL: Belo Horizonte, MG – Brasília, DF – Campinas, SP – Cuiabá, MT
Curitiba, PR – Fortaleza, CE – Goiânia, GO – Juiz de Fora, MG
Manaus, AM – Petrópolis, RJ – Porto Alegre, RS – Recife, PE – Rio de Janeiro, RJ
Salvador, BA – São Paulo, SP